教學原理與實務
Principles and Practice of Teaching
第三版

張清濱　著

五南圖書出版公司 印行

第三版序

　　教學原理旨在探討教學的理論、原則、方法、策略、與技術。它是動態的，主要來自學習理論的發展，隨著教育思潮與社會變遷而改變。近年來，學習理論逐漸擴展研究的範圍，教育變革的需求日趨明顯。基於此一理念，本書《教學原理與實務》增列教學理論與教學方法。教學理論闡述教學的理論基礎、行為學派、認知學派、人本學派、與其他學派等理論。教學方法論述思考教學、探究教學、問題解決教學、創意教學、個別化教學、小組教學、合作學習、協同教學、情意教學、道德教學、教育工學、與教學評量等方法。本書各章末節皆有實務演練，並有中小學教師檢定考試與模擬試題，實為本書最大特色。書末附有最近三年中等學校師資類科檢定考試「課程教學與評量」試題，以方便讀者研讀。

　　本書先從教學的基本概念著手，進而探討教學的各派學說，並舉出例證，以資應用；再論述教學的策略與方法，把理論化為實務，舉出若干實例，以供演練。冀望讀者能舉一反三，觸類旁通，對於教學與行政工作或許有所助益。

　　教育專業科目之間頗多相關之處，教學原理乃是師資培育課程的核心之一。因之，教學原理與教育心理學、課程發展與設計、班級經營、兒童（青少年）發展與輔導、教學實習等課程密切相關。本書可供師資培育、教育院系、與研習機構研習之用，亦可供各級學校教師與教育行政機關人員參考與應用。惟作者才疏學淺，思慮不周，疏漏之處難免，仍請方家不吝指正。

張清濱

謹誌於彰化師範大學

2022 年 11 月 12 日

初版序

　　自有人類以來，就有教育的活動。教學成為教育歷程中最重要的部分，自不待言。教師的教學與學生的學習是學校教育的核心。教師必須深入探討學習如何產生與如何進行教學，學生才學會教材。學生也必須徹底了解如何進行學習，才能獲得最大的學習效果。因此，教學是學校師生共同的課題；沒有教學，教育就會淪為空談，其理至為明顯。

　　本書《教學原理與實務》兼顧理論與實際。全書分三篇共 16 章列述。第一篇概述教學的基本概念、教學的哲學基礎、心理學基礎、與社會學基礎。第二篇闡述教學設計、教學目標、教材組織、與教學策略。第三篇詳述教學方法，包括思考與探究教學、個別化教學、小組教學、合作學習、協同教學、情意教學、道德教學、教育工學、與教學評量等。每章末節皆有實務演練，可增強學習效果，實為本書一大特色。

　　本書可供大學校院師資培育中心、教育系所學生修習教育心理學、教學原理、課程發展與設計、教學實習與研習機構研習之用，亦可供教育行政機關視導人員與各級學校教師參考與應用。惟作者才疏學淺，思慮不周之處，實所難免，尚祈方家不吝指正是幸。

張清濱
謹誌於中臺科技大學
2009 年 1 月 31 日

目　錄

第二篇　設計篇

第三篇　方法篇

表　次

圖　次

第一篇　理論篇

教學的基本概念

第一節 教學的意義

教學（teaching）是什麼？教學是一個耳熟能詳的術語。但是，許多術語頗多相關之處，實有釐清的必要。本節先就「教育」（education）、「教學」、「教導」（instruction）、「學習」（learning）、「訓練」（training）、「課程」（curriculum）、「科學」（science）、「藝術」（art）、與「專業」（profession）等詞，說明於後。

一、教育的範圍涵蓋教學

自有人類以來，就有教育的活動。人類一出生即接受教育的活動。通常母親就是嬰孩的第一個教師。她要教嬰孩吸奶、穿衣、說話……等等。教育的範圍至廣，舉如家庭教育、學校教育、與社會教育。古代遊牧社會，父親教導小孩狩獵；農業社會，父母親教導子女耕耘收割、做家事等。若以階段而論，教育又可分為幼兒教育、國民教育、中等教育、與高等教育等。

許慎的《說文解字》一書對於教與育一詞有明確的解釋，「教，上所施，下所效也；育，養子，使作善也。」《禮記・學記篇》也說：「教也者，長善而救其失者也。」於此可見，教育是培養、教導子女，發展學生潛能，矯正缺失，成為有用的人才。在教育的歷程中，父母、師長所使用的方法，諸如模仿、講解、示範、培養、教導、輔導、發展、與矯正等措施，都是教學的行為。

二、教學與學習是相對的

中文的「教」「學」兩字，實際上包含「教學」與「學習」。教學的對象是學生，要有學生的學習活動。學生應該接受教師的指導與輔導。因此，教學可分為教師的教學行為與學生的學習行為。教學與學習是相對應的術語。本書《教學原理與實務》採取廣義的解釋，包括教師的教學與學生的學習。

學習理論家與研究者對於學習從來沒有獲得一致而準確的看法。然而

大部分的學者認為學習是個體透過經驗造成的知識或行為的改變（Parkay & Hass, 2000:165）。

學習涉及知識、技能、策略、信念的獲得與行為的改變。雖然心理學家利用動物來進行實驗，建立學習的理論，人類的學習根本上有別於動物的學習，因為人類的學習更加複雜、精巧、快速，而且會使用語言（Schunk, 2012:2）。學習沒有放諸四海而皆準的定義（Shuell, 1986）。Kimble（1961:6）認為學習是「行為受到強化後，相當持久的改變。」Olson 與 Hergenhahn（2009:1）指出學習是「可觀察的行為改變。」Schunk（2012）把學習界定為：

> 學習是行為的持久改變，以固定的方式或從實際或別的經驗形式造成的能力（p.3）。

上述的定義可以看出學習是透過經驗而產生持久的改變。它涵蓋三個準則，分別敘述如下（Schunk, 2012:4）：

㈠ 學習涉及改變

當人們有能力去做不同事情的時候，就產生學習。人們透過各種方式學習，並且依據他們所作所為予以評估。當學習產生的時候，人們學會了知識、技能、信念、或行為，造成能力的改變。

㈡ 學習持續一段時間

學習不是短暫的行為改變而是持久的行為改變。譬如人們服用藥物、喝酒等因素而引起行為的改變，都是暫時性的；這樣不算是學習，因為原因消除後，行為就回到原來的狀態。然而，學習也未必是永久性的，因為人們會遺忘。

㈢ 學習透過經驗而產生

這個準則排除受到遺傳決定的行為改變，譬如兒童發育的行為（如爬行、站立等）。然而，成熟發育（maturation）與學習之間的差別不十分明顯。人們的舉止行為可能有遺傳的傾向，但特殊行為的發展有賴於環

境。語言的學習便是一個例子。人類的聲帶發展成熟，就可以透過互動，學習語言。雖然遺傳對於學習有很大的影響，環境受到了侷限，就不容易學習。

學習必須具備這三個準則，缺一就不構成學習。有些行為改變，如良好的運動控制行為可以歸之於成熟，因此不視為學習。其他的行為改變如飢餓時尋找食物，顯然是暫時的狀態，也不能稱為學習。學習需要透過經驗，但是何種經驗產生學習與這些經驗如何變成學習，構成學習理論的核心（Driscoll, 2000:11）。

孟子說：「人之異於禽獸者幾希」（《孟子‧離婁篇》下）。人類畢竟有別於動物，最大的差異就在於人有「四端」（《孟子‧公孫丑篇》上）——惻隱之心、羞惡之心、辭讓之心、與是非之心。這四端是可以教養的，可以學習的。宋代教育家張載也認為「學以變化氣質」，道盡學習的本意。平常我們觀察人類的行為舉止，有些人溫文儒雅，氣質非凡；另有些人行為粗暴，狂妄無知。行為的好壞都是學習的結果。人性的發揚，氣質的改變就是學習的確據。

縱然學習有好壞之分，然而從教育的觀點言之，教育的目的是要發展學生的潛能，矯正缺失，成為有用的人才。許慎的《說文解字》與《禮記‧學記篇》都認為教育是要使人為善，引導學生良性的發展。學生學壞了，雖然行為有所改變，它不是學習的本意，而是違背教育的原則，失去教育的意義。因此，「反教育」的作為不能視為學習的真諦。

三、教學與教導是相通的

一般而論，在教育文獻上，「教學」與「教導」是相通的。然而就文化的傳統而言，英語系的國家或地區，如英國、澳洲、新加坡、香港等地大都慣用 "teaching" 一詞，泛指一切教與學的活動。而美語系的國家或屬地，如美國與其屬地則常用 "instruction" 一詞，包含一切教學的活動。

嚴格地說，教學與教導在範圍上是有差別的。廣義的教學包括教師在課堂裡現場、實地的教學，與教師不在場的教學如遠距教學、空中教學、與電腦輔助教學（Computer-Assisted Instruction, CAI）等皆屬之。但教導可

指狹義的教學，僅限於教師當場「教」、「導」學生，耳提面命，指示一番，且「教」且「導」的作為。本書《教學原理與實務》泛指廣義的教學，包括教學與教導等活動。

四、教學的內容包括訓練

教育、訓練、教學、與教導這四個術語常常交互使用。但是，它們仍有些區別。教育是一個非常廣泛的術語，描述各種學習的經驗。這些經驗很多是沒有計畫的、偶然的、非正式的。譬如許多人從嘗試錯誤中學會開車。這種開車的經驗可視為普通教育的一部分。但是沒有刻意的安排學開車，就不能夠學得快、學得好、沒有任何挫折。這種刻意的學習經驗，就是教學。

所有的教學都是教育的一部分，因為所有的教學都含有學習的經驗。但並不是所有的教育都是教學，因為很多的經驗都未經刻意的安排，以達成既定的目標。

通常，我們使用「訓練」一詞，來指「教學的經驗」，著重個人獲得特定的技能，可以即學即用。譬如在職業教育方面，學生學會手工、機械操作等職場所需的各種技能。此種教學經驗可視為訓練。此外，某些特殊教育班級的教學也可視為訓練，因為這些學習經驗都是培養學生一些生活技能，如數鈔票、清潔工作等，可以即學即用。

然而，並非所有的教學都可視為訓練。例如師資培育，學生教以通識教育的人文、科學、與藝術課程。這些學習經驗可視為教學，因為課程是經過刻意安排的。但這些教學目標不是針對某一特定的職場。依此看來，這些學習經驗不能視為訓練。綜上以觀，教育是長期的歷程，係指各種學習的經驗，包含認知、情意、與技能的學習；訓練則指短期的歷程，偏向技能的學習。

教學與教導兩者常交互使用。惟兩者有別。依 Smith 與 Ragan（1999:3）之見，教導係指經由人——非由視聽媒體——教師現場傳授的學習經驗。教學則泛指一切學習經驗，經由各種學習管道得來的經驗。

如圖 1.1 所示，並非所有的教導可視為教學。有些教師並沒有把學習

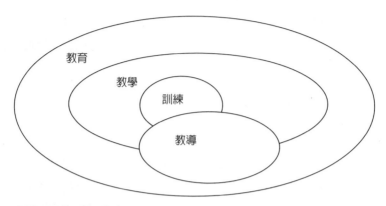

圖 1.1　各種教學術語的關係

資料來源：Smith & Ragan, 1999, p.3.

經驗朝向特定的學習目標。在這種情況，教師可能提供很多學習活動。在活動當中，學習目標往往可能從學生本身中浮現。總之，教學是教育的次級系統；訓練又可視為教學的次級系統。

　　Macdonald（1965:95）亦持類似的看法，認為課程、教導、教學、與學習有部分的重疊關係。每一類都可以視為一種系統，但在學校的實際場合，各系統互相重疊，形成特殊的次級系統（如圖 1.2）。

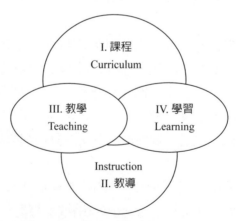

圖 1.2　課程、教學、教導、與學習之間的關係

資料來源：Macdonald, 1965, p.95.

五、課程與教學是一體的兩面

　　課程是什麼？它是最難於下定義的教育概念之一。事實上，美國教育人員百科全書（Dejnozka & Kapel, 1991）把課程解釋為「一個沒有一致定義的複雜術語」（p.151）。依據 Henson（2001:8-9）的解釋，"curriculum"一詞在拉丁文的原義是「跑馬道」（currere）。因此，課程的本義就是學習的課程（a course of study）。當用在教育上，它就有許多的意義。

　　Thompson 與 Gregg（1997:28）認為課程是達成學校目的與目標的主要工具。課程可界定為一種行動方案或書面資料，包含達成預期目的或結果的策略。

　　Wiles 與 Bondi（2002）視課程為涉及目的、設計、執行、與評量的四步計畫。然而，課程可以廣泛地界定為「討論學習者的經驗」。此種論點視課程為校內，甚至校外的一切事物。它是植基於 Dewey 的「經驗與教育」的論述，與 1930 年代 Caswell 與 Campell（1930）的觀點，認為課程是在教師的指導之下，兒童獲得的所有經驗。

　　課程也可視為學科（subject matter）諸如數學、科學、歷史等或學科內容。我們可以年級的層級討論學科或內容。

　　Oliva（1997）曾舉出一系列的課程意義如下：

- 課程是在學校裡所教的東西。
- 課程是一套學科（a set of subjects）。
- 課程是學習的方案（a program of studies）。
- 課程是一套教材（a set of materials）。
- 課程是一門學習的課業（a course of study）。
- 課程包括課外活動、輔導活動、與人際關係的任何事物。
- 課程是在學校的指導下，包括校內、校外所教的東西。
- 課程是學習者在學校裡所經歷過的一系列經驗。

　　總而言之，課程就是在學校與教師的指導之下，學生所進行學習的一切科目、學科、活動、與經驗。它是學習者進行一切學習活動與經驗的總合。

　　課程與教學的關係一向有不同的觀點。有些學者認為課程與教學是

截然不同，劃分為二、各自獨立。例如：Posner 與 Rudnitsky（2001:7）認為教學是一種歷程，而課程不是一種歷程。它是學校所教的內容或學生想學的東西。另有些學者認為二者相互依存，不能分割、並不相互排斥（Parkay & Hass, 2000:2）。亦有學者認為課程與教學實為一體之兩面，如影隨形，不可須臾相離。徒有課程而無教學，課程是空的；只有教學而無課程，教學是盲的（張清濱，2008）。

縱然課程與教學具有密切的關係，大體上，課程偏向教育的「內容」，屬於 "What" 的問題；而教學是偏向教育的「方法」，屬於 "How" 的問題（Parkay & Hass, 2000:2）。顯然地，二者雖有不同的涵義，卻是難分難解，都會影響學生的行為（Kellough & Kellough, 2003:122）。

六、教學是科學，也是藝術

教學究竟是科學？或藝術？或兩者兼而有之？從量的觀點言之，教學是科學；惟從質的觀點言之，教學是藝術。教學應該兼顧質化與量化。因此，教學既是科學，也是藝術。兩者具有互補的作用。

但是，有些教育家們認為教學的能力是天生的——自然的教學本能，無法傳授的；另有些教育家則認為教學是一種科學，具有特定的法則，是可以傳授的。主張教學是一種藝術者認為優良的教學主要是一種創意的行為（a creative act）。主張教學是一種科學者相信優良的教學乃是具有高深的學科知識與堅實的教學原理所致（Moore, 2009:3）。

科學的特徵是具體化、簡化、量化、效率化、與系統化。依據 Dewey 的看法，「科學」是在專業的實務領域裡，有系統的探究方法（Dewey, 1929: 7-12）。因此，教育的活動諸如課程計畫、教學、學校組織與行政，都可說是「科學的」，如果它們是以嚴謹的知識技巧，有系統地執行。然而，科學不該視為提供規則，應用於教育的藝術；相反地，科學充實專業的判斷並且提供更廣泛的選擇途徑應用於解決教育的問題（Parkay & Hass, 2000:279）。

然而，教學也是一種藝術。它的特徵是質性，難以準確的定義，評定主觀的特質，不論機械的藝術或美術，都是無可置疑的。教師的教學方法，像變魔術一樣，唯妙唯肖，巧奪天工。所謂「運用之妙，存乎一

心」，戲法人人會變，就是這個道理。Highet（1951）即主張教學是一種藝術，不是科學。他不贊成把科學的方法應用於人類，因為人類的互動遠超出因果的操弄，但他也主張科學在預測人類的行為方面是有幫助的。

七、教學是一種專業

教育應該是一種專業。教學趨向專業化更是不可否認的事實。依據美國教育學會（National Education Association, NEA, 1948）的研究，專業應具備下列八個規準：

㈠ 應屬於高度的心智活動。

㈡ 應具備特殊的知識技能。

㈢ 應受過長期的專業教育。

㈣ 應繼續不斷地在職進修。

㈤ 應屬於永久性的志業。

㈥ 應以服務社會為目的。

㈦ 應有健全的專業組織。

㈧ 應遵守專業倫理規範。

準此以觀，理論上，教師應該是專業人員。教學是「勞心」多於「勞力」的活動。教師對於任教的學科必須具備特殊的專業知識技能。譬如英語科教師必須懂得英語語音學、英文文法、英語會話、英文翻譯、英文寫作，還要了解教育專業的方法，才能勝任。教師必須接受長期的師資培育或接受專業教育；服務期間，也要繼續不斷地參加在職進修。同時，教師要把「教育」當作長期的志業，不可見異思遷、心猿意馬，不能把教育當作職業的跳板；更要秉持「有教無類，因材施教」的理念，以服務社會大眾為目的。此外，教師應該參加教育專業團體組織或活動，必須遵守教育的專業倫理與規範，注重身教與言教，不可誤人子弟、虐待或體罰學生。

然而實際上，部分教師教學不夠專業，因為他們的專業能力不足，從來不做研究進修，欠缺專業精神，也不參加專業組織，更不遵守教育的倫理規範。如果教師只符合其中部分的規準，頂多稱為「半專業」。教師要完全符合這些規準，才能成為不折不扣的專業教師。

第二節 教學的要素

教學是一種複雜的歷程，究竟包含哪些要素？有些學者認為教學至少涉及五個要素——學生、教師、教材、環境、與時間（Hyman & Rosoff, 2000:193）。但大體上，教學的歷程涉及學生、教師、教學目標、教材設備、教學方法、與教學評量（如圖 1.3）。今說明如後：

一、學生

教學的主要對象是學生。沒有對象，教學必成為自導自演，紙上談兵，不切實際。教學時，教師必須先了解學生的起點行為（entering behavior）與個別差異，判斷學生的能力水準，才能因材施教。

二、教師

教學的主角是教師。他（她）應該扮演良師的角色，傳道、授業、並解惑。現代的教師同時要扮演「十項全能」的角色：廚師、人師、經師、工程師、設計師、醫師、園藝師、幽默大師、魔術師、與裁縫師（張清濱，2008:125）。

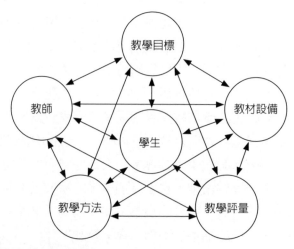

圖 1.3　教學要素之間的關係

三、教學目標

教育的目的何在？教學的目標為何？這是教學歷程必須考慮的要素。教學沒有目標如無舵之舟，茫茫然沒有方向，隨波逐流。教學前，教師應把握教學的目標，安排教學活動，以達成預期的效果。

四、教材設備

教學的材料（teaching materials）通常包括教材與視聽媒體器材。教學前，教師對於教材應有透澈的了解並應準備有關的教學媒體。如無媒體器材可資應用，師生亦可製作教具，可能的話，得由學生自備。

五、教學方法

教學方法包括教學策略、方法、技術或技巧。教學方法很多譬如問題解決教學法、思考教學法、小組教學法、練習法、討論法、探究法、欣賞法、協同教學、合作學習、與電腦輔助教學等。教師應該判斷何種學科採用何種教法才適當。

六、教學評量

學生學習有無困難？教學目標是否達成？教學效果如何？唯有實施教學評量，教師才能了解學生學習的情形。通常學期開始之初，教師應該判斷學生的能力水準、了解學生有無學習的困難，進行診斷性評量（diagnostic assessment）；教學過程中，教師要知道學習進展的情形，實施形成性評量（formative assessment）；教學結束，教師也要明瞭學習的結果，進行總結性評量（summative assessment）。

第三節　教學的研究與品質

教學透過研究建立理論，而教學理論經由實踐顯現其品質。本節就教學的研究與教學的品質，分別敘述如後：

一、教學的研究

教學理論泰半來自學習心理學。心理學家設計並從事許多類型的研究，主要可分為下列四種（Schunk, 2012:12; Woolfolk, 2011:14；張文哲譯，2013:23-31）：

(一) 敘述性研究（descriptive studies）

旨在發現並蒐集某一主題的資料，通常採用調查（survey）或訪談（interview），有時進行民族誌（ethnography）的研究或田野研究（field studies），亦有針對某一特殊個案進行個案研究（case studies）。

(二) 相關研究（correlation studies）

係指在自然情境下，研究變項之間有無相關的存在，變項之間的關係可能是正相關、負相關、或零相關。

相關研究有其限制，它無法辨認原因與結果。譬如自我效能與學習成就之間的正相關可能指：1. 自我效能影響成就；2. 成就影響自我效能；3. 自我效能與成就相互影響；與 4. 自我效能與成就受其他因素的影響。因此要判斷原因與結果，最好採用實驗方法。

(三) 實驗研究（experimental studies）

是用以考驗某處理之效果的程序。在實驗裡，研究者施以實驗處理而分析其效果。隨機化實地實驗（randomized field experiments）是常用的實驗研究，通常研究對象分為實驗組（experimental group）與控制組（control group）。前者是在實驗中接受特別處理的組，後者是在實驗中未接受特別處理的組。

實驗研究可以澄清因果關係，有助於了解學習的本質。同時，實驗研究的範圍狹窄，研究者通常僅研究某些變項，並且設法控制其他的影響至最小的限度。課堂或其學習的場所甚為複雜，許多因素要立即掌控。一、二個變項造成的結果可能過度強化它的重要性，有必要重複進行實驗並檢驗其他變項以便進一步了解其影響。

㈣ 行動研究（action research）

是一種特別形式的敘述性研究，由教師本人在自己的班級或學校進行與工作有關的研究。

相關研究與實驗研究屬於量化研究（quantity research），必須用統計方法呈現研究發現；敘述性研究與行動研究可採用質性研究（quality research）或量化研究。

學習心理學主要來自行為學派（behavioral theories）與認知學派（cognitive theories）的研究。行為學派視學習為行為的發生頻率、或行為反應的形式，主要受到環境因素的功能而產生改變。行為學派主張學習涉及刺激與反應之間連結的形成。依據 B. Skinner（1953）的觀點，由於先前反應的後果，刺激的反應更可能在未來發生。行為增強的後果如獎賞，將使反應更可能發生，而懲罰的後果將使反應更不可能發生。

行為學派的行為論（behaviorism）在 20 世紀前半世紀，甚為盛行，大部分較老的學習理論都是行為論。這些理論以可觀察的行為現象來闡釋學習。行為論者認為學習的行為不包括內在的思考、信念、感覺，不僅因為這些歷程不存在，而且因為學習的原因是可觀察的環境現象。

相反地，認知學派的認知論（cognitivism）強調知識與技能的獲得、心理結構的形成、與資訊的處理。從認知學派的觀點，學習是內在的心理歷程。它的建構、獲得、組織、記憶的編碼、演練、儲存、與提取，都是認知論的中心課題。

這兩派的學習理論對於教學的實務有重大的啟示。行為論讓教師妥善安排環境，這樣學生可以針對刺激做出適當的反應。認知論強調有意義的學習並且考量學生的感受。教師需要考慮教學時如何影響學生的思考。

哲學的認識論與學習理論不盡相同，但是制約理論（conditioning theories）通常是經驗主義者，而認知理論（cognitive theories）多偏向理性主義者。

二、教學的品質

教學品質（teaching quality）與教師品質（teacher quality）有密切的關係，但不是絕對的關係。優良的師資固有助於教學品質的提升，但徒有優

良的師資不見得就能提升教學的品質。提升教學品質，除了優良的師資外，尚需良好的教學環境，包括制度、課程、教材、設備、與行政的配合等。

　　教學品質是一個難以捉摸的問題。高品質教師（highly qualified teacher）、有效能教師（effective teacher）、與優良教師（good teacher），通常用來描述教學的品質。這三個術語分別強調教師的特質或資格、教學成果、與教學實務，亦即分別著重教師素質、教學能力、與教學表現。但是任何一個術語都不能充分地捕捉教學的複雜性，詮釋教學的品質（Liston, Borko, & Whitcomb, 2008:111）。

　　依據美國 2001 年頒布的聯邦教育法案「永不放棄兒童」（No Child Left Behind, NCLB），高品質教師一詞界定為具有下列資格者：學士學位、州政府教師證書或通過州教師證照考試、與學科知識（Hess & Petrilli, 2006）。此一定義窄化師資培育的內容，每一資格無法精確地測量，而且各州界定的標準有其變異性。大體上，高品質教師的定義設定了教師專業知識最起碼的基礎。

　　有效能教師一詞通常係指教師助長學生學業成就的能力（Liston, Borko, & Whitcomb, 2008:112）。教師效能的研究追溯至 1960 年代與 1970 年代（Shulman, 1986）。當時大部分的研究都在檢驗特定的教學行為（如教師發問的策略）與學生學習成就的關係。教師效能的研究著重在課堂教學並且往往使用課堂本位的評量（classroom-based assessment）。晚近的教師效能研究則以標準化測驗（standardized tests）來衡量「教師改進學生成就的能力」。教學品質研究的重點由教師資格的認定轉移到學生的學習成就。

　　優良教師也許是最普遍而最不精確的術語。美國卡耐基教學促進基金會（the Carnegie Foundation for the Advancement）主席 Shulman 曾經用下列方式描述優良教師（Loeb, Rouse, & Shorris, 2007）：

> 在優良教師的班級裡，學生是看得見的、努力學習的、專
> 心一致的、與積極參與的……。在優良的教學裡，學生負
> 起學習的責任；他們為了解負責……優良的教師熱情洋溢，
> 而且引導學生情緒的反應……優良的教學從引發心靈的習

　　性開始，但不停止。優良的教學從事於實際的思考與問題
　　解決的技巧，俾能應用於各種不同的場合。優良的教學影
　　響學生的價值觀、承諾、與認同（p.7）。

　　Shulman 的定義著重在教學的實務。他以教學的道德層面來描述優良教師的行為。優良教師不只提升學生的學業成就而已，他們也塑造了生命，它反映師生的互動與對學生造成的影響。

　　綜上以觀，教師的專業素質、教師的教學能力、與教師的教學表現，具有密切關係。但是教師素質高不能保證教學能力就強，教學能力強也不能保證教學表現就好。因此，提高教學品質，學校必須三者並進，採取全方位的品質管理（total quality management, TQM），著重品質管制（quality control）與品質保證（quality assurance）。

　　在 21 世紀之初，世界教育先進國家莫不追求卓越的教育，提升教學品質。美國自 2001 年頒布實施《永不放棄兒童法案》即是顯著的例子。但是卓越教育實施迄今，演變成四種模式：後段型、前段型、中段型、與統計型。後段型只重視低成就的學生，前段型只重視高成就的學生，中段型只重視一般成就的學生，與統計型只重視統計平均數的學生。Sternberg（2008:14）認為這四種類型各有所偏，這樣的教育，不能算是卓越。在可預見的未來，卓越的教育必須達到全體學生普遍的卓越、全人的卓越。教學內容除了傳統的 3R's 教育——讀（reading）、寫（writing）、算（arithmetic）外，還要加上另外 3R's 教學——推理能力（reasoning）、抗壓恢復能力（resilience）、與責任心（responsibility）。

　　面臨世界的經濟危機，許多國家經濟蕭條，失業人口增加，生活日漸窮困。父母無法讓子女接受良好的教育，因而學業成績每下愈況。臺灣部分地處偏遠與離島等文化不利地區的學校，學生家長忙於出外謀生，無暇照顧子女，加上學校資源有限，以致學生成就水準低落。澎湖縣西嶼國民中學進行一年級學生閱報與數學運算能力檢測，發現高達 30% 的學生不會十位數的加減乘除，15% 的學生認識的中文字不超過 300 字，閱報能力有限。這些學生智力正常，全都來自弱勢家庭，包括單親、外籍配偶、隔代教養、與低收入戶等不同家庭背景，從小就無法加強孩子的學習，學業

成就乃大受影響（肇瑩如，2008.11.22）。解決之道，政府應在文化不利地區提早實施免費幼兒教育，並補助中小學經費，設置資源班，改善教育環境，實施常態性補救教學，以提升其成就水準。

Wagner（2008:20）指出 21 世紀的公民必須具備七項存活的能力：㊀ 批判思考與解決問題的能力，㊁ 合作與領導能力，㊂ 敏捷與適應能力，㊃ 創新與企業家能力，㊄ 有效的溝通能力，㊅ 資訊處理與分析能力，與 ㊆ 好奇心與想像能力。這些能力勾勒 21 世紀的學校課程與教學的方向，值得教育人員的省思。

各級學校辦理教學評鑑，旨在提升教學品質。但是有些評鑑流於形式，通常要求教師填寫許多表件、查閱教學資料、觀察課堂教學、與訪談師生等。評鑑結果甚少與教學改進密切結合，效果不甚顯著。新加坡的教師評鑑可資借鏡。新加坡的資深教師與行政人員必須帶領新任教師數年；教師也使用相同的教練模式去協助學生學習。學校教師早上 7:00 到校，直到下午 5:00 離校。教師得有時間個別輔導需要協助的學生（Sclafani, 2008:26）。

新加坡的中小學生在國際數學與科學評量成績表現亮麗，歸功於完善的教師評鑑制度。新加坡的教師每年給予 100 小時的專業發展機會。政府並給予經費支援教師到國內外不同的學校進修，或到企業機構工作、或到社區服務。給假的準則要看進修能否改進教師的專業知能。教師評鑑與酬賞制度密切結合，強化了高績效的文化。在新加坡的教育體制下，每位教師都必須接受嚴謹的評鑑歷程，從學年開始的自我評量到學年結束的自我評鑑檔案紀錄與評鑑委員的記載。除了考量教師與學生及其家長的互動外，評鑑也看教師如何改進自己、學校、與社區。評鑑優異的教師不只是個人與專業的榮譽而已，也提高他們的薪俸並可得到約占年薪 10-20% 的績效獎金（Sclafani, 2008:26）。

第四節 實務演練與教師檢定

本節包括實務演練與教師檢定。前者注重情境演練，後者從近年來中小學教師檢定的趨勢，提出若干模擬試題與檢定試題（打 * 者為參考答

案），分別列示如後，以供切磋琢磨，增進效果。

一、實務演練

實務演練以教學的重要元素與教學是否專業為例，說明如下：

㈠ 教學涉及哪些重要元素？

教學是一種複雜的歷程，究竟包含哪些要素？完整的教學歷程至少涉及教師、學生、教學目標、教材媒體、教學策略方法與教學評量。教學要有對象，猶如戲劇要有觀眾，否則會變成獨角戲。教師是教學的主角，引導學生學習，才不會變成「放牛吃草」。教學要有明確的目標，始能把握教學的方向與重點。教師教學要有教材內容與方法，才能夠事半功倍，獲得良好的效果。教學結束，教師要實施教學評量，才能檢驗教學的績效，改進教學。現在請回答下列問題：

1. 在教學的歷程中，教師要扮演哪些角色？請舉出三種並說明之。
2. 教師在何種場合進行診斷性評量（diagonostic assessment）？形成性評量（formative assessment）？總結性評量（summative assessment）？請各舉例說明。
3. 李老師在教學的歷程中想要了解學生是否學會教材，作為改進教學的參考。李老師該使用哪一種評量方式？
   (A)安置性評量；(B)總結性評量；(C)診斷性評量；*(D)形成性評量。
4. 學校舉辦的期末考試與畢業考試屬於何種教學評量？
   (A)安置性評量；(B)形成性評量；(C)診斷性評量；*(D)總結性評量。

㈡ 教學是一種專業嗎？教師是專業人員嗎？

張主任在研習會服務的時候，經常向參加研習的教師專題演講。有一次，當他講到「專業」的時候，他與老師們進行對話。下面是對話實錄的片段：

張主任：教學是不是一種專業？

教　　師：大家異口同聲道：「是」。

張主任：你們是不是不折不扣的專業人員？

教　　師：七嘴八舌，有些老師答「是」；另有些老師答「否」。

　　　張主任請各位老師舉手表示，經過統計，約有 90% 的老師舉手認為自己是專業人員。

張主任再問他們：專業有哪些規準？

教　　師：依據美國教育學會（NEA, 1948），專業有八項規準。

張主任：答對了！那麼你們有沒有體罰過學生？

　　　結果讓人吃驚，在場的教師中，竟然高達 95% 的老師都有體罰學生的經驗。

張主任：體罰是否違背專業倫理？體罰可能觸犯哪些法規？

教　　師：大家異口同聲道：「是，體罰違反教育基本法。嚴重的話，
　　　　　還會觸犯刑法、民法、民事訴訟法等法律」。

　　　這時，老師們才恍然大悟，自己曾經體罰過學生，不能算是真正的專業人員，頂多是半專業人員。

張主任：現在你們自認是專業人員者，請舉手。

　　　張主任數了一數，參加研習的教師自認是不折不扣的專業人員只剩 3% 而已。現在請你想一想，在張主任與教師的對話中，談到專業的規準。請回答下列問題，表達你的看法：

1. 教師專業的認定規準有哪些？

2. 教師的專業倫理有哪些？請舉出三項並說明之。

3. 下列哪些教師不符合專業的規準？（複選題）

　(A) 體罰學生；(B) 校外補習；*(C) 上課「放牛吃草」；*(D) 從不研究進修；*(E) 不遵守專業倫理規範；(F) 參加教師會。

4. 上述張主任與教師的對話方式，係由何人所創用？

　(A) 孔子；(B) 孟子；(C) 杜威（J. Dewey）；*(D) 蘇格拉底（Socrates）。

二、教師檢定

研讀本章教學的基本概念之後，請思考並回答下列問題，今依模擬試題與檢定試題，列示如後：

㈠ 模擬試題

1. 教學（teaching）與學習（learning）的定義為何？學習有哪些準則？

2. 心理學家常以動物作為實驗的對象，建立學習理論。你認為動物的學習與人類的學習有何異同？

3. 課程（curriculum）與教學（instruction）常常相提並論。從定義的角度，何者範圍較大？為什麼？

4. 有些人認為課程與教學是一體之兩面。「徒有課程而無教學，課程是空的；只有教學而無課程，教學是盲的。」你同意此種看法嗎？為什麼？

5. 教育（education）與訓練（training）有何不同？請各舉出一個例子說明之。

6. 下列何者不是學習的本意？

   (A) 婷婷從社團活動學會跳舞；(B) 雯雯從電視節目學會唱歌；(C) 大衛從電腦學會資訊處理；*(D) 小白從社區同伴學會吸毒。

7. 行為學派主張學習是經由刺激與反應之間建立的連結而產生。此種學習理論接近何種哲學的認識論？

   (A) 自然主義；(B) 理性主義；(C) 理想主義；*(D) 經驗主義。

8. 認知學派認為學習是認知的歷程，處理各種資訊的活動而產生。此種學習理論接近何種哲學的認識論？

   (A) 經驗主義；(B) 自然主義；(C) 理想主義；*(D) 理性主義。

9. 陳老師想要針對自己任教的班級進行專案研究，探討教學方法對英語學習的影響。此種研究性質較屬於哪一類型的研究？

   (A) 敘述性研究；(B) 相關研究；(C) 實驗研究；*(D) 行動研究。

10. 立志高級中學輔導教師王老師針對藥物濫用具有高風險的學生進行特殊的個案研究。此種研究性質較屬於哪一類型的研究？

(A) 實驗研究；(B) 相關研究；(C) 行動研究；*(D) 敘述性研究。

㈡ 檢定試題（國家教育研究院，2014, 2019）

1. 面對十二年國教的實施，當前教師所應承擔的課程角色已有別於過去。請提出四項教師應有的新角色，並加以說明之。

（2014 年國小課程與教學）

2. 教師為了提升學生的學習成效，在選用教學方法時，應考慮哪些要素？請列舉五項要素並說明之。　　　　（2019 年 -2 課程與教學）

參考文獻

一、中文部分

張文哲譯（2013）。**教育心理學**（第三版）。譯自 Robert E. Slaven, *Educational Psychology*. 臺北：學富文化事業有限公司。

國家教育研究院（2014，2019）。**高級中等以下學校及幼兒園教師檢定考試歷屆試題及參考答案**。新北：國家教育研究院。

張清濱（2008）。**學校教育改革：課程與教學**。臺北：五南圖書出版公司。

肇瑩如（2008.11.22）。**國一生程度　唉！小學低年級**。臺北：聯合報，C3版。

二、英文部分

Dejnozka, E. and Kapel, D. (1991). *American educators' encyclopedia*. New York: Greenwood Press.

Dewey, J. (1929). *The source of a science of education*. New York: Horace Liveright, 7-22.

Driscoll, M. P. (2000). *Psychology of learning for instruction* (2nd ed.). Boston: Allyn and Bacon.

Hess, F. and Petrilli, M. J. (2006). *No child left behind*: *Primer*. New York: Peter Lang.

Highet, G. (1951). *The art of teaching*. London: Methuen.

Hyman, R. and Rosoff, B. (2000). Matching learning and teaching styles. In F. W. Parkay and G. Hass (Eds.), *Curriculum planning: A contemporary Approach* (7th ed.). Boston: Allyn and Bacon.

Kellough, R. D. and Kellough, N. G. (2003). *Secondary school teaching: A guide to methods and resources* (2nd ed.). Columbus, Ohio: Merrill Prentice Hall.

Kimble, G. A. (1961). *Hilgard and Marquis' conditioning and learning* (2nd ed.).

Englewood Cliffs, NJ: Prentice Hall.

Liston, D., Borko, H., and Whitcomb, J. (2008). The teacher educator's role in enhancing teacher quality. *Journal of Teacher Education, 59*(2), 111-116.

Loeb, S., Rouse, C., and Shorris, A. (2007). Introducing the issue. *The Future of Children, 17*(1), 3-14. Retrieved December 1, 2007 from http://www.futureof-children.org/usr_doc/7_01.pdf

Macdonald, J. B. (1965). Educational models for instruction. In J. B. Macdonald and P. R. Leeper (Eds.) *Theories of instruction*. Washington, D. C., Association for Supervision and Curriculum Development.

More, K. D. (2009). *Effective instructional strategies: From theory to practice*. Los Angeles: SAGE.

National Education Association (1948). *The yardstick of a profession*. Washington, D. C.: NEA.

Oliva, P. F. (1997). *Supervision for today's school*. New York: Harper and Row, Publishers.

Olson, M. H. and Hergenhahn, B. R. (2009). *An introduction to theories of learning* (8th ed.). Upper Saddle River, NJ: Pearson.

Parkay, F. W. and Hass, G. (2000). *Curriculum planning: A contemporary Approach* (7th ed.). Boston: Allyn and Bacon.

Posner, G. J. and Rudnitsky, A. N. (2001). *Course design: A guide to curriculum development for teachers* (6th ed.). New York: Longman.

Schunk, D. H. (2012). *Learning theories: An educational perspective* (6th ed.). Boston, MA: Allyn and Bacon.

Sclafani, S. K. (2008). Two roads to high performance. *Educational Leadership, 66*(2), 26-30.

Shuell, T. J. (1988). The role of the student in learning from instruction. *Contemporary Educational Psychology, 13,* 276-295.

Shulman, L. (1986). Paradigms and research programs in the study of teaching: A contemporary perspective. In M. Wittrock (Ed.) *Handbook of research on teaching* (3rd ed.). New York: Macmillan, 3-36.

Skinner, B. F. (1953). *Science and human behavior*. New York: Mmillan.

Smith, P. L. and Ragan, T. J. (1999). *Instructional design.* New York: John Wiley and Sons, 2-29.

Sternberg, R. (2008). Excellence for all. *Educational Leadership, 66*(2), 14-19.

Wagner, T. (2008). Rigor redefined. *Educational Leadership, 66*(2), 20-24.

Woolfolk, A. (2011). *Educational psychology* (12th ed.). New Jersey: Pearson.

第二章

教學的哲學基礎

教學原理主要論述教學的理論、學說、原則、策略、方法、與技術。但是教學理論大部分來自哲學、心理學、社會學、以及其他學派的學說與理念。本章先從哲學的觀點，探討教學的原理。

第一節 教學與哲學

哲學探討廣泛的人生面、人生的問題、前途、與我們組成的思想和事實。哲學的研究不僅使我們更了解哲學的派別，更可以討論我們自己的看法、信念、與價值觀——也就是體察周遭環境的方式並且界定何者對我們是重要的。它有助於我們了解我們究竟是何許人也、我們何以為人、並且了解到某一個程度，我們正在往何處去（Ornstein & Hunkins, 2004:30）。

哲學的問題經常對於學校與社會有著重要的影響。當代的社會與學校變遷迅速，更甚於往昔。誠如 Van Ti（1965:18）所言：「教育哲學引導教育的方向……。它斷定教育的決定、選擇、與另類的方法。」哲學是課程的核心，因為哲學影響課程的目的、內容、與課程的組織。哲學提供教育人員，尤其教師，組織教學的思維與架構。幾乎所有課程的要素，不論教學目標、教材、教法、與評量，都要以哲學為考量。Goodlad（1979:3）指出哲學是課程決定的起點，也是其後教學的基礎。Dewey（1916:384）也認為哲學是教育的普通原理，教育是哲學的實驗室。

在 Tyler 的課程架構中，哲學是設定教育目的的五大規準之一。哲學與其他規準——學習者的研究、當代生活的研究、學科專家的建議、與學習心理學之間，均有密切的關係（如圖 2.1）。雖然哲學不是課程架構的起點，哲學與其他規準之間的交互作用卻是等量齊觀。Tyler 深受 Dewey 的影響，發展教育目的似乎哲學遠比其他規準還重要（Tyler, 1949:34）。

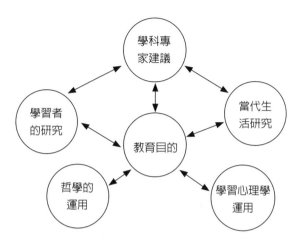

圖 2.1　Tyler 課程架構之間的關係

資料來源：Tyler, 1949, p. 33.

第二節　哲學的派別

　　影響教育的四個主要哲學是：理想主義（idealism）、唯實主義（realism）、實用主義（pragmatism）、與存在主義（existentialism）。前二者屬於傳統哲學，後二者屬於當代哲學。今分述如下：

一、理想主義

　　美國的理想主義者主要受到 Plato 與 Augustine 的影響，主張人生最高的目的是追求真理與價值，經得起時代的考驗。Plato 的《理想國》（*the Republic*）與其後的基督教義，都相信理念可以統整為普遍的概念。真理可以透過理性與直觀，甚至啟示與尋求上帝等可以找得到（Ornstein & Hunkins, 2004:33）。

　　依據理想主義者的看法，世界上除了理想以外，沒有任何東西是存在的。因此，現實是透過心靈才知道的。即使社會不斷變遷，真理仍然不變。心靈變成攝取真理的工具。透過理性，人就可以頓悟，了解自我與他的世界（Fuelstein & Phelps, 2001:150）。

　　德國的哲學家 Hegel 也許是最具影響力的現代理想主義者。他認為他

已發展出完美無缺的、合乎邏輯的思考方式，亦即命題與反命題之間的衝突乃是綜合的結果。真理可以藉理念不斷地綜合，建立起來。

理想主義強調道德與心靈的現實，以解釋現實的世界。真理與價值觀視為絕對的、歷久彌新的、普遍的法則。心靈與理念的世界是持久的、有規則的、秩序井然的。它代表完美的秩序。

教育上，理想主義者著重心靈的啟迪。教師要引導學生透過知識的思考去追求真理，幫助學生探求宇宙的真理。課程上，理想主義者重視具有永恆真理的藝術與古典文學（Fuelstein & Phelps, 2001:150）。

理想主義者主張學科課程的類型（pattern of subject matter curriculum），課程是有階層的。最高階層的課程是最普通或抽象的科目：哲學與神學；它們切割時空，並且應用於各種情境。數學是重要的，因為它培養處理抽象思考的能力。歷史與文學也很重要，因為它們是道德與文化模式的來源。較低層次的學科是自然與物理科學，它們討論特殊的因果關係。語言也是重要的學科，因為它是溝通的工具並且有助於思考的觀念（Ornstein & Hunkins, 2004:34）。

二、唯實主義

唯實主義如同理想主義，可追溯至古代希臘的哲學。唯實主義之父Aristotle，是 Plato 的學生。他是哲學家也是科學家，相信科學的探究可以改進智能。他認為萬事萬物皆有其目的。人類是唯一能思考與推理的動物；其目的就是要使用他們的能力。當我們以 Descartes 的話「我思故我在」（*I think therefore I am.*）來思考的時候，我們就獲得真正的目的。以佛教的觀點言之，真正的平安不是從思考某事而得來，而是從虛空而來，一種絕對的虛無狀態（Ornstein & Hunkins, 2004:34）。

唯實主義者視世界為實體的事物。人們透過感官與理性漸漸認識世界。萬事萬物都是得自於大自然並且服從自然的法則。當人類的行為順服自然的法則，是理性的。Pestalozzi 從實物教學開始，導引兒童的抽象思考，便是植基於唯實主義。

像理想主義一樣，唯實主義者強調由個別學科、教材組成的課程。譬如人類的經驗構成歷史。動物可以當作動物學來研究。唯實主義者重視

邏輯理性的思考。觀念與系統觀念可組成學科──諸如倫理的、政治的、與經濟的思想，都在課程之列。3R's 教育──讀（reading）、寫（writing）、算（arithmetic）成為基本教育的核心課程（Broudy, 1969）。

　　理想主義與唯實主義理念的差異在於前者視古典學科為理想的學科，因為課程固定、不隨時代改變，視學科專家為權威的來源。對於理想主義者而言，知識來自藝術學科中的普遍真理；但對於唯實主義者而言，現實與真理源自於科學與藝術等科目（Ornstein & Hunkins, 2004:34）。

　　對於唯實主義者而言，學生具有理性思考的能力。教師應給學生與環境互動的機會，讓學生發現宇宙的自然法則，協助他們發展知識能力，俾能做出邏輯的推論。

三、實用主義

　　相較於傳統的哲學，實用主義也稱為實驗主義（experimentalism），它是以科學探究為基礎的一種哲學，建立在變遷、歷程、與相對的基礎上。實用主義者相信推理來自人類的經驗。C. S. Peirce 主張身體與心靈是不可分離的。理念必須透過經驗予以證實。只對真理提出假設是不夠的；它必須予以證明。W. James 認為真理有賴於個人的察覺；而察覺有賴於個人獨特的經驗。

　　理想主義與唯實主義都強調學科、內容或理念；實用主義把知識視為一種歷程，在此歷程中，現實乃繼續不斷在變動之中。當人們從事於問題解決時，學習就會產生。問題的解決轉換為廣泛的各式各樣的學科與情境。認知視為學習者與環境之間的交互影響。互動的基礎就在於變遷的觀念。實用主義者認為理想主義者摒棄社會的變遷，只考慮不變的東西；唯實主義者只重視遺產等都是不切實際的，也是不智的（Ornstein & Hunkins, 2004:35）。

　　對於實用主義者而言，除了對於類型的相對關係以外，萬事萬物都不能視為智慧。整體影響部分，而部分與整體都是相對的。理想的教學方法是思考的內容不比思考的方法多。教學是探討多於解釋。學生需要的是處理變遷的方法與科學的探討。

　　在 20 世紀之初，科學的發展加速實用主義的哲學。在 1859 年，C.

Darwin 的《物種原始》（*Origin of the Species*）震驚了古典的宇宙觀。數學家 C. Peirce 與心理學家 W. James 發展了實用主義原理。他們拒絕先入為主的真理與外在價值觀的教條；並且推動試驗與驗證理念的方法。真理不再是絕對的或普遍的，而是要獲得證明與事實、經驗與行為相關的（Ornstein & Hunkins, 2004:35）。

最偉大的實用主義家是 John Dewey。他主張科學方法是保存民主與改進社會條件的工具。他認為教育是改善人類條件的歷程。學校是社會的縮影。學校視為特殊的環境，與社會環境同時合一。學校與社會之間是沒有界線的。實用主義的課程是建立在兒童的經驗與興趣上，教育要培養他（她）們適應生活。課程注重科際整合（interdisciplinary approach）而非單一學科，教學著重問題的解決，而非熟讀教材；要用科學的方法，而非事實或觀點的堆積。教學與學習是依照科學的方法重建經驗的歷程（Dewey, 1938）。教師要鼓勵學生思考，學生應給予充分的機會去解決問題。教師要協助學生去了解在學校所學的知識與技能如何應用於實際的情境中。實用主義的教師也重視校外的生活經驗，譬如戶外教學與旅行等。

四、存在主義

正當實用主義在美國如火如荼展開之際，歐洲的存在主義源自於 20 世紀之初，並盛行於第二次世界大戰期間。在美國教育方面，M. Greene、G. Kneller、與 V. C. Morris 等，都是有名的存在主義者。彼等大都強調個人主義與個人的自我實現（Ornstein & Hunkins, 2004:35）。

根據存在主義哲學，人們常被擠進一些選擇的情境。有些選擇是次要的，有些選擇是重要的。但是選擇是個人的事，個人的決定引導個人的自我界定。人們創造出來的精髓就是選擇的產物。當然，這是因人而異的。存在主義著重態度更甚於哲學。存在主義者認為追求真理是無用的，因為生活對於存在主義者沒有絕對的意義。如果意義存在，那是個人創造的一種產物。發現生活的意義是個人的選擇（Fuelstein & Phelps, 2001:153）。

存在主義者喜愛學習者自由選擇學習的教材，並且去判斷何者為真。課程將避免有系統的知識，學生可以自由自在地從許多可得到的學習情境中選擇自己想要具備的知識。於是有些教育家批評存在主義是太沒有系統

或放任，不適合小學階段的教學（Ornstein & Hunkins, 2004:35）。

存在主義者相信最重要的知識是關於人類的狀態與每人必須作的抉擇。教育就是發展有關自由選擇意識與自己選擇的意義與責任的歷程（Soderquist, 1966）。因此，團體規範、權威、與建立的秩序等觀念——社會的、政治的、哲學的、宗教的——都是被排斥的。存在主義者少有標準、慣例、或傳統，或外在真理；在這方面，存在主義是與理想主義與唯實主義的觀點背道而馳的（Ornstein & Hunkins, 2004:36）。

存在主義的課程是由經驗與適合於選擇的學科所組成。因此，存在主義者著重選修課程，因而選擇個人的、主觀的，情緒的、美學的、與哲學的學科都是適合的。文學、戲劇、影片製作、藝術等科也是重要的，因為它們刻劃人類的狀態與選擇的條件。教學強調自我表現的活動、實驗、與可以描繪情緒、感覺、遠見的方法、與媒體。學校是一個師生能對話、討論生活、與選擇的場所（Greene, 1978）。

第三節 教育哲學

教育哲學從哲學的四個派別：理想主義、唯實主義、實用主義、與存在主義衍生四種派別：永恆主義（perennialism）、精粹主義（essentialism）、進步主義（progressivism）、與重建主義（reconstructionism）。永恆主義大部分得自理想主義，精粹主義植基於理想主義與唯實主義，而進步主義與重建主義源自於實用主義。某些重建主義與存在主義的認知與教學有些連結。茲分別敘述如下：

一、永恆主義

永恆主義是最古老而且最保守的教育哲學，乃植基於理想主義。它強調宇宙、人性、真理、知識、美麗等不變的特質。正如永恆主義的長期擁護者美國前芝加哥大學校長 R. Hutchins 所說：「人在每一社會的功能是相同的……教育制度的目的在每一年齡層與每一社會中是相同的；其目的就是使人之所以為人」（Hutchins, 1968）。

　　永恆主義的課程在小學教育階段，著重 3R's（讀、寫、算）教育、道德與宗教訓練；在中學教育階段，課程強調拉丁文、希臘文、文法、修辭學、邏輯、與幾何等學科。永恆主義是以學科為取向（subject-centered），以博雅教育（liberal education）為重點，強調語言、文學、數學、藝術、與科學。依照 Hutchins 的說法，博雅教育係指學生必讀的「經典之作」（Great Books），包括歐洲重要思想家的著作，諸如 Plato、Aristotle、St. Augustine、St. Thomas、Aquinas、Erasmus、與 Shakespeare 等人的名著。教師視為學科領域的權威，他（她）的知識與專業是無可懷疑的。因此，教師必須精通本領域的學科，引導學生討論。事實上，教學就是激發討論的藝術，引發學生固有的推理能力。教學方法主要以 Socrates 的產婆法（Socratic dialectic）、口頭解說、演講、與闡釋為主。

　　對於永恆主義者而言，一切教育問題的答案就是解答「人性是什麼？」的答案。永恆主義者主張人性是恆久不變的。人類有推理的能力並且有能力去了解自然的普遍真理。教育的目的是要培養有理性的人，並藉妥善訓練知識分子，揭發普遍的真理。品格訓練當作陶冶道德與心靈的工具，也是很重要的（Ornstein & Hunkins, 2004:36）。

　　永恆主義的課程發展不重視學生的興趣，因為學生是未成熟的而且缺乏判斷力，無法斷定何種知識與價值有待學習。學生是否喜好這個學科是次要的，因而少有選修的餘地，不論是職業類科或技術類科（Ornstein & Hunkins, 2004:37）。

二、精粹主義

　　另一個傳統又保守的哲學是精粹主義。精粹主義建立在理想主義與唯實主義的基礎上，並且在 1930 年代是一種對進步主義的反動；在 1950 年代，蘇俄發射人造衛星，並在 1960 年代前期，發展成為一個主要的地位。

　　精粹主義是以美國哥倫比亞大學師範學院 W. Bagley（1874-1946）為代表。他是美國精粹主義學會的創始人。他認為文化有其共同知識的核心，應該有系統地、嚴謹地傳授給學生（Parkay & Hass, 2000:23）。雖然類似於永恆主義的學科取向，精粹主義論者不注重過去，而較關心當代的事情，主張學校課程應教授基本學科或重要學科：小學注重 3R's 教育，中

學注重五個基本或重要學科，如英文、數學、科學、歷史、與外國語文。

永恆主義論者完全反對藝術、音樂、體育、家事、與職業等類科，認為它們是裝飾品，而且浪費時間，毫無意義。精粹主義論者雖也反對這些學科，仍勉強視為次要學科，限制學生修習時數。

永恆主義論者把學生的心靈視為吸收知識的海綿體；精粹主義論者也關心事實與知識，但他們對於概念的思想、學科的原理與理論也感到興趣。這兩種學派都認為不論學生的能力與興趣如何，所有的學生都要給予相同的課程——內容上是知識的——學習的量與比率隨個別學生的學習能力調整（Tanner, 1982:412）。

今日的精粹主義反映在美國的公共需求以提高學業水準並改進學生的功課與心靈。《國家在危機中》（*A Nation at Risk*）與《永不放棄兒童》（*No Child Left Behind*）等報告即為明證。雖然目前的精粹主義較前有所調整，譬如它提供學習較差的學生——但仍強調學業（非遊戲）與認知思考（非全兒童）（Ornstein & Hunkins, 2004:41）。

三、進步主義

進步主義係從實用主義哲學發展而來，並且對抗永恆主義的教育思想。進步主義的教育運動也是美國最大型的社會與政治改革運動的一部分，突顯 20 世紀之初的美國社會。它深受當時政治的進步思想，諸如 Robert LaFolette、Theodore Roosevelt、與 Woodrow Wilson 等人與社會揭發醜聞運動的影響。進步主義可視為當代的教育、社會、與政治改革運動（Ornstein & Hunkins, 2004:44）。

進步主義的教育思想可追溯到 18 世紀的 Thomas Jefferson 與 Benjamin Rush，19 世紀的 Horace Mann 與 Henry Barnard，與 20 世紀初 John Dewey 等人的改革言論（Ornstein & Hunkins, 2004:44）。

進步主義者重視學習的工具與技巧，包括問題解決法與科學的探究法；此外，學習經驗應包含合作的行為與自律，二者皆為民主生活所必要。透過這些技巧與經驗，學校可以傳遞社會的文化，培養學生適應變遷的世界。進步主義者不著重固定的學科知識，強調「如何思考」（*how* to think）而不在「思考什麼」（*what* to think）（Dewey, 1933）。

　　進步主義教育之父 William Kilpatrick（1871-1965）相信課程應該建立在「實際生活」（actual living）的基礎上。他認為進步主義教育具有下列特徵（Parkay & Hass, 2000）：

㈠課程始於兒童的自發興趣，漸漸地培養他們承擔社會責任的角色。
㈡教學針對學習的目的與關心的問題，學習最有效。
㈢學生主動參與社會有用的工作，成為社會有價值的公民。
㈣課程應教導學生理智與獨立思考。
㈤課程應由教師與學生共同設計。
㈥學生經過練習並與生活相結合，學習效果最好（p.26）。

　　進步主義的教育思想以 John Dewey（1859-1952）為代表人物。他是美國近代著名的教育學家。他的教育思想影響美國教育至為深遠，也影響整個世界，成為當代教育思想的主流。Dewey 曾於 1919 年應胡適之等人之邀，來華講學，為時二年，深受歡迎。Dewey 的教育思想影響中國教育的發展，自不待言。陶行知倡導行以求知，莫不受其影響。1922 年中國新學制的誕生，Dewey 的教育思想實為其主導力量之一。

　　Dewey 著作等身，一生從事學術思想之研究，不遺餘力，老而彌篤。據統計，他出版的專著計 36 種，論文多達 815 篇，其創作力之充沛，實足驚人（高廣孚，1991:8），堪稱舉世不可多得的教育思想家。

　　Dewey 的著作中，最能代表其教育思想者為：《民主與教育》（*Democracy and Education*）、《我的教育信條》（*My Pedagogic Creed*）、《學校與社會》（*The School and Society*）、《兒童與課程》（*The Child and the Curriculum*）、《思維術》（*How We Think*）與《經驗與教育》（*Experience and Education*）等書。本章特就 Dewey 的教育思想分為目的論、課程論、學習論、社會論、與教育論，加以論述（張清濱，1997:33-46）。

㈠工具主義的目的論

Dewey 的工具主義教育目的論，強調以手段當作工具，可概分為下列四點敘述：

1. 反對傳統教育以固定而遙遠的理想作為教育之目的

他認為良好的教育目的應具有下列特性：

- 目的必定繼續不斷向前生長，社會中全體分子的活動，必是交互影響。
- 目的必為指導活動之方法與手段。目的既為吾人活動中預見之結局，則吾人對目的必有預見之明。
- 目的必寓有機體在活動中有充分之自由與創造性（高廣孚，1991:24-26）。

從 Dewey 的論點言之，良好的目的（ends）必有連續性（continuity）。在活動以外的目的，目的與手段（means）常常分開；在活動中的目的，作為引導活動的計畫，則目的是「目的」，也是「手段」。「在未達目的之前，每一個手段都是暫時的，當目的達到後，這個目的又成為實現更高活動的一個手段。當活動是指向我們將來的方向前進時，我們就稱它為目的；而當它是指向我們現在行進的方向時，就稱為手段。」（林寶山譯，1990:101）。就目的與手段之關係言，目的乃是已完成之手段，而手段即未完成之目的，乃是繼續不斷的歷程；在採取手段時，目的先已預見；在此一目的完成之後，目的又變成手段，再憑以達成另一目的，如此循環不已。因此，自活動的歷程而言，手段與目的是一而二，二而一，繼續演進，以至於人生之終極（高廣孚，1991:28）。

以師資培育為例，它是繼續不斷的歷程。學生修習「教學原理」是手段，目的是要「完成師資培育課程」。「師資培育課程修畢」又當作手段，目的是要取得「教師檢定的資格」。「教師檢定通過」又當作手段，目的是要取得「教師甄選」的資格。「教師甄選錄取」又當作手段，目的是要「擔任學校教師」。由此觀之，目的變成手段，再憑以達成另一目的，如此循環不已。目的與手段是有連續性、繼續性的。

2. 教育即生長、教育即發展、教育即生活、教育即改造

生活乃一演進的歷程，繼續不斷，向前生長。Dewey 認為生活即發

展，發展、生長即生活。將此意義用之於教育即：

- 教育歷程除其本身之外，別無目的，它即其自己之目的。
- 教育歷程乃繼續改組、改造、改變之歷程（高廣孚，1991:29）。

Dewey 認為教育即生長（education as growth）、教育即發展（education as development）、教育即生活（education as life）、教育即改造（education as reconstruction）（Dewey, 1916）。所謂生長、發展、生活、改造均為教育之內涵。因此，Dewey 認為教育乃生活所必需，教育成為生活的工具，而生活則成為教育的內容。學校教育的目的乃在使人能繼續生長、適應社會的能力；使人能在生活歷程中學習，乃是學校教育最良好的產物。

3. 教育乃為目前生活之準備，非為成人生活之預備

Dewey 認為教育為目前生活之準備，而非為成人生活之預備。Dewey 反對生活預備說，他認為預備說有四種弊端：

(1)它忽視了現有的動力，未能利用兒童現在的動機力量。

(2)這種情形可能會導致優柔寡斷與因循苟延；未來是遙遙無期的。

(3)它重視傳統既定的標準，要個人的特殊能力屈服在傳統的教導之下。

(4)教育預備說必須藉助外鑠的苦樂經驗以達成其目的（林寶山譯，1990:52）。

Dewey 不否認教育確有為未來生活預備的功能存在；但他強調教育是生長，它必須了解現在的情況，才能去適應社會的生活。生長不能靠揠苗來助長，它是向著未來的一個連續性的歷程，重視現在也希望未來，沒有今天哪有明天？把教育視為未來預備，其錯誤不在於教育的此種預備功能，而在於把預備看成是現在努力的根源。

4. 調合自然發展、社會效率及個人文化的教育目的

Dewey 指出：我們如要衡量任何大目的的價值，就必須視其能否容易地與其他目的所暗示的歷程前後一致。我們即應用這個方法來評鑑「自然發展」、「社會效率」與「充實個人精神生活」等三種目的。

每一種目的多少都有相衝突之處。以自然發展為目的，便是主張把「自然發展」原始的能力，作為最終的目的。訓練此種能力以利他人是一種變態的強制行為。但我們如能了解到，自然的活動係藉後天教育，使人

應用本能、發展本能，此種衝突即可消失。同樣地，「社會效率」若是指對他人盡外在的服務，當然與「充實經驗意義」相反。其實我們應把「社會效率」的教育目的，當成一種能力的培養，能使人自由的、完全參與共同的活動。要從事這種參與，就非有文化不可。儘管他可以增益文化，但在參與他人活動之前，他必須學習。因之，文化乃是一種使人隨時擴大對事物所知的意義範圍與準確了解事物的能力（林寶山譯，1990:119-120）。

(二)**實用主義的課程論**

Dewey 的課程論強調**以兒童為中心（child-centered），以興趣為原則**，可概分為下列七點敘述：

1. **強調連續的概念**

Dewey 視教材、教法為一體，而非彼此分立不相聯繫的部分，破除傳統「教材」與「教法」、「教師」與「學生」之對立思想。他認為課程在本質上是科際整合（interdisciplinary），而課本與教材是學習歷程的一部分，不是終極知識的來源。教學乃一整體的學習活動。在此活動中，教師、學生、教材、教法四者缺一不可。顯然地，課程與教學密不可分，教學不能脫離於課程之外。

2. **教材組織應從心理組織著手，然後逐漸導引至論理組織**

Dewey 主張課程的編製必須以兒童為起點，亦即以學生的經驗出發，依時漸進，並以適當的科學方法加以發展，這是「心理的方法」，它與專家的「邏輯的方法」有別。心理的方法雖然耗費時間，但能使學生較為了解，並獲得較大的興趣，就足以彌補時間的損耗，至少學生能夠明白他所學的。論理組織提供學科教材，與兒童目前的經驗沒有直接的關係，它獨立於其本身的觀點之外，教科書與教師彼此也都以教材本身的觀點來供給兒童教材，期使兒童成為學科專家。

教材的心理化是為了引起兒童的興趣──興趣存在於全部生活中，此種教材便與兒童生活有同樣的價值。但是，以外加方式呈現的教材，則是建立在成人的觀點和態度上，已遠離了兒童的經驗與動機，因而無法在兒童精神生活中占有地位。據此，課程編製應由「教材本位」變為「兒童本位」。

3. 教學法是一種藝術

Dewey 認為教學方法就是一種藝術方法，也是一種目的導向、善用智慧的行動方法。但是藝術的實踐及表現並非一蹴可幾、立刻意領神會。不管是哪一類的藝術家，他（她）要有良好的技術，一定要先對他（她）們所用的材料及工具十分熟悉。例如：油畫家必須對所用的帆布、顏料、刷子與其他工具的用法有所了解。藝術家在試用材料與工具的同時，還要注意到哪些用得有效、哪些用得無效。只會純熟運用現成的技術，並不能保證藝術工作一定完美。藝術工作也需藝術工作者那份有生氣、有動力的觀念，而不是依照成法就可以成功。

教師要指導學生，明瞭如何利用以往的經驗，以獲得知識。良好的教師必須活用教材、教法，在教學時，能充分掌握學生的情緒，啟發學生的興趣，集中學生的注意力，憑藉學生的生活背景，依據學生的社會關係，運用有關方面的社會環境，充分發揮教學的效果。

4. 課程設計要顧及現在社會生活的需要，以改進公共生活為宗旨

課程設計要把「要素」放在第一位；把「整理」放在其次的地位。所謂要素就是社會最基本的事務，亦即與社會大眾共同參與的經驗有關的事務。整理係指特別群體所需要的事務與專門的職務。Dewey 認為教育最初是「人類的」（human），其次才是「專業的」（professional）。如果教育全偏向實利方面，使少數特殊階級受高等教育，民主就不能興盛（林寶山譯，1900:201）。

5. 重視地理與歷史的教學

Dewey 認為學習地理就是要能覺察到平常的動作與空間、自然之間的關聯。學習歷史就是要能認識尋常動作與人類的關係。歷史與地理教學能充實人的生活、環境與背景，以豐富個人的經驗，擴充個人的經驗。地理強調自然方面，歷史強調社會方面，都與人類生活發生密切的關聯。歷史、地理也可激發人類的想像力（林寶山譯，1900:218）。

6. 教學評量應重視心理歷程而非僅以答出正確答案為依據

教師常常採取一成不變的教學方式，不允許也不鼓勵學生用各種不同的方法去處理問題，結果閉塞學生啟發知識的機會。教學評量不以答案正確為已足，尚應評量其歷程，了解其解決問題、作決定與判斷的能力。因

之，教學評量應質重於量。譬如兩生答案完全一樣，但甲生比乙生思考歷程較細密，所用之方法亦較高明，則教師應給甲生較高之分數。

7. 減輕課業負擔，增加責任感之培養

Dewey 認為學校常因學習科目太過複雜，功課太過繁重，造成學生焦慮、緊張、囫圇吞棗、不求甚解的現象；而且，科目繁重的結果，使學生無法真正去認識事物，培養責任心。他認為責任心是知識態度的要素之一。學校應提供一種情境，讓學生在此種情境中獲得知識，並確信他所獲得的是真實的知識，同時也能根據事實與所預料的結果去做。如果這類情境太少的話，我們寧可在教學時少提未經徹底研究與實驗的事物。這就是 Dewey 所謂「知識的責任」（intellectual responsibility）（林寶山譯，1900:187）。

(三) 實驗主義的學習論

Dewey 的實驗主義學習論強調從經驗中學習，從做中學（learning by doing）。他採取生物學的觀點，視理性與經驗為知識發展歷程中互相關聯、彼此依賴的兩種因素，藉以調和雙方的爭論，解決其共同的困難（崔載陽等，1970:73-74）。Dewey 深受英國 Locke 的經驗主義、法國 Counte 的實證主義、Rouseau 的自然主義、Darwin 的生物進化論、德國 Hegel 的辯證論、美國實用主義思想家 Pierce 與 James 思想的影響，建立實踐、行動與實用的實驗主義學說，並倡導「由做中學」的學習理論（葉學志，1990:77-78）。茲分下列六點敘述：

1. 經驗包括兩個要素

經驗包含了主動與被動的兩個要素。就主動方面而言，經驗是一種嘗試（trying）或實驗（experiment）。就被動方面而言，經驗就是從事（undergoing）行為的結果。當我們去經驗某些事物的時候，就包含了這兩個過程。例如：小孩把手指伸進火燄裡，光是這種的動作並不構成經驗。他要把手伸進火燄裡的動作與體驗被火燒傷的後果，才構成經驗。手指燒傷對他來說就跟木頭燃燒一樣，只是一種物質變化而已。

2. 從經驗中學習

我們如果能把活動及其所產生的結果聯結在一起，使它具有意義，如此的經驗便成為學習。Dewey 所謂「從經驗中學習」（learning from experience）就是把所做的事與所享受或遭受的結果前後一貫地聯結起來。在這樣的情形下，我們的行為便都是嘗試性的，是一種追求世界真相的實驗；所得的結果才有教導的功用——能發現事物的前因後果關係（林寶山譯，1900:138）。

3. 反對身心二元論

學生上學是把身體與心靈一起帶進學校的。這個身體具有發洩精力的作用，必須有所作為。但是這些作為卻常常受到學校壓抑，不能被利用來從事有意義的事情。因之，學生必須另尋活動發洩，無法專「心」學習，這些精力便形成調皮搗蛋行為的根源。學校教育如果不能把身體的能力用在有意義的活動上，此種能力就無法發展。古希臘的教育之所以有那麼大的成就，其主要原因就是不把身體與心靈牽強劃分開來，不主張這兩方面是彼此隔離的。

4. 反對機械式訓練

Dewey 主張學生要能夠使用感官來從事有目的的活動。他所看到、所接觸到的事物特性與所做的行為都有關係，他也會仔細體會，因此這些事物對他來講就產生意義。例如：教師期望學生用他們的眼睛去注意字的外形，以便能拼出來、能唸出來，而不去強調字的意義，那麼他所採用的方法只不過是孤立的感官與筋肉的訓練而已。學習英文單字不惟注意字形，尚應把字形與字義聯結在一起，如能把它聯想成為有意義的字，就更容易學習，也就不會淪為機械式的訓練。譬如候選人 "candidate" 一字可把它分成三部分："can-did-ate"，並把它聯想為：一個好的候選人必定是會（can）做事（did）——能為民服務，並且會吃飯（ate）——身心健康的人。

5. 理論要與經驗相結合

理論是活在經驗中，理論要與經驗相配合才能使它更具重要性，更能得到證實。西洋有句話說：一盎斯的經驗勝過一噸的理論（An ounce of experience is better than a ton of theory.）。經驗即使是一個不起眼的經驗，就能歸納出、引導出一些理論或一些知識內容，所謂「小故事、大道理」

就是。同樣地，缺乏經驗做基礎的理論，往往不能夠真正成為大家所能了解的理論。

6. 重視思考教學：學校教材與校外生活經驗密切結合

Dewey 倡導問題解決教學法，也就是五段教學法，以培養學生思考的能力，解決困難的問題。進步主義的教學方法非常重視如何思考（how to think），而非思考什麼（what to think）。他提供的問題解決教學法包含五個步驟：(1) 發現問題；(2) 分析問題之關鍵所在；(3) 提出解決問題之各種辦法；(4) 選擇最佳之解決辦法；(5) 驗證其得失，提出證據，以支持其論點。

教師的角色在解決問題與科學探究的歷程中，充當學生的嚮導。Dewey 稱之為「團體活動的領導者」。教師與學生共同研擬學習的活動，教師幫助學生找出定點、分析、解析、並評鑑資料，以獲致結論。

Dewey 認為要培養思考的能力，學校教育必須注意下列各點：提供思考的環境；思考的題材要以日常生活經驗為基礎；師生共同活動；設置實驗室、實習場所、充分運用戲劇表演、遊戲、競賽活動，提供機會，使實際生活的情境重現於校內。

㈣ 民主主義的社會論

Dewey 的社會觀係植基於民主主義之上，其民主主義的社會論，強調教育機會均等。茲分三點論述：

1. 民主乃是一種社會

Dewey 認為民主乃是一種理想的社會。唯有社會能讓各種不同的團體組成共同的興趣，自由地互動，並獲得彼此的適應，社會才能長存。在此社會中，分享就是最重要的觀念——資源共享，理念分享（Glatthorn, 1987）。

2. 教育機會均等

Dewey 指出：在民主的社會中，人人立於平等、自由的基礎上，接受機會均等的教育，打破權威、階級的限制，消除種族、性別之分。民主的社會應該提供「均等的教育機會」。所謂「機會均等」即撇開個人稟賦上之差異，而主張人人在政治、經濟、法律、教育等方面均享受一律平等之待遇。他說：「民主方式所主張之平等，並非相信每個人之生理與心理品

質完全相同，而係主張不論材質大小，在法律上或政治上一律平等。更因材質有大小，機會均等之原則，尤須有法律之明文規定，以免有野心之上智者利用天賦之差別，設法壓抑下愚」（高廣孚，1991:176）。

3. 學校是社會的縮影

Dewey 在《民主與教育》（*Democracy and Education*）一書中，主張民主與教育應攜手並進；民主社會與民主教育是共同參與而且隨時產生的，並非預備的、絕對的。依照他的見解，學校是民主社會的縮影。在此社會中，學生可以學習並練習民主生活所必須的技能與工具（Dewey, 1916）。

Dewey 主張教室的環境應該是一種社會環境，在真實的社會裡，強調經驗的分享、社會的互動、合作與溝通。學校生活就像兒童在家裡、左鄰右舍或遊戲一樣真實、生動。學校行政、課程、教學方法的價值乃是以社會精神發揮的程度來衡量。他所謂的「社會精神」（social spirit）就是一種社區感（a sense of community），強調社會的自由互動與共同利益的分享。這兩大特質乃是維繫任何社會的力量。學校教育就要安排此種環境，培養具有民主素養的國民，諸如容忍、利人、信任、尊重、公平、公正、開闊的胸襟、合作、與服務等價值觀念（Soltis, 1991）。

㈤ 進步主義的教育論

Dewey 的進步主義教育論深受 Hegel 思想的影響，以統一（unity）與連續（continuity）的觀念，調和各派學說的對立與衝突，集各家之大成。在 Hegel 之思想中，「統一」必發生於「連續」之歷程，在「連續」中始生「統一」。此兩大觀念縱橫交織於 Dewey 的哲學中，儼然成為其思想理論之經緯（高廣孚，1991:176）。

就「統一」觀念而言，在教育目的方面，Dewey 儘量消除「自然發展」、「社會效率」與「文化修養」之衝突。在學習理論方面，他以折衷調和之理論，以統一「興趣」與「訓練」之對立。在知識論方面，以實際知識之歷程，統一理性（觀念）與經驗（知識）之對立，以消弭「理性主義」與「經驗主義」之爭論。Dewey 認為在民主主義的社會中，勞動與休閒不再相反，自由教育與實利教育不復劃分，由此而消除勞動階級與休閒

階級之對立；復以知行合一之概念，調和理智學科與實用學科之衝突。

再就「連續」之觀點言之，在教育目的方面，Dewey 提出「教育即生長」、「教育即生活」之主張，視「生長」與「生活」為一「連續」發展之歷程。一般人認為「目的」與「手段」截然分開，Dewey 則從「連續」之立場，將二者統一於人與環境交互活動時所發生的行為歷程內，以為「手段」即未來之「目的」，「目的」即已完成之「手段」。在教材與教法方面，Dewey 亦以「連續」之觀點，使二者統一於教學活動之中。在課程組織方面，根據經驗發展之順序，以兒童生活為起點，逐漸擴展，以適應成人之生活，調和心理組織與論理組織之爭論。

Dewey 的教育理論強調「教育是經驗不斷重組、改造的歷程」，倡導進步主義的教育理念。他的基本論點如下（葉學志，1990）：

1. 教育是生活本身而非未來生活之預備。
2. 學習必須直接與學生的興趣有關。
3. 教師的任務不是指導學生，而是學生的顧問。
4. 問題教學法是優於灌輸學科知識的教學方法。
5. 學校應該鼓勵學生合作而非競爭的觀念與行為。
6. 教育必須民主。

四、重建主義

重建主義哲學的本身建立在 19 世紀早期的社會主義與烏托邦理念（utopian ideas）的基礎上。然而，那是歐洲經濟蕭條，讓它得以重生，給予新的生命。重建主義論者認為進步主義過於強調兒童中心的教育（child-centered education），而注重社會的需求。在 1930 年代，美國社會的問題諸如種族歧視、貧窮、與失業等，皆為進步主義者所忽視。今日的問題也頗為類似，有些問題更甚於往昔如環境汙染、愛滋病、與地球資源的枯竭等。重建主義關心社會的、政治的、與經濟的理念與意識型態，在此情境中反映出重建主義哲學（Ornstein & Hunkins, 2004:50）。

Theodore Brameld 常被視為「重建主義」術語的創始人。實際上，

Dewey 也同時提出。他認為重建主義是一種危機哲學，適合於危機的社會。依據 Brameld 的看法，學生與教師不僅要有立場，也必須成為變遷的代理人以改進社會。在課堂裡保持中立的態度並不適合於民主的歷程。他說：「教師與學生有權利選邊站，由於一切有關證據經過自由的、嚴謹的考驗與溝通的結果，有為最好的政黨辯護的權利。」尤其教師必須履行他們的責任（Brameld, 1977:70）。

一般言之，重建主義的課程強調社會科學——歷史、政治學、經濟學、社會學、部分心理學與哲學。分析、解析、與問題的評量是不夠的；學生與教師的承諾與行動是必要的。社會總是變動不羈的，課程就必須改變；學生與教師都是變遷的代理人。基於社會問題與社會服務的課程才是理想的課程（Ornstein & Hunkins, 2004:50）。

重建主義者包括 Kozol、Jencks、與 Toffler 等人，追求一種著重多元文化、平等、與未來學的課程。教學的特徵是：1. 嚴格檢驗社會的文化遺產與整個文明；2. 不怕檢驗爭議性的問題；3. 處心積慮地帶動社會與建設性的變遷；4. 培養未來規劃的態度，考慮世界的實際性與 5. 師生支持增進文化更新的計畫。在這樣的計畫中，教師視為社會變遷、文化更新與國際主義的主要代理人（Ornstein & Hunkins, 2004:50）。重建主義者強調教育機會均等（the equality of educational opportunity）。它不是齊頭式的平等，而是立足點的平等。在 19 世紀與 20 世紀之初，教育機會均等是要所有的兒童都有平等的開始，其假設是有能力學習者可以繼續往上升學、就讀（Parkay & Hass, 2000）。

永恆主義、精粹主義、進步主義、與重建主義的教學理念各有異同（如表 2.1），今說明如後：

1. 努力與興趣：進步主義注重興趣，並且主張興趣產生努力。精粹主義承認興趣可以引起動機，但認為高度而持久的興趣來自努力。

2. 教師本位與學生本位：永恆主義認為教師協助學生理性的思考。精粹主義認為成人輔導未成熟的人是天經地義的職責，教師是學科的權威。進步主義認為教師是問題解決的嚮導。重建主義認為教師是變遷與改革的代理人。

3. 邏輯組織與心理組織：永恆主義重視古典學科與永恆不變的課程；

表 2.1　永恆主義、精粹主義、進步主義、與重建主義的教學理念比較

	永恆主義	精粹主義	進步主義	重建主義
學習動機		努力	興趣	
班級經營		紀律	自由	
經驗取向	文化經驗	種族經驗	個人經驗	社會經驗
教學方式	教師本位	教師本位	學生本位	教師本位
教材組織	邏輯組織	邏輯組織	心理組織	邏輯組織
課程類型	博雅課程	學科課程	活動課程	社會課程
教學目標	遙遠的目的	遙遠的目的	立即的目標	立即的目標

資料來源：整理自 Parkay & Hass, 2000, p.23; Ornstein & Hunkins, 2004, p.55.

精粹主義注重 3R's 課程；重建主義注重社會科學課程與政治問題。此三者課程組織採邏輯組織。進步主義注重兒童的興趣，強調科際整合課程，課程組織採心理組織。

　　4. 學科課程與活動課程：永恆主義、精粹主義、與重建主義重視學科課程；進步主義注重活動課程。

　　5. 遙遠的目的與立即的目標：永恆主義的教育目的在培養有理性的人，成為有知識的人；精粹主義的教育目的在促進個人知識的成長，培養有能力的人；進步主義的教育目的在促進民主的、社會的生活；重建主義的教育目的在改進與重建社會。

第四節　實務演練與教師檢定

　　本節包括實務演練與教師檢定。前者注重情境演練，後者從近年來中小學教師檢定的趨勢，提出若干模擬試題與檢定試題（打 * 者為參考答案），分別列示如後：

一、實務演練

　　實務演練以經典總會考、小偷光顧、問題解決法、與課程整合為例，說明如下：

㈠ 經典總會考

> 　　仁愛國民小學提倡兒童背誦論語句子。在校長與教師努力推動之下，很多學生都能朗朗上口。有些學生參加校外「經典總會考」，大放異彩。現在請思考一下，從教育哲學的觀點，這是哪一學派的課程主張？
> (A) 重建主義；(B) 精粹主義；(C) 進步主義；*(D) 永恆主義。

㈡ 小偷光顧？

> 　　陳生放學回家，發現家裡門窗破了一個大洞。陳生左思右想，為何窗戶破一個大洞？他認為一定是小偷光顧，要不然就是青少年在門外玩耍，拿石頭擊破窗戶，或是颱大風把窗戶打破，或是發生地震把窗戶震破了。陳生走進屋內仔細查看，發現衣櫃凌亂不堪，抽屜東倒西歪，而且撲滿也不翼而飛了。從這些事證，你認為陳生家窗戶破了一個大洞的原因是什麼？
> (A) 發生地震；(B) 青少年門外丟石頭；(C) 颱大風；*(D) 小偷光顧。

㈢ 問題解決法

> 　　第二題的思考方法，從發現問題、分析問題之關鍵所在、提出解決問題之各種辦法、選擇最佳之解決辦法、與驗證其得失，提出證據，以支持其論點。這種思考歷程係何人提出的主張？
> (A) 赫欽斯（R. Hutchins）；(B) 托佛勒（A. Toffler）；(C) 克伯屈（W. Kilpatrick）；*(D) 杜威（J. Dewey）。

㈣ 課程整合

　　杜威（J. Dewey）認為課程在本質上是科際整合（interdisciplin-ary）。教師教學就要有統整（integration）的概念，採取主題式課程統整（thematic curriculum integration）。王老師是前程高中的歷史科教師。他在教「三國時期」單元時，要學生舉出三國時期印象最深刻的歷史人物並說明其原因。有些學生就認為三國時期印象最深刻的歷史人物是諸葛亮，主要原因是他的才智過人，堪稱才智雙全的「智多星」。他不僅智者多謀，而且文學造詣更深。讀他的《出師表》莫不深受感動。在教學的過程中，王老師把歷史科與國文科的教材結合起來，讓學生更能融會貫通，效法古代先聖先賢的言行與作為。現在請思考下列問題：

1. 主題式課程統整有何特性？它與統整課程（integrated curriculum）有何不同？
2. 請以任教的學科，找出一個主題，採取科際整合，進行跨科主題式課程統整的教學設計。

二、教師檢定

　　研讀本章教學的哲學基礎之後，請思考並回答下列問題，今依模擬試題與檢定試題，列示如後：

㈠ 模擬試題

1. 杜威（J. Dewey）對於課程與教學有何主張？請各列舉三項主張並說明之。
2. 進步主義（progressivism）與重建主義（reconstructionism）者對於課程與教學的觀點有何不同？請列舉說明之。
3. 希臘哲學家柏拉圖（Plato）與亞里斯多德（Aristotle）對於教育有何主張？請說明之。
4. 實用主義（pragmatism）者對於課程與教學有何主張？請說明之。

5. 當前的社會問題層出不窮,要解決社會問題,教師教學要注重社會的需求。此種觀點係基於何種哲學的主張?請就教學方式、教材組織、課程類型、與教學目標,說明其作法。

6. 下列何者是精粹主義(essentialism)的教學信念?
   (A) 強調學生需求的滿足;(B) 強調教育即生長;(C) 強調社會需求的滿足;*(D) 強調學術文化的傳承。

7. 張老師教學注重日常生活必須的知識技能。從哲學的觀點,他的教學理念傾向何種學派的主張?
   (A) 理想主義;(B) 精粹主義;(C) 進步主義;*(D) 實用主義。

8. 高中新課程綱要強調適性揚才,增加選修課程,發展學生的潛能。此種課程理念係基於何種哲學的主張?
   (A) 實用主義;(B) 精粹主義;(C) 理想主義;*(D) 存在主義。

9. 有關杜威(J. Dewey)教育哲學的理論,何者錯誤?
   (A)認為教育是經驗的重組與改造;(B)影響進步主義教育運動的發展;(C)提倡「從做中學」的教育方法;*(D) 主張教育是為未來生活作預備。

10. 文化高中要求學生畢業前必須研讀 10 本經典名著。此種理念係基於何種哲學的主張?
   (A) 理性主義;(B) 實用主義;(C) 精粹主義;*(D) 永恆主義。

(二)檢定試題(國家教育研究院,2014, 2015, 2016, 2017, 2019)

1. 持「精粹主義」(essentialism)教學信念的教師,其課程的意識型態傾向下列何者?
   (A) 強調教育即生活;(B) 強調學生興趣的滿足;(C) 強調社會需求的滿足;*(D) 強調學術文化的傳承。　　　　　(2014 年課程與教學)

2. 美國教育界發起的「一小時學程式」,強調現在的學生是數位原生代,細胞裡就有數位元素。不管在城市或鄉間,這些程式教育和動畫軟體學習,都能激起學生的學習熱情和成就感。此一資訊學習風潮力主學生自行探索與學習,別讓課業壓力限制創新的可能。根據上文內容,這波新資訊教育的理念最符合下列何者?
   (A) 精粹主義;*(B) 經驗主義;(C) 理想主義;(D) 社會重建主義。
   　　　　　　　　　　　　　　　　　　　　　　(2015 年課程與教學)

3. 課程設計強調學習者參與社區生活、蒐集社區資源、探索社區議題，以培養學生探究和參與公民社會的能力。此較屬於下列何種主張？
   (A) 認知主義；(B) 行為主義；*(C) 社會重建主義；(D) 理性人文主義。
   （2015 年國小課程與教學）

4. 張老師會考慮學生的興趣與需要，安排適宜的學習情境，以促進學生身心發展。這種做法較接近下列哪一種教育隱喻所提倡的教學方式？
   (A) 教育即塑造；(B) 教育即接生；*(C) 教育即生長；(D) 教育即雕刻。
   （2015 年教育原理與制度）

5. 山茶國中正推廣翻轉教學，數學課堂上，老師簡要說明今日上課的主題要點與問題後，學生就分組聚在一起，開始運算並相互討論。最後，在老師從旁輔導與協助下，推演出公式。有別於過去填鴨式教學，課堂上學生說得比老師還要多，數學不再是「背多分」，學生並對老師預告的下次相關主題躍躍欲試。杜威（J. Dewey）認為理想思維是「反省性思維」，在教學上重視的原則有目標性、主動性、完整性以及繼續性。試指出山茶國中的數學翻轉教學，如何彰顯杜威這四項教學原則。
   （2015 年教育原理與制度）

6. 杜老師認為中學的課程應該加入更多偉大著作做為基本授課教材，例如國文應該收錄更多歷代文選，英文應該收錄像莎士比亞文集等著作。杜老師的課程觀受到下列何種課程設計取向的影響？
   *(A) 精粹主義；(B) 經驗主義；(C) 社會主義；(D) 實踐主義。
   （2016 年課程與教學）

7. 小明常對數學老師說：「我長大後要到市場幫媽媽賣菜，學會加減乘除就夠了，幹嘛學三角函數、開根號、實數虛數那些東西。」小明的觀念較接近下列哪一種學說？
   (A) 理性主義；(B) 精粹主義；(C) 自然主義；*(D) 實用主義。
   （2016 年教育原理與制度）

8. 有關杜威（J. Dewey）教育理論的敘述，何者錯誤？
   (A) 認為教育是經驗的重組與改造；*(B) 主張教育是為未來生活作預備；(C) 提倡「從做中學」的教育方法；(D) 影響進步主義教育運動的發展。
   （2016 年教育原理與制度）

9. 在大明國小全體教師的努力推動之下，許多學生參加校外的經典大會
   考，普遍大放異彩。這種強調古籍經典知識的做法，屬於下列何種學
   派的課程主張？
   *(A) 永恆主義；(B) 實用主義；(C) 進步主義；(D) 重建主義。
   （2017 年小學課程與教學）

10. 下述哪一種主張比較傾向於精粹主義（essentialism）教育觀？
    (A) 學習內容應依照學生的興趣規劃；(B) 學生學習成績是公平競爭優
    勝劣敗的結果；(C) 教師要公平對待每位學生，所以每位學生都應該有
    一樣的進度；*(D) 國民教育的教材應該讓學生都可以獲得最基本且重
    要的知識與能力。　　　　　　　　　（2017 年教育原理與制度）

11. 下列何者不會是存在主義教育哲學的內涵？
    *(A) 教學方法強調理性思考與認知；(B) 課程內容重視情感教育與生
    命教育；(C) 強調師生之間是「我—汝」（I-Thou）關係；(D) 主張教
    育在於幫助個人對自己的人生作出抉擇並自我負責。
    　　　　　　　　　　　　　　　　　（2017 年教育原理與制度）

12. 教師進行班級教學時，應公平對待不同身分背景、階層的學生。這是
    較符合下列何種教育機會均等的概念？
    *(A) 每個人都享有受相同教育過程的機會；(B) 每個人都享有受相同
    教育資源的機會；(C) 每個人都享有受相同年限教育的機會；(D) 每個
    人都享有受相同類型教育的機會。　　（2019 年 -2 教育原理與制度）

13. 有關不同教育學說裡教師角色的描述，下列何者錯誤？
    (A) 自然主義：教師是學生學習與成長的觀察者與協助者；(B) 精粹主
    義：教師是強調官能訓練與學科知識的主導者；(C) 永恆主義：教師是
    啟發學生理性與研讀經典著作的指導者；*(D) 進步主義：教師是學生
    在課業學習與追求永恆真理的督促者。（2019 年 -2 教育原理與制度）

參考文獻

一、中文部分

林寶山譯（1990）。**民主主義與教育**。臺北：五南圖書出版公司。

高廣孚（1991）。**杜威教育思想**。臺北：水牛出版社。

國家教育研究院（2014, 2015, 2016, 2017, 2019）。**高級中等以下學校及幼兒
　　園教師檢定考試歷屆試題及參考答案**。新北：國家教育研究院。

張清濱（1997）。**學校行政與教育革新**。臺北：臺灣書店。

葉學志（1990）。**教育哲學**。臺北：三民書局。

二、英文部分

Brameld, T. (1977). Reconstructionism as radical philosophy of education. *Educational Forum*, 70.

Broudy, H. (1969). *Building a philosophy of education*. New York: Harper and Row.

Dewey, J. (1916). *Democracy and education*. New York: Macmillan.

Dewey, J. (1933). *How we think*, rev. ed. Lexington, Mass.: D. C. Heath.

Dewey, J. (1938). *Experience and education.* New York: Macmillan.

Fielstein, L. and Phelps, P. (2001). *Introduction to teaching: Rewards and realities.* Belmont, U.S.:Wadsworth and Thomas Learning.

Glatthorn, A. (1987). *Curriculum leadership*. Clenview, Illinois: Scott Foresman and Company.

Goodlad, J. (1979). *Curriculum inquiry*. New York: McGraw-Hill.

Greene, M. (1978). *Landscapes of learning*. New York: Teachers College Press, Columbia University.

Hutchins, R. M. (1968). *The learning society*. New York: F. A. Praeger.

Ornstein, A. C. and Hunkins, F. P. (2004). *Curriculum foundations, principles, and issues* (4th ed.). Boston: Pearson Education, Inc..

Parkay, F. W. and Hass, G. (2000). *Curriculum planning: A contemporary approach* (7th ed.). Boston: Allyn and Bacon.

Soderquist, H. (1966). *The person and education*. Columbia, Ohio: Merrill.

Soltis, J. (1991). Humanizing education: Dewey's concepts of a democratic society and purposes in education. *Studies in Philosophy and Education,* 89-92.

Tanner, D. (1982). Curriculum history. In H. E. Mitzel (Ed.), *Encyclopedia of educational research* (5th ed.). New York: Macmillan.

Tyler, R. W. (1949). *Basic principles of curriculum and instruction*. Chicago: University of Chicago Press.

Van Ti, W. (1965). In a climate of change. In R. R. Leeper (Ed.), *Role of supervisor and curriculum director in a climate of change*. Washington, D. C.: Association for Supervision and Curriculum Development, 18.

第❸章

教學的心理學基礎

心理學是一門研究動物或人類行為的科學，包括本能的與學習得來的行為。在教育方面，心理學探討人們如何學習。課程專家們尋求心理學如何有助於課程的發展與設計。心理學也提供教師了解教學與學習歷程的基礎。

從歷史的觀點言之，主要的學習理論可分成三種學派：一、行為學派（behaviorism）或聯結理論（association theories）。它是最古老的理論，討論各種刺激——反應的聯結或強化物（reinforcers）。二、認知學派（cognitivism）或資訊處理理論（information processing theories）。它以學習者對於整體環境的關係並且思考學習者應用資訊的方式。三、人本學派（humanism）或現象學理論（phenomenological theories），它看待整個兒童，包括他（她）的社會的、心理的、與認知的發展。

第一節　行為學派

心理學原是哲學的範疇。直到 19 世紀末 20 世紀初，心理學才成為一門科學，主要是受到實驗心理學的影響。一些心理學家利用動物進行實驗，以了解動物的學習行為，進而推論人類的學習活動。

在此期間最重要的科學事件就是 1859 年 Darwin 的《物種原始》（*The Origin of Species*）一書問世，而最重要的科學心理學則是 Wundt 於 1879 年創立的世界第一個心理學實驗室（Mayer, 2003:124）。

1898 年 Thorndike 以〈動物的智慧〉（Animal Intelligence）一文在美國哥倫比亞大學（Columbia University）取得博士學位。他的論文掀起動物心理學領域研究的風潮。畢業後不久，他把研究的焦點放在人類學習的問題上。Thorndike 被認為是教育心理學之父（Mayer, 2003:127）。他是行為學派心理學的創始人，不僅是首屈一指的教育心理學家，也是當代最偉大的心理學家之一。

行為學派心理學家以 E. L. Thorndike（1874-1949）、I. Pavlov（1849-1936）、J. B. Watson（1878-1958）、B. F. Skinner（1904-1990）與 Robert Mills Gagné（1915-）為代表。他們的學習理論影響教育至為深遠。今分別敘述如後。

一、Thorndike的學習理論

依據 Thorndike 的觀點，學習是刺激（stimulus）與反應（response）之間的聯結，透過獎賞與懲罰，行為會有增強與減弱的情形（Mayer, 2003:132）。他的理念是建立在一系列的小雞、貓、與狗等動物實驗的基礎上。例如：他把饑餓的貓放在迷宮的箱子裡——一個密閉的木箱含有木門與逃生門。為了能逃出箱外吃旁邊的食物，貓必須表現簡單的動作，如拉開門的環狀線。一旦貓拉開環狀線，門就打開，貓即跳出去吃到食物。然後，整個程序日後就會重複出現。

㈠ 嘗試與錯誤（trial and error）

Thorndike 小心翼翼地觀察這些貓，記錄貓所表現的行為與逃出門所需的時間。他發現第一天貓需要較長的時間解決問題，其後每次需要較少時間。他用 Y 軸代表逃出門所需的時間，X 軸代表嘗試的次數函數。他首次以量數分析動物的學習，曲線普遍下滑顯示動物學習的情形。此外，他發現在第一次試驗中，貓重複地做出不相干的動作，如爪子往門閂衝、大叫、並且衝撞，最後終於抓到環狀線並且把它拉下。其後的試驗，他發現不相干的動作減少，有效的、成功的行為有增加的傾向。從這些試驗，Thorndike 下定結論：動物的學習是經由嘗試與錯誤與偶然的成功得來的（Thorndike, 1898, 1911; Mayer, 2003:132）。

Thorndike 認為如果貓偶然抓到環狀線並把門閂打開，貓就會逃出並吃到食物，這樣導致刺激與反應之間發生聯結而增強。同樣地，貓在迷宮的箱子裡，與亂抓亂撞不成功的反應之間的聯結就會越來越弱，而與成功的反應之間的聯結變得越來越強。

㈡ 學習定律

Thorndike 的動物實驗計畫不僅幫助我們了解更多的學習知識，而且是劃時代的動物智慧的研究。他從動物的學習，推論人類的學習是一種養成的習慣（a habit of formation）。他提出的三大學習定律：準備律（the law of readiness）、練習率（the law of exercise）、與效果律（the law of effect）。

1. 準備律

當神經傳導單位準備啟動的時候，去做是滿意的；不去做是惱人的。換言之，當個體心理準備去做一件事情時，較能夠成功；如果個體心理沒有準備去做一件事情時，較不易成功。中國有句話說：「凡事豫則立，不豫則廢」就是這個道理。

2. 練習律

當練習的次數增加，聯結就增強；練習的次數減少，聯結就減弱。譬如學習英文單字，練習很多遍，就記得牢；不練習就會忘記。

3. 效果律

當反應伴隨著滿意的感覺，就會增強聯結；相反地，反應伴隨著不愉快的感覺，就會把聯結減弱。譬如學習英文時，受到教師的獎賞，學習就更起勁、更有效果；反之，如果學習英文時，受到教師的責罵或懲罰，學習就更意興闌珊、更沒有效果。

但是效果律提出後的 30 多年，Thorndike（1932:276）修正了他的理論。他認為懲罰不如獎賞有效；事實上，懲罰根本不可能導致學習。獎賞重於懲罰對於教育有重大的影響，有助於消除懲罰的作法。

這三大學習定律稱為聯結理論（connectionism），不僅形成美國心理學行為學派運動的基礎，甚至今日的學習理論也像聯結理論的認知模式一樣多元。

(三) 學習遷移（transfer of learning）

在 20 世紀之初，形式訓練（formal discipline）──學校某些學科有助於改善學生心靈的說法甚囂塵上。這種觀點激化了拉丁學校運動，一直成為美國教育的一部分。譬如根據形式訓練的說法，學習語言（如拉丁文與希臘文）與數學（如幾何與邏輯）可以產生適當的心靈習性（Rippa, 1980）。拉丁文與其他古典學科的訓練價值就在於幫助學生改善心靈的訓練與系統的思維。

但是 Thorndike 等人（1901）首度使用科學的方法檢驗此種爆發性的問題。例如：在一項控制得宜的研究裡，學習操作一項工作（例如：估算 0.5 到 1.5 英吋長線的長度）對於操作另一項工作（例如：估算 6 到 12 英

時長線的長度）少有強烈的影響。在學校的研究中，學習一門學科對於學習另一門學科並沒有高度的相關；學習拉丁文對於別科的學習也沒有正相關。Thorndike 發現唯有在兩種的技巧中有很多共同的元素存在時，某一認知技巧的改善才會造成另外不同認知技巧的改善。根據這些研究的成果，Thorndike 提出基於共同元素的學習遷移理論：「一種心理功能或活動改善了別的功能或活動係因為它們有部分的元素相符」（Thorndike, 1906: 243）。譬如學會拉丁文可以增進學習法文的能力，因為兩者有許多共同點。

㈣ 學習理論評述

綜觀 Thorndike 的學習理論可歸納四點：1. 行為受到學習條件的影響；2. 學習者的態度與能力透過適當的刺激可能改變並改善；3. 教學的經驗可予以設計並控制；與 4. 選擇合適的刺激或學習經驗並互相強化至為重要（Ornstein & Hunkins, 2004:101）。然而，他的學習理論也遭受到若干批評。茲列述如後：

1. 嘗試與錯誤

Thorndike 的學習理論有兩大缺陷：第一，他的實驗設計反映出缺乏機械的技巧。譬如他所用的迷宮箱（puzzle box）是木頭做的，就不如以後 Skinner 所用的史金納箱（Skinner box）是金屬做的。第二，Thorndike 的聯結理論增強與減弱的說明反映出數學欠缺老練。在其〈動物的智慧〉（Animal Intelligence）一文含有許多數字用來描述動物的行為，例如：貓逃出箱外花費多少時間，但是基本理論並未以數字呈現。相對之下，以後的研究者能夠把學習律轉化為一套精確的方程式（Mayer, 2003:134）。

2. 學習定律

Thorndike 的學習定律，尤其是效果律，代表他對於教育心理學最重要的貢獻。效果律普遍被認為是最重要的學習原理。然而 Thorndike 的效果律仍遭受批評。第一，Thorndike 把學習視為反應的增強，認為所有的學習涉及 S-R 聯結的建立。但是，聯結的建立只是學習的一種型態而已。依據格式塔心理學的說法，Thorndike 的學習觀點足以說明機械式學習（rote learning），而不能說明有意義的學習。也就是說，聯結理論與

習得反應的保存率有關，但與促進創意的問題解決遷移無關（Wertheimer, 1959）。第二，Thorndike 的效果律忽視認知在學習上的角色。雖然獎賞會影響行為，他的強化機制並沒有普遍一致的描述。根據 Thorndike 的說法，獎賞自動會增強 S-R 的聯結，學習者不需要認知的活動。然而，其後獎賞的研究認為，學習者有時候使用獎賞與懲罰當作資訊以導引其行為（Mayer, 1987）。例如：獎賞潛在代價的研究顯示在某些環境之下，獎賞實際上也可能會降低反應——獎賞是否有效，端視學習者對於獎賞的解讀如何以為定（Lepper & Greene, 1978）。

Thorndike 的練習律也有可議之處。依據他的練習律，練習的次數增加，聯結就增強。但是如果練習的次數過多，反而會造成心厭現象。譬如某生作文寫錯一個字，老師卻要罰他寫 20 遍或 50 遍。此種「過度學習」（overlearning）反而無效，甚至引起學生懷恨教師，破壞師生和諧關係。

3. 學習遷移

Thorndike 的學習遷移理論——你更容易學會新的工作，如果你已經學會一件工作而裡面包含許多相同的元素。此種學習遷移的理論不一定正確，如同他的理論不夠完整——一樣無法說明一般學習遷移的情境。在理論方面，他主張學習遷移只有在相同的情境需要相同的反應時才會發生，未免過於極端。他的學習遷移理論只允許一種僵硬的特定情境，似乎有違一般的經驗。他的理念缺乏理論的工具去明確地界定「相同元素」的意義。在實證方面，他的理論也遭受批評。Judd（1908）指出學生在某一情境學會的技巧，會把這個技巧遷移到新的情境，即使任何反應都沒有與當時的情境相符合。

惟就整體而論，Thorndike 的學習遷移理論成功地顛覆形式訓練（formal discipline）的錯誤理論。他的科學研究刺激了健康的研究，直到現在，研究人員仍然在尋求澄清 Thorndike 所說的「符合的元素」（identical elements）。

二、Pavlov的古典制約理論（classic conditioning）

Pavlov 的古典制約實驗舉世有名。在他的實驗中，鈴聲伴隨食物同時出現，狗聽到鈴聲就會流唾液。鈴聲是中性的或不充分的刺激，食物則是

非中性的或充分的刺激。狗把這兩種刺激如此緊密地聯結起來，因而鈴聲取代食物，狗聽到鈴聲，自然而然也會流唾液。

(一) 理論概述

古典制約是一種學習的類型，個體學會把刺激聯結。在古典制約中，中性刺激（如看見人）與有意義的刺激（如食物）發生聯結並且獲得能力引起類似反應。Pavlov（1927）的古典制約理論有兩種類型的刺激與兩種類型的反應：非制約刺激（unconditioned stimulus, US）、非制約反應（unconditioned response, UR）、制約刺激（conditioned stimulus, CS）與制約反應（conditioned response, CR）（如表 3.1）。

表 3.1　古典制約方式

制約反應前	制約反應中	制約反應後
US → UR	中性刺激＋ US → UR	CS → CR
食物→狗分泌唾液	鈴聲＋食物→狗分泌唾液	鈴聲→狗分泌唾液

資料來源：改編自 Santrock, 2001, p.241.

非制約刺激係指沒有先前的學習，自動會產生反應，例如食物。非制約反應係指由非制約刺激自動引起的未經學習的反應，例如狗看見食物，分泌唾液。制約刺激係指先前中性的刺激與非制約刺激聯結，最後引起制約反應，例如狗吃食物的時候伴隨鈴聲。制約反應係指經過學習的反應，例如狗聽見鈴聲就分泌唾液。

表 3.1 顯示在制約反應前，狗看見食物就會分泌唾液；在制約反應中，狗看見食物並聽見鈴聲會分泌唾液；在制約反應後，鈴聲取代食物，狗聽見鈴聲也會分泌唾液。

在教室裡，古典制約理論呈現正面與負面的兒童經驗。由於兒童受到古典制約，一些愉快的事件油然而生，諸如喜愛的歌曲、教室是安全有趣的場所、與教師熱情洋溢等感覺。對兒童來說，歌曲本來是中性，直到兒童一起與其他同學伴隨正面的感情合唱這首歌曲。如果兒童把批評與教室聯結，他（她）們也會對教室發展恐懼的情緒。這樣批評就成為恐懼的制約刺激（CS）。學生考試焦慮的情緒也反映在古典制約理論。譬如學

生考試不及格遭受責罵，產生焦慮狀態。於是學生把考試與焦慮聯結在一起，考試就成為焦慮的制約刺激（CS）。

　　兒童的身心健康也會涉及古典制約理論。兒童訴說一些疾病，如氣喘、頭痛、胃潰瘍、高血壓等大部分可能是古典制約所引起。我們通常說這些疾病是壓力造成的。其實，這些疾病是某些刺激所造成，譬如父母或師長過分嚴厲，經常責備就成為這些疾病的制約刺激（CS）。日積月累，積重難返，這些心理學反應會成為健康的問題。教師經常責罵學生，會引起學生頭痛、肌肉緊張。這些情況若與教師相聯結，課堂練習與家庭作業可能會觸動學生的緊張情緒，日後造成胃潰瘍或其他心理學的反應（Santrock, 2001:242）。

(二) 類化作用、區別作用、與消失現象

　　在研究狗對各種刺激的反應中，Pavlov 在給狗食物之前搖鈴。鈴聲與食物同時出現，鈴聲就成為制約刺激，引發狗分泌唾液。其後，Pavlov 發現狗對於其他的聲音也會反應，譬如口哨。越像鈴聲，狗的反應越強。此種情形會產生類化作用（generalization）。在古典制約中，類化作用涉及一種新刺激的傾向，類似原有制約刺激而產生類似的反應。譬如學生受責備的考試科目是生物學。當學生開始準備化學考試時，他（她）也會很緊張，因為這兩科有密切關係，都是科學。因此學生的焦慮從一科的考試，到另一科的考試，形成類化作用（Santrock, 2001:242）。學生不僅對生物科考試感到焦慮，其他類似科目的考試，也會感到焦慮。

　　當個體只對某些刺激，非其他刺激，而反應時，區別作用（discrimination）就會產生。為了產生區別作用，Pavlov 只在鈴聲響之後才給狗食物，其他聲響之後不給狗食物。其後，狗只有對鈴聲反應，其他聲響則無反應。此種情況區別作用於是產生。譬如學生參加英語科考試會緊張，對其他不同科目的考試，他（她）就不會像英語科考試那樣緊張，因為這些科目很不一樣。

　　然而，當缺乏非制約刺激，制約反應減弱時，消失（extinction）現象就會產生。譬如 Pavlov 在做實驗時，他不斷反覆搖鈴，但都不給狗食物。於是，狗就停止分泌唾液。同樣地，對於考試會緊張的學生而言，如果題

目簡單些，學生考得好，焦慮就會逐漸消失。

三、Watson的行為論

　　基於 Pavlov 採用動物實驗的方法，Watson 建立一套以行為論為基礎的新心理學的科學。這套新的科學強調學習是建立在行為科學（the science of behavior）的基礎上。它是可觀察與測量的，並非建立在認知的歷程上。行為的法則來自動物與人類的研究，期望有著科學法則的客觀性（Watson, 1939）。

　　Watson 把 Pavlov 的動物實驗應用到人類的實驗，主張心理學家應該把期望僅限於可觀察的行為——一種行為論的觀點。他曾做了一個名叫 Albert 小男孩的實驗。他把喧天價響、令人驚嚇的聲音與白老鼠同時出現在 Albert 的面前（Albert 原先並不害怕白老鼠），最後每當白老鼠出現，Albert 就變得很焦慮。這是古典的制約反應。老鼠的刺激引起懼怕的反應（Long, 2000:13）。

　　Watson 是極端的行為論者。他的研究發現個別差異是環境變異的結果。此種觀點稱為環境主義（environmentalism），突顯環境安排的重要性。他相信所有的兒童如果在學習環境中給予適當的學習經驗，都會成功（Fielstein & Phelps, 2001:216）。他認為學習的關鍵就是兒童早年的條件。因此，Watson（1926）曾誇口說：

　　　　給我一打健康的嬰孩，施以良好的教育與我自己具體化的世界，扶養他們長大。我可以保證隨便任何一個人可以訓練成為任何型態的專家——醫師、律師、藝術家……甚至成為乞丐與小偷，不管他的才能……能力、職業、與種族（p.10）。

四、Skinner的操作制約理論（operant conditioning）

　　Skinner 以老鼠與鴿子作實驗，建立他的理論，試圖應用他的理論於

教室的情境。他區別了兩種反應：引出（elicited）的反應，係伴隨著明確的刺激；與引發（emitted）的反應，係明顯地與確認的刺激無關。當反應被引出的時候，這種反應稱為感應性（respondent）。當反應被引發的時候，這種反應稱為操作性（operant）——也就是說，沒有可觀察的或可測量的刺激來解釋反應的出現（Skinner, 1953）。在操作制約中，刺激的角色是比較不明確的；引發的行為往往不能與具體的刺激相聯結。

㈠ 增強作用

Skinner 認為行為的改變係透過增強（強化）作用（reinforcement）而引起的行為反應。增強作用的刺激物稱為增強物（reinforcer）。增強物大致可分為兩大類：主增強物與次增強物。主增強物滿足人類的基本需求，例如：食物、水、安全、溫情與性的需求等；次增強物則指與主增強物結合而獲得的價值，例如：金錢對幼童沒有價值，直到長大之後曉得金錢可用來買東西（Ornstein & Hunkins, 2004:103）。次增強物又分為四類：1. 社會型增強物（social reinforcers），例如：讚美、微笑、擁抱或關注等；2. 活動型增強物（activity reinforcers），例如：給予玩具、遊戲、有趣活動等；3. 符號型增強物（tangible reinforcers），例如：獎品、獎金、獎牌、獎狀、分數等；4. 代幣型增強物（token reinforcers），例如：打星星記號或點數等（Abbeduto, 2006:186; Slavin, 2012:120）。活動型增強物可把兩種活動（喜歡與不喜歡）同時呈現以刺激學生的行為改變，Premack（1965）稱為「普墨克原理」，也稱為「老祖母規則」（Grandma's Rule），例如：孫子不喜歡吃蔬菜但喜愛玩耍，祖母就對孫子說：「吃蔬菜，然後你就可以玩耍。」此種不喜歡的活動與喜歡的活動結合在一起，把喜歡的活動當作增強物，就可以改變學生的行為。

有時候，人們很樂意去做事情而不計酬勞代價，此種由內在動機而激發個體行動的增強物，稱為內在增強物（intrinsic reinforcer），例如：學生自動自發喜歡繪畫、閱讀、唱歌、遊戲、登山、游泳等。相對於內在動機，由外在動機而激發個體行動的增強物，稱為外在增強物（extrinsic reinforcer），例如：學生受到鼓勵、讚美或獎賞而更加努力用功（Slavin, 2012:122）。

Skinner 又把增強物分為兩類：積極增強物（positive reinforcer）與消極增強物（negative reinforcer）。積極增強物係指強化的刺激出現。當學生接到考卷打 A 等的成績或紙上寫著：「繼續保持好成績」的時候，他就受到積極的強化。當教師向班上學生大喊「保持肅靜」時，學生就靜下來，學生的安靜強化了教師喊叫的行為。懲罰需要不愉快或有害的刺激或消除積極增強物，但並不總是消極增強物（Skinner, 1978）。雖然 Skinner 提出這兩種增強物，他反對懲罰，因為懲罰阻礙學習（Skinner, 1954:86）。

㈡ 類化作用、區別作用、與消失現象

古典制約理論談到類化作用、區別作用、與消失現象；同樣地，操作制約理論也有類化作用、區別作用、與消失現象。古典制約的類化作用是類似制約刺激的刺激傾向於產生類似制約反應的反應。操作制約的類化作用是對於類似的刺激給予相同的反應，尤其有趣的是從某一情境到另一情境，行為類化作用的程度。例如：如果教師在上課時對學生的稱讚，讓學生更加努力用功，則此稱讚將會類化到其他科目，讓學生也更加努力寫作業（Santrock, 2001:246）。

古典制約的區別作用係指針對某些特定的刺激反應而非對其他的刺激反應。操作制約的區別作用涉及在許多的刺激或環境事件中，個體做出區別，例如：教師講桌上的置物盤標示著「數學」，她以為是放今天數學作業的地方，而另一個置物盤標示著「英語」，是放今天英語作業的地方。這聽起來很簡單，但學生的世界充滿區別性的刺激（Santrock, 2001:246）。

操作制約的消失現象發生於先前增強的反應不再受增強，而且反應減弱、消失。在課堂裡最普遍的消失現象是教師對學生的不良行為，故意視若無睹、無動於衷，例如：上課時學生捏另一位學生，教師就立刻找這位惡作劇的學生講話。長此以往，這位惡作劇的學生就會認為這是引起教師注意的好辦法。如果教師假裝沒看見，置之不顧，這位學生捏同學的舉動就會消失，操作行為沒有獲得增強，將會停止（Santrock, 2001:246）。

㈢ 行為改變技術（behavior modification）

Skinner 的增強作用原理可用於教學與學習的歷程。增強作用促使人類的行為改變是可能的。個人的行為可以塑造或改變，也可以把複雜的概

念教給學生。透過不斷的增強與依序所要的反應，新的行為就塑造而成。這就是「行為改變技術」（behavior modification）。

依照 Skinner 的觀點，行為改變技術始於四個步驟：1. 辨認所要改變的行為；2. 記錄這種行為發生的次數及在何種狀態下發生這種行為；3. 以積極增強物（獎賞）增強所要的行為，引起行為的改變；4. 選擇積極增強物的類型——如活動型增強物：打電動遊戲或佈置教室；社會型增強物：口頭讚賞或握手；符號型增強物：給數字（100 分）或符號（A+）分數；觸知型增強物：給糖果或頒發獎狀證書；或代幣型增強物：給 5 顆星或積點累積可換獎品等（Skinner, 1968）。

此種技術可用於個別化教學與班級經營。譬如小明不愛唸書，上課愛講話，不寫作業卻喜歡塗鴉、繪畫。教師要改變他的不良行為，不妨教到什麼，就教他畫什麼。上語文課時，教師教到「動物園」，就讓小明畫動物或動物園。結果小明畫了一隻大象，教師隨即口頭讚賞他：「你畫得真好！」然後教師要他說一說為何要畫大象。他就很用心地說出他的想法。教師一直誇獎他說得真棒。於是小明更專注於語文課。此種技術無形中矯正他愛講話的習慣，變成有意義的說話課。教師善用行為改變原理不斷地施以強化，逐步引導學生改變不良的行為或習慣，最後終能塑造良好的行為。

㈣ 教學機原理

Skinner（1948）認為學習是受到自然後果積極（非消極）地增強；教學是以實證為本位的（非僅合理地設計）；教育的進步是以準備度（非以年齡）來評分的；而教育的目的強調內容和歷程（即思考）。

Skinner（1983:64）在 1953 年 11 月 11 日參觀一所小學四年級的數學課後，心煩意亂地離開教室。他發現學校教育的方法與行為不相一致。教師違背教學的兩個基本原理：學生沒有立刻被告知他們的作業是對或錯，而且教師不管學生的準備度或能力，以同一步調施教。對於 Skinner 而言，初步的解決之道就在於技術的協助——以教學機（teaching machines）與編序教學（programmed instruction）的形式協助解決。

其後不久，他開始建構教學機與編序教學的範型。在幾個月內，他展

示一部教拼字與算術的教學機並提出他的第一篇教育報告，《學習的科學與教學的藝術》（*The Science of Learning and the Art of Teaching*）（Skinner, 1954）。在四年之內，他與同事進行編序教學的研究並在他任教的科目採用編序教材，享受成功的喜悅。總之，Skinner 展開一項教育心理學與一般文化的運動（Morris, 2000:238）。

教學機只是一種教學設計，安排增強的偶然性（contingencies）。它是傳送編序教學的一項設計。為使學習加速，教學機是一種使教學快速、徹底、而加速的工具，它本身不會教學。它的設計原理是：1. 題目與答案分開設計，介紹課程內容；2. 要求學生回憶並建構答案，不是只認清與選擇答案；3. 呈現答案，立即回饋（Morris, 2003:240）。

㈤ 編序教學原理

編序教學的目的之一是個別化的學習。學生可以依照自己學習的速度進行學習教材。至於編序教學的方法，兼具結構性與功能性。從結構性言之，教材分成更小的步驟，並依順序呈現。從功能性言之，編序教學增強學生的反應。學生答對了，立即增強反應。然而增強之前，必先反應。編序是困難的，它牽涉到複雜而微妙的互動──編序人員、方案、與學生以三個層次──文化的（教育）、人際的（教學）、與個人的（學習）互動。在個人的層次方面，學習需要：1. 先學會目前的教材，才能往前繼續學習；2. 唯有準備就緒時，才能呈現新教材；3. 透過技術，誘導正確答案；4. 透過立即回饋及增強，引起動機。在人際關係的層次方面，教學需要：1. 界定教學的內容；2. 按順序編排；3. 在刺激的控制下，帶動學生反應；4. 遷移並增加控制；5. 統整以前資料與新資料以維持行為強度；6. 教材編序，以便 95% 的正確反應；7. 少於 95% 的正確反應，應負起責任。在文化的層次方面，教育需要：1. 編序人員帶領學生把握編序人員的要點；2. 學生帶領編序人員把握學習的要點。這樣可以確保知識得以保存在文化中，也可以有效地分析（Morris, 2003:241）。

㈥ 學習理論評述

編序教學有若干的優點，它可降低動機的差異性，學生學習更有信心，更想繼續往前學習。它可用於特殊教育的學生，如智能不足或感官有

缺陷的學生。

此外，教學機可以離開教室單獨使用，譬如在家自學、通訊教學、與遠距學習，在任何時空，教師不在場指導，學生都可以進行學習。

Skinner 認為每一個人都是完全獨一無二的，但是這並不意味著我們就有自動自發的能力。我們必須以一種由遺傳與人格所決定的方式，表現出行為舉止（Houghton & Lapan, 1995:34-35）。在編序教學裡，個性不是精熟的媒介變數，而是學生學習的步調。

Skinner 以機械式的術語，分析知識與思想，值得商榷。事實上，思考可以使用邏輯、行為、與科學的方法予以分析、細目化與教學。何況，過度依賴教學機學習，學生的個性將被抹煞。

第一部教學機設計成功後的十年間，教學機運動開始走下坡。其後25 年僅有一些教學機仍在教室使用，它們改用於補救教學、私立學校、商業界、工業界、與軍隊。教學機運動的失敗有內在與外在的原因（Benjamin, 1988:703-712; Bjork, 1993:167-190）。內在的原因是美國的工業並非如他想像，少有編序人員真正了解編序教學。外在的原因是反對聲浪不絕於耳，教學機運動走進窮途末路。它的技術挑戰傳統：教學目標乃在身、心、靈的調和，而不在行為；教學方法選擇學生而非教學生學習；教學更具個人化、較少機械化（Morris, 2003:245）。

五、Gagné的學習理論

Gagné 出生於美國麻薩諸塞州，1937 年畢業於耶魯大學（Yale University）心理學系，並於 1939 年與 1940 年相繼取得伯朗大學（Brown University）碩士與博士學位。他的學習理論與研究先後受到 Hull、Hunter、Pavlov、Guthrie、Tolman、與 Skinner 的影響（Gagné, 1989:1）。

第二次世界大戰期間，Gagné 投入軍旅生涯，先後在美國陸軍從事航空心理學研究並在兩家空軍實驗室服務達十年之久，影響他日後的研究至為深遠。即使他在 1985 年自佛羅里達州立大學（Florida State University）退休，還參加訓練研究計畫，應用學習與教學設計原理以影響飛機與武器戰備保養的動力技巧的保存（Ertmer, Driscoll, & Wager, 2003:304）。

Gagné 的學習理論主要包括學習結果的分類、學習階層的概念、教學事件與學習條件的概念。今分別敘述如下：

㈠ 學習結果的分類

Gagné 不是第一位強調教學目標的教育心理學家。他在〈教學目標與學習領域〉（Gagné, 1965a）一文中強調教學目標的重要性。目標的細目化可使設計者分辨不同的目標，以推論先前行為如何改變。

由此目標的細目化與分類，設計者可以決定內在與外在的學習條件，以促進學習。Gagné 以不同的方式把學習結果的類型分為五類：1. 態度、2. 動覺技能、3. 語文資訊、4. 知識技能、與 5. 認知策略（如表 3.2）。這五種類型的學習由另外五個次級類型組成：(1) 區別能力、(2) 具體的概念、(3) 界定的概念、(4) 規則使用、與 (5) 問題解決（Gagné, 1965b）（如圖 3.1）。

表 3.2 Gagné 的學習領域

學習類型	定義	例子
態度	• 影響個人的行動抉擇 • 個人的感覺或信念	• 選擇回收報紙 • 欲想盡其所能
動覺技能	• 使學習者能夠表現動作 • 生理的能力	• 騎腳踏車 • 打汽油
語文資訊	• 使學習者能夠溝通名稱、事實 • 陳述性的知識	• 說出科羅拉多州首都名字 • 寫出一個理論的定義
知識技能	• 使學習者能夠區別、辨認與把概念分類、應用並衍生規則 • 程序性的知識	• 分辨狗與貓 • 衍生預測雨量的規則 • 遵循製作義大利麵的步驟
認知策略	• 使學習者能夠組織並監控認知歷程 • 自我調適歷程	• 創造讀書的策略 • 承認理解力的欠缺

資料來源：Ertmer, Driscoll, & Wager, 2003, p. 316.

Gagné 的學習結果分類是環繞在學習條件的本質上。每一種類型的行為對於學習的條件都有不同的涵義。Gagné 推測每一類型獲得結果所需的心理活動型態在品質方面與其他類型的心理活動不同。因此，界定學習目

標至為重要,因為它可使設計者依教材難易度順序施教,先教低層次的技能,再教高層次的技能。而且,在目標分類後,有關如何教導每一類型,設計者也可作出重要的決定。

㈡ 學習階層的概念

自 1958 到 1962 年在普林斯敦大學(Princeton University)服務期間,Gagné 致力於學習階層概念的研究並且揭示先備智能(prerequisite intellectual skills)的重要性。在此期間,他與馬里蘭大學數學計畫合作,參與數學課程的研究發展工作。這個工作對於 Gagné 有關教導學生基本技能的強烈信念有其貢獻。數年後,美國教育報告出刊,抨擊美國學生的數學技能,而建構主義教學的觀念靜悄悄地走進數學教室。Gagné 憤慨地斥責:「這些是基本的先備技能!學生沒有這些先備技能!」(Ertmer, Driscoll, & Wager, 2003:305)。

Gagné 在 1968 年提出「累積學習理論」(the theory of cumulative learning)。這個理論的前提是新的學習主要有賴於綜合以前習得與記得的實體並有賴於學習遷移的潛能(Gagné, 1968)。依據 Gagne' 的說法,「每一個新的學習都有具體的最起碼的先備條件。除非學習者能夠回憶這個先備能力,否則他無法學習新的工作」(p.29)。這個理論植基於 Gagné 垂直的學習遷移研究,而且與智能階層的觀念並行不悖(如圖3.1)。這個學習階層顯示何種類型的技能是其他何種類型技能的先備條件(Ertmer, Driscoll, & Wager, 2003:311-313)。

智能階層的第一個類型技能是知覺的區別能力,讓學習者辨別環境的刺激。區別能力包括視覺、聽覺、觸覺、甚至味覺與嗅覺能力。部分區別能力的技能有賴於身體的能力,諸如辨別色彩的能力。色盲的人不可能有辨別色彩學習概念的先備能力,不可能應用有關這些概念的規則,去解決需要色彩區別能力的問題。然而,身體的能力是必要但不是區別力技巧的充分條件。個體可以透過練習與回饋的歷程,學會更好的區別能力。Gagné 把這一類型的能力稱為「區別的能力」(ability to discriminate)。

第二層級的技能是概念學習。Gagné 把它分為兩類:具體的概念與界定的概念。具體的概念係指透過物理屬性,把物體歸類的能力。因此,如

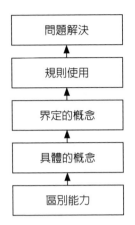

圖 3.1 Gagné 的智能階層

資料來源：Ertmer, Driscoll, & Wager, 2003, p.312.

果兒童看到一隻從未見過的狗，看到的時候會叫它為狗；兒童即顯示具體觀念的行為。這個兒童曾經學會規則，縱然不甚明確，由於物理的屬性把某些場合的動物歸類為狗。你可能會問：「這個兒童必須具有何種先備區別能力？」這個兒童必須能夠看出這隻動物的體型類似狗的動物，但有別於其他類似貓、馬、鳥等動物。如果這個兒童不能做這些辨別，他可能沒學會狗的概念。Gagné 把這一類型的能力稱為「辨認的能力」（ability to identify）。

第三層級的技能是界定的概念。界定的概念也許有或沒有物理的事物。譬如座位的概念。比椅子、沙發、板凳更廣泛的概念都是座位的例子。如果物體適合這個定義：「設計出來可供人坐在上面」，它就可歸為「座位」類。我們看到座位，因為它具有物理屬性，但它不是正當分類必要的特定物理屬性。而是這物件是否適合分類的規準「設計出來的東西適合某人坐下嗎？」並非所有界定的概念都有明顯的物理事物。我們可能辨認某人的政治立場為「保守派」。這是一種概念，我們可以寫出一條把人分為自由派與保守派的分類規則，但他們也許不能僅以物理的屬性予以分類。相反地，個體可用動詞的敘述、意見、或他們表達的行為並適合相關的類別描述，予以分類。這種人為的分類法仍有物理的特徵，並需要區別

的技巧，但這種連結不像具體的概念那樣清晰。這個界定的概念學來的能力動詞是「分類」（classify）。

第四個層級的技能是規則的使用。規則是概念與概念、概念與規則、規則與規則之間正式的關係。例如：熟悉的拼字規則，"i before e except after c, and when sounded like a, as in neighbor and weigh."「i 在 e 之前除在 c 之後，聽起來像 a，有如 n*ei*ghbor 及 w*ei*gh 等字」。我們把這些概念 "before"，"except"，及 "sounded" 放到陳述句，引導拼字的行為。Gagné 把這些原則界定為一種規則的形式。所以，像「更厚的空氣往更稀薄的空氣流動」是一項規則——一種概念之間的關係。當教導規則如動詞命題，個體學會一項規則，就是他們可用某種方式應用這個規則。因此，學來的能力動詞是「展示」（demonstrate）。

最高層級的智能階層是較高層次與問題解決的技能。Gagné 交互使用這兩個術語。問題就是學習者沒有準備的規則可用於解決的一種情境。如果他們有規則可循，那就是規則的使用。Gagné 把問題的解決描述為衍生性的學習歷程。所衍生的東西就是新的規則或程序以解決問題。所學到的東西是如何建立規則並綜合舊規則。先備技能是別的規則與概念。譬如「學生將衍生一種預測股票市場是否興衰」。學來的能力動詞是「衍生」（generate）。

㈢ 教學事件與學習條件的概念

在 1960 年代，Gagné 興趣於數學與科學新課程的研究發展，首度出版《學習的條件》（*The Conditions of Learning*）一書（Gagné, 1965b）。從 1970 年代，Gagné 著重教學的研究，發展他的學習能力（learning capabilities）的理念與學習能力的內在、外在條件。他特別有志於智能學習結果與概念學習的研究。他也強調學習結果作為教學設計、教學評量、與形成性評量基礎的重要性。他與 L. J. Briggs 合著《教學設計原理》（*Principles of Instructional Design*），把學習的研究應用於教學設計，提供有系統的教學歷程（Gagné, 1974）。

在 1970 年代與 1980 年代，Gagné 的研究漸漸反映出認知資訊處理理論（cognitive information processing theory）。《學習的條件》（1977）第

三版對於資訊處理理論有具體的描述，並且把九大教學事件連結到內在的認知歷程。Gagné 把基模（schema）的觀念融入思考與著作之中（Gagné, 1977）。《學習的條件》（1985）第四版專章提出教學的統整理論（integrative theory of instruction），而他的《教學設計原理》第四版提供了完整的課程設計模式。

Gagné 相信雖然一般的學習原理諸如連續性（continuity）、重複（repetition）與增強作用（reinforcement）皆由當時的學習理論家所強調，在大部分的學習類型中占有重要的角色，但是除了這些適合學習概念、原則、與規則以外，仍有特定的條件。他把教學條件稱為普遍化的教學事件與特定的學習條件。依據 Gagné（1989）的說法，每一特殊的學習類型的外在條件構成教學的基礎。內在條件保存於學生先前學習已養成的學習能力中。

Gagné 指出，一旦我們知道一個人將要學習一種概念，我們就會知道某些條件必須存在於學習者與外在的環境裡，才會產生學習。這些必要的學習條件並沒有因人或學科而改變。換言之，學習數學概念的心理條件與學習文法概念所需的心理條件是並行不悖的。

1. 內部事件（internal events）

在教學目標界定並分類後，要討論的問題是「涉及教學目標的行為，要把最佳的學習條件具體化的條件是什麼？」（Gagné, 1989:266）他就每一類的目標以行為的階層思考答案，他認為學習每一類行為最重要的條件是為學習者預先設定較低層次的行為目標。這意味著教學應循序漸進。學習者先前獲得的能力對於教學效果尤其重要。

2. 外部事件（external events）

Gagné 認為獲得較高階層的學習有賴於次級階層的學習。然而，他也指出預先設定行為的條件是需要的，但不是充分的條件。針對先備知識的必要性，他提出「教學」的需求。這就是 1962 年「教學事件」（events of instruction）的起源（Gagné, 1962）。

所謂「教學事件」係指包含在「教」與「學」情境中的教學特徵，如教學目標的敘述、必要的先備知識、提供教學的回饋等。Gagné 認為這些教學事件應視為提供內部學習的外部協助。這些事件可作為一項主要的工

具，把學習的條件融入教學的情境中並且當作教學設計的架構。這些事件
是基於教學程序的實證觀察與人類學習與記憶的資訊處理模式而建立的。
它們融合行為的與認知的元素，包括（Ertmer, et al., 2003）：

> 1. 專心一致
> 2. 告知學習目標
> 3. 引起先前學習的回憶
> 4. 提示刺激
> 5. 提供輔導
> 6. 引導表現
> 7. 給予資訊回饋
> 8. 評量表現
> 9. 增進學習保存率與遷移（p. 318）

　　這九項事件依循典型的直接教學的順序，而有效教學也包含九項事
件。然而，任何事件中的教學特質可能期待有所不同，端視習得能力的類
別如同學習的結果一樣。例如：學習動覺技能將需要不同的事件設計，有
別於需要學習語文資訊的技能或學習知識的技能。

㈣ Gagné的學習理論評述

　　Gagné 的教學理論影響鉅觀與微觀層次的教學設計。他的學習階層與
學習領域的理念代表他的教學設計取向，可以認為是鉅觀的層次。教學事
件討論微觀層次的原則，也就是每課教學的層次。

　　他提出教學條件具體化引導教學的歷程，循序漸進對於當時的教學理
論影響甚大。他認為學習者學會較高層次技能的能力有賴於較低技能的獲
得而不是依賴知識發展的階段。他強調學生應該能夠學習更高深或更複雜
的技能乃由於先備知識的結果。他的先備知識概念超越了行為學派的觀點
（Case & Bereiter, 1984）。

　　雖然 Gagné 從未提及他的教學方法，他相信學習者需要獲得實用的、
可以學以致用的技能，顯示真誠地關懷學習者適應某些實際的需求。此種

看法可視為以學習者為中心的主張。

　　Gagné 認為人們透過學習，獲得所有的態度、價值觀、知識、與技能。學習使人類具備表現各種動作的能力。他把這些表現分為五種學習結果與各種不同的學習條件。他的學習理論似乎偏向環境論而非遺傳論，著重後天的學習條件。

　　Gagné 的學習階層理念強調學習的內部條件，而他的教學事件論點強調必要的外部條件。他的教學理論與條件本位的主張至少激起兩種教學設計理論的產生：直接教學與非直接教學設計。此外，他的影響更超出教學設計的理論，延伸到教育設計的領域，包括課程設計。

六、行為學派學習理論摘要

　　行為學派的學習理論強調學習者從刺激與反應（stimulus-response, S-R）形成的聯結而造成可觀察的行為改變（Parkay & Hass, 2000:166）。學習是一種制約的歷程（a conditioning process），透過制約的歷程，學習者可以獲得新的反應，而動機是由刺激促使他行動的驅力。行為則是由環境的刺激所指使。

　　刺激與反應學習理論的主要建構是受到獎賞的反應。反應必須受到獎賞，學習才會產生。雖然獎賞對於學習者至為重要，獎賞因人而異，各有不同。獎賞對於某些類型的學習者——學習速度緩慢、按部就班的人可能是有效的。

　　Thorndike 與 Pavlov 是行為學派的先驅。Watson 與 Skinner 可說是行為學派的代表人物。Watson 是極端的行為主義者。他主張人類的行為是某種特定刺激引發某種反應的結果。他的學習觀點部分來自於俄羅斯心理學家 Pavlov 所做的實驗。Pavlov 注意到在實驗中，他給狗食物之前不久，狗就流出唾液。他發現給狗食物時，伴隨鈴聲並且重複多次後，只有鈴聲（制約刺激）也會讓狗流出唾液（制約反應）。Watson 相信所有的學習符合 Pavlov 的刺激與反應模式，這就是古典的制約理論（classic conditioning）。Skinner 根據刺激—反應模式，發展出更完整的制約理論，稱為操作制約理論（operant conditioning）。

　　行為學派一向被批評為把學習看得太簡單與機械化並且過於依賴動

物的實驗。事實上，人類的學習涉及複雜的思考歷程，遠超出於反應制約（或回憶與習慣）與操作制約（引發的與增強的行為）（Ornstein & Hunkins, 2004:105）。論者批評行為學派忽視高層次的思考諸如分析、綜合、與評鑑。高層次的思考必須在前後脈絡中獲得，而非在單獨的情境中就可獲得。進一步說，並非所有的資訊都可以壓縮成簡單而分離的步驟。何況內在的思考行為很難顯現於外（Fielstein & Phelps, 2001:220）。

在 20 世紀，行為學派對於心理學、課程與教學的貢獻很大。行為學派將繼續影響教育是有可能的。然而，大部分的行為論者意識到當我們對於人類與其學習了解越多，我們就更不能依附僵固的教條。認知發現理論正在融入某些行為學派的學習途徑（Ornstein & Hunkins, 2004:106）。

第二節 認知學派

大部分的心理學家把人類的成長與發展分為認知的、社會的、心理的、與生理的發展。無可否認的，學校的教育在本質上以認知發展居多。縱然如此，認知學派可分三類：有些發展論者（developmentalists）比較關心人類發展的發展面；認知結構論者（cognitive structuralists）更注重教材內容的結構；認知科學家（cognitive scientists）則探討各種認知結構（Ornstein & Hunkins, 2004:106）。

認知學派的學習理論著重在人們獲取新知識與技能時所使用的心理歷程。不像行為學派的學習理論著重在可觀察的行為，認知學派的理論著重在不可觀察的心理歷程與腦儲存的訊息。個體的思考、創造是重要的學習來源。然而，行為學派的學習是藉外界力量的反應。

認知學派學習理論以 J. Piaget（1896-1980）、J. Bruner（1915-2016）、L.Vygotsky（1896-1934）、與 A. Bandura（1925-）等人為代表人物。今分別列述如下：

一、Piaget的認知發展理論

Piaget 出生於瑞士，是 20 世紀的發展心理學家，也是認知發展心理

學家。他的認知發展理論激起幼兒學校與小學課程的變革，也引起美國教育的一些改變。Piaget 的兒童認知發展階段影響教育最為深遠，與 Rosseau 的自然主義學習理論相提並論。

依據 Piaget（1948, 1970）的認知發展理論，每個人都有四種不同的認知發展階段（stages of cognitive development）：感官動作期（sensorimotor thought）、前運思期（preoperational thought）、具體運思期（concrete operational thought）、與形式運思期（formal operational thought）（如表 3.3），今說明如下：

表 3.3　Piaget 的認知發展階段

發展階段	行為表現
感官動作期（0-2 歲）	符號思考開始出現 物體恆久概念開始發展
前運思期（2-7 歲）	語言、藝術、戲劇等心理表徵開始發展
具體運思期（7-11 歲）	邏輯思考更客觀
形式運思期（11 歲以後）	假設 - 演繹、推理與抽象思考開始發展

資料來源：Buckler & Castle, 2014, p.118.

㈠ 嬰兒出生到 2 歲屬於感官動作期（sensory-motor level）。嬰兒從反射動作發展到複雜的感官動作。兒童漸漸體會到物體有永恆性，會再找得到。例如：一個剛滿 1 歲或以上的嬰孩想要得到面前地毯上的玩具，但玩具離他（她）太遠，拿不到。他（她）會拉著地毯，終於拿到了玩具。嬰孩使用中介物，取得標的物的工具。感官動作期大都依賴動作、移動、與沒有語言的察覺。這些動作以相當穩定的方式，相互協調，稱為動作的「基模」（schemata）。這些基模可以類化並應用於新的情境中。譬如拉地毯以取得玩具就構成一個基模，可以類化到其他的情境。換言之，一個基模會把新的情境融入以往的基模，產生同化作用（Marlove & Canestrari, 2006:100）。

㈡ 幼兒園到小學一年級（2-7 歲）屬於前運思期（the preoperational level）。在此階段，物體開始具有符號的意義。譬如椅子是要給人坐的；

衣服是要給人穿的。兒童漸漸有能力從經驗中學習更複雜的概念。在此階段，運思係指現實的轉型（the transformation of reality）。轉型未必是整體，永恆的東西總是不變型。如果你把一個杯子的水倒進另一個杯子，就有轉型；液體改變了形式，但液體的屬性仍然不變。所以在前運思期層次，從智力操作的觀點，兒童仍然還沒有守恆（conservation）概念的知識。譬如在液體的案例中，當兒童把一個杯子的水倒進另一個杯子的時候，他（她）就想到杯子裡水的數量已經改變。但如果你問他（她）杯子裡的水量增加是從何而來，他（她）不知道如何回答（Marlove & Canestrari, 2006:103）。

㈢ 小學二年級到五年級（7-11 歲）屬於具體運思期（the concrete-operational level）。兒童開始會把資料組成邏輯的關係並能輕易地操弄解決問題情境的資料。然而，此種學習情境只有在具體的物體情境中發生。兒童能夠判斷正反面與相互關係，譬如左、右關係。兒童能夠具體運思，按照相似與差異的觀點，把東西分類。這種分類，起初似乎很簡單，卻不容易學會，一直到大約 7、8 歲左右。在前運思期，如果你拿一束花給兒童看，其中一半是菊花，另一半是別的花。你可以問兒童在這一束花中，菊花較多或別的花較多？你會碰到這樣的答案，似乎頗為奇特：兒童無法告訴你是否菊花較多，因為兒童是根據整體或部分來推理的（Marlowe & Canestrari, 2006:104）。

㈣ 小學六年級（11 歲後）屬於形式運思期（the formal-operational level）。這個階段的特色是形式與抽象觀念的發展。青少年能夠分析理念並能理解空間與時間的關係。青年人可以邏輯思考有關抽象的資料，依可接受的準則評鑑資料，擬定假設，從假設中推論可能的後果，建構理論並獲致結論（Ornstein & Hunkins, 2004:109）。譬如根據命題的推理與具體實物的推理就有所差異。Burt 曾經要求不同年齡的兒童去比較三個女孩的頭髮顏色：Edith 的頭髮比 Susan 的頭髮更白，Edith 的頭髮比 Lilly 的頭髮更黑。這三個女孩中，誰的頭髮最黑？這個問題是有一系列的比較，不是具體實物的比較，而是更複雜的心理操弄。這種問題在 12 歲以前的，很少能解答。這是屬於形式運思期（Marlowe & Canestrari, 2006:105）。

雖然遺傳與環境因素可能加速或減緩認知的發展，但這些因素並不

改變發展的階段或順序。環境的因素乃是 Piaget 理論的關鍵。正如同環境的因素也是杜威學習原理的核心一樣。三個基本的認知歷程構成 Piaget 與 Dewey 環境論的基礎。依據 Piaget 的觀點，同化（assimilation）是新經驗融入現有的經驗；它代表兒童的經驗與其環境的調合。但是，只有同化沒有能力處理新的情境與新的問題。兒童必須組織並發展新的認知結構，即兒童如何思考。這就是調適（accommodation），兒童現有的認知結構予以改變並調整以符應其環境。均衡（equilibration）是第三個基礎。它是獲得先前了解的東西與即將了解的東西之間平衡的歷程。均衡係指一個人的環境同化與調適的雙軌歷程（Piaget, 1932）。

　　Piaget 的認知發展論幾乎完全環繞在兒童學習具體運思觀念的能力，尤其是「守恆概念」（conservation concepts）。他的認知發展論受到束縛的觀點主要有五個原則：第一，兒童的學習受限於「當時發展階段的一般束縛」。例如：要知道兒童可能學習的方向，必先知道兒童的發展階段。第二，發展階段的束縛意思是兒童所能學到有關本階段的概念將會顯著改變，成為兒童初步認知階段的功能。第三，學習的要素是教導兒童把已經發展的認知結構應用於新的學習內容當中。第四，由於兒童明顯地不能學會尚未具備的認知結構，教師不宜教導兒童一些與其本階段有關的概念。譬如蝴蝶還是幼蟲時，不能學會飛，因為蝴蝶必要的翅膀結構尚未長成。兒童也是一樣，當他的骨骼尚未發展到適當的階段時，不宜教導寫字。正如孟子所說，教導兒童不能「揠苗助長」。第五，兒童的學習經驗，如果明顯地超出本階段的認知發展，將會徒勞無功、無濟於事。例如：前運思期的兒童不能真正地學會運思期的結構（Morris, 2003:260）。

　　這些原則可用來預測兒童本階段有關的學習。但有兩種預測必須予以確認：第一，本階段有關觀念的學習實驗應該產生顯著的「性向 × 對待的互動」（aptitude × treatment interactions）。在學習的研究中，性向元素是兒童認知結構的層次，界定認知發展的階段；而對待元素則是學習的程序，用來教導兒童，也就是守恆的觀念。因此，這個預測是兒童學習的總量，將與認知發展階段的測量產生互動（Inhelder et al., 1974）。第二，更簡單的預測是教導具體運思的概念給前運思期階段的兒童，將是不可能的（Inhelder & Sinclair, 1969）。

圖 3.2 所示具體的概念是數目、數量、與長度的守恆概念。在每一個情況中，使用三個步驟來評量這種概念。第一，顯示給兒童兩件東西（兩片餅乾、兩瓶果汁、兩根線）與標的物的屬性（餅乾數目、果汁數量、線長度）明顯地相等，因為看起來相像。第二，一旦兒童認為兩樣東西屬性相等時，把其中之一變個樣子（如一片粗些、一瓶多些、一線長些）。第三、問兒童看起來不同的東西是否仍然與數量的屬性相等。正確的答案是（守恆概念的反應），但幼兒通常會說不是（非守恆概念的反應）。從各種實驗的發現得到相同的結論：兒童學習守恆概念是訓練的結果，並沒有受到認知發展層次強烈的束縛（Morris, 2003:261-269）。

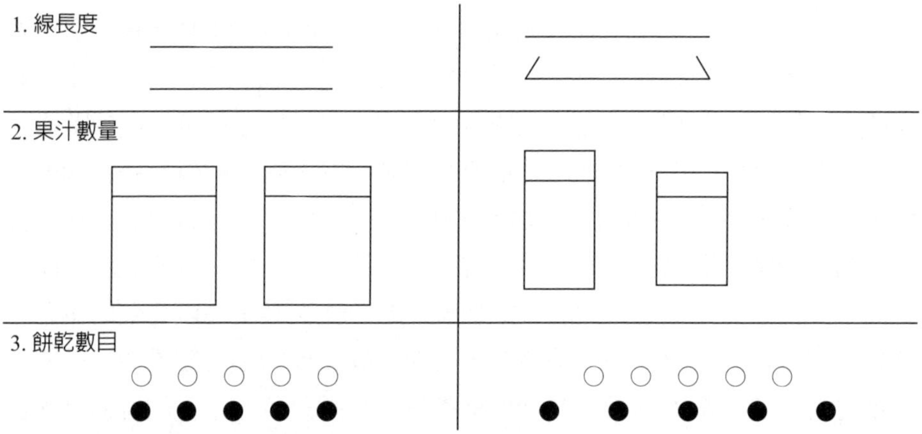

圖 3.2　守恆概念的三種類型：上方是長度概念，中間是面積概念，下方是數目概念

資料來源：Morris, 2003, p. 263.

Piaget 認為教學方法是否有效，主要環繞在兩個原理：自然主義（naturalism）與建構主義（constructivism）。自然主義即所謂「母性總是對的」規則。因為與 Piaget 的發展階段相聯結的基本概念技巧在正常認知發展的過程中是自發性的。他主張有效的學習是從每天的歷程引發出來的。自然的學習就是最好的學習。它是直覺式的推理。基本上，這種觀念只是標準式的 Rosseau 教義。相對之下，沒有任何一個原則發自學習的研究，最好

的學習方法是從每天的經驗模仿得來的（Brainerd, 1978）。

　　Piaget 的晚年經常被問到最顯著的貢獻是什麼。他最常提到的貢獻是建構主義。因為社會的建構主義在美國的教育界甚為流行，Piaget 的理念與當代的建構主義概念是很重要的。Piaget 的建構主義是一種理論的假設，在認知發展中，兒童透過創造發明，獲得他們的知識。在這種假設之下，知識的獲得並不是「發現」天生理念的歷程，也不是儲存事實的歷程。Piaget 認為兒童創造知識乃由於個體的偏好與其經驗互動的關係。建構或創造發明是遺傳與經驗之間互動的機制（Inhelder & Sinclair, 1969）。

　　此種機制在日常生活中如何操作？Piaget 常常提到一位數學家曾告訴他的一則往事。這位數學家年少時，喜歡同年紀的兒童，相信數字會受到空間排列的影響。也就是說，如果物體散開排列，物體元素的數目將會大些（如圖 3.2 右下方餅乾的數目）。有一天，這位數學家正在玩一堆碎石子，偶然數了一數。他把它們散開但數目沒有改變。他再把它們擺在一起，數目仍然相同。這位數學家告訴 Piaget 這個發現如此神奇。這就是激發 Piaget 對於數學產生濃厚興趣的原動力（Morris, 2003:271）。

　　這則趣聞包含所有 Piaget 的建構式學習插曲中的要素。在插曲開始時，兒童具有不正確的概念（即數目視空間的排列為定），預測某種結果（即當碎石子散開時，碎石子的數目會更多）。第二，兒童自己發現真實的數目與預測的數目不同（碎石子的數目並不因散開而改變）。第三，這個發現誘導兒童感到驚奇並使兒童認清了不正確概念與實際結果之間的差距。第四，認清差距促使兒童產生新觀念。建構式學習的重要元素是生動活潑的自我發現——認清當前概念與實際結果之間的差距（Morris, 2003:271）。

二、Bruner的認知發展理論

　　Bruner 的認知發展理論在他的《教育歷程》（*The Process of Education*）一書中有句名言——「任何科目都可以任何形式教導任何年齡的任何兒童」可以看出端倪（Bruner, 1960）。他的認知發展理論以三種表徵模式為特徵：動作表徵（enactive representation）、影像表徵（iconic representation）、與符號表徵（symbolic representation）（Bruner, 1965）。後面的模式

有賴於前面的模式，但它們並不是發展的階段，因為前者形成意義與解碼的方式並未消失，而成人具有這三種系統的彈性。依此看法，幼童使用動作來表示世界；意象是後來加上的；最後，獨斷的符號系統諸如語言與數學符號加諸於表徵的系列。這就是為什麼任何科目可以教給任何年齡兒童的原因：它只是以發展的表徵模式呈現概念給兒童而已。

例如：Bruner 協助數學家 Z. P. Dienes 使用天平的秤桿與積木教導一群 8 歲兒童的二次方程式。他們的教學順序融入有趣的動作（讓天平的秤桿平衡）、意象（利用積木使成等量的正方形）、與符號（發展標記法去描述秤桿與積木的意象）。在他們的教學順序中，不同表徵系統的分離並不像系統的統整那樣明顯。如果沒有動作表徵與影像表徵的支持，8 歲兒童不可能以有意義的方式學會二次方程式，極為明顯（Lutkehaus & Greenfield, 2003:416）。

從知識的觀點而言，Bruner 的認知發展理論是典型結構主義的觀點。他的學習的基本觀念是學科教材的外部結構與學習者內部的認知結構，二者互相配合。他認為任何發展階段的兒童都有他的獨特方式看待這個世界。教學的任務就是以兒童的觀點呈現學科的結構（Bruner, 1960:33）。

他的認知發展結構深受 Piaget 的認知發展理論的影響。的確，Piaget 是心理學領域主要的結構主義代表人物。Bruner 在他的《教育歷程》一書中，呈現教育結構論的兩大支柱：外部的學科結構與內部的認知結構。以他的觀點，學會了結構就是學會了事情的關聯性（Bruner, 1960:7）。

Bruner 認為學習的行為是由三個相關聯的歷程組成，頗類似 Piaget 的認知歷程（Ornstein & Hunkins, 2004:111）：

㈠ **獲得**（acquisition）就是抓住新的資訊；它與 Piaget 的「同化」相呼應。此類資訊可能對某人的資料儲存而言是「新的」；它也可以取代先前獲得的資訊，或只是去蕪存菁或進一步改進先前資訊的品質。

㈡ **轉化**（transformation）就是個體處理新資訊的能力以便超越。處理新資訊的方法是外插法（extrapolation）、內插法（interpolation）或轉換（translation）成另一形式。這個歷程與 Piaget 的「調適」大部分重疊。

㈢ **評鑑**（evaluation）就是判斷資訊是否以合適的方式處理特殊的任務或問題。它與 Piaget 的「均衡」密切呼應。

三、Vygotsky的文化——歷史發展理論

　　Vygotsky 出生於俄羅斯 Orsha 的一個小鎮，他是猶太家族的後裔。在 1913 年，他進入莫斯科帝國大學醫學院就讀。但在一個月後，他轉入法學院，並同時在莫斯科的香尼亞弗斯基大學（Shaniavskii University）攻讀哲學史與文學。他的第一本書《教育心理學》（*Educational Psychology*）（1926/1997），深受「刺激—反應」理論的影響，尤其對於交替反射的概念，著墨甚多。

㈠ 近側發展區

　　Vygotsky 的理論強調人際關係、文化—歷史、與個人的因素在發展上的相互關係。然而，在北美洲，他的理論複雜性卻大部分受到忽視，僅支持信賴單一的概念——近側發展區（the zone of proximal development, ZPD）（如圖 3.3）：兒童實際的心理年齡與其受到協助之下所能達到的水準之間的差距（Bigge & Shermis, 2004:130）。尤有甚者，這個概念本身常常以相當有限的方式被視為強調人際關係，犧牲個人與文化—歷史的層次。這個概念似乎是「鷹架」（scaffolding）的同義詞，有些學者著重在更有能力的角色，另有些學者尤其教師，他的角色是在兒童思考的進程

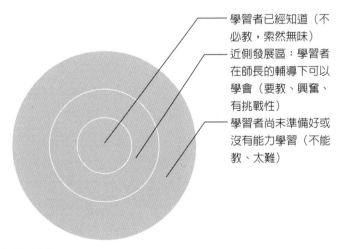

學習者已經知道（不必教，索然無味）

近側發展區：學習者在師長的輔導下可以學會（要教、興奮、有挑戰性）

學習者尚未準備好或沒有能力學習（不能教、太難）

圖 3.3　近側發展區

資料來源：改編自 Woolfolk, 2011, p. 64.

前，提供協助（Stone, 1993:169-183）。因此，這個概念已經等同於敏感的教師可能提供兒童協助，而喪失 Vygotsky 的理論大部分的複雜性──兒童帶來的人際互動與文化─歷史互動更寬廣的場合。這種解讀完全迷失 Vygotsky 的立場。他認為兒童一生的發展類似社會的歷史發展，很像 Marx 的理論。人類具有未開發的潛能，唯有在社會的組織結構重整之後才能釋放出來（Tudge & Scrimsher, 2003:212）。

在人際關係方面，Vygotsky（1934/1987）認為近側發展區對於知識發展的動力與教學的成功比真實的發展層次更具有意義。他說：「當教與學走在發展的前端時，教與學才有用」（p.212）。「教與學的重要特徵就是創造近側發展區；也就是說，教與學喚醒各式各樣的發展歷程，這些歷程只有當兒童與周遭的人互動並與同儕合作的時候，才能操弄」（Vygotsky, 1935/1978:90）。

在文化─歷史方面，我們必須強調這個事實，Vygotsky 的理論可適當地稱之為文化─歷史的理論，這是他的學習理論的焦點所在。他把文化的世界視為高等心理功能發展的來源。歷史可視為與物種的發展有關，而文化的群體也可視為個體遺傳基因與微觀基因的發展（Scribner, 1985:119-145）。

Vygotsky（1978）相信文化工具包括技術工具（technical tools）像今日的手機、電腦、網路、與心理工具（psychological tools）像符號系統、數字系統、盲點字、手語、語言等在認知發展上扮演重要的角色。譬如語言與數字系統協助學習與認知發展，改變思考歷程。此種符號系統透過正式與非正式互動與教學，由成人傳給兒童，或由兒童傳給兒童。

Vygotsky（1978:86）認為在發展階段的每一個定點，兒童都有一些處於解決邊緣的問題。兒童僅需要某些協助，譬如記住細節或步驟、提醒、鼓勵嘗試、提供線索等等。當然有些難題超出兒童的能力範圍。近側發展區乃是兒童目前發展的層次「獨立的問題解決」與兒童可能發展的層次「透過成人的指導或與同儕合作」之間的區域。近側發展區是動態的、會變動的區塊。當學生與教師互動，產生了解時，它就會隨之改變。這是教學可以成功的區域。成人與教師常常使用語言提示協助兒童解決問題或完成工作。此種協助支持的型態稱之為「鷹架」理論。隨著兒童接受師長的

教導，此種協助可能逐漸減少。

學校與學校教育在決定我們的思考方式方面扮演重要的角色。然而，學校的重要性遠不如兒童受到鷹架理論支持的情境，兒童受到鼓舞成為「有意識地覺察」自己、語言、與所處的環境。意識覺察（conscious awareness）的問題是他思考的核心；它是使人成為社會人，或人之所以為人的地方。歷史與文化的連結至為明顯。

Vygotsky（1930:164）把近側發展區內的互動與社會發展的脈絡連結起來。他界定「社會的」（social）一詞為「更廣泛的文化的東西。文化乃是人類的社會生活與公共的活動」。參與社會文化的世界就是使兒童成為人，確保兒童發展高度的心理歷程。高度的心智功能乃因集體行為而引起，與周遭的人合作而產生，並從社會的經驗而發生。他認為近側發展區不只是在學校情境中師生互動所發生的事情，也觸及新型式的意識發展，尤其當社會發展新的社會組織，諸如學校制度。

在個人方面，由於 Vygotsky（1935:351）主張社會的世界是發展的來源，許多學者乃把他的理論引申為文化的觀點與單一的方向使個體行動。這種解讀是不正確的。顯然 Vygotsky 不相信社會力量能完全地解釋兒童發展的說法。他了解到兒童發展的複雜性，蒐集兒童發展資料的方法必定是發展性的，要用縱向的研究方法而不使用橫向的研究方法。依照他的說法，研究者不需要強調某一個時間點的發展，而要強調連續的時間系列發展，以「揭示具體的動態歷程」（p.288）。

人類具有心理的功能，有別於動物的心理歷程。此種差異乃因人類的心理歷程是文化的沉思、歷史的發展、並從實際的活動衍生而來。人類在演變中的社會場合，由於社會學習的結果，就具有獨特的心理活動。質言之，人類的心理發展是個體透過「對話」與「遊戲」與文化互動的社會基因發展歷程（socio-genetic process）。個體存在於兩種世界：自然的世界與人為的世界。動物僅存在於自然的世界。人為的世界，一種文化的創造，塑造人類心理功能的結構。此種結構在動物裡就不曾發生（Ornstein & Hunkins, 2004:112）。

Vygotsky 認為文化與思考需要技巧的使用工具。他認定幾種有助於人類文化的工具類型：語言、各種計算系統、文書、藝術品、機械繪圖與記

憶術。尤其語言是人類發明的主要工具，可使思考有條理、有組織。如果人類沒有語言，他們就沒有思想。

(二) 學習理論評述

基本上，Vygotsky 的發展論是教育理論。他的教育理論也是一種文化傳遞理論。教育的涵義不僅發展個人的潛能，也促進歷史的表達與人類文化的成長。Vygotsky 的重大貢獻是他不僅發展了認知理論，也發展了教育理論與社會文化發展理論（Ornstein & Hunkins, 2004:112）。

Vygotsky 發展論的複雜性主要是他的著作不容易了解，蓋因大部分是從不同時期的著作翻譯而來。鷹架理論（scaffolding）的術語最先由 Wood、Bruner、與 Ross 等人提出，描述專家以更高明的手法協助新手操作某一工作或技能。Wood 等人（1976）曾描述類似的學習歷程，「兒童或新手受到協助與支持，因而能夠解決問題、完成任務、或達成目標」（p.90）。這種說法聽起來很像 Vygotsky 的鷹架理論。然而，Wood 等人認為「鷹架理論主要包含成人控制工作的要素。這些要素起初遠超出學習者的能力之外，因此允許學習者專注並僅完成他力所能及的這些要素」（p.90）。這可能是優秀教師想去嘗試的事，但與 Vygotsky 的近側發展區概念少有關係（Grifftin & Cole, 1999; Stone, 1993）。

鷹架理論的隱喻嚴重降低更有能力與更無能力的人可以從互動中學會某些東西的事實。姑不論湧上心頭的意象是用來支撐建物的鷹架或是某人用來懸掛東西的鷹架，這種意象是提供鷹架的人明確地控制情境並且在歷程中不期待去改變情境。當然，隱喻是有力的工具，但有其限制。在情境中的限制就是 Vygotsky 的理論與強調教師提供兒童適當協助的理論相提並論（Tudge & Scrimsher, 2003: 219）。

Vygotsky 的著作主要針對社會的起源與個體發展的文化基礎加以論述。他與 Piaget 的理論同屬認知發展理論，但二者對於認知發展的歷程採取不同的看法。Piaget 認為兒童必須進入某一階段才能完成特殊的認知活動；Vygotsky 則持相反的觀點。他相信兒童在某一發展階段之前，由於與社會互動的結果常常能夠表現某種認知的動作。譬如在達到某一特殊發展階段之前，兒童即開始弄通語言。Piaget 認為階段的發展是在語言

發展之前；Vygotsky 則認為學習是在階段發展之前（Ornstein & Hunkins, 2004:112）。換言之，Piaget 認為學習總在發展之後；Vygotsky 則認為學習常在發展之前。

四、Bandura的社會學習理論

Bandura 致力研究學生如何透過觀察與模仿（modeling）學習。他發現學生可從觀看成人在實際的情境與電視、卡通片的侵略性動作學會攻擊性的行為。透過觀察與模仿，學生可以學會如何以高明的成就水準表現行為。強化與獎賞雖有其價值，學生的學習最重要的是專心一致，並且透過觀察，獲得必要的反應，然後模仿其行為（Bandura, 1977）。

Bandura 進行自我調適（self-regulation）與自我效能（self-efficacy）的研究。在他的著作《社會學習理論》（*Social Learning Theory*）一書中，他以三個互惠的因果關係，分析人類的學習與自我調適（Bandura, 1977）。這三個互惠的因果關係涉及個人的（認知—情意）、行為的、與環境的決定因素之間複雜的交互作用（如圖 3.4）。

依據 Bandura 的觀點，人們思考、相信、與感覺的東西都會影響他們的言行舉止。自然的、外在的行為影響大部分決定了思考的類型與情意的反應（Bandura, 1986:25）。在這個互惠式因果關係的模式中，人們是環境條件的製造者，也是環境條件的產物。這種觀點避免古典認知方法的陷阱（Sampson, 1981），降低行為與社會環境因素對人類思考的互動影響至最低的限度。

在 1980 年代，Bandura 漸漸轉移注意研究自我效能信念在新的功能領域的影響。他與學生 Dale Schunk 探討個人目標設定在數學能力的自我調適效果。他們發現設定個人目標的學生比沒有設定目標的學生，發展較高的自我效能、內在興趣、與能力（Bandura & Schunk, 1981）。Bandura 把研究方案轉移至自我效能信念系統：起源、結構、與功能。他把知覺的效能視為人類動機與行為的基礎。

㈠ 自我調適歷程

這項自我調適（self-regulation）歷程的研究，如目標設定與自我效能

信念，引導 Bandura 統整他的早期與後期的研究。在他的《思想與行動的社會基礎》（*Social Foundations of Thought and Action*）一書中，他重新標示他的理論為社會認知論，因為理論與研究的廣度遠超出學習的範圍。這個理論越來越關心人類行為的動機與調適。他以社會認知的觀點，提出人類思想與行動的根源，和自我參照歷程在動機、情意、與行動方面的角色。他認為人是自我組織、自動自發、與自我反省的，而非只是被動地針對社會的環境與內部的因素反應（Bandura, 1986）。

從歷史的觀點，教育家們一直把學生無法自我調適學習的能力歸咎於意志力的薄弱。於是，教師們勸導學生更加努力用功，抗拒電視、電動遊戲、與網際網路聊天的誘惑。這些勸導非但無效，而且也有一些反效果。Bandura（1986）即認為過度依賴意志力而成功的學生往往會有自我軟弱的屬性，尤其如果他們把「意志力」視為他們所欠缺的特質。無法學習將會導致學生把它歸因於與生俱來的、人格的缺陷，因而沒有學習動機並且自暴自棄。

意志力理論在教學輔導方面，少有助益。二元論把身心視為分離的實體，對於心不在焉的學生無法啟發學生的學習。相對之下，Bandura 的三位一體因果關係模式，主張學習涉及個人的（認知─情意）、行為的、與環境的決定因素之間的相互作用（如圖 3.4）。透過思想與行動，人們可以行使自我調適，以控制功能的水準。

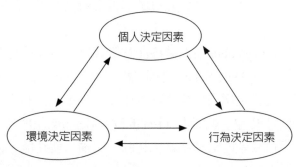

圖 3.4　Bandura 的三個互惠的因果關係

資料來源：Zimmerman & Schunk, 2003, p.438.

Bandura（1986）建議教師要善用自我管理的歷程，教導學生調適個人的、行為的、與環境的情境。這三個主要的自我管理歷程是：自我觀察、判斷歷程、與自我反應。自我觀察係指監控自己的表現，譬如自己記錄解決問題的品質。判斷歷程係指評估自己的表現是否符合自己的標準與個人的價值觀。自我反應則指個人對於表現評估引起的認知、情意、與可觸知的反應。

㈡ 自我效能信念

自我效能（self-efficacy）信念涉及人們在特殊領域的表現能力之自我判斷，非指人格特質或自我概念的自我判斷。例如：教師要求學生判斷某些班級的數學演算能力，而非數學的觀念。學生的自我效能信念有別於各領域的學術功能，如語言學、數學與科學等學科。

Bandura（1997:241）曾分析兒童的知覺效能、教師的教學效能信念、與學校的集體效能意識，何以有助於提升學業成就。許多教育人員一直受到研究顯示教師自我效能信念的重要性所迷惑。例如：Bandura 發現具有高度教學效能的教師比低度教學效能的教師花費更多的時間於學生的課業活動，提供學業有困難的學生更多的輔導活動，並更常獎勵學生的優異表現。他認為強烈地相信自己有能力去改進學習的教師會為學生創造精熟學習的經驗，但是對於教學效能自我懷疑的教師卻可能建構有害於學生能力判斷與認知發展的教室環境。教師的知覺效能也會影響他們遭受壓力與倦怠的容忍度與對教育奉獻的向心力（Zimmerman & Schunk, 2003:447）。

㈢ 社會學習理論評述

Bandura 認為人類的學習是染有社會色彩的事件，兒童透過社會的互動與媒體學習周遭的世界。大部分的社會學習不受教師或家長的直接控制，而與同胞兄弟姐妹、同儕、同伴與大眾媒體的互動而產生。他覺得這些感同身受的來源與發現式學習相較，仍有許多好處，譬如逃避不利的後果。他曾幽默地警告設想學習危險技巧的人，諸如飆車或滑雪，只有以嘗試與錯誤的手法，要先檢查健康保險包含的項目範圍。他的社會學習理論已比先前提出的模仿更為廣泛、更具認知性（Zimmerman & Schunk, 2003:449）。

Bandura 的學習概念不只是以認知的反應方式獲得知識而已。它涉及自我信念與自我調適能力的發展。由於科技的日新月異與知識爆炸，獲取知識的技巧至為重要。然而，如果人們不會應用於日常生活當中，這些自我調適的技巧還是無濟於事。學生的自我效能信念不但增進學業成就，也激勵內在的興趣、動機，減低學業的焦慮。知覺效能不僅塑造學生的認知發展，也塑造了其後的生涯發展（Hackett, 1995）。

第三節 人本學派

傳統的心理學家不承認現象學（phenomenology）或人本心理學是心理學的一個學派，而視為心理學的一種形式。他們的論點是大多數的心理學家屬於人文主義者，因為他們關心人類並且關心改善社會。更進一步說，人文主義（humanism）的標籤不該當作普遍化的面具使用。然而，許多觀察家視現象學——有時稱人本心理學為第三勢力的學習理論——在行為學派與認知學派之後。現象學有時視為認知理論，因為它強調完整的個體或全人。認知領域與情意領域學習的分野把兩種領域截然劃分為二（Ornstein & Hunkins, 2004:124）。

現象學乃在研究當前立即的經驗，植基於存在主義哲學。大部分的現象學理念來自現場的情境；然而，教育家們漸漸體會到現象學對於課堂的教學有重要的意涵。現象學家指出我們觀看自己的方式是了解自己行為的根本所在。我們所作所為，甚至我們所學都是由我們自己的概念所決定（Combs, 1982）。假使有人認為他（她）是拿破崙，他（她）的行為舉止就像拿破崙，或至少傳達他（她）的拿破崙概念。如果某人認為他（她）自己是傻瓜，他（她）的認知表現將受自我概念的影響（Ornstein & Hunkins, 2004:124）。

現象學源自於早期的場地理論（field theories），視整個有機體對環境（或場地）的關係，與學習者的感受和在固定環境中個人的意義。學習必須以問題的完整性來說明。人類不對孤立的刺激反應，而對有機體或刺激的類型反應。

場地理論來自於 1930 年代與 1940 年代的格式塔心理學（Gestalt psychology）或稱「完形心理學」。格式塔（Gestalt）一詞係德文，隱含形狀、形式、與完形之意。在此背景中，各種刺激的感受係在場地裡對別人或東西的關係而定。個人所感受到的，將決定他（她）給場地給予的意義。同樣地，個人對其他問題的解決方案端視他（她）對個人的刺激與整體之間關係的認同來決定。這就是場地關係（field-ground relationship）。個人如何感受這種關係，決定了行為。只有感受並不是學習的重要因素；重要因素是要建構並重新建構場地關係以形成演變的類型（Ornstein & Hunkins, 2004:125）。它的公式是：B = f(P.E.)，B = Behavior（行為），f = function（函數），P = Person（個人），E = Environment（環境）。它的意義是「行為是個人與環境交互影響的函數。」例如：在一個人的面前，擺了美味可口的食物。如果他（她）肚子很餓，他（她）就很想吃它；反之，如果他（她）已經填飽肚子，縱然美味可口食物在前，他（她）依然無動於衷。這就是說：他（她）的行為（B）（吃或不吃的行為）是受到他（她）自己（P）（饑餓與否）與環境（E）（美食）的交互影響而產生變化。若把這個理論用到英語教學，教師可以問學生：「學習英語重要嗎？」學生可能有各種不同的答案。想要出國的人、想要在外國公司工作的人、或想要環遊世界的人，會認為英語很重要，而想學英語。但對於只想待在家、不想出國、或不跟外國人來往的人，可能認為英語沒那麼重要，不想學英語。

基於這個理論，學習是複雜而抽象的。當學習者面對學習的情境，他（她）要分析問題、分辨重要與不重要的資料、並察覺其關係。這個環境不斷在改變之中，因此學習者不斷重組他（她）的感受。就以教學而論，學習可視為學生選擇的歷程。課程專家必須了解到學習者將感受到某種事對整體的關係；他（她）所感受的與如何感受是與其先前的經驗有關（Ornstein & Hunkins, 2004:125）。

現象學或人本學派的心理學是以 A. Maslow 的需求階層理論（need hierarchy theory）與 C. Rogers 的治療學習理論為代表。茲將其學習理論列述於後。

一、Maslow的需求階層理論

Maslow 是一位有名的現象學家，揭示人類需求的理論，稱為需求階層理論。依據 Maslow（1954）的研究，人類的需求可分為五種層次：生理需求（physiological）、安全需求（safety）、社會需求（social）、自尊需求（esteem）與自我實現（self-actualization）（如圖 3.5）。

㈠ **生理需求**：人類最基本的需求是生理或生存需求，包括充足的飲食、喝水、住居與性的滿足。

㈡ **安全需求**：第二個層次的需求是安全需求，包括生理與心理上能獲得安全感，身體沒有危險的顧慮，生理的需求不被剝奪。

㈢ **社會需求**：第三個層次是社會需求或隸屬需求，包括愛人、被愛、被接納、與有隸屬感的需求。

㈣ **自尊需求**：第四個需求是自尊需求，包括受他人肯定、讚美、認可、自尊與尊人的需求。

㈤ **自我實現**：第五個也是最高層次的需求是要充分發展自己的潛能。個人想當什麼，他（她）就能當什麼。自我實現就是成為個人所能夠成就的慾望。

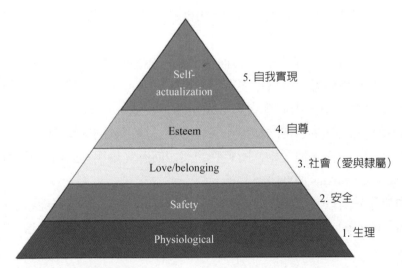

圖 3.5　Maslow 的需求階層

資料來源：改編自 Parkay, Anctil, & Hass, 2014, p. 133.

　　無庸置疑地，生理的需求是人類最具優勢的需求。缺乏食物、安全、愛、與自尊的人渴求食物，遠比其他需求更為強烈。如果所有的需求沒有獲得滿足，個體就會受到生理需求的支配，而其他的需求淪為不重要。潛意識幾乎完全被饑餓占據。人類的生理需求滿足後，才會考慮安全的需求、愛與歸屬、自尊等需求。

　　這些需求對於教學與學習具有重大的涵義。沒有愛與自尊等基本需求的兒童將無志於獲得世界的知識。兒童想要滿足愛與自尊的目標遠比學習與引導行為的方向優先。Maslow 的理念與 Pestalozzi、Froebel 重視愛與人類的情緒，殊無二致，相互輝映。

　　Maslow 創用「人本心理學」（humanistic psychology）一詞，強調三個主要的原則：1. 專注於體驗的人，因此體驗是學習的主要現象；2. 重視人類的本質如抉擇、創造性、價值觀、與自我實現；3. 對於人類的尊嚴與價值顯示終極關懷並對於心理發展與學習者個人的潛能感到興趣（Maslow, 1968）。

　　教師與課程設計者的角色是把學生視為完整的人（a whole person）。學生是積極、有意、活潑、並參與生活的經驗，不是行為學派的刺激——反應，或認知學派的認知經驗而已。學習是終身教育的歷程。學習是實驗性的，它的精髓是自由，而其結果是人類潛能的充分發展與社會的改革（Ornstein & Hunkins, 2004:125）。

　　根據 Maslow（1971）的觀點，教育的目的是培養健康而快樂的學生，能夠完成、成長、實現他（她）自己的心願。自我實現與實踐的臨場感乃是學生所應努力的，也是教師在課堂上所應重視的。自我實現的人是心理健康並且成熟的人。Maslow 舉出他（她）們的特徵是：1. 有效的感受到現實；2. 對自己、對別人隨遇而安；3. 不受罪惡、羞辱、或焦慮所壓倒；4. 比較自發自動；5. 以問題為中心，不是以自我為中心。

二、Rogers的治療學習理論

　　Rogers 也許是最著名的現象學家。他曾建立一套有助於學習的諮商程序與方法。他的理念植基於早期的場地理論；現實是建立在個別的學習者所感受的基礎上。「人是靠知覺『圖』而活，知覺圖不是現實本

身」（"Man lives by a perceptual 'map' which is not reality itself."）（Rogers, 1951:485）。

此種現實的概念應該會讓教師體察到兒童對於特殊經驗的反應層級與種類各不相同。兒童的感受是相當個別化的，它影響兒童的學習與行為。Rogers 視治療為一種學習的方法。他相信積極的人類關係可以使人成長。因此學習者的人際關係如同認知成績一樣重要（Rogers, 1981）。教師的角色是督促的角色，一如存在主義的教師對於學生，有著密切的專業關係，引導學習者成長與發展。教師協助學習者探討有關生活、學校課業、人際關係、與社會互動的新理念。諮商的方法假設學生願意為自己的行為與學習負責，他們能夠做出聰明的抉擇，他們能與教師分享理念且能誠實地溝通，正如人們碰到有關自己與人生的抉擇一樣（Ornstein & Hunkins, 2004:126）。

依照 Rogers 的看法，課程強調歷程，不是結果；注重個別的需求，不是學科教材；著重心理的意義，不是認知的分數；並注意改變時空的環境，不是預定的環境。因此，學習要給予學生很大的自由，不要限制或事先規劃的活動。心理的與社會的情況往往限制或增進個人的領域或生活空間。心理的領域或生活的空間在課程設計方面是必要的考量（Ornstein & Hunkins, 2004:126）。

三、現象學的學習理論評述

現象學家看重個體對於場地的關係。現象學家與建構主義者有許多共同點。但何者能決定行為與學習，大都是心理的層面。個人的經驗唯有透過推論，別人才能了解；因此，以科學的證據言之，此種資料是令人存疑的。但對於現象學家而言，個人經驗的原始資料對於了解學習至為重要。也許這些資料不能準確地測量，而且資料頗為模糊。它的定義與歷程也是主觀而非準確的。除了人本心理學的觀念外，它的範圍、教材與其他的概念諸如存在主義心理學、非進步主義、創造力、愛、高度意識、價值觀、先驗哲學、心理健康、自我認同、與心理分析等術語，名異而實同（Sullivan, 1990）。幾乎萬事萬物都顯示最大的自我實現（self-fulfillment, self-actualization, or self-realization）。

現象學家企圖了解人的內心世界——需求、欲望、感覺、感受與了解的方式。正當認知功能受到肯定之際，教師必須致力探討學習的社會與心理因素。遭受挫折、灰心、與憂鬱的學生，學習效果將必有限，他（她）們可能會抗拒、退縮、或一反常態。學生的需求應獲得滿足。同樣地，他（她）們的自尊與自我概念也是學習有關的重要因素。沒有良好的精神狀態，沒有好奇心或動機，少有機會認知學習或技能學習。學習者必須滿懷自信心去學習、樂於學習，獲得心理的滿足。這項原理可應用於學習英語、打球、跳舞、或與人交往，都是如此。畢竟情意的需求比認知的需求更重要（Ornstein & Hunkins, 2004:127）。

人本心理學注重關懷、真誠、熱情、與成熟。它的重點不在學業成就，而在完整的兒童——社會的、心理的、生理的、與認知的需求。基於這個理由，進步主義論者更可能採納現象學的理論。這些理念與自然主義的理念頗相吻合。教師應該支持人本心理學的論點，提供各種不同的學習機會。學習的領域不只是認知領域，對於各種不同的學習成就包括努力、進步、想像力、創造力、活力、熱心等，教師都應給學生獎勵，至少也要給予口頭的讚賞。這些行為與標準化成就分數少有關聯，但對於增進人格發展的完整頗多助益。

個人的自由在現象學或人本心理學方面是另一個重要的議題。我們可能不常使用個人擁有的自由，或我們可能誤用自由。自由的理念是 Rogers 學習理論的精髓。學生越體會到自由，他（她）們發現自己並充分發展潛能的機會也越多。自由讓學生更能探索、探討、並加深了解所學的東西。自由也加廣學習的視野。

第四節　其他學派

前述各節論述行為學派、認知學派、與文本學派的學習理論。本節探討介於各學派之間的理論包括建構主義、多元智能、情緒智商、神經科學、與學習型態等理論，分別敘述如後。

一、建構主義理論

建構主義（constructivism）本是理性主義（rationalism）哲學中的一種教育哲學。理性主義的特徵是相信理性是知識的主要來源，現實是建構而來非發現而來（Smith & Ragan, 1999:14）。依其學理，它是綜合哲學的實用主義與經驗主義、社會學的知識社會學、心理學的認知論、與科學的哲學等學說，個體以自己的經驗主動建構知識為其核心理念的一種觀點（黃光雄、楊龍立，2004:138）。Piaget（1961）是最具有影響力的建構主義的理論家。建構主義的概念大概源自於他的建構主義觀與 Bruner 的發現學習建構主義觀。它的理論是建立在這個假定：「知識不是傳輸而是建構」（Smith & Ragan, 1999:15）。知識是由學習者建構而來，讓自己的經驗有意義。因此，學習者不是等待裝滿的空容器，而是積極尋求意義的有機體（Driscoll, 2000:375-376）。

自從 1980 年代，一些教育研究人員企圖辨認學習者如何建構新教材的了解。因此，建構主義的學習觀點著重在學習者如何使新資訊產生意義——他們如何依據所知道的東西建構意義。這種看法大部分可以追溯到格式塔的學習觀點，學習者尋求組織新資訊成為有意義的整體。

依據建構主義的觀點，「學生透過主動的建構歷程發展新的知識。」「他們不是只有被動地接受或從教師或教科書依樣畫葫蘆。相反地，他們主動促成設法使之具有意義並且與主題所學過、已經知道的東西發生關聯」（Good & Brophy, 1997:398）。建構主義取向的課程與教學策略著重在學生對教材的思考，透過深思熟慮與質問，使學生能夠更深入地了解新教材。建構主義課程與教學的共同元素，有下列七點（Parkay & Hass, 2000）：

(一)課程旨在充實學生的知識、技能、價值觀、與陶冶性情。

(二)教學目標強調發展學生的專才、學以致用，並注重知識概念的了解。

(三)課程以有限的教材注重廣度與深度的平衡。

(四)教材的組織環繞在有限的理念。

㈤教師的角色不只呈現教材，也要協助學生學習。

㈥學生的角色不只專心上課，也要建構意義。

㈦學生的先前知識作為教學的起點，教學建立在先前知識
的基礎上（p.168）。

　　建構主義課程與教學設計的共同元素是「鷹架」的概念。它是在早
期學習的階段，提供學生更大的協助與支持。鷹架概念是俄羅斯心理學
家 Vygotsky 近側發展區的理念。依照他的觀點，有效的教學不能超越
學生現有的了解能力水準，也不能低估學生的學習能力（Parkay & Hass,
2000:169）。

　　以一種不分好壞的方式去擁抱建構主義，它的危險性是過分簡化建構
主義的概念。我們往往僅從一個角度去看「建構主義的世界」，因此迷失
了重要概念的了解。我們可能誤導別人一味追求建構主義的課程與教學。
基本上，建構主義的論點至屬正確，只是教師在教學的過程中無法掌握它
的精髓，以致效果不彰，甚至變質。

　　建構主義（constructivism）在 20 世紀頗為盛行。追本溯源，它植基
於心理學與哲學的理念。Piaget、Bruner、與 Vygotsky 是建構主義的先
驅。Piaget 的認知發展理論、Bruner 的社會互動理論、與 Vygotsky 的社會
文化理論，影響建構主義至為深遠。另一方面，建構主義者承認 Dewey
（1933）與 Goodman（1984）的哲學思想與 Gibson（1977）的生態心理學
概念對於建構理論有重大的影響。Ernst von Glaserfeld（1984）對於建構主
義數學與科學具有相當的影響力。Kuhn 的科學革命與派典（paradigms）
等理念也對於建構主義發生某種程度的影響（Driscoll, 2000:375; Phillips,
1995:6）。

　　建構主義的根源，部分來自格式塔心理學的觀點，認為學習者尋求把
資訊組成有意義的整體。根據格式塔心理學的學習理論，整體大於部分之
和（The whole is greater than the sum of its parts）。譬如，體驗一場動感的
交響樂比聽個別的音樂曲子感受更多；觀賞一場電影遠比觀看數以千計的
靜止電影照片收穫還多。整體的特質決定部分的意義，而個別的感受決定
意義（Parkay, Anctil, & Hass, 2014:229）。

㈠ 建構主義的學習觀

建構主義長久以來視為一種有用的學習理論，認為學習者主動參與認知學習的活動，建構心理的表徵。主動的認知學習不見得需要教學方法如發現式教學法；同樣地，被動的教學方法如多媒體報告也不見得無法促進主動的認知學習（Mayer, 2009）。

建構主義沒有單一的教學理論。各領域的研究者從科學教育到教育心理學，到教育工學，都提出各種不同建構主義的論點。建構主義只是描述這些論點的唯一標籤而已。它的運用是來自 Piaget 的「建構主義者」（constructivist）與 Bruner 的「建構理論家」（constructionist）。傳統的建構理論家們常常把他（她）們的理念與客觀主義論者的知識論觀點作對比。客觀主義（objectivism）的論點是世界的知識乃透過個人的經驗而產生。知識是獨立於個體之外，而學習包含外在的知識轉化到學習者的內心之處。行為學派與認知學派的資訊處理理論都來自客觀主義的論點（Driscoll, 2000:376）。

相對於客觀主義的觀點，建構理論家們認為知識是學習者建構而來，以便經驗有意義。因此學習者不是等待裝滿的空容器，而是尋求意義又有活力的有機體。不論所學為何，建構的歷程在操作運行，而學習者形成心理的結構，直到滿意結果出現。尤其，新的經驗會引起心理結構的擾動，所以必須重新建構，使新的資訊有意義。這個論點很像心理模式的發展與修正，猶如 Piaget 所稱的基模調適（schema accommodation）。Bruner 與 Vygotsky 也提出類似的概念來說明兒童知識的變化。然而建構理論家們強力主張知識的建構不必符應外界的現實。也就是說，它們不必反映現實的世界。這與理想主義的認識論頗相吻合（Driscoll, 2000:376-377）。

Bruning 等人（2004）指出建構主義至少有三種不同的學習觀點：外來的、內生的、與辯證的學習觀點：

1. 外來的學習觀（exogenous）

知識的獲得反映外在世界的現實性；也就是說，透過教學與經驗，外在世界強烈地影響知識的建構。因此，知識的準確性建立在它與現實的配合（指認知學派基模理論的學習觀點）。

2. 內生的**學習觀**（endogenuous）

新知識是從較早的知識，透過認知結構的發展歷程，變成有組織的知識（指 Piaget 的認知發展模式）。

3. 辯證的**學習觀**（dialectical）

知識來自學習者與環境之間的互動，並與同儕、教師之間的互動（指 Vygotsky 的鷹架理論）。

Vygotsky 的學習觀稱為社會的建構主義（social constructivism），主張社會的互動促進學習，也就是說，學生互相學習去建構知識比單獨學習更有效果。教師可以運用社會互動，幫助學生建構知識。建構主義的基本信念是學習與思考發生在社會的情境中，而不是在真空的狀態產生。有意義的學習來自於現實的環境，這種學習的脈絡化稱為情境的認知（situated cognition）。此種學習理論可以在課堂的情境引導教學與學習（Tuckman & Monetti, 2011:311）。

建構主義在教育的領域採取強硬的立場，無數的研究者企圖表達建構理論的看法。他（她）們的建議形成建構理論的學習原則，主要在強調學習的歷程而非學習的結果。這些建議歸納如下（Driscoll, 2000: 382-390）：

1. **學習存在於複雜的、真實的、且相關的環境中**

學生不能期待去學習處理複雜的事物，除非給予機會去做。學習環境的複雜性要看學習的方法與內容。大規模的活動賦予個人學習目標的意義與目的。當這些目標予以統整時，它們在學習者的心中就構成基模。

2. **提供社會互涉（social negotiation）作為完整學習的一部分**

在多數的場合，學習是共通的活動，文化的分享。套上 Vygotsky 的觀點，人類較高層次的心理歷程是透過社會互動開展出來。建構理論家強調合作是學習環境中的重要特色。學習透過社會互動與合作，讓學生了解別人的觀點而非自己的觀點。

3. **支持多元的觀點與學習的模式**

建構理論家認為超媒體可以有效地鼓勵學生思考，或從不同的角度，探討有關理念、理論、文學作品等。使用多元的表徵模式可以當作並列的手段。也就是說，透過不同的感官模式（如視覺、聽覺、觸覺）觀看相同

的內容，可以產生不同的見解。

4. 鼓勵學習的自主性

教學要適應學生的個別需要不是建構主義的新理念。有關學習何是、何時、與如何發生，學生要做判斷的裁決人。換言之，建構式教學，學生不是被動的吸收，而是主動的投入，何者是他（她）們的學習需要與這些需要如何獲得滿足。

5. 孕育知識建構歷程的自我意識

Cunningham（1987）把「反省能力」界定為「學生體會自己在知識建構歷程角色的能力。」體會自己的思考與學習歷程是認知學派後設認知的一種能力。對於反省能力，學習者要有批判的態度。此種態度可使學習者體會結構如何創造意義。

(二) 建構主義的教學觀

雖然建構理論家詳細描述建構主義的觀點，它究竟是理論或哲學，則語焉不詳（Lebow, 1993）。從理論的觀點言之，它不能與 Gagné 的理論等量齊觀。從哲學的觀點言之，它也不能與其他的教學理論相提並論。建構理論可視為眾多方法的匯合而已。這些教學方法，約有下列四項（Driscoll, 2000: 391-394）：

1. 微觀世界與超媒體設計

微觀世界（microworlds）顧名思義，係指渺小而完整的真實環境，可以促進發現與探究的環境。它有兩個重要的特徵，可以區別類似的概念，如模擬（simulations）。也就是說，它包含最簡單的系統操作模式，並且提供一個符合學習者認知狀態的切入點。譬如圖騰品牌（LOGO）也許是最廣泛探究的微觀世界，允許兒童探究與發現電腦程式的世界。又如生態學的研究，學生可以探究何者可以把礦場轉化成農場。透過模擬的研究，學生分析土壤的樣本，種植與監控各類農作物並依據研究發現，做成本效益分析，即可得到結論。超媒體設計通常使用微電腦，透過網路，學習者可以立即操作。設計策略包括使用大量的學習資訊，如圖表、照片、研究資料等。微觀世界與超媒體設計提供學生豐富而逼真的學習環境。

2. 合作學習與問題解決

電腦化合作學習的基本假定是電腦與科技可以促進學習並重新界定成員之間的互動。成員指定使用的軟體可以促進成員之間的互動。電腦化合作學習可與校內與校外學習者連結。最大的好處是可以虛擬實境，在網路線上共同研究解決問題。

3. 目標導向的腳本與問題本位的學習

目標導向的腳本（goal-based scenarios）架構是電腦化學習環境的例子。它呈現具體明確的目標並提供學習技能的環境。問題本位的學習（problem-based learning）採取小組教學，解決實際的問題。此法的重點是提供問題解決的歷程，學生得以有系統地辨認問題的性質，推理思考，獲致解決的方案，然後評估解決方案的妥當性。

4. 開放的軟體

開放的軟體（open software）是一種內容空虛的軟體，像一個空殼子，供學習者去充實應用。像泡泡對話（Bubble Dialogue）是一個例子。透過泡泡對話，學生可以創造漫畫人物的會話。他（她）們有機會表達個人的觀點並且調整自己的想法。

Tuckman 與 Monetti（2011:318）綜合各種建構理論的觀點，提出六個建構教學的模式（如表 3.4）：

表 3.4　建構教學的模式

模式與環境	研發者	主要特色
1. 了解的教學模式	Perkin 與 Unger	・選擇衍生性的話題 ・設定明確的目標 ・做出有助於了解的表現 ・提供即學即評
2. 合作的問題解決模式	Nelson	・創造互助合作的環境 ・崇尚真實的重要性 ・從做中學習 ・鼓勵探討 ・包含社會情境 ・培養人際關係 ・發展終身學習

模式與環境	研發者	主要特色
3. 孕育學習者社群模式	Brown 與 Campione	· 小組合作學習，每一成員皆有一個小主題 · 學生共同分享學習經驗 · 參與更有結果的功課
4. 思考的學徒制模式	Rogoff	· 激勵學生對課業的興趣 · 簡化課業促進目標達成 · 給予指導並激發動機 · 提供回饋 · 減少挫折與風險至最低限度 · 以身作則
5. 問題本位的學習模式	Barrows 與 Kelson	· 提示問題腳本 · 辨認相關事實 · 產生假設 · 辨認學習的議題 · 應用新知識於測驗的假設 · 反省思考所學知識
6. Jasper Woodbury 問題解決系列模式	Vanderbilt 大學認知與科技群（CTGV）	· 提示挑戰性的冒險故事錄影帶 · 提供問題解決的機會 · 設計類似偵探的小說 · 應用於各種不同的課程領域 · 產生許多可能的解決方案

資料來源：Tuckman & Monetti, 2011, p. 318.

　　總而言之，建構主義的教學觀，教師扮演促進者（facilitator）的角色，不只呈現教材，也要協助學生學習。學生的角色不只專心上課，也要建構意義。學生的先前知識作為教學的起點，教學建立在先前知識的基礎上。學習是學生主動建構知識，不是被動地吸收資訊。小組合作學習可以促進學生的學習，讓學生主動建構知識，獲得意義。

二、多元智能理論

　　正當許多的學習理論家相信智能是學習普通能力的時候，有些心理學家認為智能是多面向的。這些不同面向的智能不是由任何單一的普通能力所囊括（Sternberg, 1966:11）。Gardner（1983）在其《心靈的架構：多元智能理論》（*Frames of Mind: The Theory of Multiple Intelligences*）一書中指

出人類的智能至少有七種：邏輯─數學的（logical-mathematical）、語文的（linguistic）、音樂的（musical）、空間的（spatial）、肢體─動覺的（bodily-kinesthetic）、知己的（intrapersonal）、與知人的（interpersonal）智能。他在 1995 年又提出第八種智能─自然觀察的智能（the naturalistic）（Gardner, 1995）。這些智能包括下列能力：

　　㈠ **邏輯─數學的智能**：有效地運用數字與推理的能力。

　　㈡ **語文的智能**：有效地運用語言或書寫文字的能力。

　　㈢ **音樂的智能**：察覺、辨別、改變與表達音樂的能力。

　　㈣ **空間的智能**：準確地感覺、視覺空間，並把所知覺到的表現出來。

　　㈤ **肢體─動覺的智能**：善於運用整個身體來表達想法和感覺，與運用雙手靈巧地生產或改造事物。

　　㈥ **知己的（內省）智能**：有自知之明，並做出適當行為的能力。

　　㈦ **知人的（人際）智能**：察覺並區分他人的情緒、意向、動機與感覺的能力。

　　㈧ **自然觀察的智能**：界定人類對有生物的分辨觀察能力，對自然景物敏銳的注意力，與對各種模式的辨別力。

　　Gardner 認為智能（intelligence）是「人類解決問題的能力或處事的能力」（Marlowe & Canestrari, 2006:171）。他指出每個人都具有這些智能，只是某些智能很發達，某些智能一般發達，其餘的較不發達。事實上，大多數人的智能可以發展到充分勝任的水準。他認為每種智能實際上是虛擬的，在生活中沒有任何智能是獨立存在的。而且，每一種智能裡都有許多表現的方法（李平譯，2000）。

　　Weatherley（2000:36-37）綜合 Gardner 的多元智能理論，提出三項結論，有助於教學、學校課程、與班級經營：

　　㈠ 每一種智能在人生歷程中都可透過合適的學習經驗發展出來。

　　㈡ 在各種智能中，每一個人都會就他（她）的優點與缺點成為一種不同的組合。

　　㈢ 了解是透過積極主動地表現出來。此種表現起初是透過最強勢的智能開展出來。

　　Gardner 的多元智能理論給學校教育人員一個重要啟示：3R's 教學，或核心課程雖有一席之地，藝能科目諸如音樂、美術、體育、與群育發展諸如交友與人際關係仍不可偏廢。人生中有許多的機遇與機會。擅長跳舞、唱歌、打球的人可以登上世界的舞臺，揚眉吐氣。學校中途輟學的學生如果能受到鼓勵並給予機會，照樣會有揮灑的空間。因此，教育人員必須擴大他們的視野，把握五育均衡發展的目標，孕育學生各種智能，貢獻於社會。

　　Santrock（2001）研發一套多元智能自我評量量表，可用來了解自己或別人的多元智能發展的傾向（如表 3.5）：

表 3.5　多元智能自我評量

下列 8 種智能，每一種智能各有 3 道題目，請依自己的狀況，勾選最適合自己的情況。1 代表最不適合自己，2 代表有一點不適合自己，3 代表有一點適合自己，4 代表最適合自己。

	1	2	3	4
A. 語文的智能				
1. 我的語言測驗成績很好。				
2. 我善於閱讀多種書刊。				
3. 我喜愛接受解決語言難題的挑戰。				
B. 數理邏輯的智能				
4. 我善於邏輯思考。				
5. 我喜歡像科學家去思考。				
6. 數學是我最喜愛的學科之一。				
C. 空間的智能				
7. 我善用不同的角度視覺物體與設計。				
8. 我有創造空間概念圖與方位的能力。				
9. 如果我想當的話，我想成為建築家。				
D. 肢體—動覺的智能				
10. 我的手眼協調靈活。				
11. 我擅長運動。				
12. 我善用肢體完成表達，如舞蹈。				
E. 音樂的智能				
13. 我會彈奏一種以上樂器。				

14. 我有良好的音樂耳朵。

15. 我擅長作曲。

F. 內省的智能

16. 我很了解自己並有正面的見解。

17. 我能調和思想與感情。

18. 我有很好的因應技巧。

G. 人際知覺的智能

19. 我很能了解別人。

20. 我很能與別人合作。

21. 我很能傾聽別人。

H. 自然的智能

22. 我擅長觀察自然界的型態。

23. 我擅長辨認與分類自然環境的事物。

24. 我了解自然與人為系統。

計分與解析

統計 8 種智能的每一種智能分數，並且在標示後面空白處統計每類的智能分數。哪一種智能是你（妳）的優勢？哪些智能最不行？8 種智能全是優勢或劣勢是不可能的。體會自己在各種不同智能領域的優勢與劣勢，你（妳）將會了解教哪一學科最容易與最困難。如果我必須教音樂技巧，我將很困擾，因為我沒有這方面的才能。然而，我有良好的運動技能並且年輕時打過網球並當過教練。如果你（妳）在 8 種智能領域不是很好而你必須教學生這些領域，考慮找社區志工來協助你（妳）。例如：Gardner 說學校需要做件好事，洽請退休人員，他（她）們大都樂於協助學生改進他（她）們的學習技巧。此種策略也有助於社區與學校的連結，代間（intergeneration）打成一片。

資料來源：Santrock, 2001, p. 131.

三、情緒智商理論

　　情緒（emotion）涉及一個人的喜、怒、哀、樂、愛、惡、懼等表情。情緒包含影響動作的力量，它與生活息息相關。人類的行為都隨著情緒的高低而起伏。情緒是行為的氣壓計，自不待言。晴時、多雲、偶陣雨都會影響到生活的每一層面。茲列舉數端，分述如下（張清濱，2008:222）：

㈠ 情緒與五育發展

如果學生的情緒不穩定，心浮氣躁，經常勃然大怒、出手打人，則其德育必然不佳；也不易與人和諧相處，獨來獨往，缺乏群性；更無閒情逸緻，欣賞自然之美，缺乏美感。一個情緒緊張的學生容易患得患失。考試時容易遺忘，但等考完走出試場，情緒恢復平靜，卻又想起了答案。這是因為情緒過度緊張，造成心智的僵固（mental rigidity）。情緒焦慮、恐懼、不安也會影響身心的健康。此類學生常有胃病、腹瀉、頭痛、失眠、血壓上升等現象。嚴重者尚有精神疾病的症狀。情緒不佳的學生，五育發展都會受到嚴重的影響。

㈡ 情緒與犯罪

臺灣地區的犯罪率居高不下，顯示人們的情緒大有問題。犯罪者大都缺乏理性與感性，一旦與人衝突，即怒不可抑。於是，鬥毆、縱火、殺人等暴力行為隨之發生。就以某地 PUB 遭人縱火案為例，嫌犯被警方逮獲後自稱喝酒後才脾氣暴躁。另一方面，氣候炎熱也會影響情緒，夏天的意外事故較多，顯然情緒與犯罪具有密切關係。

㈢ 情緒與婚姻

男女之間的感情常受情緒左右。有人因情投意合而締結良緣；也有人因緋聞而丟官；更有人因爭風吃醋而殺死情敵。夫妻之間也常因暴力相向而演變勞燕分飛，造成分居或離婚的悲劇。良好的情緒管理乃是美滿姻緣的觸媒劑。

㈣ 情緒與事業

一般人以為高智商就可大展鴻圖，成大功、立大業。殊不知許多聰明人反被聰明誤。高智商者未必有高度的挫折容忍度、堅定不移的毅力與接納別人的雅量，往往無法處理複雜的人際關係與情緒問題。因此情緒智商大師 Goleman 說：「E. Q. 的影響力比 I. Q. 大兩倍」（中時晚報，1988.3.22）。

Goleman（1995）是美國哈佛大學心理學教授兼《紐約時報》科學專欄作家，他在《情緒智商：為什麼它會比智商更重要》（*Emotional Intel-*

ligence: Why It Can Matter More Than I. Q.）一書中指出孩童認知自己的情感，與同儕感同身受，並有處理危機的能力──亦即情緒商數，簡稱 E. Q.──影響人的一生就如同天生智力一樣。

Goleman 認為 E.Q. 其實就是人類某種範疇的能力。這些能力包括：

1. 自我察覺的能力。

2. 處理感情的能力。

3. 自我調理情緒的能力。

4. 激勵自己的能力。

5. 惻隱之心，能為別人著想，傾聽別人的意見，願意與別人合作、交往（中時晚報，1998.3.23）。

這五個領域不是絕對的。但我們可以肯定所有的人都有這些或類似的能力並且每個人各有不同的能力。Goleman 強調：E.Q. 不一定是與生俱來的，大部分是經過後天的環境互動與經驗的累積得來，可塑性極高。每個人從小就可培養調節情緒的技巧與習慣。

Goleman 指出：曾經有一項長期的追蹤研究，把一群 5 歲的兒童集中在房間裡。每人面前都有一顆糖果。主持人告訴他（她）們，他要出去一會兒。只要在這段期間，沒有把糖果吃掉的，就可以得到兩顆。然後到隔壁房間透過閉路電視觀看這些兒童的反應。結果有些小孩一口氣就吃掉糖果，有些則是想吃又不敢吃，來來回回幾次，約有三分之一的小孩非常堅定地不吃就是不吃。18 年後的追蹤研究發現：這三分之一「懂得等待、懂得控制自己」的小孩有更好的人際關係，更好的學業成績，更明確的人生目標，與更圓滿的人生（中時晚報，1998.3.22）。

Santrock（2001）研發一套 E. Q. 自我評量表，可用來了解自己或別人的情緒智商是否良好（如表 3.6）：

《自我評量：我的 E. Q. 好嗎？》共有四個面向，17 道題目，採用 5 點量表計分，1 表示最不適合自己，5 表示最適合自己。請勾選每道題目最適合自己的項目。

表 3.6　E. Q. 自我評量

一、體察自己的情緒	1	2	3	4	5
1. 我善於認清自己的情緒。					
2. 我善於了解自己的感情原因。					
3. 我善於把感情與行動分開。					

二、管理情緒

4. 我善於忍受挫折。

5. 我善於控制憤怒的情緒。

6. 我對自己有正面的感情。

7. 我善於應付壓力。

8. 我的情緒不干擾完成目標的能力。

9. 我很能夠自我控制並且不衝動。

三、了解情緒

10. 我善於採納別人的觀點。

11. 我對別人的感情會移情作用並且很敏感。

12. 我善於傾聽別人說話。

四、處理人際關係

13. 我善於分析並了解人際關係。

14. 我善於解決人際關係的問題。

15. 我在人際關係堅決果斷（而非被動、操弄、或攻擊）。

16. 我有一個以上的親密朋友。

17. 我善於分享與合作。

計分與解析：

把 17 項分數加起來。我的情緒智商總分數是＿＿＿分。如果你得分在 75-85 分之間，你有很好的情緒智商，你的學生將受益匪淺。你將是學生的風範，能夠體察情緒，有效地管理情緒。如果你得分在 65-74 分之間，你或許有良好的情緒智商，但在某些範疇，仍然需要努力改善。詳看分數在 3 以下的項目，是否需要改進。如果你得分在 45-64 分之間，你可能有中上的情緒智商，嚴肅地想一想努力改善情緒的生活，檢查你的缺點並且努力改善。如果你得分在 44 分以下，你可能有中下的情緒智商，這可能會干擾你當教師的能力。如果你的分數在中下，檢查可利用的資源以改善你的情緒智商。你可以洽請諮商服務單位提供建議。當你認清尋求資源，改善人生技巧的重要性時，它就是一種優勢而非劣勢的象徵。

資料來源：Santrock, 2001, p.116.

四、神經科學理論

　　長久以來，教育家們對於腦的研究越來越感興趣。最近數年，此種研究已經達到沸騰的地步。這些研究題目琳瑯滿目，簡直汗牛充棟，包括腦本位的課程與認知科學的研究。但是事實上，在教育文獻上，神經科學的研究卻是鳳毛麟角（Bruer, 2000:186）。

　　教育家們必須體認到認知科學──心理的行為科學──並不等同於神經科學（neuroscience）──腦的生物科學。大部分的認知理論並不論及有關腦如何執行心理的歷程。他們的研究著重在認知的研究，而非在腦的研究。有些論點模糊、落伍、甚至觀念錯誤（Bruer, 1997）。

　　神經科學與教育的爭論來自於三項重要的發現。第一，從嬰兒期開始到兒童期，有一個旺盛的神經鍵成長期（synapse growth），隨後接著腦神經鍵的「修剪」期（synaptic "pruning"）。第二，在某些感官與動覺系統的發展中，有賴於經驗的關鍵期（critical periods）。第三，複雜或充實的環境造成新的神經鍵。此種爭論無法提供教育人員的任何幫助，因為它依賴這三項錯誤的觀念與過度概念化（Bruer, 1997）。

　　腦的構造依部位可分為前腦（forebrain）、中腦（midbrain）、與後腦（hindbrain）。前腦掌管語言與分辨感官，中腦掌管視覺與聽覺的處理，後腦掌管運動的協調。

　　腦皮質（cerebral cortex）由四個部分或腦葉（lobes）組成：包括額葉（前頭葉）（frontal lobe）、頂葉（頭頂葉）（parietal lobe）、枕葉（後頭葉）（occipital lobe）、顳葉（側頭葉）（temporal lobe）。額葉處理記憶、計畫、做決定、目標設定、與創造有關的訊息；頂葉負責觸覺的感官並統整視覺的訊息；枕葉是人腦的視覺處理中心；顳葉負責聽覺訊息的處理，並把視覺記憶、語言理解、與情緒結合等適當的儲存，獲得意義（Tuckman & Monetti, 2011:44; Schunk, 2012:35-36）。

　　腦皮質分為兩個半球體（hemispheres），左側涉及思考與語言，右側與視覺、空間關係、與情緒連結（Byrnes, 2001）。兩側互相控制，當一側的皮質受到損傷，另一側的皮質予以補償並取代其功能。

　　大部分神經科學家們同意這種看法，腦出生時並不成熟，而且在出生

後顯著的發展。在嬰兒期，神經鍵快速形成。在 1970 年代中，神經科學家們首先發現這個事實，在取自貓與猴子的大腦視覺皮質組織的樣本中，計算神經鍵的數目（Cragg, 1975）。其後在印度恆河猴子的腦中，科學家們發現猴子腦的視覺、動覺、感覺、記憶也都在此發展期發生（Rakic, 1994）。

在猴子的實驗中，猴子在出生前兩個月，神經鍵即開始快速形成。出生時，腦組織每單位密度的神經鍵數目與長大的猴子，約略相同。腦發展期在出生後繼續兩、三個月，一直到猴子的腦神經鍵密度超過長大猴子的神經鍵密度。

從三個月到 3 歲，猴子性成熟的年齡，神經鍵密度有一個高原期。在青春期，神經鍵密度在 5 歲前就穩定下來，其後開始消退。因此，猴子的神經鍵密度成長呈現一個倒 U 字型──出生時低密度，成熟期高密度，其後密度下降（Bruer, 2000:187）。

雖然人類腦的研究資料不多，我們可以推測人類腦的發展是否也像倒 U 字型。自從 1979 年，美國芝加哥大學的 Peter Huttenlocher 曾經從取自 53 個病人解剖屍體中計算腦的組織。病人死亡的年齡從胎兒預產期前到超過 70 歲都有。Huttenlocher（1979, 1990）計算腦三個區域──視覺區、聽覺區、與前額區。

在人類的視覺皮質方面，大約兩個月時，胎兒神經鍵聯結的數目快速增加，8 到 10 個月達到高峰。然後神經鍵密度穩定的下降，直到約 10 歲達到成人的水準。聽覺皮質方面，嬰兒出生後幾個月快速增加，三個月時，達到高峰密度，接著高原期，在青春期呈現穩定狀態。人類的前額皮質，大約 2 歲已達高峰密度並且維持高水準直到 8 歲，慢慢地遞減到 16 歲成人的水準（Huttenlocher, 1979）。

人類腦的發展也有間接的證據。許多教育研究提到腦掃瞄技術，如陽電子排放斷層攝影術（Positron Emission Tomography, PET），允許科學家測量正常活體受試者的腦部活動。PET 使用放射標示的物質，如腦所需的養分，氧氣或葡萄糖。當這些物質打入受試者體內時，它們經由血液流入需要養分的腦部區塊，最後排放陽電子。偵察人員收拾這些排放物，排放路徑的資料使科學家得以建構影像，以確認在腦中氧氣或葡萄糖消耗的地

方（Huttenlocher, 1979）。

在教育文獻中最常引用的 PET 研究是一篇 29 位癲癇症兒童的研究（Chungani, Phelps, & Mazziota, 1987）。這項研究顯示在 1 歲開始，葡萄糖吸入腦部快速上升，3 歲達到高峰，然後在此階段停留直到 9 或 10 歲。過了這些階段，葡萄糖吸入腦部的水準退至成人的水準。如果我們假設腦部增加的能量需求是由於需要燃料並維持過剩的神經鍵所造成的結果，那麼本項研究提供了人類腦發展成倒 U 字型的間接證據（Bruer, 2000:187-88）。

雖然神經科學家們對於人類神經鍵的增長情形有所了解，神經鍵對於兒童行為、智慧、與學習能力的改變究竟有何意義，他們並沒有多大把握。通常他們針對神經鍵密度的改變與兒童行為改變之間的相關。一些最常見的錯誤觀念列述如下（Bruer, 2000:189-190）：

㈠ **充實的早期兒童環境會引起神經鍵快速增長**

我們少有直接的證據──一切都根據猴子的研究──顯示這種主張是不正確的。經驗、環境、與感官刺激，似乎對於早期兒童的腦神經鍵快速增長沒有影響。

㈡ **神經鍵越多，腦力越強**

這種說法的假設是腦神經鍵的數目與腦力或智力有直線的關係。神經科學的證據並不支持此種論點。證據顯示神經鍵的數目與密度一生的變化依循倒 U 字型──先低、再高、後低。然而，人類的行為、認知能力、與智力，明顯地一生中不是照著倒 U 字型而變化。

㈢ **神經鍵高密度與腦新陳代謝的高原期是學習最佳時期**

神經科學對這些主張的證據極為薄弱。計算人類與猴子神經鍵數目的神經科學家們僅指出在高原期間猴子與人類發展各式各樣的技能與行為。他們從嬰兒發展至青少年。在青春期，當快速的神經鍵開始消失時，年輕動物的能力大都像成人一樣。他們能運動、感覺、溝通、行動、並且像成人一樣繁殖。

科學的研究趨向於整合。認知神經科學家們（cognitive neuroscientists）開始研究腦如何認知。他（她）們把心理學與神經科學研究的重點加以整合，發現心理學家著重於心理功能與能力的研究——如何學習、記憶與思考；神經科學家著重於頭腦如何發展與發揮功能。前者似乎對於心理軟體（mental software）感到興趣，而後者似乎對於神經硬體（neural hardware）感到興趣（Bruer, 1999）。認知神經科學家們即在研究神經硬體如何操作心理軟體，腦的結構如何支持心理功能，神經系統如何使人類思考與學習等。

「右腦對左腦」（right brain versus left brain）是一個熱門的理論。右腦與左腦在教育上的重大意義，多年來一直在教育文獻上流傳。Sousa（1995）在其《頭腦如何學習》（*How the Brain Learns*）一書中，專章闡述頭腦的雙側理論，並提出教師可用來確信左右腦涉及學習的教學策略。按照標準的說法，左腦掌管邏輯、分析方面，涉及說話、閱讀與寫字。它是一部序列式的處理機，可以追蹤時間與序列而能辨認單字、字母與數字。右腦掌管直覺與創意。它從意象所蒐集的資訊多於文字。它是一部平行式的處理機，適用於類型的認定與空間的推理。它能認人、認地、與認物。

根據傳統的說法，慣於左腦的人較擅長於語言、分析與問題解決，而且女性多於男性。慣於右腦的人，男性多於女性，較擅長於繪畫、數學，處理視覺世界優於語言。Sousa（1995）指出：學校泰半適合慣用左腦的人，因此，慣用左腦的女生多於慣用右腦的男生。左右腦理論說明為何女生的算術優於男生，蓋因算術是線形、邏輯，只有一個答案。男生則擅長掌管的代數、幾何，乃因這些學科不像算術，著重整體、關係、與空間的能力，而且答案不只一個。

近數年來的研究顯示：空間推理可區別為兩種類型——分類型（categorical）與協調型（coordinate），各由頭腦不同的次級系統掌管（Chabris & Kosslyn, 1998）。左腦的次級系統掌管分類的空間推理，而右腦的次級系統掌管協調型的空間推理。閱讀也不單純是左腦的功能。語音辨認、文字解碼、字義了解、文章精髓的建構與推敲均有賴於左、右腦的次級系統（Beeman & Chiarello, 1998）。

依據傳統的說法，左腦處理部分（parts）而右腦處理整體（wholes）。

但頭腦的研究顯示：部分與整體是互動的，頭腦同時處理部分與整體。譬如思考一首詩、一齣戲、一本小說，或一本哲學鉅著，它們都涉及整體，也觸及個別的型式風格。換言之，左腦的歷程因右腦的歷程而更加充實並獲得支持（Caine & Caine, 1994）。

雖然科學家們已經有若干的研究發現，有些發現已被教育家們採信，另有些發現尚待進一步觀察與實證。Wolfe 與 Brandt 指出下列四項發現，堪供教師們參考。茲列述如後：

1. 頭腦的構造隨環境而改變，腦細胞之間的聯結組織（dendrites）在任何年齡都會成長。

2. 智商並非出生時就固定。

3. 某些能力在關鍵期更容易學習。

4. 學習受到情緒強烈的影響（Wolfe & Brandt,1998）。

五、學習型態（learning styles）理論

學習型態係指學生學習偏好的各種方式，也可以界定為「個人認識與處理資訊的形式」（Kellough & Kellough, 2003:29）。譬如有些學生在團體中學習，效果最好；另有些學生單獨學習，效果更佳。然而，學習型態不是智力的指標，而是學生如何學習的指標。Kolb（1984）認為學生如何學習有兩項主要的差別：他（她）們如何察覺情境與他（她）們如何處理資訊。基於如何察覺與如何處資訊的基礎，Jung（1927）指出人們的察覺方式（感觀與直觀），做決定的方式（邏輯的思考與想像的感覺），與互動時的反應方式（外向與內向）幾乎迥然不同。其後，一些研究者雖以不同的方式闡述學習型態的理論。但大體上，學習型態也具有兩個共同點（Silver, Strong, & Perini, 1997）：

㈠ **著重歷程**：學習型態理論傾向於學習的歷程——個體如何吸收資訊，如何思考所蒐集的資訊與如何評鑑其結果。

㈡ **強調個人**：學習型態理論家一般都相信學習乃是個人、個別思考與感覺的結果。

依據 Silver、Strong 與 Perini（1997）的研究，學習型態可依具體與抽象的程度，分為下列四種模式：

（一）**精通型**（the mastery style learner）：以具體的方式吸收資訊；按部就班處理資訊；以價值澄清與務實方式判斷學習的價值。

（二）**了解型**（the understanding style learner）：較著重理念與抽象；透過發問、推理與驗證等方式學習；以邏輯的標準與證據評量學習。

（三）**自我表現型**（the self-expressive style learner）：尋找隱含在學習中的意象；以感覺與情緒去建構新的理念與成果；依據創意、美學與喜好，判斷學習的歷程。

（四）**交際型**（the interpersonal style learner）：如同精通型，著重具體、明確的資訊；喜愛透過社交來學習；以協助別人的潛在使用性衡量學習的價值。

McCarthy（1977:47-51）也指出學習型態有下列四種：今列述如下：

（一）**想像型**（imaginative learner）：想像型的學習者以完整的方式察覺資訊並以反省的方式處理。此種類型的學習者擅長傾聽並與人分享，能把別人的理念與自己的經驗加以統整。此類學習者往往不能適應於傳統的教學。

（二）**分析型**（analytic learner）：分析型的學習者以抽象的方式察覺資訊並且以反省的方式處理。分析型的學習者偏向序列思考與細節。此類學習者在傳統的教學中，最能得心應手。

（三）**常識型**（common sense learner）：常識型的學習者以抽象的方式察覺資訊並且以生動的方式處理。常識型的學習者注重實用並且偏愛講義式學習。此類學習者有時發現課業產生挫折。此類學習者在傳統的教學中，很有可能是處在輟學邊緣的學生。

（四）**動態型**（dynamic learner）：生動以具體的方式察覺資訊並且以生動的方式處理資訊。動態型的學習者偏愛講義式學習並且對於新的事物感到興奮。此類學習者喜歡冒險，也會產生學習的挫折，如果教材枯燥無味。在傳統的教學中，此類學習者也有可能是處在危機邊緣的學生。

Riessman（1966）則從感官的觀點，研究學生的學習型態。他發現每位學生都有不同的學習型態，正如同人格一樣。有些學生善於閱讀，有些

學生長於傾聽，另有些學生敏於操作。職是之故，他把學習型態分為三種類型：

　　㈠ **視覺型**（reading）：此類學生視覺反應靈活，一目十行，過目不忘；閱讀速度特別快，喜歡閱讀書刊、報章、雜誌等。

　　㈡ **聽覺型**（listening）：此類學生聽覺反應靈敏，輕聲細語、風吹草動，都可聽得一清二楚；喜歡聽廣播節目、錄音帶、演講、與別人說故事等。

　　㈢ **動作型**（doing）：此類學生手、腳動作特別靈巧；喜歡打球、運動、吹奏樂器、打電腦、電動遊戲、做實驗、與操作機械等。

　　許多的學習研究以學生的學習型態為焦點，也就是說，何種學習的方法最有效果。學習型態描述個人處理資訊與尋求意義的方式。這些不同的方式也稱之為「學習模式」（learning modes）、「學習型態偏好」（learning style preferences）或「認知型態」（cognitive styles）（Parkay & Hass, 2000:169）。

　　學生偏好的學習型態取決於遺傳與環境因素。有些學生吸收知識快速；有些學生單獨學習成效最好。有些學生在正式的場合學得最好；另有些學生喜歡在非正式、輕鬆的場合學習。有些學生靠直觀學習，另有些學生需要按部就班的學習。學習型態是一種新興的觀念，沒有單一正確的學習型態觀點引導課程與教學。學習型態的文化差異是很微妙的，難以辨認。譬如，沒有任何特殊種族或文化群體偏好單一的學習型態。

　　教學是涉及教師、學生、教材、環境、與時間等五要素的一種行動。因此，把學習型態當作影響教師行動唯一或主要的元素是不恰當的。教師必須牢記在心，時空的情境、學校的設備、教材的本質、與學生的個別差異，也要全盤考量。此外，教師應該體會到這五種要素的互動關係是不斷在改變之中。他們不該相信今天學生的學習型態就是下週的學習型態。學生的學習型態是會隨著環境的因素而改變的。教師應該採取多面向的角度看待學習型態。因此教師要使用非正式的途徑去判斷學習型態。此種途徑係透過學生的回饋與敏銳的觀察，不必等待正式的診斷，教師就學習型態可輕易地下操作型的定義（Hyman & Rosoff, 2000:193）。

　　教師要了解學生的學習型態，可進行學習型態自我評量（如表3.7）。它可以引起學生課堂討論的興趣。

表 3.7　學習型態自我評量

下列是一份學習型態的自我評量，請仔細閱讀每一道題目並且圈選最適合你自己的答案。有些難於回答，但請設法選擇你的答案。

題項	A	B	C
1. 你通常上課採用何種方式？ 　A. 不寫筆記但很注意聽。 　B. 坐在教室前方注意看演講者。 　C. 勤寫筆記。			
2. 通常用何種方式解決問題？ 　A. 告訴自己或朋友。 　B. 使用有組織的方式，如列出步驟或要辦的事情。 　C. 漫步或一些其他體力的活動。			
3. 沒寫下電話號碼時，用何種方式記下電話號碼？ 　A. 大聲重複朗讀電話號碼。 　B. 注意看號碼記在心裡。 　C. 用手指寫在桌子上或牆壁上。			
4. 你用何種方式最容易學習新事物？ 　A. 傾聽別人解說如何做。 　B. 觀看別人演示如何做。 　C. 自己設法去做。			
5. 影片中，你最能記住什麼？ 　A. 劇中人物說的話、背景嘈雜聲、音樂。 　B. 布景、風景、與服飾。 　C. 劇中流露的感情。			
6. 當你去雜貨店的時候，你的動作是什麼？ 　A. 大聲朗讀或默默重複採買清單。 　B. 走到觀看要買的東西。 　C. 通常記住清單上要買的東西。			
7. 你正在設法記住某件事情，所以 　A. 設法查看心理發生的事。 　B. 聽心理說的話或聽到的嘈雜聲。 　C. 以情緒性的方式感觸。			

題項	A	B	C
8. 你用何種方式最能學習外國語言？ 　A. 聽錄音或錄音帶。 　B. 寫筆記。 　C. 上課閱讀。			
9. 你對單字拼字會弄糊塗，所以 　A. 用發音唸出來。 　B. 設法看清單字。 　C. 把單字多寫幾遍。			
10. 你在何種場合最喜愛閱讀？ 　A. 人們聊天時。 　B. 敘述性文章可以描述情節時。 　C. 故事有許多動作時。			
11. 你通常用何種方式記住所見的人？ 　A. 記姓名。 　B. 記面貌。 　C. 記行為舉止。			
12. 什麼狀況你最容易分心？ 　A. 噪音。 　B. 人太多。 　C. 環境（天氣太熱、太冷等）			
13. 你通常怎樣穿衣服？ 　A. 還好（衣服對我而言不很重要）。 　B. 整齊端莊。 　C. 舒適就好。			
14. 假使你身體不能動也不能閱讀，怎麼辦？ 　A. 與朋友談天。 　B. 看電視或看窗外。 　C. 坐輪椅移動。			

計分與解析：
1. 計算答案 A，B，C 的總數並且寫在下面：
　A.＿＿＿＿ 聽覺型（長於傾聽）。
　B.＿＿＿＿ 視覺型（善於眼力）。
　C.＿＿＿＿ 動作型（敏於操作）。
2. 如果某一類型分數在 10 個以上，你就是擅長此一類型。如果某一類型分數在 5 個以下，你就是不擅長此一類型。如果兩個類型的分數很接近，你很可能有這兩類型的特徵。

資料來源：改編自 Gurian, Steevens, & King, 2008, pp.96-97.

第五節 實務演練與教師檢定

本節包括實務演練與教師檢定。前者注重情境演練，後者從近年來中小學教師檢定的趨勢，提出若干模擬試題與檢定試題（打＊者為參考答案），分別列示如後：

一、實務演練

實務演練以教師可否罰學生抄寫課文或更正錯字？成績滿江紅就無可救藥嗎？與教師如何應用多元智能理論為例，說明如下：

㈠教師可否罰學生抄寫課文或更正錯字？

> 和平國民小學黃老師批改學生作文，一旦發現學生寫錯字，一定要求他（她）每一個錯字要罰寫 20 遍。從學習心理學的觀點言之，此種處罰方式符合教學原理嗎？為什麼？

㈡成績「滿江紅」，就無可救藥嗎？

> 有些教師抱怨他們的學生學不會。國文不及格，英語不及格、數學也不及格，幾乎沒有一科及格。他們的學生似乎什麼都不會，只會打架。從學習型態的觀點言之，他們的學習型態可能屬於哪一型？
> (A) 視覺型；(B) 聽覺型；(C) 觸覺型；*(D) 動作型。

㈢ 教師如何應用多元智能理論？

> 吳老師在一所兒童美語補習班教美語。她的學生都來自國民小學。有一次，她上課時教學生唱英語歌曲：「10 個小印地安人」（Ten Little Indians），他們又唱又跳。無形中，學生學會了數字。同時，師

生打成一片，和樂融融。從多元智能理論的觀點，吳老師的教學歷程至少教學生哪些智能？（複選題）
(A) 語文的智能；(B) 音樂的智能；*(C) 肢體動覺的智能；*(D) 數學的智能；*(E) 人際知覺的智能。

二、教師檢定

研讀本章教學的心理學基礎之後，請思考並回答下列問題，今依模擬試題與檢定試題，列示如後：

㈠模擬試題

1. 何謂「過度學習」（overlearning）？有何缺失？請舉例說明之。
2. 古典制約理論（classic conditioning）與操作制約理論（operant conditioning）同屬行為學派，兩者有何不同？請列舉說明之。
3. 「行為改變技術」（behavior modification）為何人所創？實施步驟如何？請舉例說明之。
4. 「普墨克原理」（Premack principle）係運用何種類型的增強作用？請舉例說明之。
5. 依據皮亞傑（J. Piaget）的認知發展階段理論，兒童到達 11 歲以後，進入形式運思期。假設你要修正他的發展理論，成人到了形式運思期後，你要增加何種發展期？為什麼？
6. 從皮亞傑（J. Piaget）與維高斯基（L. Vygotsky）的認知發展理論，你發現學習與發展有何不同？你認為學習影響發展，或發展影響學習，或學習與發展互為因果？請提出你的看法。
7. 馬斯洛（A. Maslow）的需求階層理論對於訓導與輔導、課程與教學，有何影響？請列舉說明之。
8. 負面的情緒對於德、智、體、群、美等五育的發展有何影響？請舉例說明之。
9. 依據心理學的研究，當兩種情境有共同的元素並引起類似反應時，會產生何種現象？

(A) 嘗試錯誤；(B) 增強作用；(C) 過度學習；*(D) 學習遷移。

10. 依據巴夫洛夫（I. Pavlov）的實驗研究，鈴聲取代食物，狗聽到鈴聲也會流唾液。鈴聲產生什麼作用？

(A) 非制約刺激；(B) 非制約反應；(C) 制約反應；*(D) 制約刺激。

11. 雯雯的化學科考不及格遭受家長的責備。當她開始準備生物科考試時，她也會很緊張。這是何種現象？

(A) 同化作用；(B) 區別作用；(C) 移情作用；*(D) 類化作用。

12. 行為目標（behavioral objectives）的發展主要受到何種學習理論的影響？

(A) 認知學派；(B) 人本學派；(C) 分析學派；*(D) 行為學派。

13. 依據 Gagné 的教學事件，有效教學的最後事件是什麼？

(A) 專心一致；(B) 提供輔導；(C) 評量表現；*(D) 學習保存率與遷移。

14. 史金納（B. F. Skinner）的操作制約理論主要受到桑代克（E. Thorn-dike）何種理論的影響？

(A) 練習律；(B) 預備律；(C) 成功律；*(D) 效果律。

15. 洪老師問學生這個問題：「珍珍的頭髮比明明黑，明明的頭髮又比婷婷黑。請問誰的頭髮最黑？」大家異口同聲說：「珍珍的頭髮最黑。」依據皮亞傑（J. Piaget）的認知發展理論，這一班學生的認知發展到達哪一個階段？

(A) 前運思期；(B) 具體運思期；(C) 感官動作期；*(D) 形式運思期。

16. 小明發現全球暖化（global warming）的現象越趨明顯，推測 10 年後的氣溫將會更加炎熱。依據皮亞傑（J. Piaget）的認知發展理論，小明的認知發展到達哪一個階段？

(A) 感官動作期；(B) 具體運思期；(C) 前運思期；*(D) 形式運思期。

17. 古代「孟母三遷」的觀念較符合哪一派的學習理論？

(A) 維高斯基（L. Vygotsky）的認知發展理論；(B) 史金納（B. F. Skinner）的操作制約理論；(C) 皮亞傑（J. Piaget）的認知發展理論；*(D) 華生（J. B. Watson）的環境主義觀。

18. 孟子主張教學不可揠苗助長。此種觀念較符合哪一派的學習理論？

(A) 維高斯基（L. Vygotsky）的認知發展理論；(B) 巴夫洛夫（I. Pav-

lov）的古典制約理論；(C) 史金納（B. F. Skinner）的操作制約理論；
*(D) 皮亞傑（J. Piaget）的認知發展理論。

19. 下列何者不是維高斯基（L. Vygotsky）的認知發展理論？

(A) 社會互動是學習的主要關鍵；(B) 文化工具包括技術工具與心理工具；(C) 兒童建構自己的知識，學習是建構的過程；*(D) 組織、同化、與適應視為一種複雜的平衡行為。

20. 中國東漢許慎在《說文解字》指出「教，上所施，下所效。」此種學習觀點較接近何種學習理論？

(A) 布魯姆（B. Bloom）的學習觀；(B) 布魯納（J. Bruner）的學習觀；
(C) 巴比特（F. Bobbitt）的學習觀；*(D) 班杜拉（A. Bandura）的學習觀。

21. 曾老師帶師資班學生去校外教學參觀，觀察教師的教學演示。此種學習觀點較接近何種學習理論？

(A) 布魯姆（B. Bloom）的學習觀；(B) 布魯納（J. Bruner）的學習觀；
(C) 巴比特（F. Bobbitt）的學習觀；*(D) 班杜拉（A. Bandura）的學習觀。

22. 張老師對於教學職場有很高的學習能力與表現層次的信念。這屬於班杜拉（A. Bandura）的何種概念？

(A) 自我應驗；(B) 自我概念；(C) 自我增能；*(D) 自我效能。

23. 下列何者不是班杜拉（A. Bandura）的社會認知概念？

(A) 學習受到個人、行為、與環境的交互影響；(B) 學習透過觀察與模仿而產生；(C) 自我效能也重視期望；*(D) 學習注重自尊與關懷。

24. 下列何者是班杜拉（A. Bandura）的社會認知概念？

(A) 學習是訊息處理策略的應用；(B) 學習是刺激與反應之間的連結；
(C) 學習是個體的需求而產生；*(D) 學習是透過社會化而產生。

25. 六年級的李同學上課的時候，向老師表示要上廁所方便。下列哪一位教師的做法較為正確？

(A) 黃老師：「剛才下課時，妳怎麼不上廁所？」(B) 白老師：「要上廁所，趕快去呀！」(C) 藍老師：「不行！下課時再上廁所！」
*(D) 洪老師：「真的嗎？林同學陪你去！」

26. 依據馬斯洛（A. Maslow）的需求階層理論，人類最基本的需求是什麼？

(A) 安全的需求；(B) 社會的需求；(C) 自尊的需求；*(D) 生理的需求。

27. 依據馬斯洛（A. Maslow）的需求階層理論，學生喜歡參加社團活動，是基於何種需求？

(A) 安全的需求；(B) 生理的需求；(C) 自尊的需求；*(D) 社會的需求。

28. 謝老師提早退休，想要撰寫一本「歐美見聞錄」，以完成她的心願。依據馬斯洛（A. Maslow）的需求階層理論，是基於何種需求？

(A) 自尊的需求；(B) 社會的需求；(C) 安全的需求；*(D) 自我實現。

29. 下列各項陳述，何者不是羅吉斯（C. Rogers）的理念？

(A) 注重個別的需求，不是學科教材；(B) 著重心理的意義，不是認知的分數；(C) 注意改變時空的環境，不是預定的環境；*(D) 課程強調結果，不是歷程。

30. 光明擅長美術繪畫與視覺藝術。依據賈德納（H. Gardner）的多元智能理論，光明擅長哪一種智能？

(A) 語言的智能；(B) 肢體—動覺的智能；(C) 自然觀察的智能；*(D) 空間的智能。

31. 小張自幼在農村長大，體察農夫的生活，自認自己將來不適合當農夫。高中時他做了生涯規劃，立志當中學教師，果然有志竟成。從多元智能的觀點，小張展現哪一種智能？

(A) 自然觀察的智能；(B) 肢體—動覺的智能；(C) 人際知覺的智能；*(D) 內省的智能。

32. 尚仁國民中學三年級學生到墾丁國家公園春季旅行，教師安排風景寫生、公園尋寶、與恆春民謠教唱等活動。透過這些旅遊活動，學生可能學到哪些多元智能？（可複選）

(A) 自然觀察的智能；(B) 肢體—動覺的智能；*(C) 人際知覺的智能；*(D) 音樂的智能。

33. 尚義國民中學指定學生暑假作業，要選擇一齣喜愛的電視劇或電影，仔細觀察並分析劇情，然後寫出一篇心得報告。此種作業，學生可能學到哪些智能？（可複選）

(A) 自然觀察的智能；(B) 語文的智能；*(C) 內省的智能；*(D) 音樂的智能。

34. 生物科教師帶學生到學校附近公園上課，要求學生觀察公園裡的人物
與植物，並比較這些人物與植物有否異於當地一般的人物與植物。此
種生物教學活動，學生可能學到哪些智能？（可複選）
(A) 自然觀察的智能；(B) 語文的智能；*(C) 內省的智能；*(D) 人際
知覺的智能。

35. 有些教師抱怨他（她）們的學生學不好。國文不及格、英語不及格、
數學也不及格，幾乎沒有一科及格。他（她）們的學生似乎什麼都不
會，只會打架。從學習型態的觀點言之，教師最好採取何種方式協助
此類學生學習？
(A) 鼓勵他們收聽廣播教學節目；(B) 鼓勵他們玩電動遊戲；(C) 鼓勵
他們看電視；*(D) 鼓勵他們學跆拳道、柔道、或劍道。

36. 下列有關腦皮質的組織，何者是人腦的視覺處理中心？
(A) 額葉；(B) 頂葉；(C) 顳葉；*(D) 枕葉。

37. 何老師在一場宴會中遇見多年不見的學生，突然記不起他的名字。最
可能的原因是什麼？
(A) 訊息壓抑；(B) 訊息未登錄至長期記憶；(C) 訊息未儲存；*(D) 訊
息記憶痕跡消退。

㈡ 檢定試題（國家教育研究院，2015, 2016, 2017, 2019）

1. 閱讀下文後，回答下列問題。
   張老師安排四至五個學生為一組，並且各組均有高中低程度的學生；
   上課時老師先說明基本概念，再提供學習任務由小組共同討論，然後
   各組分享討論的結果。

   (1) 張老師運用此一教學設計最主要的用意為何？
   (A) 改善班級常規管理；(B) 提供學生前導組體；(C) 增加學生學習
   精熟；*(D) 提供鷹架增進學習。

   (2) 此一教學設計最強調的學習觀點為何？
   (A) 學習是訊息處理策略的應用；(B) 學習是需要經過練習而精熟；
   (C) 學習是教師專業知識的傳授；*(D) 學習是透過社會互動而建構。

   （2015 年課程與教學）

2. 「能正確讀出 1~100 的數字」，此屬於蓋聶（R. Gagné）主張的哪一類
   學習結果？
   (A) 認知策略；(B) 心智技能；*(C) 語文訊息；(D) 動作技能。
   （2015 年小學課程與教學）

3. 下列何者屬於操作制約學習？
   (A) 小華害怕蟑螂，因為每次蟑螂出現，他的媽媽就會大聲尖叫；
   (B) 阿宏知道走哪一條路可以最快到達學校，因為他熟悉附近環境；
   (C) 莉莉不在課堂上講話，因為她看到班上同學講話會被老師責罵；
   *(D) 小銘會以哭來引起父母的注意，因為他一哭就會得到父母的關注。
   （2015 年教育原理與制度）

4. 小琪擅於在腦中想像及操弄物體的視覺影像。依據迦納（H. Gardner）
   的多元智能觀，她在哪一項智慧上可能有較獨特的能力？
   *(A) 空間智能（spatial intelligence）；(B) 自然智能（naturalist intel-
   ligence）；(C) 內省智能（intrapersonal intelligence）；(D) 邏輯數學智能
   （logical-mathematical intelligence）。 （2015 年教育原理與制度）

5. 「學生之所以會不斷出現校園霸凌的行為，最主要是因為媒體不斷的報
   導，讓學生有樣學樣的結果。」這樣的說法較偏向於下列哪一學派的
   觀點？
   (A) 行為主義論；(B) 社會文化論；*(C) 社會學習論；(D) 認知發展論。
   （2015 年教育原理與制度）

6. 老師將杯子中的水倒入水桶中，小宇始終堅持原本的杯子裡的水比水
   桶中的水還要多。根據皮亞傑（J. Piaget）的認知發展論，小宇的思考
   模式具有哪一個發展階段的特色？
   (A) 形式運思期的組合推理；*(B) 前運思期的知覺集中傾向；(C) 感覺
   動作期的缺乏物體恆存性；(D) 具體運思期的去知覺集中傾向。
   （2015 年教育原理與制度）

7. 「大抵童子之情，樂嬉遊而憚拘檢。如草木之始萌芽，舒暢之則條達，
   摧撓之則衰痿。今教童子必使其趨向鼓舞，中心喜悅，則其進自不能
   已。」明代王陽明的這段話含有何種兒童教育理念？
   (A) 教育兒童應重視音樂舞蹈，以舒展其身心；(B) 教育應傳授廣博知

識，使學生享受知識的喜悅；*(C) 教育應注重兒童心理和興趣，使其在快樂中學習；(D) 兒童教育應在大自然中進行，以開發其天生的感官能力。 　　　　　　　　　　　　　　　　　　　（2015 年教育原理與制度）

8. 九年級的學生面臨升學、同儕交往不順等壓力，而產生多種負面情緒。請舉出負面情緒可能造成的五項不利影響。

　　　　　　　　　　　　　　　　　　　（2017 年青少年發展與輔導）

9. 根據迦納（H. Gardner）的多元智力理論，下列何者與青少年自我概念的發展最有相關？

　　*(A) 內省智力；(B) 空間智力；(C) 存在智力；(D) 人際智力。

　　　　　　　　　　　　　　　　　　　（2015 年青少年發展與輔導）

10. 關於青少年形式運思能力的敘述，下列何者較不適當？

　　(A) 此能力為人際知覺的基礎；*(B) 此能力在各種認知範疇平行發展；(C) 此能力與其解決問題的能力有關；(D) 此能力與道德推理為必要非充分的關係。 　　　　　　　　　　　（2015 年青少年發展與輔導）

11. 下列哪一項是兒童至青少年情緒發展的特徵？

　　(A) 情緒掩飾的能力由強轉弱；(B) 情緒的表達由間接轉為直接；(C) 情緒波動的原因由抽象轉為具體；*(D) 情緒原因的覺察由外在轉為內在。 　　　　　　　　　　　　（2015 年青少年發展與輔導）

12.「能正確比較 10 萬以內兩數的大小」，此較屬於蓋聶（R. Gagné）主張的哪一類學習結果？

　　*(A) 心智技能；(B) 動作技能；(C) 語文訊息；(D) 認知策略。

　　　　　　　　　　　　　　　　　　　（2016 年小學課程與教學）

13. 身為教師，下列教學信念何者最為合理？

　　(A) 我自己不能犯任何錯誤；(B) 我在教學上必須跟其他老師競爭；(C) 學生問的問題，我都要無所不知；*(D) 我應該對學生學習成就負起責任。 　　　　　　　　　　　　　（2016 年小學課程與教學）

14. 學生根據過去的成敗經驗，評估自己在接受新任務時，可以更加面臨挑戰。這較屬於班度拉（A.Bandura）所提出的下列何種概念？

　　(A) 自我增能；*(B) 自我效能；(C) 自我要求；(D) 自我參照效應。

　　　　　　　　　　　　　　　　　　　（2016 年教育原理與制度）

15. 數學老師發現,當他要求學生做練習時,同學們都提不勁來寫,於是他告訴全班同學說:「如果你們能在下課前 10 分鐘寫完練習題,我就讓你們提早下課,無論是去打球或是看小說都可以。」下列哪一個概念較能說明老師使用的策略?

    (A) 延宕滿足(delay of gratification);(B) 替代增強(vicarious reinforcement);(C) 內在增強物(intrinsic reinforcer);*(D) 普墨克原則(Premack principle)。 （2016 年青少年發展與輔導）

16. 小花在家中備受爺爺和奶奶疼愛,因此認為所有的老人都是和藹可親。此現象最符合皮亞傑（J. Piaget）理論中的哪一個機制?

    *(A) 同化;(B) 平衡;(C) 組織;(D) 調適。

    （2016 年小學兒童發展與輔導）

17. 李老師在數學課以實例陳述正數與負數的加法,並示範計算過程。其目的是希望學生能學到蓋聶（R. Gagné）所主張的哪一種心智技能?

    (A) 辨別;*(B) 原則;(C) 具體概念;(D) 定義概念。

    （2017 年課程與教學）

18. 下列何者較符合維高斯基（L. Vygotsky）「近側發展區」概念在教學上的應用?

    (A) 教師提供公式,請學生計算出圓面積的大小;(B) 教師請學生自行找出計算圓面積的方法,並加以讚美;(C) 教師將學生進行同質性編組,請他們找出計算圓面積的方法;*(D) 教師提供生活情境,引導學生將圓面積的計算方法應用到生活中。 （2017 年小學課程與教學）

19. 根據皮亞傑（J. Piaget）認知發展理論,下列哪一項不是青少年在形式運思期的思考特徵?

    (A) 能理解「白馬非馬」的邏輯詭論;*(B) 認為水從方瓶倒進圓桶時,體積及重量也隨之改變;(C) 可以想像數線上任意兩點間,可無限分割成更小的部分;(D) 知道當「若 A 則 B」成立,可以推論出「若非 B 則非 A」。 （2017 年青少年發展與輔導）

20. 森森對人群有嚴重的焦慮感,李老師想透過系統減敏法降低他的焦慮感,請選出正確的實施順序:

    甲、實施放鬆訓練;乙、確定焦慮階層;

丙、在想像中試驗；丁、在現實中驗證。

(A) 甲→乙→丙→丁；*(B) 乙→甲→丙→丁；(C) 丙→丁→乙→甲；

(D) 丁→乙→丙→甲。　　　　　　　　　（2017 年青少年發展與輔導）

21. 根據皮亞傑（J. Piaget）的認知發展理論，兒童在哪一個發展階段具備「遞移推理」（transitive inference）的概念？

(A) 前運思期；(B) 感覺動作期；(C) 具體運思期；*(D) 形式運思期。

　　　　　　　　　　　　　　　　　　（2017 年小學兒童發展與輔導）

註：遞移推理即 A > B　B > C　C > D　∴ A > B > C > D

22. 下列何者屬於擴散性思考的問題？

(A) 水分子的化學式是什麼？(B)10 個水分子含有多少個氫原子與多少個氧原子？*(C) 二氧化碳排放量的調節方式對地球環境生態的影響為何？(D) 水與二氧化碳兩種物質的物理性質有何相同與不同之處？

　　　　　　　　　　　　　　　　　　　　（2019 年 -1 課程與教學）

23. 曾老師將「二元一次聯立方程式」單元設計成一連串的小單元，再據以編製測驗題目。實施時，學生各自作答後，立即檢核對錯，以逐步完成全部教材的學習。曾老師的教學法較接近下列何者？

(A) 微型教學；*(B) 編序教學；(C) 闡釋型教學；(D) 建構式教學。

　　　　　　　　　　　　　　　　　　　　（2019 年 -2 課程與教學）

24. 鄒老師運用多元化的教學方法，啟發學生的多元智能。他讓學生針對歷年氣候變遷趨勢進行小組討論，製作趨勢分析圖並上臺報告。鄒老師的教學涵蓋了下列哪些方面的智能？

(A) 語文、內省、空間；(B) 人際、空間、肢體／動覺；*(C) 人際、語文、邏輯／數學；(D) 自然、肢體／動覺、邏輯／數學。

　　　　　　　　　　　　　　　　　　　　（2019 年 -2 課程與教學）

25. 下列有關動機的描述，何者符合馬斯洛（A. Maslow）的動機理論？

(A) 認知衝突與認知失衡讓人有學習動機；(B) 人有避罰及避免失敗的驅力而投入努力；*(C) 要先適度滿足匱乏需求，學生才有成長需求；(D) 給予挑戰性任務，讓學習者覺得有成就感，可促進學習動機。

　　　　　　　　　　　　　　　　　　　　（2019 年 -1 教育原理與制度）

26. 媽媽給小靖一片餅乾。小靖說想多吃一點，媽媽便將餅乾剝成兩半

後，小靖就覺得他的餅乾變多了。根據皮亞傑（J. Piaget）的觀點，小靖的認知能力正處於哪一個階段？

(A) 感覺動作期；*(B) 前運思期；(C) 具體運思期；(D) 形式運思期。

（2019 年 -1 教育原理與制度）

27. 下列何種做法較不符合維高斯基（L. Vygotsky）的認知發展論？

(A) 鼓勵學生的私自話語（private speech）；(B) 提供學生學習的鷹架（scaffolding）；(C) 重視學生在他人協助下最大的可能表現；*(D) 強調學生動手操作，從經驗中學習新知識。

（2019 年 -2 教育原理與制度）

28. 餐桌上有 2 杯一樣多的蘋果汁，媽媽將其中一杯蘋果汁倒入另一個比原來高且瘦的長頸鹿杯子中，這時小明搶著要喝長頸鹿杯子的蘋果汁，小玲覺得沒關係，反正 2 杯蘋果汁一樣多。根據皮亞傑（J. Piaget）的理論，小玲的反應顯示她已經具備下列何者？

(A) 類包含（class inclusion）；*(B) 守恆概念（conservation）；(C) 知覺集中（perceptual centration）；(D) 命題推理（propositional reasoning）。

（2019 年 -2 教育原理與制度）

29. 王老師認為「孩子的知識是透過主動學習而來，藉由主動的組織與選擇經驗，逐步發展形成自己的知識。孩子的認知學習具有主動性和差異性，對事物的知識也具有個別性和適應性。」王老師的觀點與下述何種理念較為相近？

(A) 經驗主義；(B) 觀念主義；(C) 重建主義；*(D) 建構主義。

（2019 年 -2 教育原理與制度）

30. 小評和同學談話時，會開玩笑地談論社會事件，也會用假設方式發表自己對事件的看法。根據皮亞傑（J. Piaget）的理論，小評的認知思考方式較屬於下列哪一個階段？

*(A) 形式運思期；(B) 具體運思期；(C) 可逆思考期；(D) 感覺動作期。

（2019 年 -1 青少年發展與輔導）

31. 再過兩個星期，加華就要面臨重要的升學考試。他平日成績不差，但是對這次考試卻沒有信心得到好成績。此現象顯示他較缺乏下列何者？

(A) 認知能力；(B) 成就動機；*(C) 自我效能；(D) 精熟水準。

（2019 年 -2 青少年發展與輔導）

32. 大明能夠說明如何解答一元二次方程式（如：$x^2 - 3x + 2 = 0$）的題目。根據皮亞傑（J. Piaget）認知發展理論，大明的認知發展到達哪一階段？

*(A) 形式運思期；(B) 具體運思期；(C) 感覺動作期；(D) 前運思期。

（2019 年 -2 青少年發展與輔導）

33. 小悠在十年級時，國文老師推薦他參加小說創作比賽。他得到首獎後，開始對文學相關科系產生興趣。根據學習理論的觀點，此一生涯選擇的影響因素與下列何者最有關聯？

(A) 古典制約學習；*(B) 操作制約學習；(C) 聯結學習經驗；(D) 替代學習經驗。

（2019 年 -2 青少年發展與輔導）

參考文獻

一、中文部分

中時晚報（1998.3.22）。**E. Q. 影響力比 I. Q. 大兩倍**。

中時晚報（1998.3.23）。**臺灣人 E.Q. 有問題**。

李平譯（2000）。經營多元智慧：開展以學生為中心的教學。Armstrong, T. (1994). *Multiple intelligences in the classroom*, the Association for Supervision and Curriculum Development. 臺北：遠流。

國家教育研究院（2015, 2016, 2017, 2019）。**高級中等以下學校及幼兒園教師檢定考試歷屆試題及參考答案**。新北：國家教育研究院。

張清濱（2008）。**學校教育改革：課程與教學**。臺北：五南圖書出版公司。

黃光雄、楊龍立（2004）。**課程設計：理念與實作**。臺北：師大書苑。

二、英文部分

Bandura, A. (1986). *Social foundations of thought and action: A social cognitive theory.* Englewood Cliffs, NJ: Prentice-Hall.

Abbeduto, L. (2006). *Educational psychology* (4th ed.). Dubuque, IA: McGraw-Hill.

Bandura, A. (1997). *Self-efficacy: The exercise of control.* New York: W. H. Freeman.

Bandura, A. and Schunk, D. (1981). Cultivating competence, self-efficacy, and intrinsic interest through proximal self-motivation. *Journal of Personality and Social Psychology, 41*, 587-598.

Beeman, M. J. and Chiarello, C. (1998). Complementary right-and-left hemisphere language comprehension. *Current Directions in Psychology, 7*, 2-7.

Benjamin, L. T. (1988). A history of teaching machines. *American Psychologist, 43*, 703-712.

Bigge, M. L. and Shermis, S. S. (2004). *Learning theories for teachers*. Boston: Pearson.

Bjork, D. W. (1993). *B. F. Skinner: A life*. New York: Basic Books.

Brainerd, C. J. (1978). Learning research and Piagetian theory. In L. S. Siegel and C. J. Brainerd (Eds.), *Alternatives to Piaget: Critical essays on the theory*. New York: Academic Press.

Bruner, J. S. (1960). *The process of education*. Cambridge, MA: Harvard University Press.

Bruer, J. S. (1965). The growth of mind. *American Psychologist, 20*, 1007-1017.

Bruer, J. S. (1997). Education and brain: A bridge too far. *Educational Researcher 8*, 4-16.

Bruner, J. T. (2000). Let's put brain science on the back burner. In F. W. Parkay, and G. Hass (Eds.), *Curriculum planning: A contemporary approach*. Boston: Allyn and Bacon.

Bruning, R. H., Schraw, G. J., Norby, M. M., and Ronning, R. R. (2004). *Cognitive psychology and instruction* (4th ed.). Upper Saddle River, NJ: Pearson.

Buckler, S. and Castle, P. (2014). *Psychology for teachers*. London: SAGE.

Byrnes, J. P. (2001). *Minds, brains, and learning: Understanding the psychological and educational relevance of neuroscientific research*. New York: Guilford Press.

Caine, R. N. and Caine, G. (1994). *Making connections: Teaching and the human brain*. New York: Addison-Wesley.

Case, R. and Bereiter, C. (1984). From behaviorism to cognitive behaviorism to cognitive development: Steps in the evolution of instructional design. *Instructional Science, 13,* 141-158.

Chabris, C. F. and Kosslyn, S. M. (1998). How do the cerebral hemispheres contribute to encoding spatial relations? *Current Directions in Psychology, 7,*8-14.

Chungani, H. T., Phelps, M. E.,and Mazziota, J. C. (1987). Positron emission tomograpgy study of human brain function development. *Annals of Neurology,*

22, 487-97.

Combs, A. (1982). *A personal approach to teaching*. Boston: Allyn and Bacon.

Cragg, B. G. (1975). The density of synapses and neurons in normal, mentally defective and aging human brains. *Brain 98*, 81-90.

Cunningham, D. J. (1987). Outline of an education semiotic. *American Journal of Semiotics, 5*, 201-216.

Dewey, J. (1933). *How we think: Restatement of the relation of reflective thinking to the educative process*. Boston, MA: Heath.

Driscoll, M. P. (2000). *Psychology of learning for instruction*. Boston: Allyn and Bacon.

Ertmer, P. A., Driscoll, M. P., and Wager, W. W. (2003). The legacy of Robert Mills Gagné,. In B. J. Zimmerman and D. H. Schunk (Eds.), *Educational psychology: A century of contributions*. London: Lawrence Erlbaum Associates, Publishers.

Fielstein, L. and Phelps, P. (2001). *Introduction to teaching: Rewards and realities*. Belmont: Wadsworth.

Gagné, R. M. (1962). The acquisition of knowledge. *Psychological Review, 69*, 355-365.

Gagné, R. M. (1965a). The analysis of instructional objectives for the design of instruction. In R. Glaser (Ed.), *Teaching machine and programmed learning II. Data and directions*. Washington, D. C.: National Education Association.

Gagné, R. M. (1965b). *The conditions of learning*. New York: Holt, Rinehart, and Winston.

Gagné, R. M. (1968). Contributions of learning to human development. *Psychologist Review, 75*, 177-191.

Gagné, R. M. (1989). *Studies of learning: Fifty years of research*. Tallahassee, FL: Learning Systems Institute, Florida State University.

Gagné, R. M. and Briggs, L. J. (1989). *Principles of instructional design*. New York: Holt, Rinehart, and Winston.

Gardner, H. (1983). *Frames of mind: The theory of multiple intelligence*. New

York: Basic Books.

Gardner, H. (1995). Reflections on multiple intelligences: Myths and messages. *Phi Delta Kappan, 77*(3).

Gibson, J. J. (1977). The theory of affordance. In R. Shaw and J. Bransord (Eds.), *Perceiving, acting, and knowing.* Hillsdale, NJ: Lawrence Erlbaum Associates.

Goleman, D. (1995). *Emotional intelligence.* New York: Bantam.

Good, T. E. and Brophy, J. E. (1997). *Looking in classrooms* (6th ed.). New York: Harper-Collins.

Goodman, N. (1984). *Of mind and other matters.* Cambridge, MA: Harvard University Press.

Grifftin, P. and Cole, M. (1999). Current activities and future: The Zo-ped. In P. Lloyd and C. Fernyhough (Eds.), *Lev. Vygotsky: Critical assessments.* London: Routlrdge.

Hackett, G. (1995). Self-efficacy in career choice and development. In A Bandura (Ed.), *Self-efficacy in changing societies.* New York: Cambridge University Press.

Hersey, P. & Blanchard, K. H. (1977). *Management of organizaaational behavior: Utilizing human resources* (3rd ed.). Englewood Cliffs, New Jersey: Prentice-Hall, 30-50.

Houghton, R. W. and Lapan, M.T. (1995). *Learning and intelligence: Conversations with B. F. Skinner and R. H. Wheeler.* Dublin, Ireland: Irish Academic Press.

Huttenlocher, P. R. (1979). Synaptic density in human frontal cortex—Developmental changes of aging. *Brain Research* 163, 195-205.

Huttenlocher, P. R. (1990). Morphometric study of human cerebral cortex development. *Neuropsychology* 6, 517-527.

Inhelder, B. and Sinclair, H. (1969). Learning cognitive structure. In P. H. Mussen, J. Langer, and M. Covinton (Eds.), *Trends and issues in developmental psychol-*

ogy. New York: Holt, Rinehart, and Winston.

Inhelder, B., Sinclair, H., and Bovet, M. (1974). *Learning and the development of cognition.* Cambridge, MA: Harvard University Press.

Judd, C. H. (1908). The relation of special training and general intelligence. *Educational Review, 36,* 28-42.

Jung, C. (1927). *The theory of psychological type.* Princeton, N. J.: Princeton University Press.

Kellough, R. D., and Kellough, N. G. (2003). *Secondary school teaching: A guide to methods and resources* (2nd ed.). Columbus, Ohio: Merrill Prentice Hall.

Kolb, D. A. (1984). *Experiential learning: Experience as the source of learning and development.* Upper Saddle River, N. J.: Prentice Hall.

Lepper, M. R. and Greene, D. (1978). *The hidden costs of reward.* Hillsdale, NJ: Lawrence Erlbaum Associates.

Lebow, D. (1993). Constructivist values for instructional systems design: Five principles toward a new mindset. *Educational Technology Research and Development, 41,* 4-16.

Long, M. (2000). *The psychology of education.* London: Routledge Falmer.

Lutkehaus, N. C. and Greenfield, P. M. (2003). From the process of education to the culture of education: An intellectual biography of Jerome Bruner's contribution to education. In B. J. Zimmerman, and D. H. Schunk, (Eds.). *Educational psychology: A century of contributions.* London: Lawrence Erlbaum Associates, Publishers.

Marlowe, B. A. and Canestrari, A. S. (2006). *Educational psychology in context: Readings for future teachers.* London: SAGE Publications.

Maslow, A. (1970). *Motivation and personality* (2nd ed.). New York: Harper and Row.

Maslow, A. (1971). *The father reaches of human nature.* New York: Viking Press.

Mayer, R. E. (1987). *Educational psychology: A cognitive approach.* New York: Harper Collins.

Mayer, R. E. (2003). E. L. Thorndike's enduring contributions to educational psychology. In B. J. Zimmerman, and D. H. Schunk, (Eds.). *Educational psychology: A century of contributions.* London: Lawrence Erlbaum Associates, Publishers.

Mayer, R. E. (2009). Constructivism as a theory of learning versus constructivism as a prescription for instruction. In S. Tobias, and T. M. Duffy (Eds.), *Constructivist instruction: Success or failure*. New York, NY: Routledge.

McCarthy, B. (1997). A tale of four learners: 4MAT's learning styles. *Educational Leadership, 54*(6), March, 47-51.

Morris, E. K. (2003). B. F. Skinner: A behavior analysis in educational psychology. In B. J. Zimmerman, and D. H. Schunk, (Eds.). *Educational psychology: A century of contributions.* London: Lawrence Erlbaum Associates, Publishers.

Ornstein, A. C. and Hunkins, F. P. (2004). *Curriculum: Foundations, principles, and issues* (4th ed.). Boston: Pearson Education, Inc.

Parkay, F. W., Anctil, E. J., and Hass, G. (2014). *Curriculum leadership: Readings for developing quality educational programs* (10th ed.). Boston, MA: Pearson.

Pavlov, I. P. (1903/1904). *Conditioned reflexes*, trans. G. V. Anrep. London: Oxford University Press, 1927. The experiment was conducted in 1903 and 1904.

Pavlov, I. (1927). *Conditioned reflexes* (Trans. by G. V. Anrep). London, UK: Oxford University Press.

Piaget, J. (1932). *The child's conception of physical causality*. New York: Harcourt.

Piaget, J. (1948). *Judgment and resoning in the child.* New York: Harcourt, Brace.

Piaget, J. (1970). Piaget's theory. In P. H. Mussen (Ed.), *Carmichael's manual of child psychology* (Vol. 1). New York:Wiley.

Premack, D. (1965). Reinforcement theory. In D. Levine (Ed.), *Nebraska symposium on motivation* (pp. 123-180). Lincoln, NE: University of Nebraska Press.

Rakic, P. (1994). Corticogenesis in human and nonhuman primates. In M. Gazzaniga (Ed.), *The cognitive neurosciences*. Cambridge, Mass.: MIT Press.

Riessman, F. (1966). Styles of learning. *NEA Journal LV*(3), 15-17.

Rippa, S. A. (1980). *Education in a free society*. New York: Longman.

Rogers, C. (1951). *Client-centered therapy*. Boston: Houghton Mifflin, 485.

Rogers, C. (1981). *A way of being.* Boston: Houghton Mifflin.

Sampson, E. E. (1981). Cognitive psychology and ideology. *American Psychologist, 36,* 730-743.

Santrock, J. W. (2001). *Educational psychology*. Boston, MA: McGraw-Hill.

Schunk, D. H. (2012). *Learning theories: An educational perspective* (6th ed.). Boston, MA: Allyn and Bacon.

Scribner, S. (1985). Vygotsky's uses of history. In J. V. Wertsch (Ed.), *Culture, communication, and cognition: Vygotskian perspectives*. Cambridge, England: Cambridge University Press.

Silver, H., Strong, R., and Perini, M. (1997). Integrating learning styles and multiple intelligences. *Educational leadership, 55*(1), 22-27.

Skinner, B. F. (1948). *Walden two.* New York: Macmillan.

Skinner, B. F. (1953). *Science and human behavior*. New York: Macmillan.

Skinner, B. F. (1954). The science of learning and the art of teaching. *Harvard Educational Review, 24,* 86-97.

Skinner, B. F. (1968). *The technology of teaching.*New York: Appleton- Century- Crofts.

Skinner, B. F. (1978). *Reflections on behaviorism and society.* Englewood Cliffs, N.J.:Prentice Hall.

Skinner, B. F. (1983). *A matter of consequence*. New York: Knopf.

Slavin, R. E. (2012). *Educational psychology* (10th ed.). Boston, MA: Pearson.

Smith, P. L. and Ragan, T. J. (1999). *Instructional design.* New York: John Wiley and Sons.

Sousa, D. A. (1995). *How the brain learns: A classroom teacher's guide*. Reston, Va.: National Association of Secondary School Principals.

Sternberg, R. J. (1966). Myths, countermyths, and thruths about intelligence. *Educational Researcher 25*(2), 11-16.

Stone, C. A. (1993). What is missing in the metaphor of scaffolding? In E. A. Forman, N. Minick, and C. A. Stone (Eds.), *Contexts for learning*. New York: Oxford University Press.

Sullivan, E. (1990). *Critical psychology and pedagogy: Interpretation of the personal world*. Westport, Conn.: Bergin and Gravey.

Thorndike, E. L. (1898). Animal intelligence: An experimental study of the associative processes in animals. *Psychological Monographs, 2*(4, Whole No. 8).

Thorndike, E. L. (1906). *Principles of teaching based on psychology*. New York: Seiler.

Thorndike, E. L. (1911). *Animal intelligence*. New York: Macmillan.

Thorndike, E. L. (1932). *Fundamentals of learning*. New York: Teachers College, Columbia University.

Thorndike, E. L. and Woodworth, R. S. (1901). The influence of improvement in one mental function upon the efficiency of other functions. *Psychological Review, 45* (1), 1-41.

Tuckman, B. W. and Monetti, D. M. (2011). *Educational psychology*. Belmont, CA: Wadsworth, Cengage Learning.

Tudge, J. and Scrimsher, S. (2003). L. S Vygotsky: A cultural—historical, interpersonal, and individual approach to development. In B. J. Zimmerman and D. H. Schunk (Eds.), *Educational psychology: A century of contributions*. London: Lawrence Erlbaum Associates, Publishers.

Vygotsky, L. S. (1987). *The collected works of L. S. Vygotsky: Vol. 1. Problem of general psychology* (R. W. Rieber and A. S. Carton, Vol. Eds.; N. Minick, Trans.). New York: Plenum. (Originally written or published between 1929-1935)

Vygotsky, L. S. (1994). The problem of environment. In R. van Veer & J. Valsiner (Eds.), *The Vygotsky reader*. Oxford, England: Blackwell. (Originally published in 1935)

Vygotsky, L. S. and Luria, A. P. (1994). Tool and symbol in child development. In

R. van der Veer, and J. Valsiner (Eds.), *The Vygotsky reader.* Oxford, England: Blackwell.(Originally published in 1930)

Watson, J. (1939). *Behaviorism.* New York: Norton.

Weatherley, C. (2000). *Leading the learning school: Raising standards of achievement by improving the quality of learning and teaching.* Willston, VT.: Network Educational Press, 17.

Wertheimer, M. (1959). *Productive thinking.* New York: Harper and Row.

Wolfe, P. and Brandt, R. (1998). What do we know brain research? *Educational Leadership, 56*(3), 8-13.

Wood, D. J., Bruner, J. S., and Ross, G. (1976). The role of tutoring in problem solving. *Journal of Child Psychology and Psychiatry, 17*, 89-100.

Woolfolk, A. (2011). *Educational psychology* (12th ed.). New Jersey: Pearson.

Zimmerman, B. J. and Schunk, D. H. (2003). Albert Bandura:The scholar and his contribution to educational psychology. In B. J. Zimmerman and D. H. Schunk (Eds.), *Educational psychology: A century of contributions.* London: Lawrence Erlbaum Associates, Publishers.

第四章

教學的社會學基礎

社會學（sociology）是研究人類團體的活動，包括社會現象、社會變遷、與社會發展的一門科學。在 1800 年代，社會學的範圍非常廣泛，幾乎包含所有一切的人類生活與社會活動（Dawson, 1929）。後來其他的社會科學如政治學闖出一片天，社會學窄化成團體行為的研究。本章就教育社會學、社會適應觀與改造觀、全球化、知識經濟、科技素養、與後現代主義對學校教育，尤其教學的影響，分別敘述於後。

第一節　教育社會學

依據 Ballantine（1997）的研究，教育社會學的理論可分為三種派別：結構功能論（structural functionalism）、衝突論（conflict theory）、與社會互動論（social interactionism）。前兩者著重巨觀的社會關係與學校的文化，後者著重個人與小團體之間小規模的互動。茲略述如下：

一、功能論

結構功能論又稱功能論、共識論、或平衡論。它的基本假定是社會與社會裡的機構如學校，是由相互依存的單位所組成，每一部分都對整個社會的功能作出必要的貢獻。每一部分扮演某種角色並且彼此相互依賴以求生存，猶如心臟或腦對於人類的生存是必要的，教育系統對於社會的生存也是必要的。

Emile Durkheim（1858-1917）首先把社會學的途徑用在教育的研究上。他發現教育在不同的時空裡有不同的方式，我們不能把教育脫離於社會之外，因為教育與其他機構和當今的價值觀密切相關。他認為道德的價值觀念是社會秩序的根本，社會與教育長存。社會的任何變遷反映出教育的變遷，反之亦然。事實上，教育是社會變遷歷程中很活躍的一部分（Ballantine, 1997:6）。

二、衝突論

相對於功能論的論點，衝突論認為社會與團體的緊張是由個人或團

體的利益競爭所引起。這種觀點源自於 Karl Marx 與 Max Weber 的著作主張。社會的競爭團體一直處在緊張的狀態中,導致富人與窮人相互鬥爭的可能。富人掌控權力、財富、物資、特權(包括受教育的機會)、與影響力等;而窮人要分享較大財富的時候,就要不斷面臨挑戰。這種權力鬥爭有助於決定組織機關的結構與功能,由於權力關係的結果,演變成階層體制。富人常常使用強制的權力,當利益的衝突導致現有的權力結構推翻時,變遷是不可避免而且有時是快速的。

三、互動論

自第二次世界大戰以後,互動論漸漸廣泛使用。互動論強調社會的與心理的問題,著重團體間——同儕、師生、校長與教師——的互動,包括學生的態度與成就、學生的價值觀念、學生的自我觀念與其對抱負的影響、社經地位與學習成就的關係。

在教育社會學方面頗有助益的兩種互動理論是標籤理論(labeling theory)與交換理論(exchange theory)。學生行為的好壞常受到教師期望的影響。一旦標籤融入自我概念之中,學生就會表現此種標籤的行為。交換理論是基於此一假定:互動會涉及成本與效益;互惠的互動使個人或團體與義務相結合,譬如學生學會了,教師就得到獎賞。

第二節 改造觀與適應觀

教育與社會息息相關,人生活在社會中,必須與社會密切結合。但是,教育的目的究竟是協助受教者適應社會?或培養受教者去改造社會?這兩種主張涉及不同的教育哲學立場:進步主義與社會重建主義傾向於改造觀,而精粹主義則傾向於適應觀(黃光雄、楊龍立,2004)。茲就改造觀與適應觀的教學理念分述如下:

一、社會改造觀

社會改造觀以 Freire 的社會重建觀(social reconstruction)、新馬克思

主義（Neo-Maxism）、與未來學（future studies）的觀點為代表（McNeil, 1996; 黃光雄、楊龍立，2004）。

社會重建主義者對於課程與社會、政治、與經濟發展之間的關係特別感到興趣。樂觀派深信教育可以影響社會的變遷；悲觀派則懷疑課程有能力去改變當前的社會結構。社會重建主義的課程不全是社會學科，它涉及各學科包括經濟學、美學、化學、與數學。它的主要目的是要學生去面對許多嚴重的社會問題（McNeil, 1996:33）。他（她）們認為個體不是被動接受而是主動學習者，能夠體會社會文化實體塑造了他（她）們的生活，他（她）們亦有能力去改變此實體（Freire, 1987）。

新馬克思主義重視教師、學生、勞動者、與弱勢團體間的整合以保護自己的生活水準；重視依勞工階層之利益來設計課程；發展核心教師檢討教材教法與政策的階層分化；並鼓勵學生探討校園內民主的優缺點等（McNeil, 1996; 黃光雄、楊龍立，2004）。

批判論者 Habermas 提出人類的三種知識的研究典範：經驗分析取向（empirical/analytical）、詮釋取向（hermeneutic）、與批判取向（critical）。經驗分析取向對技術較有興趣，相應的社會組織是工作，工作職場中每個人都依科層體制而受他人牽制。詮釋取向對實踐較有興趣，相應的社會組織是互動，如人與人間與文化歷史環境間的互動。批判取向對解放較有興趣，相應的社會組織是權力，增進知識以超越社經階層與意識型態的限制，追求正義與公平（Schubert, 1986; 黃光雄、楊龍立，2004）。這種批判取向強調解放，是社會改造觀的表現。

再概念論者（reconceptualists）從新社會學（new sociology）的角度，認為過去科技與實證的解釋並不恰當。他們主張學校中的運作與社會上的許多事務不能視為理所當然的、天經地義的、與無疑義的。反之，從社會經濟體制、權力運作、意識型態塑造、與個體成長等角度來理解時，就會發現社會上許多不公與欠缺正義的地方有待改善（Giroux, 1981; 黃光雄、楊龍立，2004）。

未來學者（futurologists）主張對於未來的世界要審慎的選擇。他（她）們研究未來的趨勢、預估趨勢所帶來的後果、並且嘗試促進「好」的未來，防範「不好」的未來（McNeil, 1996）。他（她）們從社會變遷的角

度，認為社會急劇變遷，社會現存有所不足，社會要加以改造。然而，未來學者的論點顯然與前述各派的立場不同，蓋因前述學者認為社會不公，所以要改造；而未來學者認為社會變遷有所不足，所以要改造（黃光雄、楊龍立，2004）。

二、社會適應觀

在課程領域中，主張社會適應觀的學者有 20 世紀初期的 Bobbitt（1918）。他認為教育是使學生對未來社會生活有所準備。它採用「活動分析法」（activity analysis）進行課程編製。他對人類社會活動的科學調查，劃分人類生活的主要領域為 10 類活動：語言活動、健康活動、公民活動、社交活動、心理健康活動、休閒活動、宗教活動、親職活動、非職業性的實際活動、與職業活動等，再將這些活動加以分析，列出 831 個具體明確的目標作為課程設計的基礎（黃光雄，1996）。

後來 Charters（1923）亦運用類似的方法編製課程。他採用工作分析（task analysis）的方法，將特殊職業活動的組成元素尋找出來，並確定實踐此種職業活動的方法與標準，作為課程設計的依據。

社會學家重視社會適應的學者以 Spencer（1857）最為著名。他曾為文〈何種知識最有價值？〉（What knowledge is of most worth?），從社會文化的實用觀點強調科學知識的重要，並指出個體生存、謀生、養育子女、社會政治關係與社會文化活動等對個人與社會的重要性（黃光雄、蔡清田，2004）。Spencer 特別看重個人生存有關的知識，這不僅是適應社會的基礎，也是個人發展的基礎（黃光雄、楊龍立，2001）。

社會改造觀與社會適應觀都是從社會的分析去確立教學的目的與內容。課程發展針對社會的需求諸如 AIDS、性教育、親職教育、與反藥物濫用運動等，適應的成分多於改造的成分。此類課程代表一種機制讓學生適應於某些團體所信服的社會需求的反應（McNeil, 1996:51）。

第三節 全球化

Young（1998）認為自 1970 年代以來，任何國家必須面對的一股超越國界的新現實就是全球市場的力量。這些情況包括全球市場製造業有增無已、消費者的需求更趨多元化、新式溝通科技的出現、空中運輸的擴張、與冷戰意識分歧的結束。所有這些改變都是新現實的一部分。

Suarez-Orozco（2001）即把全球化界定為冷戰後的世界秩序。他認為全球化有三大支柱：一、新式的資訊科技；二、國際市場的興起；三、前所未有的移民與遷移。這三種情況的形成顯示全球化代表以往經濟、社會、與文化變遷歷程的突破。一股新興、強而有力的市場勢力超越國家的疆界。在全球資本主義的掌控下，貨物的生產與服務完全是國際化的。國際市場產生了國際品味。市場的勢力即使在偏遠地區也照樣大行其道，仍有意想不到的結果。其次，全球化是新的資訊與科技的產物。新式的溝通媒體與科技設備能立即把遠處的人物、組織機關聯結起來。除了創造並流通大量的資訊與資料外，這些科技設備釋放人們免受時空的宰割。這些科技設備快速地改變工作的本質、思想與社交關係人際互動的型態。全球化的另一個特色是前所未有的大規模移民型態。全球化打破疆界領土的概念，不僅市場、資訊、符號打破國界，大批人群移民與遷徙也是如此。

在 21 世紀的世界裡，教育領導者必須面對全球化的問題，重新建構他們的工作，而且有些全球性的力量影響教育的層面至為深遠。教育政策勢必改弦更張，造成教育人員的緊張氣氛。

Bottery（2006）指出全球化的世界以鉅觀的層次分析（macro-level analysis），可分為經濟的全球化、政治的全球化、人口的全球化、文化的全球化、科技的全球化、美國的全球化、語言的全球化、與環境的全球化。茲略述如下：

一、經濟的全球化

經濟的全球化產生許多深遠的影響，教育領導者不可不知。第一，它導致私人企業的擴張，不僅在商場，同時也進入了公營事業。當這種情況

發生時，私人企業的價值體系主要如效率、效能、與經濟就成為成功的規準；而其他的價值觀念如關懷、信任、與平等即漸漸成為其次。這些價值觀念連帶影響公立學校的教育人員。

　　經濟的全球化也延伸到文化領域。當文化產品被商品化的時候，它們就淪為消費的物品或活動。它們可能被標準化。經濟的全球化入侵到公營事業與文化領域就會強調經濟的功能性，而非追求他們自己的權利。教育就會成為達成私人目的，而非達成公共目的的工具。公有財（public good）的概念也將會遭受破壞。

　　經濟全球化促使貿易自由化，也促進私人興學，其結果導致教育的商業化與商品化，無可避免地將會把教育視為市場的商品，勢必破壞學術自由與大學自主的學術傳統（Ziguras, 2005:103）。

　　然而，主張國際教育自由化者認為經濟的全球化可以促進國際事務的了解與文化的多元。這是由於學生、教師、學者、與教育資源的國際合作與交流所獲得的社會利益。

　　發展國際合作教育計畫的途徑是把課程全球化、網路化。全球化的課程是一般的、普遍化的課程。但是在國境外販賣教育將會到處強迫他人接受其標準，其結果，將使教育與本國社會、文化與政治的根源解體（James, 2000）。

二、政治的全球化

　　政治全球化影響教育是多方面的。第一，以經濟的議題取得政治與公民的議題將會霸占對話的議題，把課程問題化。第二，「築巢式」的公民概念（"nested" concepts of citizenship）訴求，而非單純效忠國家的概念，可能造成國家要求教師改善這方面的概念，公民的責任與忠誠可能會更加以定位。最後，這種國家層次或文化層次的全球力量的調和可能使政治的未來極端地難以理解、預測、或控制。教師可能不僅體驗到更多的控制與指揮，而且環繞周圍的世界也會更加複雜與支離破碎。

三、人口的全球化

老年人口問題（aging population）已成世界普遍公認的問題；但同時也會遭遇出生率下降的情況。這些數字顯示由於老年人罹患慢性病的人口多於急性病的人口，就需要持續的、昂貴的醫療費用。醫療、福利機構將倍感壓力。於是隨著老年人口數量的擴增，勢必操縱政治權力，破使公共預算用之於老人的福利與醫療費用以符合其需要。兒童的福利與教育費用將相對地減少。高齡化與少子化的人口問題牽連到財政、社會、政治、醫護、與教育等問題。

四、文化的全球化

文化的全球化可以概括為兩個完全相反的概念：一個是文化多樣化的全球化（a globalization of cultural variety），提供教育不同的視窗，在熟悉的事物上獲得新的見解，採取不同的途徑追求相同的真理。文化多樣化的全球化可能視為不過是一種冗長的謊言而已，當與西方帝國主義的狂妄感受相互結合，可能會造成心智的僵固與身體的抗拒。

文化全球化的另一個概念是文化標準化的全球化（a globalization of cultural standardization）。它是透過單一視窗的世界視野來運作，這是Ritzer（1993）所謂的「麥當勞化」（McDonaldisation），藉由四個古典的官僚體系——效率、計算、預測、與控制來強化。人工化與商品化取代真實面，最好的一小部分文化被抽取、重新包裝成快速、廉價而方便的消費品。這種全球化大受全球自由市場資本主義的影響。當教育體制受到這些活動的影響時，可能會抑制人類的經驗與心靈的束縛。教育領導者面對兩種文化的全球化必須知道其原因、可能性、與危險性。

五、科技的全球化

科技的全球化係由於科技的發明，如電子郵件、手機、電腦、與網際網路等發明而普遍增加溝通的能力。科技的發明使溝通的速度加快，更使世界縮小。這些發明不僅改變生理的層面，也改變心理的層面。

對於教育人員來說，科技的全球化預示著學習機會的擴增具有無限的

潛能，但是危險性亦會隨之而來。首先教師的角色可能從傳播者（dissemi-nator）轉為促進者（facilitator）。進而言之，科技的改良主要是對於付得起的人才能蒙受其惠。因此他們有潛力增加貧富之間的差距。當財富差距與新自由經濟的型式造成貧富差距擴大與從文化全球化的型式威脅到生活方式兩者相互結合時，另一個潛在的全球化即孕育而成——恐怖的全球化（the globalization of terrorism）。像其他類型的全球化一樣，科技的全球化是一種混合式的福祉，教育人員必須要有評估這些問題的能力。

六、美國的全球化

美國的全球化對於教育有何影響？美國經濟的影響力與價值體系深入影響其他國家的教育組織運作。同時，美國的軍事力量所產生的結果難以預測，但可能會引起緊張。美國的軟體產業像麥當勞食品、流行服飾、電影、與政治的價值體系都對其他的文化產生巨大的影響。

七、語言的全球化

非洲的阿爾及利亞（Algerial），原是法國屬地。在 1996 年，學校以英語取代原有的法語。這是冰山一角，與美國的全球化具有密切的關係。美語（American English）在政治、商業、通訊、娛樂與媒體界都有舉足輕重的地位。它也是教育界具有支配性的國際語言。英語的全球化不像美語，它的起源是由於大英帝國的擴張。然而目前語言的全球化現象至為明顯。有時英語的擴張在改進溝通與了解方面是大受歡迎的，的確學習英語比學習其他語言更能適應當前的思潮與研究。

英語不斷的擴張並不是毫無疑問的，它的精確本質未來更是捉摸不定。一方面，它有一股創造認同的勢力，製造一些與英語或美語不同的「新英語」（New Englishes）。另一方面，相對的全球可理解的一股勢力導致需要一種標準化的英語。不論最後的結果是什麼，在可預見的未來，英語似乎是全球的標準。正當使用英語將是許多教育人員關心的話題。

八、環境的全球化

環境的全球化漸漸成為關懷生態與生命相互依存性（interdependence）的一種表達方式。環境的全球化已超越國界，它漸漸成為政策討論的議題，不僅在教育上，其他如乾旱、水資源缺乏、水患、皮膚癌、與酷暑寒冬等。環境的全球化都會成為社會的、經濟的、與政治的議題。

地球暖化理論是來自自然現象長期觀察與數據的嚴格分析。現在多數氣候變遷學者相信一百多年來地面溫度異常上升徵候，最可能（90% 可靠性）是產業革命後，人類大量使用石化能源時額外排放的溫室氣體所致。他們用的數據有的來自直接量測，有的來自開採冰柱所得間接量測，因兩者吻合十分可靠（鄭天佐，2008）。

美國國家情報委員會（National Intelligence Committee, NIC）在「2025年全球趨勢」的最新報告中指出：全球暖化可能成為俄羅斯與加拿大的一大助力，北極圈冰山溶解，擴大耕作面積並延長耕作季節，降低勘採北極油田的困難度，最終強化兩國的經濟能力。報告亦指出中國屆時可能成為僅次於美國的全球的第二大經濟體，全球可能不再仰賴石油，美元仍將是重要的貨幣，卻不再是唯一的強勢貨幣（陳士欽譯，2008. 11. 22）。

根據科學家研究，到了 2040 年北極冰將會完全融化（奇摩網站，2008）。所以為了地球將來，想想自己要如何幫助地球？鼓勵政府補助研發並提供全新的乾淨能源技術，例如風力發電、太陽能發電、油電混合引擎與另類燃料，都將能改善全球暖化的現象。

地球暖化導致氣溫上升。將來的氣候更加炎熱。臺灣地處亞熱帶，將來的教室沒有冷氣設備，勢必無法上課，也間接影響能源短缺的問題。未來的生活作息恐怕日夜顛倒，白天避暑，夜間上課。也許部分課程必須透過網路改在自家學習，酌減在校上課時間，以適應當時環境。屆時許多配套措施，諸如學校建築設備的改良、課程的研發與設計、與教師的進修勢必改弦更張。

在教育方面，郭為藩（2006）指出 21 世紀高等教育發展有幾個特性：一、跨國主義的趨勢；二、教育商品化，視為服務產業；三、教育市場全球化，高等教育機構之間有強烈的競爭；四、知識的遊牧族出現，導致教

育消費主義的復甦；五、大學排行榜流行，造成高等教育的壓力與影響經費分配。為因應高等教育全球化的情勢，他認為大學經營策略必然隨著轉變。其中直接受到衝擊的是研究型大學。另外資訊的全球化形成「非校園化」的大學校園文化，改變傳統大學校園師生與同學間互動的特質。大學生利用網際網路學習，天涯若比鄰，從「校園本位學習」走向「資源本位學習」；大學教師的角色也由「講授者」轉為「助成者」。他進一步指出大學生要接受全球化的好處就該走出去，學校透過國際的校際合作，提供雙聯學位課程。其次是幫助國際學生來臺灣研習，政府應以獎助學金吸引外籍與大陸名校學生來臺就讀。

第四節　知識經濟（Knowledge-Based Economy）

　　與全球化息息相關的是越來越多的人認為經濟的成功不再只是依賴消費者商品的大量生產，或天然資產的開發，而是有賴我們的創造能力與使用新觀念、新知識的能力。新科技已經徹底地改變我們的儲存與傳輸訊息的能力。我們目前能夠更龐大地、多樣地、快速地、方便地儲存訊息。知識不只是訊息而已。知識是有關「如何」與「為何」取得它的問題。知識涉及如何使它有意義與我們如何嚴謹地攝取知識。質言之，知識是有關於了解。那是有關於「用於工作的訊息……能使人做判斷、創造新產品、解決問題、與解析事象的知識」（McCaffery, 2004:11）。

　　學校一直是知識的生產者，也是知識的開發者。但是這種看法不能再視為理所當然。例如：現在很多的知識來自網際網路與其他各種媒體。許多民間團體、智庫、與公私企業機構也都在進行各項研究，製造知識。新的知識社會（New Knowledge Society）於是產生。學校不只是知識的製造者，可能扮演更多的角色，如經營顧問、行銷研究公司、或媒體機構等（McCaffery, 2004:12）。

　　全球化與新的知識社會對於教育產生深遠的影響。在知識經濟的時代，「知識就是力量」（Knowledge is power.）。「如果你不學，你就不能賺」（If you do not learn, you will not earn.），似乎有它的道理。為了一生都能賺（lifetime earning），人們就要終身學習（lifelong learning）。

　　知識經濟係指「直接建立在知識與資訊的激發、擴散和應用之上的經濟，創造知識和應用知識的能力與效率，凌駕於土地、資金等傳統生產要素之上，成為支持經濟不斷發展的動力」（行政院經濟建設委員會，2000）。傳統的經濟需要龐大的資金、土地、人力、廠房、與機具設備。然而，知識經濟似乎質重於量。它是知識取向、人才取向、目標取向、與績效取向（張清濱，2007:45）。今分述如下：

一、知識取向

　　知識取向的員工要先獲取知識、進而應用知識、更能創造知識，還要傳播知識，才能發揮知識經濟的力量。今敘述如下：

　　㈠ **獲取知識**：資訊科技的時代，知識的取得要求快速，誰能最先掌握資訊，誰就是贏家。知識的來源很多，要獲取知識，必須透過資訊教育，員工要具備使用資訊科技的能力。

　　㈡ **應用知識**：獲取知識後，員工要能夠把知識應用於工作職場，解決實際的問題。知識首重應用，不能用的知識是死知識。食古不化或食洋不化都是無濟於事。員工要具備解決問題的能力。

　　㈢ **創造知識**：員工不能以現有的知識為已足。員工要不斷追求知識、創造知識。認知領域的最高層次是後設認知、創造知識。要創造知識，員工就要具備批判思考與創造思考的能力。

　　㈣ **傳播知識**：員工有了知識，不可占為己有。知識就是權力（Knowledge is power）。知識要發揮更大的效能，員工不僅要善用知識，更要傳播、推廣知識，與他人共同分享。員工要具備研究發展的能力。

二、人才取向

　　知識經濟首重人才。組織機關要延攬優秀人才。人才成為組織機關最重要的資本。一個優秀的人才，適應能力強，能夠以一當十，甚至以一當百，服百人之務，造百人之福。在有效能的組織中，人才濟濟，一位員工同時可以處理許多工作。但在無效能的組織中，一件工作卻由許多人做。

三、目標取向

講求知識經濟的組織機關必定有明確的目標。不論目標管理（management by objectives, MBO）或全面品質管理（total quality management, TQM），組織機關的員工都要依據組織目標，設定自己的工作目標，提出執行的策略與方法，達成目標。

四、績效取向

知識經濟強調績效管理。知識經濟型的組織機關必定講求工作績效，注重品質管制（quality control）與品質保證（quality assurance）。員工必須尋求有效的途徑，隨時檢驗自己工作的歷程與結果，進行自我評估，以改進業務的缺失，提高工作績效。

在知識經濟的時代裡，學校都要成為學習型組織（learning organization）。首先，我們要分辨學習型組織與教學型組織究竟有何不同？Rogers（1980）曾列舉一些傳統的教學概念，可視為教學型組織。這些概念列述如下（Law & Glover, 2000）：

(一)教師擁有知識；學生是接受者。

(二)教學就是把知識灌輸給學生；測驗與考試是在測量學生吸收多少。

(三)教師具有權力；學生要服從。

(四)班級經營是透過教師的權威去運作。

(五)學生不能得到信任；除非教師控制與檢查，否則學生的課業無法令人滿意。

(六)當學生處於恐懼的狀態時，最能受到控制。

(七)民主只在課堂上說明而非在課堂上實踐；學生沒有訂定個人的目標。

(八)教育在培養知識分子而非培養完人；情緒的發展未必是學習的一部分（p.162）。

學習型組織視變遷為一種學習的機會，時時學習，處處學習。工作時不忘學習，學習就是成長。Handy（1989）把學習型組織界定為：

（一）鼓勵人們學習的組織。

（二）員工本身能學習的組織（p.168）。

學習型組織強調「學習的本質」而非「教學的方法」。學習畢竟不等同於學校、教師、語文、數學、分數、成就等。學習是由個體的心靈點燃的。就像社會變遷一樣，學習者也需要去變遷。新的學習典範強調學習者的自主性與終身學習（Law & Glover, 2000）。

學習要有效能，就需要經營。所有教師都是經營者。然而，「領導」學習與「經營」學習並非易事。譬如，教師可能熟悉於創造與經營學習的機會，但不見得能直接領導別人去學習。職是之故，校長要把教學視導的焦點由教師的教學轉移到師生的學習。校長的角色不單是教學領導人（instructional leader），而是學習領導人（learning leader）（張清濱，2005:166）。

第五節 科技素養

社會越來越複雜，更仰賴尖端科技解決民生問題，科技教育的需求更為明顯。在 21 世紀的社會裡，國民要有科技素養，否則恐無法立足於社會。推展科技教育乃成為刻不容緩的要圖。本節探討科技素養與其概念。

「素養」（literacy）一詞的意義端視個人與專業的背景以為定。譬如，高中一年級學生的科技素養不能與科技人員的科技素養相提並論。科技包含三個主要的元素：歷程（process）、知識（knowledge）、與背景（context）。科技的歷程係指人們在設計、產生、與控制事情時採取的行動。科技的知識指科技的本質與歷史和對社會造成的衝擊。科技的背景則涉及了解並發展科技的系統（Oaks, Gantman, & Pedras, 2000:439）。

科技素養（technological literacy）就是使用、處理、與了解科技的能力。使用科技的能力需要現有科技巨觀系統（macrosystems）、或人類適

應系統元素的知識與這些系統如何運作。處理科技的能力需要做到所有的科技活動都是有效率並且是適當的。了解科技的能力不只獲取資訊而已，它涉及綜合資訊成為新視野的能力（Oaks, Gantman, & Pedras, 2000:440）。

今日的科技乃在透過創意的歷程，設計、製作產品、與服務，滿足人類的需求。科技教育則在提供學生所需的知識、技能以解決問題並發展人類的潛能。科技教育的一個重要面向是學生要了解科技如何影響未來的生活做準備。姑不論中等學校學生畢業後繼續升學或進入工作職場就業，堅強紮實的中學科技課程便成為教育的重要課題（Oaks, Gantman, & Pedras, 2000:440）。

英國教育與就業部（the British Department of Education and Employment, 1995）在過去十年間，發展並執行科技教育課程。這種課程以設計與製作產品為重點，旨在協助學生從廣泛的領域包括日常熟悉產品、材料特性、與製作過程的方式與功能的研究，發展他們對於製作過程的了解。在中等教育階段，課程組織包括下列概念：設計技巧、製作技巧、材料與成分、系統與控制、產品與應用、品質、健康、與安全。

在未來的數年間，科技的進步必將改變人類的生活方式。影響所及，人類的知識、技能、與價值觀念均將面臨新的挑戰。科技改變了工作的性質，也必改變課程的設計與內容。

電腦與人類的生活是息息相關的，它將可使人們互通有無。但是將來許多工作的變質，勢必無法避免，甚或極為普遍。科技的進步減少就業的機會，取而代之者是高科技的專業工作，留存下來的職業只需低層次的技術（Dede, 1990）。

資訊科技的發展改變課程與教學的型態，課程與教學走向多元化、資訊化、網路化、數位化、與國際化乃是必然的趨勢。它對未來的課程與教學所造成的衝擊，約有下列各點（張清濱，1997: 89）：

一、高層次的心理屬性，如創造力、決策能力、資訊評鑑與綜合、整體的思考能力，都將成為人類智力的新定義。

二、評估的方法將由測量敘述性的知識轉至高層次技術的獲得。

三、邊做邊學將成為職業教育的重要特色。電腦與電訊等科技傳送各類資訊，並提供教學服務至各地。

四、工作場所強調團體的工作與問題的解決，因此合作的學習（cooperative learning）益形重要。資訊科技的工具漸漸為團隊使用而設計，新式人際關係的技巧至為重要，將來電腦輔助教學（computer-assisted instruction）的合作學習，將成為學生互動的主要型態。

五、由於教育資訊設備的連線，供應了各種資料與工具，訓練於是產生。例如新式發明一上市，立即結合了各類電訊設備。人們觀看晚間新聞時，聽到一則有趣的事，按一下電鈕，即可找到報章雜誌上有關的文章。將來人們必須隨時接受新知識與學習新技能，以適應科技的社會。

六、超媒體（hypermedia）將使長期以來的教育目標——統整課程（an integrated curriculum）的觀念得以實現。例如在超媒體的教科書中，數學課本將與社會學科、生物學、歷史、語文、與體育相互連接，各類學科之間的相互關聯性將更趨明顯。未來的課程發展與教學設計必從學科中心（subject centered）轉移到多元領域中的工具，解決現實世界的問題。

綜上所述，資訊科技的發展對於教育造成的衝擊極為深遠。在課程方面，網路課程將更為普遍，網路資訊取代教科用書，跨科整合的觀念得於實現。此外，全球化的資訊革命，課程跨越學校與國界。在教學方面，遠距教學與電腦輔助教學注重合作學習與人際關係，將成為教學的主流。教師透過多媒體與超媒體，進行教學，傳授科學知識與技術。線上作業評量與電腦化適性測驗，也將更為方便、可行。

第六節 後現代主義

後現代主義（postmodernism）可解釋為一個世代或一種態度，或一個世代裡的態度。後現代主義者主張有關課程沒有一種解釋或理論化的方式。在後現代主義裡，沒有任何一種典範（paradigm）是獨占優勢的，也沒有任何一種思考方式是至高無上的（Ornstein & Hunkins, 2004:188）。

後現代主義究竟是什麼迄今仍有很多爭議。課程專家把它概念為接受並了解現實——課程與背景——流動而複雜之本質的一種嘗試。要了解後現代主義，有必要先了解現代主義（modernism）。現代主義起於 18 世紀

歐洲的啟蒙運動時期（the Enlightment），認為世界是一部可接近、可操作的機械。後現代主義把世界界定為新興的、流動的、混亂的、開放的、而且是互動的，拒絕接受任何一致化的世界表徵。它是一個變動中的世界。後現代的立場是要批評現代主義者的觀點。後現代主義者挑戰現代主義所宣示的主要概念如人、真理、正義、與美感。同樣地，他們也質問課程、教學、教育學、教育、學生、與教師等概念。甚至有些後現代主義者抨擊西方文化，很諷刺地，他們竟然使用他們瞧不起的方法論（Ornstein & Hunkins, 2004:189）。

　　依據 Slattery（2006:19）的觀點，人類歷史至少有兩個典範的改變。第一個時期，從狩獵社會、群居社會到封建社會與農業社會；從部落與封建社會到資本工業經濟，依賴科技、無限的資源消耗、社會進步、經濟成長、與理性思想。這個時期稱為前現代時期（the premodern period），或新石器革命（the Neolithic Revolution），追溯自西元前 2000 年到西元 1450 年。第二個時期稱為現代時期（the modern period）或工業革命（the Industrial Revolution），係從西元 1450 到 1960 年。新石器時代的特徵是變遷緩慢，思想觀念植基於神話與亞里斯多德式的文化。工業革命時代（1800 年後）的特徵是直線式的觀念（a linear concept of time），稱為「時代之箭」（the arrow of time），百花齊放，各式各樣文化出現。1960 年之後稱為後現代。後現代典範轉變的特徵是變遷迅速、多元文化，有時稱為「全球的資訊革命」（the "global information revolution"）。

　　後現代主義原先用於後現代女性主義者與後現代批評理論。這種混合型的理論挑戰思考的方式並且睜開眼睛追尋新的觀念、思考方式、與辦事方式。「後現代」一詞漸漸包含在課程書上的標題。Doll 曾寫出有關後現代課程的觀點。Slattery 寫過後現代的課程發展。我們可以把它們當作現代主義的反動。然而，那些涉及課程反省與活動者最好把後現代主義當作一種運動，鼓舞與擴展多元化並避免正統的說法。Jencks 認為後現代主義不是反對現代主義；它反而是現代主義與其優越的延續（Jencks, 1992）。

　　Slattery（2006:17）指出學者對於「後現代主義」至少有 11 種不同的觀點。茲列述如下：

- 超越現代工業與科技時代的一段新興的歷史時期；

- 當代對於藝術與建築的審美型態——折衷的、千變萬化的、諷刺的、並且是諷諭的；
- 對於統一的經濟與政治組織體系如自由主義與共產主義的社會批判；
- 以解構現代真理、語言、知識、與權力等概念的方式，尋求揭露內部矛盾的哲學運動；
- 正當促進建構整體與生態永續發展的全球社會時，批判現代科技對人類心理與環境的負面衝擊的一種文化分析；
- 激進的折衷主義（非妥協或共識）既接受又批判的論述，因過去與未來都受到尊重與摧殘、擁抱與限制、建構與解構；
- 企圖超越唯物論現代哲學的一種運動；
- 別出心裁的認可與慶賀，尤其從激進的、性別的、語言的、與人種的觀點；
- 劃時代的歷史時期，以革命性的典範變遷為特色，超越先前時代的基本假定、操作的類型與宇宙論；
- 一種生態的與普遍的世界觀，超越現代對支配與控制的執著；
- 後結構運動（a poststructural movement），注重邊際並把重點改為邊界。

綜上所述，後現代主義乃是現代主義的一種反動（reaction），它不是反對（be against）現代主義的論點，而是採取更多元、多樣、多變、多疑、與多異的觀點，看待課程與教學，為其主要特徵。

第七節 實務演練與教師檢定

本節包括實務演練與教師檢定。前者注重情境演練，後者從近年來中小學教師檢定的趨勢，提出若干模擬試題與檢定試題（打 * 者為參考答案），分別列示如後：

一、實務演練

實務演練以五育中何者最重要與學生將來要適應社會或改造社會為例，說明如下：

㈠五育中何者最重要？

英國哲學家斯賓塞（Spencer, 1857）提出〈何種知識最有價值？〉（What knowledge is of most worth?）。他從社會文化的實用觀點強調科學知識的重要。然而在 21 世紀的今天，社會變遷如此快速。教育的目的與價值觀有沒有改變？就以國民中小學的教育目標而論，國民教育強調德、智、體、群、美五育均衡發展。五育都一樣重要，不分軒輊。但是如果以個人的價值觀排序，答案可能就迥然不同。下面是一則師生的對話，請思考一下，誰的觀念最正確？

洪老師：五育是指哪些？

學　生：德、智、體、群、美等五育。

洪老師：答對了！五育都一樣重要。如果按照你的價值觀排序，哪一育排第一呢？

王　生：體育最重要。

洪老師：為什麼？

王　生：因為一個人的身體不健康，連生命都保不住，則一切都化為烏有。

洪老師：你說得很對。大家要愛惜生命、珍重生命，保護身體的健康與安全，不可飆車、吸毒……等。但是，如果一個人身體很壯，但每天遊手好閒，無惡不作，到處殺人、放火，又如何？

李　生：我認為德育更重要。如果一個人身體很壯，但德行不佳，不如讓他（她）人間蒸發。

洪老師：李生的看法很正確。這就應驗「多行不義必自斃」的道理。如果一個人身體很健康，德行又好，他（她）還有什麼要求呢？

黃　生：如果是我的話，我認爲智育很重要。

洪老師：爲什麼？

黃　生：因爲沒有知識技能，很難找到工作，「知識就是力量」呀！

洪老師：那麼有了知識以後，還要有什麼？

白　生：當然是群育囉！

洪老師：說得很對。理由何在？

何　生：人類的生存是基於互助、合作，而不是鬥爭。人不能離群索居，要有團隊精神。

洪老師：你的看法太好了！那麼最後還需要什麼？

廖　生：美育也很重要。

洪老師：各位想想看，爲什麼美育很重要？

簡　生：我知道美育是人生的最高境界。體、德、智、群等四育很好，但沒有美育，還是「美」中不足。

洪老師：各位同學的看法都有立論的根據。價值觀的形成大部分受到環境的影響。五育何者最重要？只要言之有理，都算正確。

㈡學生將來要適應社會？或是要改造社會？

　　臺灣是一個海島，地震頻繁，曾於 1999 年 9 月 21 日凌晨發生百年以來的大地震，造成數千人傷亡。在 21 世紀裡，臺灣地區是否還會發生大地震？現在假設百年內仍將有大地震，而你住在地震帶。如果你是該地區的下列人士，你將採取何種有效措施？1.教育行政首長，2.地方行政首長，3.都市計畫專家，4.建築師，5.教師，6.當地居民。

　　爲了讓學生對於地震有更深入的了解，李老師教自然科學的時候，鼓勵學生採取未來學（futurology）的途徑，設身處地，思考問題的解決方式。他把班上學生分成六組，每組 4 至 6 人，各組認領一個主題，進行討論。討論完畢，各組分別提出結論報告。下列是各組提出的解決方式：

1. 第一組：教育行政首長
   (1)教育行政首長應該把學校安全列為首要工作與目標。
   (2)改建或維修逾齡老舊校舍。
   (3)學校建築注重品質管制與品質保證，確保師生的安全。
   (4)防範海砂屋與輻射屋的產生。
   (5)學校課程採取科際整合，以地震為主題，進行大單元跨科教學。
2. 第二組：地方行政首長
   (1)建築物的建築執照與使用執照嚴格審查。
   (2)定期與不定期實施建築物安全檢查。
   (3)防範與拆除違章建築。
3. 第三組：都市計畫專家
   (1)地震帶儘量避免規劃公共建築使用地，如學校、商業區、行政區與遊樂區。
   (2)地震帶儘量規劃為公園、停車場、或人行步道。
4. 第四組：建築師
   (1)建築建地必須地質鑽探，以了解土質是否適合興建樓房。
   (2)建築設計必須考慮建物的防震係數。
   (3)建材必須考慮防震、防火、與防水等逃生設備與材料。
5. 第五組：教師
   (1)教導學生地震時逃生的方法。
   (2)教導學生簡單的急救方法，包括心肺復甦術。
   (3)施以心理輔導，以免地震時過度緊張或地震後產生的焦慮狀態。
6. 第六組：當地居民
   (1)建屋或購屋時，注意居家環境的安全。
   (2)平常檢查家具設備的陳放位置，把它們固定，以免滑動、滑落。
   (3)地震時，盡速往屋外逃生。

　　上述各組的結論都強調如何因應地震的襲擊，似乎推翻了「人定勝天」的道理，畢竟人類的智慧與能力仍有其極限。人類要生存在世界上必須先尋求適應於社會，然後再尋找方法改造社會。

二、教師檢定

研讀本章教學的社會學基礎之後，請思考並回答下列問題，今依模擬試題與檢定試題，列示如後：

(一)模擬試題

1. 全球化（globalization）的特徵爲何？哪些現象影響全球化？請分別說明之。

2. 全球暖化（global warming）現象將更趨明顯，今後的學校教育如何因應？請就課程與教學的層面說明之。

3. 何謂「知識經濟」（knowledge-based economy）？它有哪些取向？請分別說明之。

4. 「學校社區化，社區學校化」，學校與社區脣齒相依。學校教學設備不足，可運用哪些社區資源（community resources）？

5. 人口的高齡化與少子化現象對於教育產生重大影響。試就中（小）學的課程與教學方面，各舉出三項影響並說明如何因應。

6. 教育部推展「電腦程式設計」課程，以培養學生資訊科技的能力。資訊科技的發展對於未來的學校課程與教學會造成哪些衝擊？請各列舉三項說明之。

7. 學校教育要與社會發展密切結合。社會的每一分子必須扮演好自己的角色並且彼此相互依賴以求生存。此種理念採取何種學派的觀點？
   (A) 社會衝突論；(B) 社會互動論；(C) 社會建構論；*(D) 社會功能論。

8. 王老師主張學生畢業後要先找到一份合適的工作，以便自給自足，養活自己。此種理念採取何種學派的觀點？
   (A) 社會改造觀；(B) 社會忠實觀；(C) 社會締造觀；*(D) 社會適應觀。

9. 林老師上公民課時，時常以社會公共議題讓學生討論，以支持社會的公平與正義。林老師的理念較接近何人的主張？
   (A) 盧梭（J. Rousseau）的自然主義觀；(B) 杜威（J. Dewey）的實用主義觀；(C) 哈伯瑪斯（Habermas）的批判論（critical theory）；*(D) 吉魯（H. Giroux）的再概念論（reconceptualist）。

10. 下列何者較接近後現代主義（postmodernism）的教育主張？

(A) 陳老師強調有教無類，因材施教；(B) 林老師著重學生的啓蒙與教化；(C) 王老師強化博雅教育的功能；*(D) 張老師重視文化的獨特性與正當性，並注重多元差異。

11. 下列何者不是後現代主義（postmodernism）的教育主張？

(A) 多元化；(B) 個別化；(C) 適性化；*(D) 標準化。

(二) 檢定試題（國家教育研究院，2015, 2016, 2017, 2019）

1. 王老師以追求轉型的公共知識分子自許，常常帶領學生討論社會公共議題，並時常撰文。請問，王老師這種取向較接近下列何者？

(A) 盧梭（J. Rousseau）的回歸自然說；(B) 杜威（J. Dewey）的實用主義理論；(C) 巴比特（F. Bobbitt）的社會適應觀；*(D) 吉魯（H. Giroux）的批判課程理論。　　　　　　　　　　（2015 年課程與教學）

2. 張老師在學校的課程發展委員會中主張，學校本位課程的內容應該做原則性的規範就好，不需要做太詳細的設計，以便教師實施時能因應各班情形進行修改。此種主張較符合下列哪一種課程實施觀？

*(A) 調適觀；(B) 忠實觀；(C) 締造觀；(D) 重建觀。

（2015 年課程與教學）

3. 張老師主張學校應該將當前社會中具共識性的價值體系教給學生，以維持社會運作的穩定發展。張老師所持的理論取向較偏何種學派之觀點？

(A) 衝突論；(B) 解釋論；*(C) 結構功能論；(D) 社會建構論。

（2015 年教育原理與制度）

4. 有關當代思潮對於教育的影響，下列敘述何者正確？

(A) 在存在主義的影響下，教育工作者越來越重視普遍標準的建立；(B) 分析哲學強調教育語言的釐清與分析，忽略教育目的之建構，故未能形成教育目的觀；*(C) 後現代主義主張，我們不能毫無疑問地相信真理的普遍性，故強調教導學生批判與質疑任何單一真理主張；(D) 批判理論認為，每個人都有自己的意識型態，所以教導學生批判他人的意識型態，要比教導學生自我批判與反省更為重要。

（2016 年教育原理與制度）

5. 下列何者較接近後現代主義的教育主張？
   *(A) 教育應重視文化的獨特性與正當性，並強調尊重多元差異；(B) 因為學生是未成熟的個體，所以教師要儘量予以啓蒙、教化；(C) 教學即是透過師生的溝通、對話，以獲得對知識的共同理解；(D) 教育應藉由傳統文化的經典閱讀，以進行博雅教育與人格形塑。

   （2017 年教育原理與制度）

6. 某高職教師根據學校的行銷課程，結合該地特產設計了一套產銷課程，學生透過課程了解地方特產的現況、問題及新的產銷趨勢與方法。此屬於下列何種課程實施觀點？
   (A) 忠實觀；*(B) 調適觀；(C) 落實觀；(D) 批判觀。

   （2019 年 -2 課程與教學）

7. 學校各科教學應依學生能力進行分組，讓每位學生適性發展，使他們將來進入社會後，能到不同領域的職業裡扮演不同的角色。此觀點較符合下列何種理論？
   *(A) 結構功能論；(B) 社會衝突論；(C) 象徵互動論；(D) 俗民方法論。

   （2019 年 -2 教育原理與制度）

參考文獻

一、中文部分

奇摩網站（2008）。面對地球暖化現象，要如何從「自己」做起？
　　tw.knowledge.yahoo.com/question/question?qid

陳士欽譯（2008.11.22）。**2025預言：中印崛起美地位下降**。臺北：聯合報，
　　AA版。

郭為藩（2006）。高教怎國際化幫學生走出去。臺北：聯合報，A8。

國家教育研究院（2015, 2016, 2017, 2019）。**高級中等以下學校及幼兒園教
　　師檢定考試歷屆試題及參考答案**。新北：國家教育研究院。

張清濱（1997）。**學校行政與教育革新**。臺北：臺灣書店。

張清濱（2005）。**教學視導與評鑑**。臺北：五南圖書出版公司。

張清濱（2007）。**學校經營**。臺北：學富文化事業有限公司。

黃光雄、楊龍立（2004）。**課程設計：理念與實作**。臺北：師大書苑。

黃光雄、蔡清田（2004）。**課程設計：理論與實際**。臺北：五南圖書出版公
　　司。

鄭天佐（2007.4.15）。**地球暖化的因與果**。臺北：中國時報。

二、英文部分

Ballantine, J. H. (1997). *The sociology of education*. Chicago: Rand McNally.

Bobbitt, F. (1918). *The curriculum*. Boston: Houghton Mifflin.

Bottery, M. (2006). Educational leaders in a globalizing world: A new set of priori-
　　ties? *School Leadership and Management, 26*(1), 5-22.

British Department of Education and Employment (1995). *The national curriculum
　　for design and technology*. London: Authur.

Charters, W. W. (1923). *Curriculum construction*. New York: Macmillan.

Dawson, E. (1929). *Teaching the social studies*. New York: Macmillan.

Dede, C. (1989). The evolution of information technology: Implications for curriculum. *Educational Leadership*, September, 32-36.

Freire, P. (1987). Letter to North American teachers. In I. Shore (Ed.), *Freire for the classroom*. Portsmouth, NH: Boyston/Cook, 211-216.

Giroux, H. A. (1981). Toward a new sociology of curriculum. In H. A. Giroux, A. N. Panna, and W. F. Pinar (Eds.), *Curriculum and instruction*. McCutchan Publishing.

James, B. (2000). Does profit put culture at risk? UNESCO chiefs see profit motives as treat to cultural needs. *International Herald Tribute*, October 16.

Jencks, C. (1992). *The post-modern reader*. New York: St. Martin Press.

Law, S. and Glover, D. (2000). *Educational leadership and learning: Practice, policy and research*. Buckingham: Open University Press, 161.

McCaffery, P. (2004). *The higher education manager's handbook: Effect leadership and management in universities and colleges*. London: Routledge Falmer, 11.

McNeil, J. D. (1996). *Curriculum: A comprehensive introduction*. Harper Collins College Publishers.

Oaks, M. M., Gantman, R., and Pedras, M. (2000). Technological literacy: A twenty-first-century imperative. In F. W. Parkay, and G. Hass (Eds.), *Curriculum planning: A contemporary approach*. Boston: Allyn and Bacon.

Ornstein, A. C. and Hunkins, F. P. (2004). *Curriculum: Foundations, principles, and issues* (4th ed.). Boston:Pearson Education, Inc..

Ritzer, G. (1993). *The McDonaldisation of Society*. London:Sage.

Slattery, P. (2006). *Curriculum development in postmodern era* (2nd ed.). 17-18.

Spencer, H. (1857). *Essays on education*. London: Open Books.

Suarez-Orozco, M. M. (2001). Globalization, immigration, and education:The research agenda. *Harvard Educational Review, 71*(3), 345.

Young, M. (1998). Rethinking teacher education for a global future:Lessons from the English. *Journal of Education for Teaching, 24*(1), 51-62.

Ziguras, C. (2005). International trade in education services:Governing the liberalization and regulation of private enterprise. In M. W. Apple, J. Kenway, and M. Singh (Eds.), *Globalizing education: Policies, pedagogies, and politics*. New York: Peter Lang, 103.

第二篇　設計篇

第五章

教學設計

教學的哲學、心理學、與社會學基礎，闡述教學的理論，歸納出教學的原則，提供教學設計的架構。本章就教學的原則、設計的涵義、特徵、要素、模式與層級，分別敘述；最後擬定教案並加以演練。

第一節 教學的原則

教師教學時要注意哪些原則？下列十項原則可供參考（Gagné, Wager, Golas, & Keller, 2005; 孫邦正，1993；國家教育研究院，2000）：

一、準備原則（readiness principle）

準備原則主要是源自於 E. L. Thorndike 的準備律與心理學的動機（motivation）理論。依據準備律，如果我們做一件事情，心理上早已有所準備，則做起來較為輕鬆愉快，容易成功。《大學》一書指出「凡事豫則立，不豫則廢」便是這個道理。所謂動機則指學習的「驅力」（drive），學生事先喜歡學習，願意學習，教學才有效果，因此，教師要善於把握時機，激發學生學習的動機，產生動力，樂意學習。

二、自動原則（active principle）

自動係指學生學習時能自動產生一股強烈的學習慾望，不必外力的督促，就能自發的學習、自願的探究、與主動的參與。自動原則創始於 F. Froebel。而 Froebel 的思想則導源於 J. H. Pestalozzi 的教育思想；影響 Froebel 最深的是直觀原理。所謂直觀，乃是人類睿智的最自然與自發的活動，心靈藉此活動，不需要躊躇與中介，而能把握並洞察實體。Froebel 後來在學校施教時，重視實物教學與兒童的恩物，強調學生自動參與各種活動的重要性，實受 Pestalozzi 直觀原理的影響（高廣孚，1988）。J. Dewey 倡導「從做中學」（learning by doing），強調學生自動參與的重要，這些都是自動原則的理論依據。學習是透過活動而產生的，一切的學習活動是有目的的。在真實活動中自發自動學習，學習效果就好。

三、興趣原則（interest principle）

興趣是學習成功的重要因素。W. H. Kilpatrick 認為興趣具有兩種涵義：第一，興趣是表示在一個指定的方向中，具有一種永恆的心向與準備的可能性。第二，興趣是從努力工作中產生，有助於學習的進行。前者稱為直接興趣，後者稱為間接興趣。直接興趣可說是自發的興趣，間接興趣也就從努力產生的興趣。換言之，學生在學習時，全神貫注，專心致志，甚至廢寢忘食，一心向著標竿直跑，這是興趣；而勇於突破學習的困境，樂在其中，也是興趣。因此，教師在教學過程中，必須不斷利用各種方法，擴大學生的興趣範圍，由直接興趣產生間接興趣；使興趣與努力相輔相成，增進學習的效果。

四、個性適應原則（individualized principle）

人類因受遺傳與環境的影響，所以有個別差異的存在。因此在教學上，教師必須「因材施教」，亦即教師在教學時，應了解學生的個別差異，並針對學生的需要，分別輔導，使每位學生都能獲得充分的發展。至聖先師孔子首先倡導個性適應原則教導學生。他說：「中人以上，可以語上也；中人以下，不可以語上也。」孔子主張因材施教，針對學生不同的資質能力差異，給予不同的教導。弟子們問同一個問題，孔子的回答卻因人而異。

H. Gardner 的多元智能理論、D. Goleman 的情緒智商理論、F. Riesman 的學習型態理論、與 A. Maslow 的需求階層理論，都強調學生有個別差異的事實，教師要採取個性適應原則，啟發學生的潛能，採取適當的教學方法，因勢利導，發揮教學的效果。

五、社會化原則（socialized principle）

人類在社會上生存，無法離開群體而獨立生活。因此，在教育上，除了要適應個別差異、發展個人的潛能，使人能盡其才外，教師更應陶冶學生的群性，以達到自我實現、服務人群、貢獻社會的理想。在教育的歷程中，社會化原則是不容忽視的一環。社會化乃是個人基於身心特質與稟

賦，與外界社會環境交互影響或學習模仿的一種歷程。個人由此而獲得社會上各種知識、技能、行為模式、與價值觀念，一方面形成獨特的自我；另一方面履行其社會角色，以便圓滿地參與社會生活，克盡社會一分子的職責（陳奎憙，2013）。在個人社會化的過程中，正式教育（學校教育）與非正式教育都是促進個人社會化的重要動力。

L. Vygotsky 的社會文化理論，強調學習是透過社會的互動而產生的。社會文化背景是影響學習的一項重要因素，如同教學方法與教材一樣重要。學習是建構意義的社會歷程，小組合作學習環境可以增進學習的效果。

六、接近原則（contiguity principle）

行為學派的接近律認為學習是刺激與反應的出現在時間上相接近，二者的聯結更牢固並且反應易於出現。此派理論以 I. P. Pavlov 與 E. R. Guthrie 為代表人物。

Pavlov 認為學習是古典制約作用的歷程。個體經由古典制約作用的多次練習，即可建立新的「刺激－反應」聯結。這些新聯結構成新的行為系統。他認為任何複雜的行為皆由「刺激與反應」的聯結組合而成，但在聯結之間，他強調頻率（frequency）與時近（recency）兩個原則，認為刺激與反應的聯結出現，反應的次數越多，聯結越強；同樣的，對同一刺激的反應越近，反應也更加容易出現。

Guthrie 主張刺激與反應接近，會產生聯結學習。他認為假如個人在刺激之後表現一種行為，則在相同刺激再出現時，便會有相同的行為出現。換言之，他認為刺激與反應的關係一旦聯結後，相同的情境將會引起相同的行為。接近律是一個心理學通則，強調各心理現象之間要產生聯結，其必要的條件是要在相接近的時間內出現。聯結論、制約論均主張學習與刺激接近出現，或刺激與反應相接出現，則學習效果較高。

接近原則亦指刺激的情境與所要的反應同時出現。譬如圖或表要和文字敘述放在一起，也就是說課文的文字要放在圖或表的附近，不可圖或表與文字的敘述在不同頁出現。

七、熟練原則（mastery principle）

熟練原則亦稱重複原則，主要源自於 Thorndike 的練習律。他認為學習者練習的次數越多，感應連結越牢固，更能達到純熟的階段。譬如重要的英文字彙與片語需要重複出現以增強記憶與保存。

H. L.Morrison 倡導熟練原則，他認為教師的教學，要讓學生的學習達到純熟的程度，才能達成教學的目的。因此他擬訂了一個著名的熟練公式：教學前測驗→教學→測驗教學結果→修正教學方法→再教學→再測驗教學結果，直到學習純熟為止。此一公式的基本要求與心理學家倡導的補救教學與精熟學習（mastery learning）的理論不謀而合（高廣孚，1988）。

八、增強原則（reinforcement principle）

增強作用（reinforcement）是 B. F. Skinner 操作制約的一個重要理念。它是個體表現適切、正確行為後給予獎賞，或表現不當或錯誤行為時施予懲罰，俾使行為改正的處理過程。增強作用可分為正增強（positive reinforcement）與負增強（negative reinforcement）。當任何一種刺激，出現在個體反應之後（或同時），且對該反應產生增強作用時，此種安排或訓練過程即稱為正增強。例如當學生國文考試成績達九十分以上，即給予物質或精神的獎勵，促使學生對國文科目更加努力與用功，以爭取更好的成績。反之，當任何一種刺激，恰在個體表現出某種反應時（或反應之後）消失，且對該反應產生增強作用時，此種安排或訓練過程即稱為負增強（張春興，1989）。例如懲罰之前，先說明是非，讓受罰者了解改過向善的方向與做法，只要向善行為出現（反應），懲罰（引起痛苦的刺激）即行停止，這樣的懲罰就具有負增強的功用。因此，「懲罰」與「負增強」有所不同。「懲罰」是指在個體表現出不良行為時就給予厭惡刺激，以便即時遏阻或消除此一不良行為；而「負增強」則是針對正在承受「懲罰」的個體在其表現出良好行為時，立即撤消厭惡刺激。懲罰的後果常會令個體產生不愉快；而負增強的效果則是令個體減除痛苦（林寶山，1990）。

增強原則通常指學習如果伴隨滿意的狀態，就會增強學習的結果。譬如學生考試得 100 分，受到師長的獎勵，就會更加用功。

九、類化原則（principle of generalization）

類化原則是重要的教學原則之一。教師在教學活動中，輔導學生利用舊經驗與新經驗之間的類似點幫助新經驗的學習，或是將多個類似經驗歸納成一個概括性的說明，即是類化原則的應用。

類化原則之發展是依據心理學上的「統覺作用」（apperception），即指個體根據舊有的經驗來解釋新事物，並且融合新經驗，使其成為一有組織的機體。此種作用實際上發揮了「以舊釋新」的功能，因為在此一機體組織的過程中，除了新經驗固然為舊經驗所同化，而舊經驗亦為新經驗所證實，或修正，其中甚而包含分析、比對、判斷、選擇、評估等作用。對人類的學習而言，類化作用的意義乃在於透過舊經驗的擴大，從同類事物中析出類似之處，即可產生概括的反應，而不必對每件事物逐一重新學習，亦即所謂「觸類旁通」、「舉一反三」之效。

西方倡導類化原則於教學者，始於德國 J. F. Herbart（1776-1841）。至 20 世紀初，J. Piaget 的兒童認知發展論中，亦提到基模的類化作用，再一次確認類化作用對人類學習的重要影響。

類化原則在今日的教學上頗受重視，無論在教材或教法上都有極大的影響。其主要的實施原則為：由已知到未知、由簡單到複雜、由具體到抽象、由近到遠、與縱橫的聯繫性。但是教師必須注意類化作用是有限度的。一般而言，新舊刺激越相似，類化作用也越顯著，反之類化作用不易產生。

教師運用類化原則於教學時，應以複述或問答的方法幫助學生回憶過去的舊經驗，並引導學生利用舊經驗與新教材相連結，使之對所學有初步的概念，以利於經驗的延伸或推廣。如果學生的舊經驗有限，不足以助其了解新的學習時，教師必須利用各種教學資源，提供必要的經驗，以補充其類化的基礎。

十、主學習、副學習、與附學習 —— 同時學習原則（principle of learning at the same time）

美國教育家 W. Kilpatrick 倡導的同時學習原則。他認為學習是一個整體的活動、是完整的經驗、是整個氣質的變化，而不是片段的知識，所以主張在學習過程中，同一時間內，都可以直接或間接的學習到有關知識、技能、態度、理想、觀念、興趣與情感等，此即同時學習原則。

Kilpatrick 將學生在同一時間內的學習分為主學習、副學習與附學習三種：1. 主學習（primary learning）：係指教學時所直接要達成的目的，可能是知識，亦可能是技能，或者是態度理想，因科目性質而定。2. 副學習（associate learning）：是指與主學習有關的思想和觀念，多屬於知識的學習。3. 附學習（concomitant learning）：亦稱輔學習，是指學習時所養成的態度、理想、情感、興趣而言。例如體育科教師教導學生打籃球時，學生學會打籃球的方法與技巧，就是主學習；了解籃球比賽的規則，就是副學習；而打籃球要發揮團隊精神，相互支援，採取助攻就是附學習。

第二節　教學設計的涵義

設計（design）一詞普遍用在各行各業中。譬如，工業設計、內部設計、服裝設計、與建築設計等。設計隱含在執行某項計畫之前，為求順利完成、解決問題，事先進行有系統的規劃。基本上，設計是解決問題的一種方式。但是，設計不同於一般的教學規劃，因為設計需要高度的精確度、細心與專業水準。設計者察覺到如果設計不良，差之毫釐，失之千里，後果就不堪設想。具體地說，教學設計者擔心教學設計不良將會導致無效的教學，浪費許多資源。不良的後果影響極為深遠。因此，有經驗的設計者特別注重精確度與專業度（張清濱，2005:118-119）。

課程設計（curriculum design）與教學設計（instructional design）並不相互排斥而有共通性。Ornstein 與 Hunkins（2004:235）認為「設計」一詞，如果當作名詞，係指「某些課程要素的安排」；如果當作動詞，則指「將要素予以特別的組織，以創造課程或教學計畫的實際歷程」。課程發展、

課程設計、與教學設計等術語頗多雷同，殊無二致。彼等指出「課程設計裡的要素是：1. 宗旨、目的，和目標；2. 教材；3. 學習經驗；4. 評量方法」。這些要素的本質與在課程計畫裡的組織方式就構成所謂的「課程設計」。雖然大部分的課程計畫在設計裡都有這四個基本要素，但它們往往並不等量齊觀，比重各不相同。內容或教材常常列為首要重點。但有時後，學校創造一些設計，強調目標與評量方法。另有些設計則強調學習經驗或活動。

事實上，Ornstein 與 Hunkins 的觀點接近於 Tyler 的主張。他認為課程與教學是通用的術語。他在《課程與教學的基本原理》（*Basic Principles of Curriculum and Instruction*）一書中指出課程與教學設計包含四項基本原理，這就是有名的泰勒基本原理（the Tyler rationale）。這四項原理是（Tyler, 1949）：

1. 學校應該尋求獲得何種教育目的？
2. 學校應該提供何種教育經驗以達成這些目的？
3. 這些教育經驗如何有效地組織？
4. 我們如何判斷這些目的是否達成？（p.1）

Tyler 的基本原理實際上包含四項原素：教學目標、教材、教學方法、與教學評量。他的基本原理一直當作課程與教學計畫的指導原則。然而，論者批評他的基本原理是直線式、手段——目的模式，過度簡化課程與教學計畫的複雜性。彼等認為 Tyler 的基本原理採取直截了當、按部就班的歷程，實際上，是難以遵循的。儘管遭受批評，他的設計原理仍然普遍行之於美國各校（Hukins & Hammill, 1994:7）。

Tyler 的目標模式代表現代課程與教學設計的觀點。依照他的說法，課程與教學計畫需要一種機械式、合理的途徑，在任何情境、任何學生族群都可以有系統地實施。然而時至今日，後現代論者的觀點領導課程設計，是基於多元的觀點。誠如 Hukins 與 Hammill（1994:7）指出：「生活是有機體的，不是機械式的；宇宙是動態的，不是靜態的；課程發展的歷程不是被動的接受，是從行動而演變的。」

　　另一種界定教學設計的方式就是描述系統化的教學規劃歷程。Mager（1984）指出教學設計者必須回答下列三個問題：

　　一、我們將要去哪裡？（教學的目標是什麼？）

　　二、我們怎樣去那裡？（教學方法策略與教學媒體是什麼？）

　　三、當我們到達的時候，我們怎麼知道？（我們的測驗應該像什麼？我們怎樣評量與修改教材？）

　　上述三個問題點出教學設計的三個部分——教學目標、教學方法策略、與教學評量。這三個部分乃是教學設計的歷程，構成教學設計的基礎。

　　綜上所述，教學設計乃是教學規劃的歷程，它是目標導向，透過教學目標的研擬、教學方法策略的運用、與教學評量的實施，完成教學的活動。

第三節　良好設計的特徵

　　教學設計者必須考慮許多因素，這些因素都是交互影響的。創意（creativity）扮演很重要的角色。正如同建築設計一樣，建築設計有創意，富有想像力，興建而成的建築物就更有價值。教學設計富有創意，教學活動必更生動活潑。但是教學設計者要如何設計，才有創意？Rowland（1993）曾經檢視並研究各種專業的設計歷程，發現良好的教學設計具有下列特徵：

　　一、設計是目標導向，目標是要實現某些新奇的構想。

　　二、由設計而產生的新奇構想有某種實際的效用。

　　三、設計的基本工作就是要把必要的資訊轉化為具體而細
　　　　目的資訊。

　　四、設計要有社會的互動。

　　五、設計涉及問題的解決，但不是所有的問題解決都是設
　　　　計。

　　六、設計的時候，問題的了解與問題的解決可能同時進行
　　　　或依序進行。

七、設計可能是一種科學，或科學與藝術的結合，或既非
　　科學亦非藝術。

八、設計涉及技藝與創意，也涉及理性與直覺思考的歷程。

九、設計的歷程就是學習的歷程（pp. 80-85）。

第四節　教學設計的要素

　　課程設計關心四個基本要素的特質與安排。這些部分植基於 Giles
（1942）的《八年研究》（*The Eight-Year Study*）的報告。他使用「要素」
（components）一詞以表示其關係並把學習經驗包含在「方法與組織」底
下（如圖 5.1）：

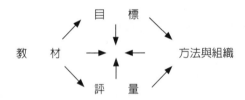

圖 5.1　課程設計的要素

資料來源：Giles, 1942, p.2; Ornstein & Hunkins, 2004, p.236.

　　課程設計的四個要素顯示四項問題：要做什麼事？包括什麼教材？使
用何種教學策略、資源、與活動？與使用何種方法與工具以評量其結果？
依據 Giles（1942）的觀點，這四個基本要素交互影響，一個要素的決定
有賴其他要素的決定。這個典範很類似 Tyler（1949）的基本原理模式。然
而，Tyler 的模式是直線模式，專注於課程的基本要素。Giles 的典範則顯
示各要素之間不斷地交互作用（Ornstein & Hunkins, 2004:236）。課程設計
牽涉到各種哲學的或理論的問題，與實際的問題。個人的哲學立場會影響
他（她）對於目標的解讀與選擇，影響教材的選擇與組織，影響教學方法
與如何評量的判斷。

　　Morrison、Ross 與 Kemp 等人（2001:5）認為教師教學設計時，必須回答下列四個問題：

　　一、教學為何人而教？（學習者的特性）

　　二、你要學習者學到什麼？（教材與目標）

　　三、學習者如何學會教材？（教學方法策略）

　　四、你如何判斷學習者獲得哪些學習？（教學評量）

　　這四個問題指出教學設計應考慮四項基本要素：學習者的特性、教材目標、教學方法策略、與教學評量，形成系統化教學計畫的架構。這些要素相互關聯，組成完整的教學設計。

　　課程設計、教學設計、與教學計畫的要素是否雷同？Kellough 與 Kellough（2003:123）認為教學計畫（instructional plan）的要素包括六部分：原理原則、目的與目標、銜接、學習活動、教學資源、與教學評量。然而，依據 Doll（1996）的觀點，課程設計是教學設計的源頭，也就是說，課程是整體的計畫，配置四個課程的要素：目標、教材內容、學習經驗、與評量工具等。教學設計雖也包含這四個基本要素，但目標與教材都已明確顯示在課程設計中，教學設計不針對目標及教材，而特別針對教學方法與活動以技術性的方式計劃出來，使學生參與學習課程的內容。在教學設計中，教師可以提出下列問題諸如教師可以使用何種教法與教材以促進學生學習？教師如何讓學生參與活動？

　　綜上以觀，課程設計與教學設計的要素是有連帶的關係。課程設計注重整體的教學歷程，而教學設計強調方法與策略。課程設計是上游的階段，教學設計是中游的階段，教師如何展現實際的教學活動則是下游的階段。

第五節　教學設計的模式與層級

　　大部分有系統的教學設計模式都有類似的元素，但在細部設計可能有很大的差異。最基本的設計模式包括五個階段或元素，稱為 ADDIE 的設計模式（Gagné, Wager, Golas, & Keller, 2005:21）。設計模式（如圖 5.2）與模式摘要（如表 5.1）分別列示於後：

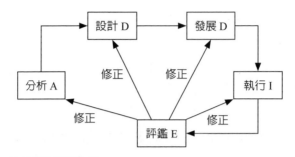

圖 5.2 ADDIE 的教學設計模式

資料來源：Gagné, Wager, Golas, & Keller, 2005, p.21.

表 5.1 ADDIE 設計模式摘要

1. 分析（analysis）
   A.先判斷教學的需求
   B.進行教學分析，以判定認知、情意、與技能的教學目標
   C.判定學生期望獲得的技能
   D.分析上課需要多少時間
2. 設計（design）
   A.把目標轉化為單元目標與行為目標
   B.判定教學的主題或範圍與時間
   C.依教學目標安排先後順序
   D.辨認每一單元的主要目標
   E.界定每一單元的學習活動
   F. 發展評量的細節
3. 發展（development）
   A.有關學習活動類型作出決定
   B.擬定草案
   C.嘗試教材與活動
   D.修正、改進教材與活動
   E.辦理教師訓練
4. 執行（implementation）
   A.行銷教材
   B.必要時提供協助
5. 評鑑（evaluation）
   A.執行學習評量計畫
   B.執行方案評鑑計畫
   C.執行課程維護計畫

資料來源：Gagné, Wager, Golas, & Keller, 2005, p.22.

　　Hokanson 與 Hooper（2004:14）認為教學設計的層級可與教學形式結合，分成五個層級（如表 5.2），由最簡單也是最普通的教學形式開始延伸至最佳的學習經驗。大部分的教學方法可以容易地以具體明確的分類法描述。教學歷程往往更為複雜而且是許多層級的組合。通常高層級的教學方法需要更大的認知學生的學習行為。這些層級是逐級累積的，每一層級建立在前一層級活動的基礎上，因為高層級的方法必須包含低層級的歷程。今分別略述如下：

表 5.2　教學設計的分類

層級	分類	活動
層級 1	接受	接受資訊
層級 2	應用	應用理念
層級 3	延伸	延伸理念
層級 4	衍生	產生解決辦法
層級 5	挑戰	學習者的挑戰

資料來源：Hokanson & Hooper, 2004, p.14.

層級1：接受

　　教育活動最簡單的形式涉及資訊的傳輸。講義、書籍、與資訊網站是最普遍的表達方法。在這一層級的教學，教師給學生答案，不是給回答的問題或解決的難題。一切的分析、綜合、與問題的解決均由教師負責。

　　在第一層級中，學生被認為資訊的接受者，而教學設計者的挑戰是以最有效的方式傳輸合適的內容。教材是透過直線型的程序，按照教學設計的原則，組織起來並呈現給學生。

層級2：應用

　　在第二層級中，對學習者而言，某些互動是有必要的。學習者透過回答問題、綜括資訊、或循特定的程序等活動，應用教師所教的內容。知識是透過重複而開展出來的。這一層級的學習可以稱之為「近處轉移」

（near transfer）。

本層級的教學活動包括回答問題或主題的溝通。學習者必須應用或展示他們所了解的。應用不是只涉及重複或再度呈現內容而已；電腦化教學的互動性涉及的層面更廣。然而，答案是具體明確的，因為問題已被過濾，通常不是真實的。即使不知道答案，問題的回應方式卻是明確的。

層級3：延伸

第三層級的教學鼓勵學習者應用所學的原則去解決新而不同的問題。學習者把課程延伸到不同或真實的情境。這個發展層級也可稱之為「遠處轉移」（far transfer）。先前學過的事實或程序都應用於新的情境中。

第二與第三層級所問的問題通常都有具體明確的答案，但以問題對先前教學的關係言之，兩者的問題並不相同。在第三層級中，回答問題的方式不明顯，而問題的評量可能會考量使用的歷程與應用的原則。

層級4：衍生

學習者終必學會產生或創造出自己解決複雜問題的方案。在第四層級中，教師布題讓學習者解決；學習者必須認清、調整、並整合必要的資源以便能成功地解決問題。這一層級的教學例子包括類似商學院及醫學院的個案研究。教學的技巧超出「遠處轉移」，稱之為「後設轉移」（meta-transfer）。

本層級的設計就是熟悉的衍生式學習法（generative learning method）。例如：建築師從設計建築物中學習，並且解決廣泛的複雜問題。在教學的領域中，教學設計者給予挑戰，譬如要求改進基本的數學解題技巧。

第三與第四層級的區別在於學習者的答案究竟是擴散式或封閉式；亦即學習者的答案能否客觀地評量出對或錯。通常，第四層級的答案不會封閉限於單一的解決方案，因為問題比前面各層次更複雜而且解決方案的界定也不很明確。由於少有絕對性的正確答案，答案是主觀性地評量。

層級5：挑戰

學習分類法的最高層級是學習者要挑戰其他的學習者。最後尋求解決探究的問題，挑戰自己學習的極限。素為大家熟知的例子，博士論文乃是學習者所提出的縝密問題。

在一個較為廣泛的量尺上，透過學術的結構我們可以看到挑戰；在個人的層級中，挑戰是經由不斷的成長與每位教師的發展，透過主動的研究把新知識帶回課堂。在一個更大規模的量尺上，那是教育系統的最大的財富，發展新知識，然後協助其他人延伸相同的知識。

在研究型的大學裡，我們可以看到教學設計分類法的平行式發展。剛入門的學生往往聽取演講，接受資訊。早期的教育使用練習，複製特定的程序。在學習的歷程中，他們透過更困難與不同的問題，延伸他們的技巧。高層級的學生透過專題研究或設計問題，探討複雜的難題，衍生或創造出自己的解決方案。最後，透過論文，博士生以自己的問題挑戰自己。

第六節 擬定教案

教學設計的最後一個步驟是擬定教案（lesson plan）。教案對於教師尤其是實習教師、初為人師、與缺乏教學經驗的教師特別重要。基本上，精心設計的教案可供學生、教師、與學校行政人員了解教師教什麼與如何教。書面的教案提供一份重要的安全感，對於初任教師至為有用，猶如航行的指針，教學時不致徬徨失措、掛一漏萬。它可協助教師成為具有反省思考能力的決定者。沒有書面的教案，教學完畢難以分析教學的設計與執行。書面教案也可當作下次教學的重要資源。萬一教師請假，代課教師可以很快進入狀況，不必暗中摸索（Kellough & Kellough, 2003）。

教案沒有固定的格式，通常包含七項基本要素：一、敘述性的課程資料，二、目的與目標，三、基本原則，四、教學程序，五、指定作業，六、教材與教學資源，七、教學評量（如圖 5.3）。

一、敘述性課程資料
　　教師：＿＿＿＿＿　班級：＿＿＿＿＿　日期：＿＿＿＿＿　時間：＿＿＿＿＿
　　教室：＿＿＿＿＿　節次：＿＿＿＿＿　教學單元：＿＿＿＿＿＿＿＿＿
　　課別：＿＿＿＿＿　教學主題：＿＿＿＿＿＿＿＿＿＿＿＿＿
二、目的與目標
　　一般教學目標：＿＿＿＿＿＿＿＿＿＿＿＿＿＿＿＿＿＿＿
　　具體行為目標：＿＿＿＿＿＿＿＿＿＿＿＿＿＿＿＿＿＿＿
　　認知領域：＿＿＿＿＿＿＿＿＿＿＿＿＿＿＿＿＿＿＿＿＿＿
　　　　　　　＿＿＿＿＿＿＿＿＿＿＿＿＿＿＿＿＿＿＿＿＿＿
　　情意領域：＿＿＿＿＿＿＿＿＿＿＿＿＿＿＿＿＿＿＿＿＿＿
　　　　　　　＿＿＿＿＿＿＿＿＿＿＿＿＿＿＿＿＿＿＿＿＿＿
　　技能領域：＿＿＿＿＿＿＿＿＿＿＿＿＿＿＿＿＿＿＿＿＿＿
　　　　　　　＿＿＿＿＿＿＿＿＿＿＿＿＿＿＿＿＿＿＿＿＿＿
三、基本原則
　　＿＿＿＿＿＿＿＿＿＿＿＿＿＿＿＿＿＿＿＿＿＿＿＿＿＿＿
　　＿＿＿＿＿＿＿＿＿＿＿＿＿＿＿＿＿＿＿＿＿＿＿＿＿＿＿
四、教學程序
　　內容：＿＿＿＿＿＿＿＿＿＿＿＿＿＿＿＿＿＿＿＿＿＿＿＿
　　　　　＿＿＿＿＿＿＿＿＿＿＿＿＿＿＿＿＿＿＿＿＿＿＿＿
　　活動 1：＿＿＿＿＿＿＿＿＿＿＿＿＿＿＿＿＿＿＿＿＿＿＿
　　　　　　＿＿＿＿＿＿＿＿＿＿＿＿＿＿＿＿＿＿＿＿＿＿＿
　　活動 2：＿＿＿＿＿＿＿＿＿＿＿＿＿＿＿＿＿＿＿＿＿＿＿
　　　　　　＿＿＿＿＿＿＿＿＿＿＿＿＿＿＿＿＿＿＿＿＿＿＿
　　活動 3：＿＿＿＿＿＿＿＿＿＿＿＿＿＿＿＿＿＿＿＿＿＿＿
五、指定作業
　　＿＿＿＿＿＿＿＿＿＿＿＿＿＿＿＿＿＿＿＿＿＿＿＿＿＿＿
　　＿＿＿＿＿＿＿＿＿＿＿＿＿＿＿＿＿＿＿＿＿＿＿＿＿＿＿
六、教材與教學資源
　　教學媒體：＿＿＿＿＿＿＿＿＿＿＿＿＿＿＿＿＿＿＿＿＿＿
　　其　　他：＿＿＿＿＿＿＿＿＿＿＿＿＿＿＿＿＿＿＿＿＿＿
七、教學評量
　　學生學習評量：＿＿＿＿＿＿＿＿＿＿＿＿＿＿＿＿＿＿＿＿
　　心得感想：＿＿＿＿＿＿＿＿＿＿＿＿＿＿＿＿＿＿＿＿＿＿

圖 5.3　教案格式

資料來源：Kellough & Kellough, 2003, pp.195-196.

這七項要素不一定在書面的教案中呈現，也不一定依順序呈現。它們未必包羅所有的項目。教師可選用或另外附加一些項目。今分別列述如下（Kellough & Kellough, 2003:197）：

一、敘述性的資料

包括教師姓名、任教班級、學科、單元、主題名稱、日期、與節數等。

二、目的與目標

包括一般的教學目標與具體的行為目標。行為目標可分成三大領域敘述：認知領域、情意領域、與技能領域，但不一定把各領域、各層次的目標全部列入，視教材性質以為定。

三、基本原則

敘述本課何以重要與選用的教學方法何以能達成目標的原因。教師能思考教什麼、如何教、為何教，就能成為有反省能力的決定者。

四、教學程序

包括一節課的教學活動，也就是教學的內容。教學的內容要配合教學目標、學生的能力水準、年級或課程的要件。

五、指定作業

作業應明示於黑（白）板、班級網站、課表或講義上。指定作業可在課堂練習；做不完的部分，帶回家做，便成為家庭作業。

六、教材與教學資源

包括教科用書、媒體、講義，或其他必要教學設備以達成教學目標。

七、教學評量

包括形成性評量與總結性評量。

第七節 實務演練與教師檢定

本節包括實務演練與教師檢定。前者注重情境演練，後者從近年來中小學教師檢定的趨勢，提出若干模擬試題與檢定試題（打 * 者為參考答案），分別列示如後：

一、實務演練

實習教師、教師甄選試教、初為人師、與擔任教學觀摩者，教學前必須擬訂一份教學設計（instructional plan）或教案（lesson plan）。教學設計或教案的格式大同小異。下列是楊老師參加○○市國民中學國文科教師甄選時擬訂的教案。請仔細看看她的教案有無缺失。

一、敘述性課程資料

　　教師：楊佩珊　　　班級：1 年 2 班　　日期：2008/07/15　　時間：上午 10：20

　　教室：102　　　　節次：3　　　　　教學單元：律詩選

　　課別：國文課本第二冊第六課　　　教學主題：唱給你聽

二、目的與目標

　　(一) 一般教學目標：學生能欣賞詩歌吟唱之美。

　　(二) 具體行為目標：

　　　1. 認知領域：1.1 認識律詩的基本格律。

　　　2. 情意領域：2.1 熱愛古典詩歌的情懷。

　　　3. 技能領域：3.1 找出律詩中的韻腳。

　　　　　　　　　3.2 指出律詩中的對仗聯。

　　　　　　　　　3.3 練習吟唱《過故人莊》。

三、基本原則

　　1. 透過詩歌吟唱，體會詩歌聲情之美。

　　2. 透過詩歌吟唱，應用聲情之美。

四、教學程序

　　內容：引起動機並複習新詩與絕句的格律。

　　活動 1：說明律詩格律：押韻。

　　活動 2：講解律詩格律：對仗。

活動 3：吟唱《過故人莊》。

五、指定作業

　　1. 練習學習單。

　　2. 指定家庭作業。

六、教材與教學資源

　　教學媒體：錄音帶、錄音機、投影機。

　　其　　他：《過故人莊》投影片

七、教學評量

　　學生學習評量：分組練習比賽，評定各組成績。

　　心得感想：撰寫檔案紀錄。

圖 5.4　國民中學國文科教案

二、教師檢定

　　研讀本章教學設計之後，請思考並回答下列問題，今依模擬試題與檢定試題，列示如後：

㈠ 模擬試題

1. 依據泰勒（R. Tyler）的觀點，教學設計（教案）的基本原理是什麼？

2. 教學設計（教案）通常包含哪些內容？請列舉說明之。

3. 蓋聶（R. M. Gagné）的基本教學設計模式包括哪些階段或元素？請列舉說明之。

4. 課程計劃（curriculum plan）與教學計劃（instructional plan）有何關聯？兩者有何異同？

5. 教案設計的分析階段包括「教材內容分析」與「學生特質分析」，請分別列舉兩項重要的項目並說明之。

6. 王老師教學生打棒球時，不僅傳授打球的技巧，而且講解棒球比賽的規則，但也提醒學生要發揮團隊精神。王老師教棒球時採用何種教學原則？

　　(A) 自動原則；(B) 興趣原則；(C) 熟練原則；*(D) 同時學習原則。

7. 下列有關教學設計的陳述，哪一項是錯誤的？

　　(A) 教學目標要避免「智育掛帥」；(B) 教學評量要採用多元評量；(C)

教材可採補充教材；*(D) 指定作業必須在課堂完成。

8. 教師指定學生作業（assignment）要考量下列哪些事項？

(A) 難易度與數量的多寡；(B) 數量的多寡與時間的長短；(C) 難易度與時間的長短；*(D) 難易度、時間的長短、與數量的多寡。

9. 下列哪一位地理教師的教學設計目標敘述是錯誤的？

(A) 指出蘭嶼的正確位置；(B) 說出蘭嶼的正確位置；(C) 寫出蘭嶼的正確位置；*(D) 討論蘭嶼的正確位置。

10. 下列哪一位體育教師的籃球教學設計目標較為正確？

(A) 李老師：「1. 了解籃球比賽的規則；2. 發揮團隊的精神」；(B) 王老師：「1. 發揮團隊的精神；2. 善用投球的技術」；(C) 林老師：「1. 了解籃球比賽的規則；2. 善用投球的技術」；*(D) 張老師：「1. 了解籃球比賽的規則；2. 善用投球的技術；3. 發揮團隊的精神」。

㈡ 檢定試題（國家教育研究院，2015, 2017, 2019）

1. 某校決定依據泰勒（R. Tyler）模式設計環境教育。請問，該校首應採取下列哪一項作法？

*(A) 以系統方式制定環境教育的課程目標；(B) 教導學生省思教科書潛藏的環境偏見；(C) 進行行動研究以找出學生的迷思概念；(D) 要學生進行掃街活動並宣傳環境保護。　　　　　（2015 年課程與教學）

2. 教學方案設計的格式包括「教學研究分析」，其內涵通常為「教材內容分析」與「學生特質分析」二類。請說明上述二類的主要內容，每類至少二項。　　　　　　　　　　　　　　　（2017 年課程與教學）

3. 下列何者是最適當的認知領域行為目標？

(A) 學生能聽懂教師所講解的一元二次方程式相關概念；(B) 經由一元二次方程式的學習，培養學生的數學興趣；(C) 教師示範運用配方法解一元二次方程式的正確方法；*(D) 學生能正確說出以配方法解一元二次方程式的方法。　　　　　（2019 年 -1 課程與教學）

4. 黎明國中裡有一片櫻花林，學校擬發展以「櫻花」為主題的統整課程。請編寫此統整課程的教學目標（至少兩條），並依據此教學目標規劃教學時間及其教學活動流程。　　　　　（2019 年 -1 課程與教學）

參考文獻

一、中文部分

林寶山譯（1990）。**民主主義與教育**。臺北：五南圖書出版公司。

高廣孚（1991）。**杜威教育思想**。臺北：水牛出版社。

陳奎憙（2013）。**教育社會學**。臺北：三民書局。

孫邦正（1993）。**教育概論**。臺北；臺灣商務。

張春興（1989）。**教育心理學**。臺北；東華書局。

國家教育研究院（2000）。**教育大辭書**。雙語詞彙、學術名詞暨辭書資訊網。新北：國家教育研究院。

國家教育研究院（2015, 2017, 2019）。**高級中等以下學校及幼兒園教師檢定考試歷屆試題及參考答案**。新北：國家教育研究院。

二、英文部分

Doll, R. C. (1996). *Curriculum improvement: Decision making and practice* (9th ed.). Boston: Allyn and Bacon.

Gagné R. M., Wager, W. W., Golas, K. C., and Keller, J. M. (2005). *Principles of instructional design* (5th ed.). New York:Thomson/Wadsworth, 4-6.

Giles, H., McCutchen, S. P., and Zechiel, A. N. (1942). *Exploring the curriculum*. New York: Harper.

Hokanson, B. and Hooper, S. (2004). Levels of teaching: A taxonomy for instructional design. *Educational Technology, 44*(6), 14-22.

Hukins F. P. and Hammill, P. A. (1994). Beyond Tyler and Taba: Reconceptualizing the curriculum process. *Peabody Journal of Education 69*(3), 4-18.

Kellough, R. D. and Kellough, N. G. (2003). *Secondary school teaching: A guide to methods and resources* (2nd ed.). Columbus, Ohio: Merrill Prentice Hall.

Mager, R. F. (1984). *Preparing instructional objectives* (2nd ed.). Belmont, CA.:

Fearon-Pittman.

Morrison, G. R., Ross, S. M., and Kemp, J. E. (2001). *Designing effective instruc-tion.* New York: John Wiley and Son.

Rowland, G. (1993). Designing and instructional design. *Educational Technology Research and Development, 41*(1), 79-91.

Tyler, R. W. (1949). *Basic principles of curriculum and instruction.* Chicago: The University of Chicago Press.

第六章

教學目標

教學設計的第一要務是擬定具體明確的教學目標。但是教師在訂定教學目標之前，必須了解各類型的教育目的與目標包括教育宗旨、學校教育目標、課程綱要目標、領域目標、學科目標、教學目標與行為目標。本章就目的與目標、行為目標的要素、分類、正誤、與實務演練，敘述於後。

第一節 目的與目標

宗旨（aims）、目的（goals）、與目標（objectives）等術語常常交互使用。然而，它們之間仍有一些差別。教師時常在不同的場合碰到這些術語諸如教育基本法教育目的、各級學校教育宗旨、課程目標、學科目標、單元目標、教學目標或行為目標等，有待澄清。大體言之，「宗旨」是一般方向的陳述，它是一種理想的起點，反映出世界觀的教育目的。「目的」係指所要達成的理想，是長程的、遙遠的、抽象的、不容易測量的；「目標」則指想要獲得的結果，是近程的、短期的、具體的、可測量的。依據 Kellough 與 Kellough（2003:149）的說法，「最普遍的教育目標稱為宗旨（aims）；學校、課程、與科目的目標稱為目的（goals）；單元與每課的目標稱為教學目標（instructional objectives）。」宗旨比目的普遍，目的又比目標普遍。它們的先後順序是：哲學理念→宗旨→目的→目標（Ornstein & Hunkins, 2004:278）。茲舉宗旨、目的、與目標的例子如下：

一、中華民國《憲法》第一百五十八條

《憲法》第一百五十八條開宗明義指出：「教育文化應發展國民之民族精神、自治精神、國民道德、健全體格、科學及生活智能。」可視為最崇高的教育理想。任何教育目的與目標都不能牴觸憲法。憲法為國家的根本大法，牴觸者無效。

二、中華民國教育宗旨

1929 年 4 月 26 日國民政府頒布中華民國教育宗旨：「中華民國之教育根據三民主義，以充實人民生活，扶植社會生存，發展國民生計，延續

民族生命為目的；務期民族獨立、民權普遍、民生發展，以促進世界大同。」可視為具有世界觀的教育目的。

三、《教育基本法》第二條第二項

《教育基本法》第二條第二項明定：「教育之目的以培養人民健全人格、民主素養、法治觀念、人文涵養、強健體魄及思考、判斷與創造能力，並促進其尊重人權、生態環境及對不同國家、族群、性別、宗教、文化之了解與關懷，使其成為具有國家意識與國際視野之現代化國民。」

四、《國民教育法》第一條

以國民教育為例，《國民教育法》第一條揭示：「國民教育依中華民國憲法第一百五十八條之規定，以養成德、智、體、群、美五育均衡發展之健全國民為宗旨。」

五、國民中小學九年一貫課程目標

依國民中小學九年一貫課程綱要，課程目標為：1. 增進自我了解，發展個人潛能；2. 培養欣賞、表現、審美及創作能力；3. 提升生涯規劃與終身學習能力；4. 培養表達、溝通和分享的知能；5. 發展尊重他人、關懷社會、增進團隊合作；6. 促進文化學習與國際了解；7. 增進規劃、組織與實踐的知能；8. 運用科技與資訊的能力；9. 激發主動探索和研究的精神；10. 培養獨立思考與解決問題的能力。

六、國民中學英語科目標

以國民中學英語科為例，英語科目標之一：「能使用簡易的教室用語」──與國民中小學九年一貫課程目標「培養表達、溝通和分享的知能」相對應。

七、單元目標

例如：「能說出打招呼用語。」──與英語科目標「能使用簡易的教

室用語」相對應。

八、教學目標（行為目標）

例如：「能正確唸出 "Thank you!"」——與單元目標「能說出打招呼用語」相對應。

以法規的位階來看，《憲法》的位階最高，教育宗旨類似《憲法》，其次依序是《教育基本法》、《國民教育法》、課程綱要目標、學科目標、單元目標、與每課的教學目標。位階越高的宗旨或目的就越抽象；位階越低的目標就越具體。今以國民中小學為例，列示如下（如圖 6.1）：

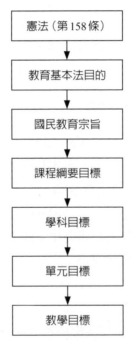

憲法（第158條）

↓

教育基本法目的

↓

國民教育宗旨

↓

課程綱要目標

↓

學科目標

↓

單元目標

↓

教學目標

圖 6.1　宗旨、目的、與目標位階

《憲法》的教育理想、教育宗旨、教育基本法目的、與各級各類教育的宗旨皆屬於教育政策層級，課程綱要目標與學科目標通常由課程與學科專家所訂定，單元目標與教學目標則由任課教師自行擬定。教師必須審慎擬定年級、單元、與各課教學目標（instructional objectives）。單元目標屬

於一般教學目標（general objectives），各課教學目標則屬於具體的教學目標（specific objectives），也稱為行為目標（behavioral objectives）。

第二節　行為目標的要素

行為目標是一種操作型的目標陳述。它是以學生的行為，準確地描述教學後期望學生獲得可觀察的學習結果與標準。Mager（1984）指出行為目標包括：一、學生的學習行為，二、行為的條件，與三、最起碼的行為表現。譬如自然科學的行為目標（Ornstein & Hunkins, 2004）：

> 在學習能源單元之後，學生必須完成 100 題多重選擇測驗。
> 學生必須在一小時內答對 75 題（p.281）。

在這個行為目標中，「完成」是學生的學習行為，「在一小時內」是行為的條件，「答對 75 題」則是學習的結果。又如英語科教學目標：「學生能從本課 15 個單字中正確拼出至少 10 個單字。」「拼出」是學生的學習行為，不是教師的教學行為；「從 15 個單字中」是學習的條件；「正確拼出至少 10 個單字」則是教學後期望學生獲得的學習結果與標準。

Kellough 與 Kellough（2003:151）則認為行為目標的敘述包含 ABCD 等四個要素。第一個要素是對象（*A*udience），也就是想要達成目標的「主體」。第二個要素是所期望的行為（*B*ehavior），也就是「學習行為」。第三個要素是條件（*C*ondition），也就是「學習情境」。第四個要素是程度水準（*D*egree），也就是「學習標準」。行為目標必須是具體的、明確的、與可測量的行為。在前述英語科教學目標中，學習主體是「學生」，學習行為是「拼出」，學習情境是「從 15 個單字中」，學習標準是「至少拼出 10 個單字」。學生是否正確拼出，是可以測量得到的。

行為目標用來描述所要的學習成果（intended learning outcomes）作為教學的結果（result）。通常由某一個學科的內容與所要達成的行為描述建構而成。因此，目標的陳述包括最重要的兩部分：1. 名詞或名詞片語——學科內容與 2. 動詞或動詞片語——認知歷程。以經濟學的行為目

標為例，「學生能夠了解經濟學的供需定律。」「學生能夠」等字在目標的陳述中極為普遍，可以省略。「了解經濟學的供需定律」是最重要的部分。在這一句之中，名詞片語是「經濟學的供需定律」，而動詞是「了解」。「了解」是一種學習的歷程，「經濟學的供需定律」則是所要學習的結果（Krathwohl, 2002）。

第三節　行為目標的分類

行為目標一旦擬妥，就要予以分類。這些目標可依學習領域與層次分為：認知領域（cognitive domain）、情意領域（affective domain）、與技能領域（psychomoptor domain）。今分別列述如下：

一、認知領域目標分類法

教育目標的分類是教師期待學生的學習作為教學結果的一套分類描述架構。這套架構視為建立測驗題庫與測量各種教育目標的工具。Bloom等人（1956）首先提出此一理念，延攬一群美國測驗專家於 1949 年開始進行研究，終於在 1956 年出版教育目標的分類第一冊——認知領域的目標分類。此為原版的教育目標分類法。事隔 45 年，Anderson 與 Krathwohl等人（2001）完成修訂目標的分類，稱為修訂版的教育目標分類法。

㈠ 原版的教育目標分類法

原版的教育目標分類法對於認知領域的六大層次目標提供了精確的定義。這六個層次目標是知識（knowledge）、理解（comprehension）、應用（application）、分析（analysis）、綜合（synthesis）、與評鑑（evaluation）。除了應用的層次外，每一個層次又分為更細小的目標。層次目標係依序由簡單到複雜，由易到難。每一個較簡單的目標是另一個較複雜目標的先決條件。教育目標的分類法可用來檢視課程目標與測驗題目的難易度（如表 6.1）：

表 6.1　原版教育目標分類的結構

1.0 知識
　1.10 具體的知識
　　1.11 術語的知識
　　1.12 具體事實的知識
　1.20 方法的知識
　　1.21 傳統的知識
　　1.22 趨向的知識
　　1.23 分類的知識
　　1.24 準則的知識
　　1.25 方法論的知識
　1.30 抽象的知識
　　1.31 原理與概念化的知識
　　1.32 理論與結構的知識
2.0 理解
　2.1 翻譯
　2.2 通譯
　2.3 推測
3.0 應用
4.0 分析
　4.1 成分的分析
　4.2 關係的分析
　4.3 組織原則的分析
5.0 綜合
　5.1 獨特的溝通之產生
　5.2 計畫或一套作業流程的產生
　5.3 一套抽象關係的產生
6.0 評鑑
　6.1 以內在的證據評鑑
　6.2 以外在的指標判斷

資料來源：Krathwohl, et al., 2002, p.213.

　　依據 Bloom 等人（1956）的分類，認知領域的目標可依序由易到難分為下列六個層次的目標（黃光雄，1996）：

　1. 知識（knowledge）

　　知識係指包括個別事物與共通事物的記憶，方法與過程的記憶，或型式、結構或背景的記憶。知識目標最為強調的乃是記憶的心理歷程。例如：

＊能說出常見的汽車廠牌名稱三種。

2. 理解（comprehension）

理解係指一種了解或領悟，個人因此而知道溝通的內容與能夠利用所溝的材料或觀念，而不需關聯到其他材料或明白其最充分的涵義。例如：

＊能指出一種汽車廠牌的特徵。

3. 應用（application）

應用係指能把抽象的事物應用於特殊與具體的情境當中。抽象的事物可能是一般的觀念、程序的法則或一般的方法等。抽象的事物也可能是必須加以記憶與應用的專門原理、觀念與理論等。例如：

＊能應用駕駛的原理、原則、方法、程序，駕駛汽車。

4. 分析（analysis）

分析係指把資訊或材料分解成更小的部分，使結構與關係更為清晰。例如：

＊能拆卸一種廠牌汽車的零件。

5. 綜合（synthesis）

綜合係指能組合種種要素與個個部分以形成一個整體。這包括整理各個片段、各個部分、各個要素的歷程，也包括安排與結合這些片段等，以構成一種清楚的模型與結構的歷程。例如：

＊能組合一種廠牌汽車的零件。

6. 評鑑（evaluation）

評鑑係指對於用來達成特定目的的材料與方法，給予價值的判斷。對於材料與方法滿足規準的程度，給予質與量的判斷。例如：

＊能判斷何種廠牌的汽車性能最優越。

㈡ 修訂版的目標分類法

在原版的目標分類中，知識領域的層次包含名詞與動詞兩部分。名詞或學科內容在知識的次級領域中具體化。動詞包含在學生所期待回憶或認清知識的定義中。修訂版的目標分類分成兩個向度：知識向度（the knowledge dimension）與認知歷程向度（the cognitive process dimension）。知識向度分為事實的知識、概念的知識、程序的知識、與後設認知的知識

等四類（如表 6.2）。認知歷程向度則分為記憶（memorizing）、了解（understanding）、應用（applicating）、分析（analyzing）、評鑑（evaluating）、與創造（creating）等六類（如表 6.3）。今列述如後：

表 6.2　修訂版知識向度目標分類的結構

A. 事實的知識——學生必須知道的基本要素
　　Aa 術語的知識
　　Ab 特定細節的知識
B. 概念的知識——基本要素之間的相互關係
　　Ba 分類的知識
　　Bb 原則與類化的知識
　　Bc 理論、模式、與結構的知識
C. 程序的知識——處理的方式、探究的方法、使用技巧、技術、方法的準則
　　Ca 學科的知識——特定的技巧與算法
　　Cb 學科的知識——特定的技術與方法
　　Cc 準則的知識，判斷何時使用適當的準則
D. 後設認知的知識——一般認知的知識與個人認知的體會與了解
　　Da 策略性知識
　　Db 認知的知識，包括適當的脈絡與條件知識
　　Dc 自我認知

資料來源：Krathwohl, et al., 2002, p.214.

表 6.3　修訂版認知歷程向度目標分類的結構

1.0 記憶——從長久的記憶中，儲存有關的知識
　　1.1 認清
　　1.2 回憶
2.0 了解——判斷教學訊息的意義，包括口頭、文字與圖片的溝通
　　2.1 通譯
　　2.2 例示
　　2.3 分類
　　2.4 總結
　　2.5 推論
　　2.6 比較
　　2.7 解釋
3.0 應用——在固定的情境中，完成或使用一套程序
　　3.1 執行
　　3.2 實施

4.0 分析──把材料分成較小的部分，並且探測部分與整體之間有何關聯
　4.1 區分
　4.2 組織
　4.3 歸因
5.0 評鑑──依據準則與標準做判斷
　5.1 檢核
　5.2 評論
6.0 創造──把元素組合成嶄新的連貫的整體或製作具有創意的成品
　6.1 產生理念
　6.2 規劃
　6.3 製造成品

資料來源：Krathwohl, et al., 2002, p.215.

　　在修訂版的教育目標分類中，任何目標都可以用知識向度與認知歷程向度呈現出來，顯示建構雙向度表格的可能性。這種雙向度表格稱為目標分類表。縱軸代表知識向度，橫軸代表認知歷程向度。知識向度與認知歷程向度的交叉形成目標的核心。於是，任何目標都可以此縱軸與橫軸的交叉加以分類（如圖 6.2）：

知識向度	認　知　歷　程　向　度					
	1.記憶	2.了解	3.應用	4.分析	5.評鑑	6.創造
A. 事實知識	目標 1					目標 3
B. 概念知識		目標 2			目標 4	目標 5
C. 程序知識						
D. 後設認知						

圖 6.2　知識向度與認知歷程向度的目標分類

資料來源：Krathwohl, 2002, et al., p.217.

　　修訂版的認知領域分類法與原版的認知領域分類法究竟有何不同？我們可以從上述資料歸納下列四點（張清濱，2005:129）：

　1. 第一層次目標原版稱為「知識」，修訂版稱為「記憶」。
　2. 第二層次目標原版稱為「理解」，修訂版稱為「了解」。
　3. 修訂版沒有「綜合」的層次，併入「評鑑」層次。

4. 原版的最高層次是「評鑑」，修訂版的最高層次是「創造」。

5. 原版的認知歷程以名詞表示；修訂版的認知歷程以動名詞表示。

二、情意領域目標分類

依據 Krathwohl 等人（1964）的分類，情意領域包括感覺、情緒、與價值觀念。情意領域可分為下列五個層次（黃光雄，1996）：

㈠ 接受或注意（receiving or attending）

對於外在的刺激，具有敏感性，而能接受刺激或注意到刺激。例如：

＊學生注意到班上某位同學。

㈡ 反應（responding）

此種反應超過對於現象的注意。他（她）不只是「願意注意」而已，或許說是「積極的注意」、「自願反應」。例如：

＊喜歡以音樂、美術與手藝等自我表現，充實個人生活。

㈢ 價值的評定（valuing）

這是對某種事物、現象、或行為，評估其價值。這種抽象的價值觀念，一部分是個人自己評價或評估的結果，但是大部分是社會的產物，學生逐漸加以內化，形成自己的價值規準。例如：

＊發展「四海之內皆兄弟」的意識。

㈣ 價值的組織（organizing）

學習者逐漸將各種價值內化，他（她）會遭遇到多種價值相關的情境，因而產生一種價值體系。例如：

＊設法鑑定他（她）所喜愛的藝術品特性。

㈤ 品格的形成（characterized by a value）

在這個內化的層次，各種價值在個人的價值體系上已占據一個位置，組成某種內部相互一致的體系，支配個人的行為。例如：

＊依據情境、論點、目的與結果，而不依據固定、獨斷的教條，評論問題。

三、技能領域目標分類

它強調肌肉或肢體動覺的技能。此種技能需要神經與肌肉的協調。技能領域可分為下列七個層次（Simpson ,1972; 黃光雄，1996）：

㈠ 知覺（perception）

知覺係指個體藉著感官注意到物體、性質或關係的歷程。這是動作的必要條件而非充足條件。例如：

＊透過機械操作的聲音，察覺機器運作的困難。

㈡ 準備狀況（set）

準備狀況乃是對於某種特定行動或經驗的一種初步適應或準備程度。例如：

＊盡力完成縫紉機操作的意向。

㈢ 在指導之下練習反應（guided response）

這是發展技能的早期步驟，強調構成複雜技能的各種能力。例如：
＊依照示範，表演一種舞步。

㈣ 機械或重複練習（mechanism）

在此層次，學習者能把所學的反應成為一種習慣。例如：
＊表演手縫動作的能力。

㈤ 複雜的明顯反應（complex overt response）

在此層次，學習者能夠因運動式樣的需要，表現複雜的動作行為。例如：

＊表演民族舞蹈基本舞步的技能。

㈥ 調適（adaptation）

在此層次，學習者能改變動作的活動以應付新問題情境的需要。例如：

＊透過現有的舞蹈能力與技巧的改編，而設計一套現代舞蹈的組合。

㈦ 創作（**origination**）

根據技能領域而發展出來的悟性、能力與技能，創造新的動作行為或方式。

例如：

＊創造一套現代舞。

第四節　行為目標的正誤

教師擬定行為目標時經常會犯一些錯誤，應注意下列要點（黃光雄、楊龍立，2004:172；Ornstein & Hunkins, 2004:283）：

一、一個行為目標只有一種行為，不宜有兩種以上的行為。

正：<u>正確說出</u>本課大意。（一種行為）

誤：<u>正確說出並寫出</u>本課大意。（兩種行為）

二、行為目標的主體是學生，不是教師。

正：<u>辨別</u>動名詞與不定詞的異同。（主詞是學生）

誤：<u>培養</u>學生良好的生活習慣。（主詞是教師）

三、行為目標宜指出學生學習的結果，而非教學的活動。

正：<u>了解</u>「澎湖」的正確位置。（學習的結果）

誤：<u>討論</u>「澎湖」的正確位置。（教學的活動）

四、行為以動詞或動名詞陳述，結果以名詞或名詞片語陳述。

正：分辨現在分詞與過去分詞的用法。（分辨是動詞；分詞的用法是名詞片語）

誤：現在分詞與過去分詞用法的區別。（區別是名詞）

五、行為必須具體、明確、可觀察、測量的，而不是抽象、不可測量的。

正：模仿公雞的啼叫聲。（模仿公雞的啼叫聲是具體的、可觀察的行為）

誤：建立良好的形象。（建立良好的形象是抽象的、難以測量的行為）

六、行為目標宜與單元目標、學科目標、課程目標、與學校教育宗旨相呼應。

正：展現自己的長處。（與了解自己、發展潛能的課程目標一致）

誤：揭發他人的隱私。（與教育目標相違背）

七、行為目標宜兼顧認知領域、情意領域、與技能領域，不宜僅限於認知領域。

　　正：能辨別英語的詞類（認知領域）。能喜歡學習英語（情意領域）。能學會記英文單字的技巧（技能領域）。

　　誤：能說出英語的重要性（認知領域）。能指出形容詞子句（認知領域）。能推論作者的用意（認知領域）。三個目標都是認知領域，欠缺情意領域與技能領域。

八、行為目標宜依其重要性及可行性呈現。不重要與不可行的目標宜剔除。

　　正：正確唸出 "Thank you." （重要而且可行）

　　誤：參觀埃及金字塔。（非屬必要，亦不可行）

九、每課的行為目標以 5 至 10 個為宜，過多或過少皆非所宜。

　　正：行為目標列出 4-6 個（適當）。

　　誤：行為目標列出 10-15 個（太多，不適當）。

十、行為目標有階層時，宜採科學的分類法編號，相同領域者排在一起，以資識別。

　　正：1.1 能辨別英語的詞類（認知領域）。1.2 能指出形容詞子句（認知領域）。2.1 能喜歡學習英語（情意領域）。3.1 能學會記英文單字的技巧（技能領域）。──有按類別分類。

　　誤：能辨別英語的詞類（認知領域）。學會記英文單字的技巧（技能領域）。能推論作者的用意（認知領域）。──沒有按類別分類。

十一、行為目標有高低層次的分別，宜依教材與學生的特性，適當分配，不宜過度集中在某一層次。

　　正：能說出名詞的種類（知識層次）。能分析句子的結構（分析層次）。能創造背誦單字的方法（創造層次）──依層次分別列述低層次與高層次目標。

　　誤：能說出名詞的種類（知識層次）。能指出現在分詞與過去分詞（了解層次）。能用片語造句（應用層次）──過度集中在低層次目標。

十二、認知領域目標的分類宜採 Anderson 與 Krathwohl 的修訂版分類法，
　　　不宜只採用 Bloom 的原版分類法。

　　　正：能創造新的點子（創造層次）──修訂版認知領域目標。

　　　誤：能綜合兩組意見（綜合層次）──原版認知領域目標。

十三、行為目標宜適時修正，有些目標隨社會變遷而調整。

　　　正：能靠道路兩邊行走（知識層次）──適合道路安全需求。

　　　誤：能靠道路右邊行走（知識層次）──不合時代需求。

第五節　實務演練與教師檢定

　　本節包括實務演練與教師檢定。前者注重情境演練，後者從近年來中小學教師檢定的趨勢，提出若干模擬試題與檢定試題（打＊者為參考答案），分別列示如後：

一、實務演練

　　實務演練針對英語科的教學目標，進行行為目標分類。如果你擔任其他科目的教學，亦可就你任教的學科，練習原版與修訂版的行為目標分類。

　　　卓越國民中學本學期三年級英語科第一次月考命題，教務處要求老師必須依照行為目標分類法的要領命題適當的題目。認知領域、技能領域、與情域領域要兼籌並顧，而且認知領域的六個層次──記憶、了解、應用、分析、（綜合）、評鑑、與創造等，都要予以考量。

　　　劉老師依據校方指示命擬下列題目。現在請你指出各題的目標分類屬於哪一個領域或哪一個層次？

1. Most students usually have their lunch at (A)hospital；(B)hotel；*(C)cafeteria；(D)station. ──知識

2. I went to Tokyo by (A)plan；*(B)airplane；(C)plant；(D)planet last week. ──記憶

3. What does it mean by the word "author "?

  *(A)writer；(B)actor；(C)musician；(D)artist.──理解（了解）

4. Please make sentences with the following phrases:──應用

  (A) look for....(B) look forward to....(C) get used to....(D)used to....

5. Please point out the subject in the following sentence.──分析

  Here are some important persons in the room.

6. Please combine the following two sentences with a present participle phrase into one sentence.──綜合

  (A)I walked along the street. (B)I met my old friend.

7. According to the story in Lesson 3, who is the best student in class?──評鑑

8. Please give some different ideas of making friends.──認知

9. Please list some ways or skills to memorize new English words.──技能

10. Please describe your feeling when you win a game.──情意

二、教師檢定

　　研讀本章教學目標之後，請思考並回答下列問題，今依模擬試題與檢定試題，列示如後：

㈠模擬試題

1. 有關認知領域教育目標分類，Bloom 等人（1956）的原版與 Anderson 等人（2001）的修訂版有何異同？請列舉說明之。

2. 何謂「行為目標」（behavioral objective）？它有哪些構成要件？請舉一個例子說明之。

3. 行為目標有何用途？有何限制？請分別列舉說明之。

4. 請就你任教的學科，以 Bloom 等人（2001）的原版認知領域目標分類法，各寫出行為目標一則。

5. 請就你任教的學科，以 Anderson 等人（2001）的修訂版認知領域目標分類法，各寫出行為目標一則。

6. 依據 Anderson 等人（2001）修訂的認知領域目標分類，認知歷程向度的最高層次是什麼？

(A) 了解；(B) 評鑑；(C) 綜合；*(D) 創造。

7. 王老師在進行價值觀教學時，問學生：「坐在博愛座的學生該不該讓位給年長者？」。依據 D. Krathwohl 的情意目標分類，這屬於以下哪一層次的問題？

(A) 價值反應；(B) 價值接受；(C) 價值組織；*(D) 價值判斷。

8. 依據 Anderson 等人（2001）的認知向度分類，下列哪一種發問方式的難度較高？

(A) 何謂生命教育？(B) 腦力激盪係何人所創用？(C) 蘇格拉底的產婆法有何特色？*(D) 如何實施情緒教育？

9. 下列哪一類目標最具體明確？

(A) 國民教育目標；(B) 英語科目標；(C) 課程綱要目標；*(D) 教學目標。

10. 下列行為目標的敘述，何者是正確的？

(A) 說出並寫出本課大意；(B) 培養學生良好的生活習慣；(C) 討論澎湖的正確位置；*(D) 了解現在分詞與動名詞的異同。

11. 依據 Bloom 等人的認知領域目標分類，何者難度較高？

(A) 能使用英文片語造句；(B) 能了解英文術語的定義；(C) 能分析英文文法的結構；*(D) 能把兩個英文句子合併成為一個句子。

12. 下列哪一位學生達到後設認知（metacognition）的層次？

(A) 大衛能把學過的片語造成一個句子；(B) 約翰能體會生命教育的涵義；(C) 瑪莉能組合新的零件；*(D) 海倫能從學過的教材，統整為一個有系統的新概念。

㈡ 檢定試題（國家教育研究院，2014, 2015, 2016, 2017, 2019）

1. 上地理課時，老師教導同學認識等高線圖。這是屬於安德森等人（Anderson et al., 2001）認知歷程向度中的哪一項？

*(A) 了解；(B) 記憶；(C) 分析；(D) 應用。　　（2015 年課程與教學）

2. 張老師在作文課時，請學生擬定寫作大綱，並引導學生思考：「為什麼要這樣寫？這樣寫有什麼優點與缺點？缺點可以如何改進？」此作

法旨在引導學生運用下列何種認知策略？

(A) 分散認知；(B) 情境認知；*(C) 後設認知；(D) 概念認知。

（2014 年小學課程與教學）

3. 依照情意目標的分類架構，下列何者層次最高？

(A) 團體討論時，能專注聆聽他人的發言；(B) 參與小組討論時，能覺察同學語意中的情緒；*(C) 面對爭議時，能以理性態度爲自己的立場辯護；(D) 與同學對話時，能由對方的肢體語言分辨其情緒反應。

（2014 年小學課程與教學）

4. 下列何者最符合行爲目標的敘寫方式？

(A) 學生能熟悉正方形體積的求法；(B) 學生能探究蠶寶寶蛻變的過程；(C) 能培養學生喜愛學習數學的興趣；*(D) 學生能正確畫出三角形底邊的高。 （2014 年小學課程與教學）

5. 依據安德森（L. Anderson）等人對認知領域在知識層面分類架構中的主張，小華知道看地圖比閱讀文字更容易辨認方位，此表示他具備了下列哪一種知識？

(A) 事實知識；(B) 概念知識；(C) 過程技能知識；*(D) 後設認知知識。

（2015 年小學課程與教學）

6. 依照技能目標的分類架構，下列何者層次最高？

*(A) 在三分鐘內，能畫出極爲勻稱的平行四邊形；(B) 在老師說明後，能調整平行四邊形的正確輪廓；(C) 在揭示徒手畫平行四邊形後，學生能複製這種圖形；(D) 在四邊形圖形中，能正確地鑑定其中三種平行四邊形。 （2015 年小學課程與教學）

7. 爲因應臺灣的食安問題，王老師在教學時強調「選擇營養的食物，而非選擇便宜的食品。」此目標符合情意領域目標分類的哪一個層次？

(A) 反應（responding）；(B) 形成品格（characterization）；(C) 價值評定（valuing）；*(D) 價值組織（organization）。

（2015 年小學課程與教學）

8. 江老師在進行價值觀教學時，問學生：「坐在付費座位的年輕人應該讓位給年長者嗎？」。依克拉斯霍爾（D. Krathwohl）的情意目標分類，這屬於以下哪一層次的問題？

(A) 價值反應；(B) 價值接受；*(C) 價值判斷；(D) 價值組織。

（2016 年課程與教學）

9. 娜娜在自然與生活科技中，學會操作顯微鏡來觀察洋蔥的表皮細胞。「操作顯微鏡」屬於安德森等人（Anderson et al., 2001）認知目標中的哪一類知識向度？

(A) 事實知識；(B) 概念知識；*(C) 程序知識；(D) 後設認知。

（2016 年課程與教學）

10. 下列哪一項教師的作為可以增進學生的「後設認知」（metacognition）能力？

*(A) 讓學生自評作品或學習表現的優缺點；(B) 考試之後，公布答案，讓學生訂正錯誤；(C) 指定題目並要求學生上網蒐尋相關資料；(D) 測驗時，要學生摘述文義及分析作者的寫作動機。（2016 年課程與教學）

11. 請以某一學習領域或學科為範圍，設計用來評量「理解」與「應用」二個認知層次的試題各一題，並說明其理由。 （2017 年課程與教學）

12. 李老師教導學生在閱讀歷史書籍時，要評估自己需要多少時間來學習，選擇有效的策略來閱讀，並且隨時評估自己讀懂了沒，如果發現不懂之處該如何解決。下列哪一個選項較屬於李老師教導學生使用的策略？

(A) 記憶策略；(B) 認知策略；*(C) 後設認知策略；(D) 情意動機策略。

（2017 年教育原理與制度）

13. 後設認知的概念是針對學習內容、學習狀態的認知。下列哪一項較有後設的意涵？

(A) 程序記憶；*(B) 自我調節；(C) 編碼特定；(D) 特徵整合。

（2017 年青少年發展與輔導）

14. 下列何者是最適當的認知領域行為目標？

(A) 學生能聽懂教師所講解的一元二次方程式相關概念；(B) 經由一元二次方程式的學習，培養學生的數學興趣；(C) 教師示範運用配方法解一元二次方程式的正確方法；*(D) 學生能正確說出以配方法解一元二次方程式的方法。（2019 年 -1 課程與教學）

15. 黎明國中裡有一片櫻花林，學校擬發展以「櫻花」為主題的統整課程。

請編寫此統整課程的教學目標（至少兩條），並依據此教學目標規劃
教學時間及其教學活動流程。　　　　　　　（2019 年 -1 課程與教學）

16. 有一行為目標為「學生在地球儀上，指出北美洲五大湖中三個湖的位
置」。「湖的位置」屬於行為目標中的哪一個要素？

(A) 條件；(B) 標準；*(C) 結果；(D) 行為。　（2019 年 -2 課程與教學）

17. 在李老師的指導下，大明學會了網球的各種抽球手法。到了戶外球場
與同學相互抽球時，大明能夠調整抽球的手法，連續抽出好球。依據
辛普森（E. Simpson）的技能領域目標分類，大明達到下列哪個目標層
次？

*(A) 適應；(B) 創作；(C) 指導練習；(D) 複雜反應。

（2019 年 -2 課程與教學）

參考文獻

一、中文部分

國家教育研究院（2014, 2015, 2016, 2017, 2019）。**高級中等以下學校及幼兒園教師檢定考試歷屆試題及參考答案**。新北：國家教育研究院。

張清濱（2005）。**教學視導與評鑑**。臺北：五南圖書出版公司。

黃光雄（1996）。**課程與教學**。臺北：師大書苑。

黃光雄、楊龍立（2004）。**課程發展與設計：理念與實作**。臺北：師大書苑。

二、英文部分

Anderson, L. W., Krathwohl, D. R., Airasian, P. W., Cruishank, K. A., Mayer, R. E., Pinttrich, P. R., Raths, J., and Wittrock, M. C. (2001). *A taxonomy for learning, teaching, and assessing: A revision of Bloom's taxonomy of educational objectives* (complete edition). New York: Longman.

Bloom, B. S. et al. (1956). *Taxonomy of educational objectives. Handbook I: Cognitive domain.* New York: McKay.

Kellough, R. D., and Kellough, N. G. (2003). *Secondary school teaching: A guide to methods and resources* (2nd ed.).Columbus, Ohio: Merrill Prentice Hall.

Krathwohl, D. R., et al. (1964). *Taxonomy of educational objectives. Handbook II:Affective domain.* New York: McKay.

Krathwohl, D. R., et al. (2002). A revision of Bloom's taxonomy: An overview. *Theory into Practice, 41*(4), 212-218.

Mager, R. F.(1984). *Preparing instructional objectives*(2nd ed.). Belmont, Calif.:Fearon-Pittman.

Ornstein, A. C & Hunkins, F. P. (2004). *Curriculum: Foundations, principles, and issues* (4th ed.). Boston: Pearson.

Simpson, J. S. (1972). The classification of educational objectives in the psycho-motor domain. *The Psychomotor Domain 3, Gryphon House*, 43-56.

教材組織

第一節　教材組織的概念架構

　　教材組織存在於兩個基本組織架構：縱向組織或垂直式組織（vertical organization）與橫向組織或水平式組織（horizontal organization）。縱向組織著重教材呈現的順序與連續（如圖 7.1）。教材的安排採縱向排列，譬如小學社會科教材先教家庭、再教社區、然後依次教地區、國家、與世界。此種組織頗類似 Bruner 的螺旋式課程（spiral curriculum）。橫向組織則指教材同時以併排方式呈現，著重教材的範圍與統整（如圖 7.2）。譬如美國學校教導學生當代的問題，把同年級有關的學科歷史、人類學、與社會學等學科，同時併排呈現（Ornstein & Hunkins, 2004:240）。

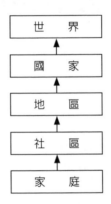

圖 7.1　教材的縱向組織

圖 7.2　教材的橫向組織

第二節　教材組織的向度

　　Ornstein 與 Hunkins（2004:241）指出教材組織包含六個向度。今略述如下：

一、範圍（scope）

教材的範圍係指廣度與深度。Tyler（1949）在其著作中指出範圍包含所有教學的內容、主題、及學習經驗。範圍不僅指認知的學習也指情意的學習，有些包含心靈的學習。範圍有時不甚廣泛，僅一些重要的主題與活動。在知識爆炸（knowledge explosion）的時代，有些教師教材範圍應有盡有，而體會到教材的範圍過於廣泛。另有些教師則顧此失彼，忽略某些教材，沒有把新的資料放進教學活動中。

在考慮教材的範圍時，教師應注意認知領域、情意領域、與技能領域的學習，以免淪為智育掛帥或五育不全的通病。尤其道德或心靈的陶冶更是不可或缺。情意領域涉及情緒管理，價值觀念與態度；技能領域涉及技巧與肢體動作的協調，都是在教材的範圍之內。

二、順序（sequence）

教材的順序通常指教師按部就班、依學生身心發展的順序呈現教材。教師必須決定何種教材先出現與何種教材重複出現，以增強學習的聯結並充實學生的經驗。教材的順序究竟採論理組織或心理組織，一向是爭議的話題。Piaget 的認知理論提供了順序的架構。教師擬定教學目標、組織教材大都會考慮學生的心智發展階段。

Smith、Stanley 與 Shores（1957）指出教材呈現順序的四個原則：簡單到複雜、舊經驗到新經驗、整體到部分、與依時間的先後順序。今說明如下：

㈠ **簡單到複雜**：教材先從簡單的、具體的部分開始，然後再到複雜的、抽象的部分，學生較能接受。總之，教材要由淺入深、由簡入難、由具體到抽象。

㈡ **舊經驗到新經驗**：學生學習新經驗之前必先具備若干的舊經驗。譬如學生學習數學乘法之前，必先學會加法與減法。沒有先備知識，很難學習新知識。

㈢ **整體到部分**：這是指學生先了解一個概況，然後再了解細節。譬如小朋友對於人體部位的了解，先有一些概念，如人有頭、手、與腳；然

後再說出頭部有眼睛、眉毛、耳朵、鼻子、嘴巴、與頭髮等。

㈣ **時間的先後順序**：通常歷史、政治、與世界事件有先後順序。譬如朝代的更易有時間先後，政治事件有時間先後，世界時事也有先後。

三、連續（continuity）

連續係指縱向的操作或課程要素的重複出現。譬如閱讀技巧是重要的教學目標，那麼就要看看練習閱讀技巧的機會與重複出現的次數是否很多。教材的連續性說明了某種主要理念的重複出現，以加深知識的廣度與深度。譬如要成為有技巧的讀者，必須遭遇許多各種體裁的文章。在Bruner的螺旋式課程中，學生最能體會教材的連續性。譬如小學生要學歷史，國中生也要學歷史，高中生還要學歷史，這是教材的連續性，由淺入深，逐漸增加廣度與深度。

四、統整（integration）

統整係指各類型知識與經驗的連結。把零星的片段的教材統整為密切的關係，使學生容易了解。它是完整的概念或知識，而不是支離破碎的知識。它強調各學科間橫向的關係。許多課程專家主張統整課程（integrated curriculum），主要是課程內容不被課程綱要所限定。有些情況，課程統整（curriculum integration）不只是設計的向度而已，它也是思考學校教育目的、課程來源、與知識的本質與使用的一種方式。

五、銜接（articulation）

銜接係指課程各方面之間的上下、左右的相互關係。這種關係可能是縱向的或橫向的關係。縱向的銜接描述課程順序的某些部分與後面課程順序的關係。這是上下不同年級的關係。譬如，教師設計七年級的代數，代數的概念與其後九年級幾何課程的主要概念有密切關係。從縱向的觀點來看，教材的銜接是指某一年級與另一年級的出現順序的聯結。橫向的銜接則指教材或要素之間左右同時發生聯結。譬如，課程設計者試圖把八年級的社會科與八年級的英語科發生聯結關係，就屬於橫向的銜接。

六、平衡（balance）

設計課程的時候，設計者關心的是適當比重的問題，以免遭受曲解。在平衡的課程中，學生有機會學會教材，達到德、智、體、群、美的均衡發展。教材的平衡性說比做更容易，蓋因今日被認為平衡，明日可能就不平衡。學校教育的重點隨時空而改變。教材的平衡性有時要顧及本土化、國際化、與個別化；因此平衡性的問題取決於學生的需求、個別的興趣、與共同必須學習的教材。

第三節　教材組織的方式

課程與教材的組織方式各分為兩大類別。課程的組織分為螺旋式課程與直筒式課程；教材的組織則分為論理組織與心理組織。今分述如下：

一、螺旋式課程（spiral curriculum）

螺旋式課程係 Bruner 提出的理念。螺旋式課程像倒金字塔，逐級而升（如圖 7.3）。譬如小學教英語，先從簡單日常生活用語開始；國中階段則應擴展生活用語並加一些簡短文章供學生閱讀；高中階段英文逐漸加深、加廣；大學階段英文應更深入。

```
AAAAAAAAAAAAAAAAAA
AAAAAAAAAAAAAA
AAAAAAAAAAA
AAAAAAAA
AAAAA
AAA
```

圖 7.3　螺旋式課程

二、直筒式課程（linear curriculum）

直筒式課程依年級排序加深課程內容，譬如小學數學從個位數加減，

再逐年增加乘除，然後小數、分數等（如圖 7.4）。

七年級數學
六年級數學
五年級數學
四年級數學
三年級數學
二年級數學
一年級數學

圖 7.4 直筒式課程

三、論理組織（logical organization）

論理組織係指教材的呈現依邏輯順序排列。譬如，教材組織按教材的難易度排序，簡單的教材先教，然後逐漸增加難度。地理教材由近及遠，從社區開始，逐漸擴展範圍至鄉村、縣市、省市、國家、世界等。歷史教材則由古到今。

四、心理組織（psychological organization）

心理組織係指教材的呈現依學生的心理發展階段排序。譬如，3、4 歲幼兒骨骼正在成長，不宜教幼兒寫字。小學低年級學生心智尚未達到抽象概念階段，不宜教抽象的概念。

第四節 教材設計的類型

課程的要素可用多種方式組成。然而，大部分的課程設計可分為三種基本類型：一、學科中心設計（subject-centered designs）、二、學習者中心設計（learner-centered designs）、與問題中心設計（problem-centered designs）。每一類型包含一些實例。學科中心設計，包括科目設計、學科

設計、廣域設計、相關設計、與歷程設計。學習者中心設計包括兒童中心設計、經驗中心設計、浪漫（激進）式設計、與人本設計。問題中心設計包括生活情境設計、核心設計、社會問題設計或重建主義設計（Ornstein & Hunkins, 2004:245）。今分述如下：

一、學科中心設計

學科中心設計是最受歡迎、最普遍使用的課程設計。學校一向傳授知識而教材也反應出內容的組織。學科中心設計的類型最多。茲列述如下：

㈠ 科目設計（subject design）

科目設計是最古老而且最熟悉的設計，因為教師都是這種方式教出來的。同時教科書也是以科目的方式編印的。Hutchins（1936）主張學校的科目應包括：語文（閱讀、寫作、文法、文學）、數學、科學、歷史、外國語言等。

在科目設計方面，教材是按照科目的重要知識發展出來。例如歷史科依文化史、經濟史、與地理史分別設計。英文科可以分為文學、寫作、演說、閱讀、語言學、與文法。

科目內容的組織最好採綱舉目張的方式。教師承擔主動的角色。演講、背誦、與大班級討論是主要的教學技術，強調口語的表達，因為知識和理念最能以口語的方式溝通與儲存。許多的教育家一致同意學習主要是口語表達的活動。此種設計的最大優點是介紹學生重要的知識，而且簡易可行。惟論者批評此種設計阻礙學生個別化的發展，也抹煞選擇教材的權利。教材內容沒有考慮情境的因素。過分強調科目內容也就相對地忽略社會的、心理的、與生理的發展。另一個缺點是學習傾向於支離破碎的、零星式的方式，過分強調記憶術。一個嚴重的問題是強調內容而忽略學生的需求、興趣、與經驗。學生的學習也趨於被動。

㈡ 學科設計（discipline design）

學科設計係從分科設計演變而來，出現在第二次世界大戰之後。此種設計在 1950 年代快速發展，到了 1960 年代達到高峰。學科設計與科目設計一樣，都以固有的教材內容為基礎，但學科設計注重學術性的學科。

學術性的學科具有特定的知識。它具有下列重要的特徵：一群人組成的社群、人類想像力的表達、一種領域、一種傳統、一種探究的模式、一種概念的結構、一種專門化的語言、一種文學的遺產、一種溝通的網路、一種價值與情意的態度、與一種教學性質的社群（King & Brownell, 1966）。

主張學科設計者認為學校是知識世界的縮影，而學科反映了這個世界。學生學習學科的內容就好像學者研究學術的方法一樣。學生上歷史課就像歷史學家鑽研歷史；生物課的學生要像生物學家依循既定的程序步驟，探討生物的主題。

在學科設計裡，學生體驗到學術的訓練，因而他（她）們能理解並把它概念化；但在科目設計裡，如果學生獲得知識與資訊，就視為已經學會這個科目。有時後，在一個班級裡很難判定究竟是科目設計或學科設計。主要的辨別特徵似乎是學生能否真正地使用學術的方法去處理資訊。

在學科設計裡，教師鼓勵學生認清每一門學科的基本邏輯或結構——關鍵的關係、概念、與原則——就是 Joseph Schwab 所謂的「實質的結構」（substantive structure）與 Philip Phenix 所謂的「意義的範疇」（realm of meaning）。

學科設計強調學術訓練與結構終於導致 Bruner（1960）的經典之作，《教育的歷程》（*The Process of Education*）。它的書名顯示教育應該強調歷程或程序的知識（procedural knowledge）。他提出最吸引人的一個學科概念：「任何科目都可以有效的方式教給任何發展階段的任何小孩」（p.33）。他相信任何年齡的學生能夠理解任何科目的基本原理。因此，任何年齡的兒童可以了解學科的結構，不必等到青春期或成人期。

Bruner 把學生當作學者的論點遭受到批評。發展論者不同意他的觀點——「知識活動到處都是相同的」。彼等認為幼兒的發展歷程在種類與程度方面有別於青少年與成人的思考歷程。就以兒童如何處理認知資訊而言，低年級兒童也有性別差異。

學科設計被攻擊的地方是它假設所有學生只有共同或至少有一個相似的學習型態，而最大的缺點是它導致學校忽視一些不屬於學科知識的龐大資訊，諸如美學、人本思想、個人與社會的生活、與職業教育，很難歸類

為學科。

(三) 廣域設計（**broad fields design**）

　　廣域設計又稱為科際整合設計（interdisciplinary design），是學科中心設計的變異體。它是要矯正零星式科目設計的缺失，協助學生發展對學科內容的全盤了解。因此，分離的社會科學——地理、經濟學、政治學、人類學、社會學、與歷史整合成為社會學科。語言學、文法、文學、作文、與拼字合併成語文學科。生物、化學、與物理統整為普通科學。這種把兩科或以上的科目融合成單一而廣泛的課程設計屬於廣域設計。它是從永恆主義與精粹主義的傳統科目類型演變而成。雖然此種設計在 20 世紀初葉在大學階段盛行一時，時至今日，中小學課程仍普遍使用。

　　Broudy 等人（1964）在蘇俄發射人造衛星後提出獨特的廣域設計應由下列類別組成：1. 資訊符號學（symbolics of information）——英文、外文與數學；2. 基礎科學（basic sciences）——普通科學、生物、物理與化學；3. 發展的研究（developmental studies）——宇宙的演進、社會機構的演進、與人類文化的演進；4. 美學範例（exemplars）——美學經驗模式，包括藝術、音樂、戲劇、文學；5. 整體問題（molar problems）——強調典型的社會問題，依據不同時期的社會問題，逐年變化課程。

　　廣域設計讓學生領悟不同課程內容之間的關係並體會整體的意義。此種設計將是未來的潮流。雖然傳統的學科界線仍然存在，它將更增加學科的材料。知識不再是破碎或直線式，而是多種學科且多面向的。它將會有相關概念群集（conceptual clusters）構成的廣域課程。這些群集可由某些主題加以連結，組成「統整主題單元」（integrated thematic units），也稱為「整體課程」（holistic curriculum）。譬如以「地震」為主題，可把相關的概念群集如地球科學的「地震原因」，地理的「地震帶分布」，健康教育的「地震的安全防護」，輔導活動的「地震心理輔導」等概念組成統整主題單元。

　　如同其他設計，廣域設計也有它的問題。首先是深度與廣度的問題。如果要學生花一年的時間學習社會科，應教他（她）們更廣泛的社會科學概念，而不是花一年的時間來學歷史。但是這樣有必要嗎？深度與廣度無

法兼顧，要回答這個問題取決於設計者的哲學立場。

㈣ 相關設計（correlation design）

相關設計居於分離學科與內容完全統整間的中點，試圖確認學科與其他學科相關的途徑，但仍維持其學科的認同。譬如學生上歷史課「三國時期」，國文課也上同一時期的文章《出師表》。在小學階段採包班制，很少教師運用相關設計，他（她）們少有時間實施協同教學。在中學階段採分科制，更助長學科的孤立性。要實施相關設計，學校排課要採模組課表（modular scheduling）與彈性課表（flexible scheduling），但少有學校這樣安排。

㈤ 歷程設計（process design）

學科設計的提倡者重視學生的學習歷程，另有些學者強調一般程序的學習。一般歷程不是針對任何特定的學科，它可應用於各領域。教導批判性思考的無數課程就是程序設計的例證（Shepherd & Ragan, 1992）。

歷程設計著重在培養學生學習如何提出問題，經由特殊的問題策略去建構意義。這樣的策略對學生在挑戰、建構、解構與再建構知識而言是很重要的，使學生在這資訊時代中，有效率的獲得意義的本質。

電腦程式設計是一個很好的歷程設計例子。它是一個主動的心智運作，可培養批判思考、理性思考與問題解決的技能。寫程式與排除程式中的病毒可使學生具邏輯思考，而且仔細思考學科內容。此外，學生可以學習模板（templates）的指令表。模板可比喻為教師的認知基模──教師處理資訊的方法。當學生熟悉電腦程式設計時，教師可使用不同的方式教學，學生可以多元的方式思考。

二、學生中心設計

學生是教學的對象，以學生為焦點。進步主義者提倡學生中心的設計，尤其在小學與幼兒教育階段。學生中心設計又可分為下列四種設計：

㈠ 兒童中心設計（child-centered design）

教學設計應該根據學生的生活、需求與興趣。知識是個人與其現實互

動的結果。知識不只是被動地接受資訊的摹本。兒童中心設計能夠使學生創造知識，而不只是吸收知識。

兒童中心設計有部分原因受到 Rousseau（1762）的名著《愛彌兒》（*Emile*）自然主義哲學的影響。Rousseau 相信：兒童應該在自然環境的脈絡中受教育。Pestalozzi 與 Froebel 亦主張兒童經由社會的參與將可達到自我實現。

兒童中心設計常追溯到 Dewey 的進步主義理念，但經由 Parker 成形。他認為教師要運用兒童天生的傾向轉變成為從事他（她）們有趣的事。兒童中心設計以「生活需求」、「生活適應」、「永續的生活情況」、「共同學習」與「核心」的方法來組織知識內容與教材。

㈡ 經驗中心設計（experience-centered design）

經驗中心設計與兒童中心設計頗相類似，都以兒童為中心。二者不同處在於其主張，兒童的興趣與需求不能預知，一種課程架構不能適用於所有兒童。

Dewey 在《經驗與教育》（*Experience and Education*）一書中提到，教育應該始於學習者進入學校之前就已擁有經驗，經驗本質上是所有進一步學習的起點（Dewey, 1938）。兒童的經驗是充滿活力而且流動的，是動態而不是靜止的。因此，經驗課程將隨著學生的需求而改變。

㈢ 浪漫（激進）式設計（romantic design）

激進的教育改革者引進 J. Habermas 與 P. Freire 的觀點，強烈支持學習者中心的課程設計。Freire 認為：教育的目的乃是使群眾對於他們喪失其權利的現況獲得啟示，所設計的情境使他們認識自身生存的狀態，並對此情境感到不滿意，最後使他們獲得矯正一些不平等狀況的技能與能力（Freire, 1970）。Habermas 強調解放乃教育的目的。解放係指個人獲得掌控他們生活的知覺、能力與態度，不再受他人的控制，也不必盲目地遵循社會的規範。

激進式的課程設計主張個人必須學習批判知識的方法。學習是反省的；不是有權力者從外在強迫給予的。教育是導向自由與解放。學習是人與人互動的結果。Hunkins 提出課程設計的焦點在於讓學生能夠看見動態

內容的展現，並使學生參與建構他們真實知識的歷程。

㈣ 人本設計（humanistic design）

人本設計的基礎與第三勢力心理學或人本心理學有密切關係，強調人類的行為不只是對刺激的反應，意義比方法更重要。課程設計應注重人類的潛能，並使學生參與生成（becoming）的歷程。

人本設計的理念主要來自 Maslow 的自我實現（self-actualization）的概念及 Rogers 的自我導向學習（self-directed learning）概念。在 1970 年代，人本教育吸收合流（confluence）的概念，把情意領域（如感覺、態度、價值觀）與認知領域（如學術知識與問題解決能力）二者合而為一。

人本教育論者認為認知、情意與技能等三個學習領域是相互關聯的。課程設計應兼顧這三個學習領域。此外，社會化與精神性也應列入。

三、問題中心設計

問題中心設計以生活問題為焦點，強調文化傳統，著重當前社區與社會的需求，也考慮個人的問題。它有一些不同的設計類型存在。有些注重長久的生活情境，有些關注當代的社會問題，其他的強調生活領域，有些甚至關心社會的再建構。這些不同類型最主要的區別在於關心社會需求或個人需求之相對程度（Mancall, Lodish, & Springer, 1992: 526）。問題中心設計的主要類型列述如下：

㈠ 生活情境設計（life-situations design）

生活情境設計強調生活功能與生活情境，可追溯到 19 世紀英國 Spencer《何種知識最有價值》的理念。他認為最有價值的課程活動是：1. 維持生命；2. 提升生活；3. 養兒育女；4. 維持個人的社會與政治關係；5. 豐富休閒、事業與感情（Spencer, 1860）。

生活情境設計基於三個假定：第一個假定是永續的生活情境對社會成功的運作，並賦予教育的意義來組織課程至為重要。第二個假定是如果課程的組織環繞社區生活的層面，學生將會發現他們學習的內容與生活有直接的關聯。第三個假定是讓學生學習社會或生活情境，他們不只學習改善社會的方式，而且會直接參與這些改進（Ornstein & Hunkins, 2004）。

Stratemeyer 等人（1947:300）在其《發展現代生活的課程》指出完全成熟的工業時代改變所有生活層面的傳統型態：經濟的、社會的、心理的、甚至與健康有關的生理的層面。課程設計必須使學生在這新世界上有效地發揮功能。

生活情境設計打破壁壘分明的學科限制，強調與社會生活相關的活動，以一種統整的形式呈現教材。它以社會問題與個人關注事項為中心，鼓勵學生去學習及應用解決問題的程序，將學科內容與事實生活情境結合，增加了生活的關聯性。

㈡ 核心設計（core design）

核心設計有時稱為「社會功能」的核心設計。它以普通教育為中心，以生活經驗為焦點，而非以學習者為中心。此種設計在學生到校之前就已仔細規劃，但須隨時注意有無修正的必要。課程安排通常要以大時段的方式實施，透過兩節或較多的節數，教導共同計畫的核心內容。一位教師擔任此時段的教學責任，也扮演諮商的角色。雖然內容是設計的一部分，但共同的需求、問題，與學習者有關的都是主要的焦點。

核心設計的優點是統整課程內容，提供學生相關的教材，鼓勵學生主動地處理資訊，培養學生的內在動機。但此種設計也有它的缺點，即脫離傳統課程太遠，忽視基本知識能力的培養。此外，此種設計需要額外的教師，且要精通教材，具有解決問題的技能與一般知識（Ornstein & Hunkins, 2004）。

㈢ 社會問題和重建主義設計（social problems and reconstructionist designs）

重建主義的主張最早出現於 1920 與 1930 年代，以 G. Counts 為代表。他相信社會為了大眾的利益，必須完成全新的組織，需要一個新的社會秩序。他發表演說主題：「進步主義的教育真的是進步嗎？」指控進步主義只主張繼續維持中產階級與其特權主導的課程（Counts, 1932a）。他在其經典《學校敢於建立一個新社會秩序嗎？》一書中，闡述重建社會的主張。他認為如果教育人員要接受挑戰，他們就要使學生涉入重建課程，讓他們參與更公平與均等的社會（Counts, 1932b）。

　　T. Brameld（1956）在 1950 年代成為重建主義的發言人。他認為重建主義者致力於促進新文化的萌生。這個時代需要新的社會秩序；目前社會顯示腐敗的跡象：貧窮、犯罪、種族衝突、失業、政治壓迫與環境耗竭。

　　社會重建主義課程的目的乃在促使學生去分析人類面臨的許多嚴重問題。然而，明確的內容與目標則由實際創造此課程者來決定。課程旨在使學生參與地方、國家與國際社區的批判分析。M. Apple（1991）認為重建主義課程設計應考量種族、性別與貧窮的議題。他主張設計課程議題來防止社會不平等的再生。

第五節　教科用書的編審與選購

　　教科用書係指教科書、教師手冊、與學生習作。教科用書的編印採雙軌並行，可分為教育部編印，稱為「部編本」與民間出版公司編印，稱為「民間本」。兩者都必須通過教育部的審定，始能發行。學校採用何種版本的教科用書，必須提經各科教學研究會討論決定並提經校務會議通過。國民中小學的教科用書由教育部指定單位（通常由各縣市輪流承辦）統一採購；高中與高職的教科用書由各校自行辦理採購。

　　優良的教科用書品質指標為何？教科用書的編印、審定、與選購需要考慮哪些原則？下列特性可供教師、編審、與選購人員參考（張清濱，1997）：

一、基本屬性

1. 教育性：把握國家的教育政策與目標。
2. 規範性：遵循課程標準或課程綱要。
3. 正確性：內容、圖文、數據、與資料正確。
4. 結構性：哲學理念的架構與組織完整。
5. 邏輯性：符合學生身心發展的邏輯順序。
6. 銜接性：內容的前後、左右、上下連貫。
7. 一致性：價值觀念與社會現況的價值觀一致。
8. 公平性：公平對待各種族群、性別、宗教、黨派、與語文。

9. 創造性：以問題解決為導向，富挑戰性與批判思考。

10.增強性：插圖、插畫能增強學生的學習，並能環環相扣。

二、次要屬性

11.可讀性：難易度適合學生的能力與程度。

12.實用性：紙質、字體大小、裝訂牢固，能達成教育目標。

13.趣味性：教學活動設計、圖表，富變化。

14.價值性：價格的合理性與出版的延續性穩定可靠。

15.服務性：售後服務的配套措施周延並能滿足特殊學生的需求。

上述特性可製成教科用書品質評量指標以供學校教師、編審、與選購人員評估教科用書的優劣（如表 7.1）。表中共有 15 項屬性與指標，採 5 點量表，5 分最高，1 分最低，依此類推。其中 1 至 10 項為基本屬性，11 至 15 項為次要屬性。基本屬性分數可予加權。總分＝（基本屬性分數）×1.5 ＋（次要屬性分數）。教科用書品質評量指標亦可視實際狀況，酌予修正、調整。

表 7.1　教科用書品質評量指標

屬性指標		配分				
		5	4	3	2	1
一、基本屬性						
1. 教育性	把握國家的教育政策與目標。					
2. 規範性	遵循課程標準或課程綱要。					
3. 正確性	內容、圖文、數據、與資料正確。					
4. 結構性	哲學理念的架構與組織完整。					
5. 邏輯性	符合學生身心發展的邏輯順序。					
6. 銜接性	內容的前後、左右、上下相互連貫。					
7. 一致性	價值觀念與社會現況的價值觀一致。					
8. 公平性	公平對待族群、性別、宗教、黨派、語文。					
9. 創造性	以問題解決為導向，富挑戰性與批判思考。					

	屬性指標	配分
10. 增強性	插圖、插畫能增強學生的學習。	
二、次要屬性		
11. 可讀性	難易度適合學生的能力與程度。	
12. 實用性	紙質、字體大小、裝訂牢固，達成教育目標。	
13. 趣味性	教學活動設計、圖表，富有變化。	
14. 價值性	價格的合理性與出版的延續性穩定可靠。	
15. 服務性	售後服務與配套措施能滿足需求。	
總分	（基本屬性分數）×1.5+（次要屬性分數）	

第六節 實務演練與教師檢定

本節包括實務演練與教師檢定。前者注重情境演練，後者從近年來中小學教師檢定的趨勢，提出若干模擬試題與檢定試題（打 * 者為參考答案），分別列示如後：

一、實務演練

實務演練探討教材組織的原則。簡小姐是仁愛國民小學的英語科實習教師。馬校長請她編一本簡易兒童英語課本，供該校研發教材之用。她列出一些課程發展與設計的原則，作為教材組織與編排的準繩。請仔細思考下列她所列出的原則，何者為是（○）？何者為非（×）？（黃光雄、楊龍立，2004:216）

（○）1. 容易的內容比困難的內容先出現。

（○）2. 單純的內容比複雜的內容先出現。

（○）3. 熟悉的內容比不熟悉的內容先出現。

（○）4. 具體的內容比抽象的內容先出現。

（×）5. 部分的內容比整體的內容先出現。

（○）6. 重要的部分重複出現。

（○）7. 學過的內容比未學過的先出現。

（○）8. 有具體經驗的內容比無具體經驗的內容先出現。

（○）9. 近的地方比遠的地方先出現。

（×）10. 現代的內容比古代的內容先出現。

二、教師檢定

　　研讀本章教學設計之後，請思考並回答下列問題，今依模擬試題與檢定試題，列示如後：

㈠模擬試題

1. 課程的學科中心設計與學生中心設計有何不同？請比較說明之。

2. 何謂「廣域設計」（broad field design）？請以「食品安全」為主題，進行高職食品類科的廣域設計。

3. 兒童中心設計與經驗中心設計有何異同？請比較說明之。

4. 青少年藥物濫用問題日趨嚴重。請以「反毒教育」為題，進行社會中心的課程設計。

5. 請以「世界花卉博覽會」為主題，融入國民中（小）學英語、自然（生物）、與美勞（藝術）等課程，進行主題式課程設計。

6. 下列何人主張螺旋式課程（spiral curriculum）？

   (A)Bloom；(B)Bandura；(C)Bobbitt；*(D)Bruner。

7. 教材組織要注意課程的上下、左右相互關係。這是教材組織的哪一種向度？

   (A) 統整；(B) 連續；(C) 平衡；*(D) 銜接。

8. 張老師選擇教材注重學生的興趣與經驗。此種選擇方式屬於哪種組織類型？

   (A) 論理組織；(B) 水平式組織；(C) 垂直式組織；*(D) 心理組織。

9. 王老師教地球科學時，講到地殼變動，也把地理科的地震帶分布一併講述。他的做法較接近哪一種類型？

(A) 銜接；(B) 連續；(C) 平衡；*(D) 統整。

10. 下列哪一種教材組織方式是錯誤的？

(A) 具體的內容比抽象的內容先出現；(B) 近的地方比遠的地方先出現；
(C) 古代的內容比近代的內容先出現；*(D) 部分的內容比整體的內容
先出現。

(二) 檢定試題（國家教育研究院，2014, 2016, 2017, 2019）

1. 有一天小明把獨角仙帶到學校來，在班上引起一陣騷動。小朋友好奇
不已，王老師藉機引導學生進行主題學習。這種以興趣和實際生活經
驗為主的課程取向，屬於下列何者？

(A) 社會中心；*(B) 學生中心；(C) 學科中心；(D) 教師中心。

（2014 年小學課程與教學）

2. 下列有關核心課程的敘述，何者有誤？

*(A) 課程內容較易導致學習不夠精深；(B) 可免除學科內容與學習歷
程分離；(C) 核心觀念可使學科內容更結構化；(D) 核心觀念可統整不
同學科的知識。　　　　　　　　　　　　　　（2016 年課程與教學）

3. 姚老師在進行「牡丹社事件」的教學時，先講述當時事件發生的情況，
再讓學生依自訂主題去圖書館蒐集該事件的相關資料，而不是從歷史
發展的脈絡去講述該事件。他認為如此較能引發學生的學習動機，學
生的學習成效也會較佳。姚老師的作法屬於哪一種組織教材原則？

*(A) 心理組織原則；(B) 論理組織原則；(C) 社會組織原則；(D) 共同
組織原則。　　　　　　　　　　　　　　　　（2017 年課程與教學）

4. 李老師有鑑於學生對學習內容與概念不感興趣，乃從學生切身有關且
感興趣的素材設計教案，以提高學生的學習動機及成效。李老師組織
教材的方式，較符合下列何者？

*(A) 心理組織法；(B) 論理組織法；(C) 構念組織法；(D) 階層組織法。

（2019 年 -1 課程與教學）

5. 教師手冊的教材地位分析大多會標示學生先前學過什麼、現在要學什
麼、未來要學什麼。各單元的內容雖然部分相似、部分重複，不過範
圍逐漸擴大，難度漸次提高。這屬於下列何種課程類型？

(A) 融合課程；*(B) 螺旋課程；(C) 相關課程；(D) 核心課程。

（2019 年 -2 課程與教學）

參考文獻

一、中文部分

黃光雄、楊龍立（2004）。**課程發展與設計：理念與實作**。臺北：師大書苑。

國家教育研究院（2014, 2016, 2017, 2019）。**高級中等以下學校及幼稚兒教師檢定考試歷屆試題及參考答案**。新北：國家教育研究院。

張清濱（1997）。**學校行政與教育革新**。臺北：臺灣書店，123-137。

二、英文部分

Apple, M. W. (1991). Conservative agendas and progressive possibilities: Understanding the wider politics of curriculum and teaching. *Education and Urban Society,* 279-291.

Brameld, T. (1956). *Toward a reconstructed philosophy of education.* New York: Holt, Rinehart and Winston.

Broudy, H. S., Smith, B. O., and Burnett, J. R. (1964). *Democracy and excellence in American secondary education.* Chicago: Rand Mcnally.

Bruner, J. S. (1960). *The process of education.* Cambridge, MA: Harvard University Press.

Counts, G. (1932a). Dare progressive education be progressive? *Progressive Education*, April, 259.

Counts, G. (1932b). *Dare the schools build a new social order?* Yonkers, N. Y.: World Book.

Dewey, J. (1938). *Experience and education.* New York: Macmillan.

Freire, P. (1970). *Pedagogy of the oppressed.* New York: Herder and Herder.

Hutchins, R. M. (1936). *The higher learning in America.* New Heaven, Conn.: Yale University Press.

King, A. R. and Brownell, J. A. (1966). *The curriculum and the disciplines of knowledge*. New York: Wiley.

Mancall, J. C., Lodish, E. K., and Springer, J. (1992). Searching across the curriculum. *Phi Delta Kappan*, 526-528.

Ornstein, A. C. and Hunkins, F. P. (2004). *Curriculum: Foundations, principles, and issues* (4th ed.). Boston: Pearson.

Shepherd, G. D. and Ragan, W. B. (1992). *Modern elementary curriculum* (7th ed.). San Diego:Harcourt Brace Jovanovich.

Smith, B. O., Stanley,W. O., and Shores, H. J. (1957). *Fundamentals of curriculum development* (rev. ed.).New York: Harcourt, Brace.

Spencer, H. (1860). *Education: Intellectual, moral, and physical*. New York: Appleton.

Stratemeyer, F. B., Forkner, H. L., and McKim, M. G. (1947). *Developing a curriculum for modern living*. New York: Teachers College Press, Columbia University.

Tyler, R. W. (1949). *Basic principles of curriculum and instruction*. Chicago, I11: The University of Chicago Press.

第八章

教學策略

教師應該了解的教學策略甚多，最主要的策略是發問的策略、小班教學策略、適性發展策略、與班級經營策略，分別敘述如下：

第一節 發問的策略

發問（questioning）是最基本的教學策略。它是最常使用也是最常誤用的策略。教師必須知道建構發問的歷程，以便有技巧地引導學生思考。雖然教科書與試卷上的問題有助於學習的歷程，大部分課堂上的問題是口頭式並由教師命擬的。發問是教師用來激發學生思考的重要元素（Chuska, 1995）。本節即探討發問的功能、使用的策略、與對學習的影響。

一、發問的功能

發問具有許多功能，它可以引導學生思考、探求知識、引起學生注意、探測學生的興趣或經驗等。今說明如下：

(一) 引導學生思考

Elder 與 Paul（1998）指出發問是思考的原動力。思考是由發問所引起，非由答案所引發。要讓學生好學深思，教師就要精心設計，提出一些足於刺激學生思考的問題。

(二) 探求知識

善於發問的學生通常較有好奇心，碰到各種人、事、物，便喜歡發問，追根究底。因此，發問就成為探求知識的方法。許多的學習活動是透過發問而開展出來的。

(三) 引起學生注意

學生上課不專心或對某一觀念模糊不清時，教師可提出問題問學生。譬如，教師問學生：「這兩張圖片中的人物，哪一個才是正確的？」學生就會目不轉睛注視圖片。

㈣ **發掘學生的興趣或經驗**

　　教師要了解學生的個別差異、興趣或經驗，可問學生這些問題：「哪些學生看過『色戒』電影？」、「哪些學生課後沒在補習班補習？」發問可以幫助教師了解學生的問題。

二、發問的技巧

　　發問技巧的優劣影響教學的品質。善於發問的教師能問出問題的所在。拙於發問的教師無法掌握問題的答案。譬如教師想要了解班上學生有否小團體存在？李老師問學生說：「你最討厭和誰一起研究功課？」洪老師則改用正面的方式問學生：「你最喜歡和誰一起研究功課？」顯然洪老師的發問技巧較能問出問題的答案。因此，教師應該多探討發問的技巧。茲列舉數端如下：

㈠ **發問著重在師生之間的互動**

　　多年來有些教師誤以為發問的數量就等於教學的品質。根據統計 1912 年美國學校的上課時間有 80% 是用來問與答的記誦（Stevens, 1912）。經過 70 多年，課堂發問的比率約在 33% 到 50% 之間（Watson & Young, 1986）。發問的數量多並不等於教學品質就高。發問的品質要看師生的互動與問題的層次。如果教師發問後，學生無動於衷，或課堂上只有教師發問，學生從不發問，或發問都是低層次的問題，那麼教學品質就不理想。

㈡ **發問的層次要分類**

　　教師不善於發問可能有幾個原因。其一是課堂的背誦幾乎是知識層次取向，很少是分析、綜合、評鑑的層次。教師習慣於問學生「懂不懂？」、「對不對？」、「好不好？」這些問題都是低層次的問題。其二是教師缺乏有系統的訓練。教師經過發問的訓練後，高層次問題的發問頻率就提高。其三是教師沒有把問題系統地組織與分類。教師可採用修訂版的行為目標分類法，依記憶、了解、應用、分析、評鑑、與創造等層次發問（Anderson, Krathwohl, et al., 2001）。

(三) 針對問題的需要，提出發問

Verduin（1967）提出三種基本的發問策略：聚斂式（convergent）、輻射式（divergent）、與評鑑式（evaluative）等策略。當正確答案只有一個時，教師可用聚斂式發問；答案不只一個時，教師要用輻射式發問；要學生作價值判斷時，則用評鑑式發問。例如：

1. 聚斂式：大部分屬於記憶型、低層次的問題，如：哪一個城市是美國最大的都市？有固定的標準答案。

2. 輻射式：大部分屬於開放型、高層次的問題，如：情緒對於人類行為有哪些影響？沒有固定的標準答案。

3. 評鑑式：大部分屬於分辨型、價值判斷的問題，如：結交異性朋友有何優缺點？依個人的價值判斷。

(四) 使用6W's法

所謂 6W's 法係指何故（Why）、何人（Who）、何事（What）、如何（How）、何時（When）、何處（Where）。譬如以「艾迪生發明電燈」為例，教師可問學生下列問題：

1. 電燈是誰發明的？──Who
2. 艾迪生發明什麼？──What
3. 艾迪生在幾歲時發明電燈？──When
4. 艾迪生在什麼地方發明電燈？──Where
5. 艾迪生怎樣發明電燈？──How
6. 艾迪生為什麼要發明電燈？──Why

(五) 應用產婆術（maieuutics）或詰問法（dialectic）

希臘哲學家 Socrates 創用的發問方法稱為產婆術或詰問法。它是使用質問、對話、與師生互動的技術以引出學生的知識，而非灌輸的方式（Moore, 2009:200）。所謂產婆術係一種有系統的、深度的、並且具有一股強烈的興趣去評估事情的真相或合理性（Elder & Paul, 1998）。產婆術與批判思考具有特殊的關係，蓋因兩者目標相同。批判思考給人一種全盤性的看法，人是如何動腦筋去探尋意義與真理。產婆術則利用此種看法去建構問題。Socrates 有名的對話方式即是以啟發方式，來引導對方產生

知識，猶如產婆引導產婦將嬰孩生出，而非替代產婦生出小孩。Socrates
與學生對話，不先講出答案，只是提出許多問題。待對方講出答案後，
他又提出其他問題來檢視答案的正確性（王文科主編，2002:326）。茲舉
Socrates 與學生對話的方式如下（Elder & Paul, 1998）：

> 教師：這是一門生物課。它是哪一種學科？對於生物課，
> 　　　你們已經知道什麼？
>
> Kathleen：那是一種科學。
>
> 教師：科學是什麼？
>
> Kathleen：問我嗎？科學是很具體、明確。科學要做實驗、
> 　　　　　測量與試驗事物。
>
> 教師：是的，除了生物外，科學還有哪些學科？你們能舉
> 　　　出一些學科名稱嗎？
>
> Marisa：當然，還有化學與物理。
>
> 教師：還有別的學科嗎？
>
> Blake：有植物學與數學。
>
> 教師：數學？數學有別於生物、化學與物理，可不是嗎？
> 　　　數學與科學有何不同？Blake，你能說一說嗎？
>
> Blake：數學不做實驗。
>
> 教師：為什麼不做實驗？
>
> Blake：我猜想數學不同於科學。
>
> 教師：是的，學習數學與其他數字的東西不同於學習化學
> 　　　或物理法則。你可以請教數學教師有關數字為何不
> 　　　同於其他學科。現在我們專心探討所謂生命科學
> 　　　（p.298）。

㈥ 採用三論法

所謂「三論法」係指討論、辯論、與評論（張清濱，2008:218）。教
師可就教材內容與學習目標，提出問題讓學生討論、辯論、與評論。例

如：

　　1. 討論：教師要讓學生獲得完整的概念時，可將班上學生分成幾個小組，進行討論。然後由小組長報告小組的結論或答案。譬如教師提出問題「生命教育是什麼？」讓學生討論。經過討論之後，教師可歸納出生命教育乃是以人為本的教育，也是倫理教育、全人教育、情意教育與生活教育；要能認識生命的意義，進而尊重生命、熱愛生命、豐富生命教育的內涵。

　　2. 辯論：對於有爭議性的話題，教師可把問題提出來，讓學生進行辯論，更可探求事實的真相。譬如教師提出問題「國中生可否談戀愛？」讓學生辯論。贊成與反對者各提出理由，展開辯論，即可越辯越明，得到明確的概念或答案。

　　3. 評論：對於涉及價值觀念或是非、善惡、好壞、對錯的問題，教師可提出問題讓學生評論。這也是訓練學生批判思考、理性思考的方式之一。譬如「基本學力測驗有何利弊？」請學生加以評論。要評論一件事並非易事，必須針對主題蒐集必要的資訊，分析它的利弊得失，並與以往辦理方式進行比較，就可提出評論。此種評論過程涉及分析、綜合、與評鑑，屬於高層次的思考。

㈦ 發問要預留候答時間

　　Orlich、Harder、Callahan、與 Gibson（1998）指出發問的基本規則是 **A + P + C** = 提問（Asking）+ 候答（Pause）+ 要求學生回答（Call on a student）。教師要先布題，然後提問學生，稍待片刻，再請學生回答。候答時間主要是讓學生有時間去思考如何回答這個問題。

㈧ 避免發問的陷阱

　　發問是一種藝術。然而，它可以透過練習予以改善。下列一些發問的祕訣可能有助於避免發問的陷阱（Moore, 2009:163）：

　　1. 發問要明確：教師應該先發問，再指定學生回答。教師可向學生說：「各位同學注意聽，老師要提出一個問題，看誰的回答最正確？最有創意？」學生就會洗耳恭聽，思考並回答教師發問的問題。

　　2. 公平對待班上每位學生：教師不要只問少數特定的好學生，也不

應該使用制式的方式問學生。譬如先問 1 號，再問 11 號，21 號，31 號，或今天是 16 號，就問 16 號。這樣會讓某些學生猜測教師不會問他（她）們，上課就會不專心。

　　3. 一次不要問一個以上的問題：一次問許多問題會讓學生搞糊塗，也無法同時思考這些問題。教師同時提出許多問題，學生不知道要先回答哪一個問題。

　　4. 傾聽學生的回應：教師要預留時間讓學生進一步評論並給其他學生時間回應學生當初的答案。

　　5. 讚賞並鼓勵學生：教師對於學生的正確回答，要適時給予口頭強化，如「答對了！」、「真是好答案。」、「很有創意」等。如果答案不正確，也不宜當面潑冷水，要很技巧地更正，如「你的答案很不錯，但如能補上一句，將是完美無缺」。

三、對學習的影響

　　發問對於學習的影響可分兩方面：教師發問對學生學習的影響與學生發問對學習的影響。茲列述如下：

㈠ 發問的層次影響思考品質

　　在一項的研究中，美國社會學科教師發問的問題層次屬於知識者占 60%，理解占 30%，分析占 6%，評鑑占 4%（Wilen, 1989）。應用與綜合層次的問題完全沒有提出。此種發問方式偏重低層次的問題而忽略高層次的問題，也就沒有培養出學生的分析與歸納能力。

㈡ 發問的層次影響閱讀能力

　　發問的層次與閱讀能力有密切相關。教師發問的問題層次較高，學生的閱讀能力較好；反之，問些低層次的問題，學生的閱讀能力也較差（Shake, 1988）。事實上，閱讀不全是理解的層次，它還涉及應用、分析、綜合、評鑑、創造等能力。如果教師發問的問題能普遍分布各個層次，學生的各種能力就可以發展出來。

㈢ 發問增進學習的廣度與深度

至聖先師孔子倡導「博學、審問、慎思、明辨、篤行」、「敏以求知」與「不恥下問」，都在勉勵學生自動自發去探求學問。喜歡打破沙鍋問到底的學生，對於問題的了解，必定知之甚詳。不喜歡發問的學生往往對於功課不求甚解，無法增進學習的廣度與深度。

第二節 小班教學策略

本節就小班教學的背景、小班教學的政策、與小班教學的實踐，分別列述。

一、小班教學的背景

近年來，由於社會的急速變遷，教育改革的呼聲，甚囂塵上。行政院乃於 1994 年 9 月 21 日成立教育改革審議委員會，針對當前教育的缺失與其應興應革的方向，提出諮議報告。在 1996 年，該會完成總諮議報告書，提示五大改革方向與重點，指出降低班級人數，落實小班教學精神，提升教育品質才是教育改革的重點。

㈠ 符應教育改革的要求

小班教學降低班級人數只是一種策略、過程與手段，並非教育目的。確實發揮小班教學精神與功能，才是符應教育改革的要求（行政院教育改革審議委員會，1996）。

㈡ 提升小班教學的品質

依據《臺閩地區國民中小學概況統計》資料顯示，國民中小學班級學生數在 35 人以下者有 2,055 校，28,683 班；班級學生數超過 35 人以上者有 1,204 校，53,322 班（教育部，1998）。如果等到每班學生人數降到 35 人以下，才開始推動各項教學改進措施，不僅緩不濟急，更會使教育問題積重難返。因此，在降低班級人數的同時，改進教學，提升小班教學的品質，實是當前教育最重要的課題。

二、小班教學的政策——發展小班教學精神計畫

教育部的小班教學政策採漸進式原則，估計到 2008 年國民小學每班不超過 32 人，國民中學每班不超過 35 人。未來將視政府財政狀況，逐年降低班級人數。它的基本目標與實施策略如下（教育部，1998）：

㈠ 基本目標

教育部自 1998 到 2000 學年度在各縣市國民中小學試辦「發展小班教學精神計畫」，希望能達到「校校有小班，班班有小班教學精神」的基本目標。

㈡ 實施策略

教育部的「小班小校」方案係先從小班教學著手，逐年降低班級人數與提升教學品質，雙管齊下。各項措施包括：1. 規劃小班教學示範計畫；2. 加強小班教學師資研習；3. 營造小班教學學習環境；4. 改進小班教學課程、教材；5. 改進小班教學教法、評量；6. 成立小班教學輔導諮商單位；7. 評鑑小班教學成效；8. 推廣小班教學作法（教育部，1998）。

㈢ 班級人數

基於經費的考量，教育部降低國民中小學班級學生人數計畫以十年為時程，從 1998 至 2007 年，國民小學班級人數降為 35 人，國民中學班級人數降為 40 人。以後視財政狀況，再行調降班級人數。

㈣ 教學理念

不論班級人數的多寡，教師都要本著「多元化、個別化、適性化」的教學理念，採取各種有效的教學方法，適應學生的個別差異，發展學生的性向與潛能。

㈤ 計畫目標

小班教學的目標乃在尊重學生的個別差異，提供適性發展的機會，改善班級師生互動的關係，提高教師教學的品質。

三、小班教學的實踐

　　小班教學的精神旨在發揮多元化、個別化、與適性化的理念已如前述。要落實小班教學的精神有賴於教師秉持「運用之妙，存乎一心」，進行實質的改善。茲列舉數端，以供參考（張清濱，2008b:128）：

㈠ 教材多樣化

　　教科書僅供參考，教師可編印參考資料或補充教材。教師教學要因材施教，針對不同的學科，蒐集有關的教材，甚至自編補充教材或參考資料。教科書不能當作唯一的教材，學生可以從圖書館、報章雜誌、網際網路，尋找自己需要的資料。

㈡ 教法多變化

　　教師多採用小組教學、電腦化教學、協同教學、或合作學習。教師的教學方法不宜墨守成規，一成不變，宜視課程與學生的特性，採取各種不同的教法。教師可採用小組教學（small group instruction）、電腦化教學（computer-based instruction）、協同教學（team teaching）、合作學習（co-operative learning）創造學習的情境，學生得以積極地參與學習的活動。

㈢ 評量多元化

　　除紙筆測驗外，教師可採用學習檔案評量（portfolio assessment）、實作評量（performance assessment）、或真實評量（authentic assessment）。教學評量的方式很多，教師不宜只用傳統的紙筆測驗，尚應採用學習檔案評量、實作評量、或真實評量。學習檔案評量具有多元化、個別化、適性化、生活化、與彈性化等特性，幾乎適用於各學科。它包括各式各樣的學習紀錄，例如筆記、實驗紀錄、學習單、作品、研究報告、心得報告、感想等。大體言之，它包括認知領域（cognitive domain）、情意領域（affective domain）、與技能領域（psycho-motor domain），也兼顧歷程與結果。它是一部重要的學習實錄，也是學生學習的寫真集。實作評量適用於藝能學科，尤其是技能的評量，例如演說、實驗、機械操作、體育運動、藝能表演等。真實評量類似實作評量，通常可佈置模擬的情境，教師可在此情境中觀察學生的表現，例如教師可在模擬的地球村，評量學生的英語溝通

能力。

㈣ 教學個別化

　　教師要因「材」施教——因應不同的素材、教材、器材、與題材。個別化教學（individualized instruction）是以學生為中心（student-centered），注重個別差異，促進主動學習，啟發自我創造，實現個別化教育，達成人盡其材的一種教學方法。因此教師教學時，要因應不同學生的「素材」、不同課程的「教材」、不同視聽媒體的「器材」與不同學科的「題材」，安排教學活動。

㈤ 媒體活潑化

　　媒體活潑化係指電腦化、網路化——網際網路與電子郵件的運用。21世紀是資訊科技（information technology）的時代。教學走向資訊化、電腦化、網路化、數位化乃是必然的趨勢。教師宜利用電腦輔助教學（computer-assisted instruction）、電腦化教學（computer-based instruction）、網際網路（the internet）、與電子郵件（e-mail）指導學生學習。

㈥ 學習適性化

　　教師要適應學生不同的學習風格——視覺型、聽覺型、與動作型。依據 Riessman（1966）的研究，學生都有獨特的學習風格（learning styles），有些學生善於閱讀，有些學生長於傾聽，另有些學生敏於操作。因此，他把學習型態分為三種類型：視覺型（reading）、聽覺型（listening）、與動作型（doing）。教師對於一目十行，過目不忘的學生，應該提供更多有益的書刊及錄影帶，發展他（她）的視覺潛能。對於耳朵很敏感，風吹草動，輕聲細語都聽得很清楚的學生，教師應提供更多良好的錄音帶、廣播節目使其傾聽。對於視而不見，聽而不聞，手腳卻很靈巧的學生，教師不妨多提供操作、實驗與運動的機會，譬如機械操作、彈奏樂器、體操、打球、與打電腦等。

㈦ 作業彈性化

　　作業彈性化係指教師給學生的作業要考慮內容的難易度、份量的多寡、時間的長短。以往教師指定學生的作業（assignment），通常全班的

學生都相同，鮮有因應學生的個別差異，而給予不同的作業。教師是專業人員，他（她）應有專業判斷的能力，依據學生的能力、性向、興趣等，而給予適當的作業。譬如，程度差的學生可給予難度低、份量少的作業。程度好的學生可給予難度高、富有挑戰性的作業。家庭作業（homework）的份量與難度也要適當，要由學生自己做，家長不宜越俎代苞。否則，家庭作業就會變成親職作業。

改進教學，提高品質乃是當前教育的重要課題。小班教學不是單一的實體，而是一連串的措施。降低班級人數與落實小班教學的理念必須雙管齊下。尤其教師們要有一顆改進的心，不論班級人數的多寡，都能秉持小班教學的理念——多元化、個別化、與適性化，運用各種有效的方法、技術，因材施教，因勢利導，使學生的潛能獲得充分的發展，成為有用的人才。

第三節　適性發展策略

適性發展教育不是單一的實體，而是一連串的措施。在任何一個社會裡，包括現代資訊科技社會，教育制度乃是社會的一面鏡子。社會的變遷導致教育的變革。國民中學編班問題便是一個顯著的例子。九年國民教育實施之後，由於學生程度參差不齊，部分教師與家長極力主張能力編班。但是，近年來，青少年犯罪問題日趨嚴重，能力編班已成眾矢之的。教育部乃全面檢討國民中學教育的缺失，禁止能力編班。立法院更修訂國民教育法，明文規定國民中小學應實施常態編班，不得實施能力編班。

一、編班方式

常態編班與能力編班利弊互見，至今仍見仁見智，迄無定論。兩者均有其立論根據。主張能力編班者認為：理論上，能力編班是一種因材施教的方法。論者以為能力編班至少具有下列五個理由（Lefkowitz, 1972）：

㈠目前智力測驗已達到精確的地步。智力測驗的成績可作為能力編班的依據。

㈡ 透過能力編班，學生的人格特質組距可以縮小。

㈢ 對於學習遲緩與快速的學生而言，有較好的學習效果。

㈣ 如果分班教學，教師可採最合適的教學法，以適應學習遲緩、快速、與正常速度的學生。

㈤ 能力編班教學有利於資優學生加速課程。

能力編班也有可議之處。反對能力編班的人認為能力編班弊多於利，實不足取。能力編班具有下列各項弊端（Lefkowitz, 1972）：

㈠ **能力編班只方便教師**：這可能是大多數教師主張能力編班的原因之一。理論家們認為能力編班可提供學生較好的學習環境。但是沒有充分的證據足以顯示此一論點。誠然，能力編班時教師較容易準備教材與進行教學活動。但是，教師的教學方法與課程組織的安排卻依然沒有調整與改進。因此，能力編班只方便教師的教學不受後段班學生的影響而已。對於學生的學習，未見有何顯著的成效。

㈡ **能力編班影響學生人格的發展**：反對能力編班人士攻擊最烈的論點是：同質性的能力編班導致「學術階級」的產生。高成就學生集於一班，視為「天之驕子」而有優越感。低成就學生集於一班易受忽視而有自卑感。高成就學生與低成就學生較少互動，甚或不相往來，儼然成為學校的小階級。此種流弊嚴重影響學生的人格發展。研究證實能力編班有其嚴重的後果。Ogletree（1968）曾經研究 8,000 位能力分組與不分組的學生，發現學業能力與社交狀況有正相關。高成就學生交友往往限於特殊能力的群體。他們甚少與各種不同能力的群體交往，於是產生「能力的隔離」（segregation by ability）。

㈢ **能力編班減少許多學生學習的機會**：學校是社會的縮影。學生需要與其他同學相處，相互學習，相互了解，才能培養互尊、互敬、互諒的美德。高成就與低成就學生一旦相互隔離，他們也就減少互相學習的機會。尤其低成就學生無法向高成就學生學習。因而能力編班等於剝奪他們應有的學習機會。

㈣ **能力編班容易淪為智育掛帥**：能力編班常與升學競爭結為一體，過分注重升學，製造「明星學校」。家長一窩蜂想把自己的子女擠進明星

學校，因而越區就讀。擔任「前段班」的教師會沾沾自喜，誇耀其教學的成就；擔任「後段班」的教師每都裹足不前，不敢問津。家長對其子女就讀的班級也會產生認同作用，就讀前段班的家長常會引以為榮。此類家長認為這是社會地位的象徵。

㈤ **能力編班導致師生關係的偏差**：Rosenthal 與 Jacobson（1968）調查教師與學生的關係時發現教師對學生的期望乃是自我實現的預示。換言之，教師能從他對學生的期望中獲得自我實現。教師相信前段班學生有能力達成願望，教師就能從學生的表現中獲得自我實現；教師認為後段班學生無能力達成願望，也就對學生無所要求。

㈥ **學校沒有真正的同質性存在**：不論學校採取何種方式編班，同班學生的能力、性向、志趣不可能完全相同。在同一班級中，學生不可能有真正的同質性，因為每一個學生都有個別差異。

常態編班與能力編班既然利弊互見，教育部規定在國民教育階段，應實施常態編班以符合教育機會均等的原則；但在常態編班的基礎上，國民中學可實施學科能力分組，不失為可行的途徑之一。此法的優點是兼顧常態編班與能力編班的特點，而排除兩者的缺點。採用此法，學生可在常態班級中互動，彼此照顧，互相學習。而在分組教學中，學生可以配合自己的能力與興趣，發展自己的潛能。

二、因材施教

有教無類與因材施教自古以來已成為非常重要的教育理念，更是實現教育機會均等的兩大法寶。有教無類是基本態度，也是教育的起點，旨在量的擴充；因材施教是基本方法，也是教育的過程，旨在質的提升（吳武典，1991）。近年來，教育在量的擴充方面，蔚然可觀；但在質的提升方面，卻仍有可議之處。處在變遷的社會與教育改革之聲中，教師如何因材施教以提升教學的品質，實在是值得探究的問題。

因「材」施教至少包含素材、教材、器材、與題材等四個概念。換言之，教師教學時要注意到：㈠ 素材——以學生為中心；㈡ 教材——以課程為中心；㈢ 器材——以媒體為中心；㈣ 題材——以問題為中心。四者若能靈活運用，必能改進教學，發揮學生的潛能，實現人盡其才的理想。

茲分述如下（張清濱，2008:200）：

㈠ 素材——以學生為中心

　　傳統上，因材施教係指教師依據學生的資質、性向、智力、能力、興趣、程度、與個性等進行教學。這是著重在學生的素材上，採取個別化的教學方法。

　　至聖先師孔子是最早倡導因材施教的教育家。從《論語》的觀點言之，孔子教導學生皆依其弟子資質與個性施教。〈雍也篇〉上說：「中人以上，可以語上也；中人以下，不可語上也。」〈陽貨篇〉上也說：「唯上智與下愚不移。」此外，孔子對於弟子問仁、問孝，均依其個別差異答問施教，更道盡因材施教的真諦。

㈡ 教材——以課程為中心

　　各科教學宜有不同的教法。語文科通常採用講述法、練習法、與欣賞法；自然科大都採用實驗法、問題教學法、與探究法；社會學科則常用討論法、調查法、與練習法；藝能科最常使用練習法與欣賞法。教師針對不同的學科，應該運用特別的教學方法安排教學活動，協助學生進行學習。

㈢ 器材——以媒體為中心

　　教學媒體器材甚多，包括錄影帶、錄音帶、影片、圖片、幻燈片、電腦輔助教學軟體，不勝枚舉。教學媒體不但可以提高學生的學習興趣，也可適應學生的個別差異，增進教學的效果。

　　教育家們指出：學生處於新奇的情境時，學習的可能性增加（Brody, 1980）。Riessman（1966）研究發現每位學生都有獨特的學習風格。有些學生善於閱讀，有些學生長於傾聽，另有學生則敏於操作。因此，教師要針對學生的學習型態採用合適的教學媒體。

㈣ 題材——以問題為中心

　　學生的生活背景不同，學校與社區的環境互異，學生所面臨的問題也迥然不同。教師教學時，應針對學生所面臨的不同問題，給予探究的機會，俾能解決當今社會上所遭遇的問題。

　　依 Savoie 與 Hughes（1994）的研究，以問題為中心的策略具有下列

特性：

1. 從某一問題開始：教師可從報章雜誌或與課文有關的生活周遭問題取材，在課堂上，供學生討論、探究、或辯論。

2. 確信此一問題與學生的生活世界密切關聯：它必須是真實的問題。此一問題在該科中根深蒂固，乃是當前重要而熱門的問題。

3. 環繞此一問題組織教材，而非環繞學科組織教材：以問題為中心的教學乃在激發學生學習，並提供真實的世界，供學生探究問題。

4. 給予學生塑造與導引其學習的責任。

5. 利用小隊或小組作為學習的背景。

6. 要求學生以結果或績效展示他（她）們所學習的東西。

第四節 班級經營策略

教學是人類最複雜的活動之一。教師在上課的時候，要掌握學生的動態，必須了解教與學的環境。Doyle（1979）從事教室生態學（classroom ecology）的研究，對於複雜的教室環境有極詳盡的描述。他指出教室生態具有多面性、同時性、與不可預測性（Doyle, 1986）。他並認為教室環境還具有立即性與公開性，也就是說教師必須就地、即時、全面照顧班上所有的學生。

在所有影響學習成就的變項中，班級經營對於學生的成就影響最大（Wang, Haertel, & Walberg, 1993）。而師生關係的好壞又是班級經營最主要的關鍵所在（Marzano, 2003）。師生關係良好的班級，學生的問題行為與違規案件比師生關係不佳的班級減少。

教育部倡導「教、訓、輔三合一」政策——教學、訓導、與輔導三者密切結合，教師要負起「傳道、授業、解惑」的責任，扮演「經師、人師、導師」的角色。本節就班級經營（訓導）模式、班級規約、教室佈置、學生不良行為的分析、防範、與處理，分別列述如下（張清濱，2008a:346）：

一、班級經營模式

訓導（discipline）一詞，見仁見智。有些人一提起「訓導」，就與「懲罰」並用。另有些人認為訓導就是指導、勸導學生向善。亦有些人認為訓導就是訓練學生的自我控制。不論如何，訓導觀念影響教師的訓導態度與方法。視導人員的職責就是協助教師建立正確的訓導觀念，培養教師對訓導工作的積極而負責的態度，並鼓勵教師採取有效的訓導方法與技術進而創造學校良好的學習氣氛。

校長、視導人員、教師應深入探討各類班級經營模式，相機採用。班級經營模式約可分為下列 11 種（Charles & Blaine,1981; Edwards, 2000; Kellough & Kellough, 2003）：

㈠瑞德與魏登堡模式（The Redl and Watenberg Model）

Redl 與 Watenberg（1959）主張團體的期望會影響個人的行為，而個人的行為也會影響團體的行為。譬如大家都在唸書，自己不唸書，覺得不好意思，只好也跟著唸書。教師必須承認團體動力學（group dynamics）的影響，使用各種影響力的技術，促使學生自我控制。

㈡古寧模式（The Kounin Model）

Kounin（1970）採用「漣漪效應」（ripple effect）的方式，也就是「殺雞儆猴」的方式，認為學生行為出現問題時，找一個當作告誡的對象，以影響其他的學生，讓全班學生知道是非、善惡、好壞、對錯。教師必須隨時掌握教室的情境（withitness），保持警覺，讓學生有進步感，變化教學方法以減少問題行為的產生。

㈢新史肯納模式（The Neo-Skinnerian Model）

此一模式係 Skinner 基本學說的應用，認為教師面對學生的行為問題，行為改變技術（behavior modification）乃是最有力的工具。教師善用行為改變技術的策略包括：增強原理（reinforcement）、消失原理（extinction）、暫停活動（time-out）、獎賞與懲罰（punishment），即可樹立學生良好的行為與革除學生不良的行為。

然而，想要以懲罰來降低學生不良行為的教師往往發現他們的努力

適得其反。這種非意圖的結果發生了，因為有些學生發覺教師懲罰學生的意圖受到強化。他們的學生是否受到懲罰或強化乃是教師行動的結果。教師可能把消極增強（negative reinforcement）與懲罰混為一談。實際上，消極增強是用來增加某一行為，而懲罰是用來終止某一行為（Edwards, 2000）。

㈣ 吉納模式（The Ginott Model）

Ginott（1972）認為班級經營最重要的元素就是教師的自律（self-discipline），教師要以身作則，樹立良好的榜樣。糾正學生的不良行為時，教師的語詞要明確，針對問題的情境，而不攻擊學生的品格。他主張培養學生的自尊心，接受學生的道歉。

㈤ 格列塞模式（The Glasser Model）

Glasser（1965）認為學生是有理性的人，他（她）們能控制自己的行為。良好的選擇產生良好的行為。不良的選擇產生不良的行為。教師的責任就在協助學生做出良好的選擇。學生一旦犯錯，就應接受合理的制裁，如有良好的行為，亦應得到合理的處置。因此，他主張各班級應訂定班規，以資遵循，教師要糾正學生一些不受社會接納的行為。

他認為犯規的學生要透過現實治療法（reality therapy）予以導正。現實治療法的步驟如下：1. 協助學生認清並描述錯誤的行為；2. 要學生辨認行為的後果；3. 要學生就行為的後果即不良行為做價值的判斷；4. 協助學生擬定消除不良行為的方案（Edwards, 2000）。例如：教師發現學生躲在廁所抽菸，可採用現實治療法予以矯正。教師可找這位學生面談，問他「你在廁所有哪些不良行為？」讓他認清過錯，然後要他說出不良行為的後果，做出價值判斷。抽菸會致癌，害人害己。最後，教師協助學生擬定改善方案，以矯正抽菸的不良行為。

㈥ 杜瑞克斯模式（The Dreikurs Model）

Dreikurs（1968）認為管教不是懲罰，它是教導學生應有所約束。不良的行為是由於信念的錯誤如引起別人的注意、尋求權力、報復、與自暴自棄等。教師應分辨學生錯誤的信念，不要強化不良的行為，而應改以

積極的鼓勵，不要討好學生，不良的行為就要遭受到邏輯的後果（logical consequences），受到自然的懲罰。例如：學生亂丟紙屑，就要罰他（她）撿紙屑，這是天經地義的事，就要受到自然的懲罰。

民主的原則是此一模式的核心。具有民主態度的教師較能協助學生成為負責的公民。這些原則也可以用來對待信念錯誤的學生。學生信念錯誤大都與家庭的生活經驗與學校的處理方式有密切關係。

(七) 甘特模式（The Canter Model）

Canter（1992）堅持學生要有光明磊落的行為。教師在教室裡應有基本的教育權利如建立最適宜的學習環境、要求和期望學生合適的行為與必要時，接受行政人員與家長協助的權利。學生在教室裡也有基本的權利如要求教師協助他（她）們限制不合適的行為、樹立合適的行為與了解行為的後果等權利。要使教師的權利與學生的權利並行不悖，教師要採取果斷的紀律（assertive discipline）措施，陳述教師對學生的期望，明確規定「班規」，適當使用獎賞與自然的懲罰，使用強而有力、果斷的語調、與採用非語文的溝通。

(八) 柏恩與哈利斯模式（The Berne and Harris Model）

Berne（1966）創用交流分析法（transactional analysis）處理行為失常的問題。他認為人類所有的生活經驗都記錄在潛意識之中，日後會影響人類的行為。

Harris 與 Berne（1967）共同研究交流分析法，他認為如果大人沒有受到不當虐待的壓抑，則親子之間就可以做合適的改變。例如：大人幫助小孩學習以社會不接納的方式表達情緒。當這些調適成功的時候，小孩就能夠從以往小時候受到控制的經驗轉移到成人自主性的自我調適。這種轉移在成為完全有功能的人是很重要的。無法轉移就會造成抗拒改正的問題。個體可能深鎖在某一個行為的類型中，阻礙良好的人格與社會適應。他提出轉移過程的四個可能結果，稱之為「人生的處境」（life positions），今列述如下（Edwards, 2000:130-133）：

1.「我不行—你行」

這是兒童早期普遍的人生處境。兒童年紀比成人小而且能力有限，

自然而然覺察自己不行。如果經過巧妙的手法（正面的表示認可），漸漸領略到他們能夠做出貢獻，他們最後就會覺得自己也行。如果他們沒有成功，「我不行」的感覺將會持續並且阻礙生活的適應。

2.「我不行─你也不行」

有時候在人生初期只體驗到極少認可的兒童，日後都沒有受到認可。初期嚐到少許的慰藉，日後卻一無所有。如果缺乏認同持續下去，此類兒童就會認為「我不行─你也不行」。成人的自我心態（ego-state）就停止發展。兒童看不到希望，也就自暴自棄。

3.「我行─你不行」

如果兒童長久受到當初認為不錯的父母親施暴，他們會轉移到「我行─你不行」的處境。此類兒童透過自我認可，覺得自己很行。他們顯然能夠體會他們的父母親不會給予認可。此外，他們也會體認到縱然自己能力不行，也不會比施暴的父母親差。這種經驗會助長憎恨的情緒與缺乏道德的良知。

4.「我行─你也行」

「我行─你也行」完全不同於前三者的處境。達到這個處境的兒童能夠切實處理生活的問題並且獲得更大的成就感。前三個處境都以感覺為基礎。第四個處境是建立在思想、信心、及處事的能力。「我行─你也行」意即人人都行，沒有人不行。人人平等對待，能夠滿足自己的需求。

㈨ 哥登模式（The Gordon Model）

Gordon（1974）創用教師效能訓練模式（teacher effectiveness training），主張用民主的方式解決課堂的問題，師生同蒙其利。沒有人是輸家，這是雙贏的解決方案。他認為使用獎賞與懲罰企圖控制學生的行為是不可能成功的。懲罰助長學生的攻擊性與暴力性。大部分的暴力犯罪是由於濫用懲罰。教師要有效管理班級秩序，須避免控制學生的行為。在課堂裡，教師要少用批評與規定，儘量鼓勵並發展學生的自我控制與自我調適以促進正面的師生關係。良好的師生關係有助於建立良好的學習氣氛。良好的師生關係是可以培養的，教師說話宜採用「我─訊息」（I-message）讓學生能接納的語言，避免使用命令、威脅、說教、批評、與貼標籤等用

語。例如學生不寫作業，教師可使用「我─訊息」，向學生說「不寫作業，老師會不高興的」，而不向學生說「你不寫作業，你就完蛋了！」

㈩ 蓋塞科模式（The Gathercoal Model）

Gathercoal（1990）創用深思型的訓導模式（judicious discipline），承認學生有個別差異的存在。從班級經營的觀點來看，教室的焦點是學生可以做他（她）想做的事，只要不干擾別人的權利。美國學校教師採用此法時，就要尊重憲法規定的學生權利。同時，此一模式允許教師與學生以民主的方式彼此相關，並且教導學生對於其他同學應盡的責任。

深思型的班級經營模式是以《美國憲法》與《權利法案》所揭示的民主原則為基礎。此一模式創造了校規發展方面的教育與倫理觀點，也塑造學生需要應用於外在世界的公民責任。此法提供學生了解公民權利與義務的機會。

依據《美國憲法》第一條、第四條、與第十四條修正條款，美國學校學生的基本權利包括言論、出版、結社、人身保護、訴訟、與免受歧視的權利。學校對於有關財產的損失、學生健康與安全、學習環境的保護、與支持合法的教育目的等具有強制性的權利。班規應該是保護學校與學生權利的規約。學生一旦違反班規，就應受到嚴重的後果，這樣可以協助學生學習到較好的行為方式（Edwards, 2000）。

㈪ 瓊斯模式（The Jones Model）

許多學生的不良行為問題是教師處理常規不當的結果。常規受到誤解，不當的座位安排妨礙同學之間的互動，讓教師不易掌握學生的行為。此種師生之間的互動反而可能助長不良的行為。

Jones（1987）認為班級經營最重要的工作是制定並教導學生遵守班規。學生親自參與訂定班規將更有責任去遵守班規。適當的座位安排有利於教室秩序的維持，教師容易接近每一位學生。教師往往只注意班上某些學生而忽略其他學生，因而予以可乘之機，製造不良的行為。教師可使用非語言的暗示與走到學生的附近，赫阻不良行為的發生。例如學生上課滑手機，教師可走到學生附近上課，學生也就不敢輕舉妄動，繼續滑手機了。

二、班級規約

　　班規（class rules）的制定是班級經營的重要工作項目之一。許多的班級經營模式都強調班規的建立以樹立行為的規範。學務處（訓導處）在學年開始之初，應邀集各班導師與教師召開會議，溝通觀念與做法，俾達成共識。教師們均應體認：

　　㈠ 班規旨在樹立優良的班風，革除不良的生活習慣，創造良好的生活環境。

　　㈡ 有優良的班風，才能建立優良的校風。

　　㈢ 導師的職責之一就是指導學生利用班會訂定班規，執行班規。

　　㈣ 班規不能牴觸校規，班規可不定期檢討、修訂。

　　㈤ 班規針對班級特性而定。各班的班規不可能完全相同。

　　導師有了正確的認識後，即可在班會中指導學生訂定班規。這也是民主法治的課程之一。導師應告訴學生怎樣立法、訂定班規。班會時，導師可先作簡短的說明，敘述班規的涵義，以激發學生榮辱與共，彼此規過勸善，進而自治、自律，塑造優良的班風。導師應鼓勵學生針對個人或班級常犯的不良行為，提出反省或檢討，讓每一位學生暢所欲言。譬如張生說：「我覺得班上同學最常犯的毛病是講髒話，口出穢言。」李生接著說：「班上同學最常見的不良習慣是製造髒亂、隨地吐痰、亂丟紙屑。」另一位同學說：「我看見有些同學喝酒、吸菸、吸食……。」亦有同學說：「班上有些同學不愛惜公物，常常打破玻璃、損壞課桌椅。」諸如此類的不良習慣，均應鉅細靡遺，一一詳加記錄。待全班同學發言完畢，導師隨即整理、分析，按經重緩急排序，就班上最嚴重的常犯的不良習慣，提出 5 至 6 條（最多以不超過 10 條為宜）列為班規項目。

　　訂定班規時，最好以正面的、積極的、鼓勵的字眼敘寫，避免用否定的、消極的字眼。譬如「保持教室整潔、衛生」，而不寫「不要亂丟紙屑、隨地吐痰」；寫「愛惜公物」，而不寫「不要破壞公物」等等。

　　班規條文經班會討論通過後，可請班級幹部學藝股長書寫或電腦打字並張貼在教室前方明顯處，以資共同遵守。班規既經師生共同討論，全體師生必定具有隸屬感與參與感，大家更有責任去遵守。班規顧名思義，

乃是班級的生活常規。有些學校以「生活公約」稱之。不論何種稱呼，班規均可由各班自行創造。但是，值得注意的是，班規最重要的精神是培養學生的自律，學校不宜越俎代庖。班規若由學校統一制定，就不是「班規」，而成為「校規」了。

要使班規有效，還有一項工作必須提經班會討論，萬一學生違反班規，如何處理？因此，如何制裁違規的學生變成為重要的一環。如果學生違反班規，導師仍然視若無睹，置之不理，則班風可能每下愈況，而班規可能視同具文。影響所及，學生就不會遵守班規，更遑論校規。學生畢業，走出校門，也不會去遵守法律，這就難怪公權力不彰了。

制裁違規的方式應合乎邏輯後果與教育原則，千萬不要動輒體罰或罰錢了事。導師要告誡學生，希望全班同學都能自尊、自重、自治、自律，嚴格遵守班規，違反班規就必須接受嚴重的後果，導師必須堅持到底。譬如某生亂丟紙屑，該生就必須把紙屑撿乾淨，情形嚴重者，罰掃環境區若干天。製造髒亂，就要消除髒亂，這是「邏輯後果」；又如騷擾別人，就要隔離起來。讓學生體會到違反班規的嚴重後果。

班規並非一成不變，應隨時檢討、修訂。導師如果發現某些班規行之無效，或某些不良行為持續發生，應即指導學生「修法」予以調整，以謀求補救，並保持彈性。為使班規不落空，班規應列為教室佈置競賽的項目之一。

三、教室佈置

教室環境要有學習的氣氛，首先要把教室佈置成為一個學習中心（learning center）。教室佈置要以學生為本位，為學生著想。佈置的項目包括：

㈠ **課桌椅的排列（講桌）**：排列方式力求變化，可採馬蹄形、圓形、直線形。

㈡ **學習角（書櫃）**：可鼓勵師生捐書、向學校或社區圖書館借書。

㈢ **教學媒體（電腦）**：設置班級網站。

㈣ **班規（生活公約）**：經班會通過後，張貼教室明顯處。

㈤ **布告欄（成績欄）**：包括五育成績、各項比賽優異表現。

㈥ **清潔用具**：掃把、水桶、畚箕、拖把、麻布等保持乾淨。

㈦ **鞋櫃**：存放運動鞋、拖鞋等。

㈧ **其他**。

　　小班教學的理念強調多元化、個別化、適性化，教室佈置要反映出教學理念。美國一所小學實施個別化教學佈置情形（如圖8.1），可供參考。

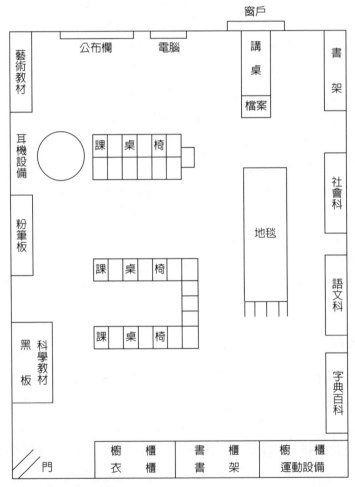

圖 8.1　個別化教學教室佈置

資料來源：Pate, 1996, p.23.

四、學生不良行為的分析

根據阿德勒學派心理學家（Adlerian psychologists）的研究，從問題行為發生當時的觀點來看，每一動作都是最適當的情境反應。學生發生不良行為的時候，似乎是得到最大程度的「心理慰藉」（psychological comfort）的時候（Knoll, 1981:168）。教師明乎此，處理不良行為時，就不會一味地強迫學生就範。為了解決問題，教師必須試圖協助學生了解他自己的行為並且選擇更可接納的行為方式，以滿足其「心理慰藉」。這類行為意味著學生具有某種消極的自我概念，而且伴隨著挫折的感情。教師處理這類行為不可草率。雖然教師必須對於行為的標準，採取堅定的立場，但是教師必須對學生表示同情。這類學生，除非有人關心他、了解他、協助他從事有意義的活動，否則必將陷入痛苦的深淵，而不能自拔。

不良行為的第二種原因起於學生對教師或班級的消極態度。當學生認為教師無能、不公平、無聊，或缺乏敬仰的時候，他們就會無法無天，大鬧一番。教師時常採取高壓手段，處罰學生，往往適得其反，足使情勢惡化。教師要改善這種情勢，必須分析、檢討自己的教法，考慮變化教學方法。

問題行為的第三個可能原因是學生有任性、為非作歹的趨向。這是一種暫時性而非永久性的行為，可能由於學生感到厭煩或注意力分散。這類行為在訓導上最容易處理，通常只需溫和的糾正或再度引起學生的注意力即可。

最重要的事乃是教師如何分辨這三類的不良行為。每一種不良行為都需用不同的方法處理。教師必須充分了解學生，才能認定何種行為起於何種原因。

Glickman 與 Tamashiro（1980）認為學生不良行為的原因可歸納成三派：

(一) 不干涉論者（non-interventionists）

此派學者根據心理分析與人本主義的心理學，提出他們的主張。彼等認為：不良行為係由於內在的衝突未能紓解的結果。這類不良行為的學生如果給予機會即適當的協助，可把內心的困擾帶到意識的層次，並可化解不良的行為。換言之，學生乃是命運的主宰，本身就具有解決問題的能

力。教師毋須訴諸於各種壓力。「解鈴還須繫鈴人」。基於此一觀念，班級經營有賴於學生的自我控制，教師無須太多的控制。

㈡ 互動論者（interactionists）

此派學者根據社會心理學與發展心理學的觀點，認為學生學會某種行為係由於接觸外在世界等人、物的結果。學生必須學會順應別人，正如同別人學會順應他們一樣。例如學生行為的好壞，常常受到師長、同伴、或家人的影響。所謂「近朱者赤，近墨者黑」，就是這個道理。基於此一觀點，解決不良行為有賴於師生間或同學間的互動關係。教師與學生均具有互動的能力。

㈢ 干涉論者（interventionists）

此派學者根據實驗心理學的觀點，認為人類的動作是一種外在的制約。當某種行為給於強化時，學生就學會某種行為。因此，不良行為的產生乃是獎賞與懲罰使用不當的結果。例如濫用獎賞造成功利主義的傾向；不當懲罰造成憤憤不平的心理。所謂「不平則鳴」。基於此一觀點，教師應訂定適當的標準，有效地、一致地塑造學生適當的行為。教師可以有系統地把這些行為的標準，教給學生。學生內在的或外在的環境並不重要，但教師卻需用高度的控制。

上述各種理論派別，都有其立論根據，然其觀念殊無二致。不同者惟在學生與教師承擔的控制程度不同而已。教師可用這些模式，確認自己對班級經營的看法，分辨問題行為的原因。

五、學生不良行為的防範

學生的不良行為司空見慣，不足為怪。許多不良行為的發生都是事先沒有妥善的防範。下列是一些防範不良行為的措施（張清濱，2008a:357）：

㈠ 訂定並執行班規

開學時，導師要利用班會，針對學生的管教問題，指導學生訂定班規，有如「約法三章」。班規提經班會討論通過，就應照章執行。班規宜

簡短明確，通常五、六項即可。班規可貼在教室明顯處並應定期檢討、修訂。

　　班規的訂定給學生明確的行為規範。當學生知道違反班規會受到嚴厲制裁的時候，懲罰就成為嚇阻力。教師嚴格持續執行班規，學生才會遵守班規以免受罰。然而，有些學生不願受到約束，他們明知違反班規會受罰，仍然我行我素，為所欲為。有些學生甚至認為由於懲罰而引起大家的注意，反而覺得受到酬償。教師碰到這種情況，應該加重處罰。但是，懲罰加重，有時負面的情緒也會隨之增加。

㈡ 給予學生適當期望

　　除班規外，任課教師在第一次上課的時候，可給學生一些期望。這些期望必須針對學生的能力、興趣與班級特性，而且必須是學生能做得到的。一旦學生達成教師的願望，教師應即施以強化，並提高期望的層次。教師對學生的期望具有鼓勵作用。教師如能持之以恆，則可逐步引導學生奮發向學，減少行為問題的發生。

㈢ 實施走動管理

　　傳統的教師教學時，一直站在講臺上課，甚至坐著上課。這樣，教師無法掌握班上學生的情況。於是，有些學生打瞌睡、滑手機，另有些學生看其他無關書刊。除非教師懷孕、重病、或不良於行，上課時應在教室裡穿梭，注意每個學生的學習反應。如有學生上課分心、精神不集中，教師不妨走到該生面前，即可防範不良行為的發生。

㈣ 變化教學活動

　　教師教學前要有充分的準備。教師要想一想怎樣安排進行，教學活動才會生動活潑。新奇與變化可除去學生的疲勞與煩厭現象。教師可安排一些具有挑戰性的活動，或說一則有趣的故事，引導學生積極參與學習的活動，並注意學生的反應，學生自然就會洗耳恭聽，不會在教室睡大覺或做出其他不軌的行動。

㈤ 鼓勵學生自律、自治

　　教師要培養學生的責任心與自尊心。學生要對自己的行為負責，不要

處處依賴教師。學生違反班規如何處理，可交由學生自治會討論。許多班級經營的工作儘量交給學生去做，譬如辦理活動、競賽、製作海報、壁報等，都由學生去規劃、執行，教師的角色是從旁指導而已。

㈥ 採用行為改變技術

行為改變技術對於不良行為的防範沒有明確的策略。它著重在改正不良的行為。然而，如果行為改變技術的原則妥善運用，不良行為可以防範到某一個程度。譬如，教師要學生表現某種行為，施以強化後，此一行為出現的頻率就會增加，而不良行為就會相對減少。

㈦ 建立良好的師生關係

良好的師生關係可以防範不良行為的發生。學生尊敬教師，教師尊重學生，師生之間彼此尊重。此外，教師極力找出學生的優良屬性，可以增進正面的師生關係，也可以鼓舞學生展示積極的行為。當教師期望學生有這些屬性的時候，這些屬性諸如合作、毅力、忠誠，就會受到鼓舞。

㈧ 給予成功的經驗

成功的認同建立學生的自信心，並減少問題行為的發生。教學活動應針對學生的能力、興趣，給予成功的滿足，不要故意為難學生，造成失敗，引起挫折感。對於功課不感興趣的學生較易引發不良行為問題。

㈨ 不定期安全檢查

教師不可隨意搜身或檢查學生的書包。但必要時，學校得實施安全檢查以防範意外事件的發生。學務人員可利用週會、體育課或其他適當時間，會同導師、班級學生代表，檢查學生書包是否藏有凶器、不良書刊或毒品。其次，服裝、儀容的檢查亦不可忽視。服裝、儀容走樣，通常是不良行為的徵兆。

㈩ 落實「教訓輔三合一」措施

教師教學不能只「教」不「管」。教學工作必須「教、訓、輔」三管齊下。曾經有一案例，某校教師上課「純」教書，其他三不管。有一天，當他上課的時候，班上兩位學生爭吵不休，教師並未趨前阻止。下課後，

其中一位學生到附近農舍拿一把尖刀猛刺另一位學生，造成不幸的後果。此一血淋淋的教訓更突顯班級經營與教學、訓導、輔導密不可分。

六、學生不良行為的處理

教師教學時，萬一發現學生有不良行為發生，究應如何處理？下列方式可供教師們參考（Hart & Lordon, 1978; Stoops & King-Stoops, 1981）：

㈠ 有計畫的不理睬（planned ignoring）

這不是說教師對學生的不良行為可以置之不顧，而是刻意安排一種技巧，譬如小明上課不專心，一直玩弄鉛筆。這種行為不影響其他學生的學習，教師可不理他。有些教師碰到此種情境常大聲喊叫：「小明，你在幹什麼？站起來！」教師這樣做，必定分散其他學生上課的注意力，把目光集中在小明的身上，影響教學的進行，同時也強化小明的不良行為。這種情形，教師可改變教學的活動，叫幾位學生（包括小明在內）到黑板作答，以轉移小明玩弄鉛筆的行為。這種處理技巧不展示他的不良行為，而是針對行為的動機。

㈡ 信號的干涉（signal interference）

在不良行為剛開始發生的時候，教師可採取非語言的溝通方式，暗示學生不許輕舉妄動。這些非語言的技術包括瞪眼、手勢、或蹙眉頭等。例如小英上課時與鄰座同學竊竊私語，教師只要瞪著眼睛望著她或可阻止這種不良的行為。

㈢ 接近的控制（proximity control）

一個號淘大哭的嬰孩，當他的母親把他抱起來的時候，就不再哭了。這說明兒童需要成人的呵護、幫助、與慰藉。上課時，教師如果經常在教室內走動，接近學生，不要一直站在講臺邊，則可發現學生的疑難雜症。教師如能給予適當的協助，必能減少不良行為的發生。

㈣ 興趣的提升（interest boosting）

如果學生上課無精打采，教師可針對學生的課業問一些問題或尋求學生的興趣。曾經有一位學生對恐龍入了迷，上課不聽講，拒絕寫作業，老

是在課本上畫恐龍。雖然他的行為不妨礙其他同學的學習，但他整天沉迷於恐龍，不是作白日夢，就是畫恐龍，甚至蒐集了許多塑膠做成的恐龍。教師勸過他好幾次，但依然我行我素，毫無效果。最後，教師想出一個辦法，花了一個晚上，研究百科全書有關恐龍的資料。次日對這位學生表示，老師也對恐龍極感興趣，並且在大學修過。學生半信半疑。當老師提出一些有關恐龍的統計數字時，這位學生甚感驚訝，認為老師是一位恐龍專家。於是，老師就答應他，只要他上課認真聽講，他願意利用課餘時間與他一起研究恐龍，終於革除他上課不專心聽講的毛病。

㈤ 以幽默化解尷尬緊張的場面（tension decontamination through humor）

學生調皮搗蛋是司空見慣的事，這不足為怪。關鍵是教師能否有效處理這類的行為。有一位導師於午餐過後，巡視班上學生時，發現黑板上畫了好幾幅「老師」的畫像。這位老師不動聲色，拿了一根粉筆，端詳了一會兒，指著其中的一幅說：「這幅最像我，但是頭髮應該多些。」他就再畫上加了幾根頭髮；又指著另一幅說：「你們忘記了我戴眼鏡。」於是，他又在畫中加上眼鏡。他又對另一幅畫指著說：「我的鼻子應該大些。」最後，他在另一幅畫說：「脖子應該長一點。」頓時全班捧腹大笑。老師看到學生很開心，難於平靜下來，於是發給每位學生一張畫紙，要他（她）們畫出老師的長相，看誰畫得最逼真。這個例子說明教師如何處理窘困的情境，把無聊的舉動化為有教育意義的素描活動。同時，從學生交出來的畫中，教師也可旁敲側擊，了解黑板上的畫像究竟是誰的傑作。

㈥ 克服功課上的障礙（hurdle lessons）

行為困擾不一定起於內在的困擾。有時，學生功課趕不上或某一過程中沒有聽懂而引起挫折。於是對老師顯示出憤怒的情緒，轉而注意鄰座的同學，喜歡順手牽羊，竊取同學的財物。班上經常會有學生報告說：「我的鉛筆盒丟了！」、「我的橡皮擦不見了！」教師處理這類行為時，首先要考慮到鄰座學生的功課是否障礙。

㈦ 改善教室的活動（**reconstructing the classroom program**）

部分教師認為學生必須遵循課表上課，別無選擇餘地。但是，教室的活動仍然操之於教師的手中。教師有權斟酌情況，適當地處置。例如：下課時，學生到操場玩得渾身大汗，上課鈴一響，跑進教室，就氣呼呼大喊天氣熱，要喝水。碰到這種情況，教師可叫學生把頭伏在桌子上，冷靜想一想哪些東西可使人涼爽。然後要全班說出他（她）們想些什麼。經過幾分鐘的光景，教室已告平靜。

㈧ 除去誘惑的物品（**removing seductive ojbectives**）

教師有時發現學生心不在焉或表現其他不良的行為，是因為他（她）們身邊有一些誘惑的物品。例如某一男生桌子底下放有球棒。上課時，他就在玩弄球棒。又如某一女生書中夾有幾張影歌星照片，視為崇拜的偶像，一直欣賞這些照片。教師碰到此種情形，可以暫時保管這些物品，直到行為改善時，才通知學生取回。

㈨ 調虎離山（**antiseptic bouncing**）

當教師發現不良行為是某一學生所主使，則可叫他暫離教室，以平息風波。譬如上數學課時，教師聽到後排學生痴痴地笑，仔細一看，果然發現小華故意做出怪動作，引起一場騷動。這時，教師可叫小華到教師辦公室拿教具，或找一個差事給她做。只要「主謀者」暫離現場，教師即可維持秩序。

㈩ 身體的抑制（**physical restraint**）

當學生打架，凶性大發，拿東西正要打同學時，教師只有趕緊喝令阻止或抱住他，以免傷害到其他學生。

第五節　實務演練與教師檢定

本節包括實務演練與教師檢定。前者注重情境演練，後者從近年來中小學教師檢定的趨勢，提出若干模擬試題與檢定試題（打＊者為參考答案），分別列示如後：

一、實務演練

實務演練以「學生吵架」與「學生取教師的綽號」為例。請思考教師教學時碰到此種情境，究應如何處理？今說明如下：

㈠學生吵架

王老師教學，一向喜歡坐在講臺上課。有一天當他正在上課的時候，有兩位學生在玩弄把戲。李生坐在林生的後面。李生拿了一根粉筆往林生的背部塗鴉。林生就向李生喝令不要在他的背部亂塗鴉。李生不聽林生的勸告，依然我行我素，照畫不誤。這樣激怒了林生，簡直怒不可抑。這時剛好下課，班長喊著：「起立！敬禮！坐下！」王老師也就離開教室。但是，誰也料想不到，林生卻在休息時間片刻，找了一把尖刀，就往李生猛刺下去。李生血流如注，趕緊急救送醫。教室竟然變成打鬥場所，怎麼會這樣……？

現在請你思考一下，你認為這場兇殺案件能否避免？王老師的班級經營策略究竟犯了什麼錯誤？如果你是王老師，你應該如何處理？

這個案例說明班級經營的重要性。王老師一直坐在講臺上課是不妥當的。他上課純屬「教書」，只教不管，也沒盡到輔導的責任。顯然王老師沒有深入了解「教、訓、輔」三合一的策略。如果他能採取「走動管理」的方式，看到兩位學生正在玩弄把戲，老師就站在他們的旁邊，就近看管。他們也就不會輕舉妄動、為非作歹。何況，下課時，王老師如果能夠把兩位學生帶到辦公室，開導一番；林生的怒氣也就煙消雲散，不會引起兇殺案件了。

㈡學生取教師的綽號

彭老師是一位剛從大學畢業不久的國民中學教師，初為人師。學期開始第一次上課的時候，她走進教室就拿了一根粉筆在黑板上寫下自己的姓名「彭美香」，向學生自我介紹。學生看到老師的姓名之後，

教室傳來一片吵雜聲與笑聲，此起彼落。彭老師就非常生氣，責問學生：「誰在笑？站起來！」頓時全班鴉雀無聲，沒有學生願意站起來。彭老師幾乎整節課都在告誡學生。現在假設你是彭老師，碰到此種情況，你將如何處理？

學生取老師或別人的綽號，司空見慣，不足為奇。原來學生取彭老師的綽號為「爆米香」（閩南語），即「爆米花」。如果我是彭老師，我會用幽默的語氣化解尷尬的場面，並進行隨機教育，向學生說：「每個人都有姓名，大部分是父母親或長輩替小孩取的名字，應該予以尊重，不可取笑別人的姓名。」接著又對學生說「如果各位同學上課都很認真，成績有進步，老師願意買爆米花當獎品。」這樣上課就會充滿愉悅的氣氛，學生也不會無理取鬧了。

二、教師檢定

研讀本章教學策略之後，請思考並回答下列問題，今依模擬試題與檢定試題，列示如後：

㈠ 模擬試題

1. 教師體罰學生可能會觸犯哪些法規？如何避免體罰？請提出三種可能的策略。

2. 學生上課調皮搗蛋，為非作歹，打瞌睡、滑手機、取別人的綽號等不良行為，時有所聞。教師面對此種情境，如何處理？請舉出三種可能的處理策略並說明其理論依據。

3. 由於少子化的影響，班級人數越來越少。小班教學更形普遍。教師教學時如何發揮小班教學的理念，提升教學的品質？請舉出小班教學的重要理念並說明其作法。

4. 國民教育法明文規定國民中小學必須實施常態編班，原因何在？請說明之。

5. 如果你（妳）擔任中小學校導師，如何指導班上學生訂定班規？訂定班規要注意哪些原則？請列舉並說明之。

6. 學生的不良行為原因為何？請舉出三種可能的原因並提出處理的策略。

7. 現實治療法（reality therapy）實施步驟為何？請以「吸毒」為題，說明其作法。

8. 下列班級經營措施，何者最符合「邏輯後果」（logical consequences）的作法？

   (A) 打瞌睡者，給予罰站；(B) 遲到的學生，罰跑運動場；(C) 滑手機者，手機給予沒收；*(D) 製造髒亂者，要消除髒亂。

9. 一群班上同學嘲笑一位剛轉學進來的同學是「矮冬瓜」。導師了解狀況後，在班會斥責興風作浪的王同學。其後同學們就不再嘲笑這位轉學生。導師處理不良行為的方式引起何種效應？

   (A) 蝴蝶效應；(B) 邊際效應；(C) 自我效應；*(D) 連漪效應。

10. 下列哪一位教師使用鼓勵的方式，激勵學生努力用功？

   (A) 林老師：「你考及格了，老師很高興！」；(B) 黃老師：「你能夠得到好成績，我很佩服」；(C) 李老師：「如果再不認真，你會不及格！」*(D) 吳老師：「你考得很好，再接再厲，你會有更好的成績」。

11. 立志國民中學三年甲班導師王老師向學生說：「第一組同學清掃教室非常努力，窗戶擦得發亮，課桌椅很整齊，教室一塵不染。」王老師的話屬於下列何種行為？

   (A) 鼓勵；(B) 獎賞；(C) 評鑑式讚美；*(D) 鑑賞式讚美。

12. 威豪上學頭髮染黃並且奇裝異服。從德瑞克斯（R. Dreikurs）的目標導向型理論，它的用意何在？

   (A) 尋求權力；(B) 尋求報復；(C) 自暴自棄；*(D) 引起別人的注意。

13. 產婆法（maieuutics）或詰問法（dialectic）的發問方式係由何人所創用？
   (A) 孔子；(B) 孟子；(C) 杜威（J. Dewey）；*(D) 蘇格拉底（Socrates）。

14. 李老師上課時發現小明正在低頭滑手機，不專心上課。你認為下列何種處理方式是錯誤的？

   (A) 暫時保管手機，下課時還給他；(B) 走到小明旁邊上課；(C) 向小明暗示：「把手機收起來！」*(D) 沒收手機。

15. 明禮國民中學舉辦教室佈置比賽，班規列為重要項目之一。下列哪一班訂定的班規不合乎教育的原則？

(A) 甲班:「愛惜公物」;(B) 乙班:「保持教室整齊清潔」;(C) 丙班:「午休保持肅靜」;*(D) 丁班:「不可騎乘機車」。

(二)檢定試題（國家教育研究院，2015, 2016, 2017, 2019）

1. 李老師的班上有許多漫畫迷，他擔心學生看漫畫會影響課業學習，但又不想採取嚴厲強制的手段來禁止學生看漫畫。請問，李老師應採取哪些班級經營策略來引導學生學習呢？請列舉五項。

（2015 年課程與教學）

2. 有關班級經營的敘述，下列何者最為正確？
   (A) 班級經營應遵循成規，對學生一視同仁;*(B) 班級經營的決定應由教師與學生共同參與;(C) 班際比賽得到冠軍是班級經營最應強調的事項;(D) 教師只要有耐心與愛心，班級經營即可順利進行。

（2015 年課程與教學）

3. 下列哪一句話，比較屬於「我—訊息」（I-message）的溝通策略？
   (A) 你總是缺交作業，我真不知該怎麼辦;*(B) 我無法了解你缺交作業的原因，我很擔心你的成績會退步;(C) 你已缺交作業好多次了，下次再缺交作業，就不要來上課了;(D) 我為你缺交作業想了很多辦法，你還是缺交，你到底是怎麼了。 （2015 年課程與教學）

4. 張老師計劃以「社會計量法」來安排學生座位時，會優先考量下列哪一方式？
   (A)按照學生的成績高低安排座位;(B)按照學生的身高大小安排座位;(C) 讓上課表現良好學生先選座位;*(D) 按照學生的同儕喜好安排座位。 （2015 年課程與教學）

5. 教師提問後，學生回答不正確時，下列何種處置方式較不適切？
   (A) 教師再將題目複述一次;(B) 提供學生線索並略加以提示;(C) 建議學生暫停回答，再多加思考;*(D) 教師提出個人觀點修正學生的錯誤。 （2015 年小學課程與教學）

6. 吳老師帶著同學一起訂定班級公約。在討論過程中，吳老師告訴學生「該如何做」，而不是告訴他「不可以做些什麼」。此種作法最符合下列何種班規建立原則？

(A)班規與學校校規相互配合符應；(B)考慮學生的身心發展與成熟度；(C) 訂出大原則並切合簡單易執行；*(D) 班規以正面措詞加以敘述爲佳。　　　　　　　　　　　　　　　（2015 年小學課程與教學）

7. 下列有關座位安排的敘述，何者有誤？

*(A) 直列式有利於師生眼神接觸和非語言溝通；(B) 圓桌式雖有利於學生合作學習，但易使學生分心；(C) 馬蹄式有利於教師隨時走到中央位置，注意每個學生的反應；(D) 在直列式的座位安排下，坐在前面和中央的學生，通常有較高的參與感。　　　（2015 年小學課程與教學）

8. 下列何者較屬於果斷型（assertive style）的教師態度與行爲？

*(A) 建立教室常規，並確實執行，以維持高效率的學習環境；(B) 教師必要時，可以嚴厲指責學生，以展現教師的決斷力；(C) 針對學生正向行爲予以增強，避免懲罰學生的不當行爲；(D) 教師應獨當一面，避免學校行政人員及家長介入班級經營。　　　（2015 年小學課程與教學）

9. 閱讀下文後，回答下列問題。

某位國小老師與學生討論「公平」的問題——

師：什麼是公平？

生：公平就是不偏心，給每個人同樣的東西。

師：媽媽要怎麼公平地分蛋糕給孩子？

生：給每個孩子一樣大或一樣多的蛋糕。

師：對 10 歲的大哥哥和 2 歲的小妹妹，要給他們一樣大的蛋糕嗎？

生：如果給兩個人的蛋糕都很大，妹妹會吃不完；如果都很小，哥哥會不夠吃。所以要給哥哥大一點的，給妹妹小一點的。

師：這樣不是不公平嗎？

生：讓他們都吃得一樣飽，都覺得很高興，就好了。

師：重要的是讓他們得到同樣的滿足，是嗎？

生：對！大小不一定要相同，只要讓他們都同樣滿足，就是公平。

這位老師的教學法較接近下列哪一位教育家的方法？

(A) 杜威（J. Dewey）；(B) 盧梭（J. -J. Rousseau）；*(C) 蘇格拉底（Socrates）；(D) 蒙特梭利（M. Montessori）。

（2015 年教育原理與制度）

10. 王老師覺得學生很調皮，上課時常搗蛋。例如：今天上課時，他轉身寫黑板，小雄投擲紙飛機，讓全班哄堂大笑。如果你是王老師，列舉兩種可能的處理策略並說明其理論依據。

（2015 年青少年發展與輔導）

11. 下列哪一個學派特別強調當事人的抉擇與責任？
(A) 阿德勒學派；(B) 完形治療學派；*(C) 現實治療學派；(D) 個人中心學派。

（2015 年青少年發展與輔導）

12. 下列哪一項並非現實治療的特徵？
(A) 治療聚焦於當下；(B) 強調個人的責任；*(C) 重視個體的症狀；(D) 拒絕移情的觀點。

（2015 年青少年發展與輔導）

13. 下列班級經營措施，何者最符合「邏輯性後果」（logical conse-quence）的作法？
*(A) 要求學生賠償損壞的公物；(B) 要求遲到的學生罰跑運動場；
(C) 對亂丟紙屑的學生給予罰站；(D) 剝奪未交作業學生的下課休息時間。

（2016 年課程與教學）

14. 根據「學校訂定教師輔導與管教學生辦法注意事項」，教師處理學生的違規行為時，下列何者並非合理的處罰方式？
(A) 在教室後面罰站二十分鐘；(B) 經學務處和隔壁班教師同意，於行為當日，暫時轉送其他班級學習；*(C) 經班會決議通過並徵得家長會同意後，在班規中明訂處以 100 元的罰款；(D) 在教室安排一堂課的「特別座」，暫時讓學生與其他同學保持適當距離。

（2016 年課程與教學）

15.「什麼樣的生活是你想要的？」、「你正在做什麼？」、「你上星期做了什麼？」、「最近什麼事妨礙你達成想要的？」上述問題是下列哪一個學派最常使用的問法？
(A) 認知行為學派；(B) 個人中心學派；*(C) 現實治療學派；(D) 精神分析學派。

（2016 年青少年發展與輔導）

16. 張明明喜歡指使同學幫他做事。有一天，他想要黃老師依他的想法更改上課的活動方式，但黃老師不願意，張明明便發脾氣不願意上課。張明明的行為屬於德瑞克斯（R. Dreikurs）所提出的哪一項錯誤目標？

(A) 尋求注意；(B) 尋求報復；*(C) 尋求權力；(D) 避免失敗。

（2017 年課程與教學）

17. 在光明國中的校外教學過程中，建志私自離隊又忘了集合時間，因而遲到三十分，影響後續的行程。帶隊老師十分生氣，在車上斥責建志。其他同學看到老師生氣的樣子，心生警惕。其後，未再發生遲到或私自離隊的情形。下列哪一效應可以解釋其他同學的行為反應？

(A) 羊群效應；(B) 蝴蝶效應；*(C) 漣漪效應；(D) 自我效應。

（2017 年課程與教學）

18. 德瑞克斯（R. Dreikurs）的目標導向型理論，指出教師應多使用「鼓勵」，刺激適當行為，而少用「稱讚」。下列哪一句話較具有「鼓勵」的意涵？

(A) 你真是聰明！才五分鐘就把前三段課文背熟了！(B) 才五分鐘的時間，你就把前三段課文背熟，太了不起了！*(C) 你只要專心認真五分鐘的學習，就能把前三段課文背熟。(D) 只有像你這樣的語文神童，才能在五分鐘內就把前三段課文背熟。 （2017 年小學課程與教學）

19. 陳老師發現小美拿筆在課桌上塗鴉，想要以「邏輯後果」（logical consequences）來代替處罰。下列何種做法比較適切？

(A) 全班圍觀小美清洗她的課桌；(B) 小美必須清洗全班同學的桌子；
(C) 一個星期之內，小美都不能使用課桌；*(D) 小美要在放學之前找時間清洗她的桌子。 （2017 年小學課程與教學）

20. 小喬是一位身心狀況不穩定的九年級學生，輔導教師在會談中詢問：「你在哪裡能得到安心與自在？請在腦海中想像一個圖像，並說明給我聽。」藉此了解小喬的「獨特世界」，以釐清他的需求與理想。這樣的做法屬於下列哪一種治療取向？

(A) 敘事治療；*(B) 現實治療；(C) 完形治療；(D) 焦點解決短期治療。

（2017 年青少年發展與輔導）

21. 下列何者屬於擴散性思考的問題？

(A) 水分子的化學式是什麼？(B)10 個水分子含有多少個氫原子與多少個氧原子？*(C) 二氧化碳排放量的調節方式對地球環境生態的影響為何？(D) 水與二氧化碳兩種物質的物理性質有何相同與不同之處？

（2019 年 -1 課程與教學）

22. 黃老師對班級經營的理念為：「教師應發展出明確的行為規則，執行獎懲時態度必須堅定，且能夠貫徹始終。」黃老師的想法較符合下列何者？

    (A) 教師效能訓練；(B) 操作制約模式；(C) 自主選擇模式；*(D) 果斷紀律模式。 （2019 年 -1 課程與教學）

23. 陳老師班上有二位同學吵架，並相互指責對方的不是，此時，陳老師建議彼此不要追究，且要求二位學生為對方做一件好事，二位同學承諾並在之後完成這項行為。在處理過程中，陳老師不接受任何藉口，也未加以懲罰，且要求學生表現出具體的好行為，可視為哪一種班級經營學說的運用？

    (A) 金納（H. Ginott）的和諧溝通理論；(B) 庫寧（J. Kounin）的教學管理理論；*(C) 葛拉塞（W. Glasser）的現實治療理論；(D) 德瑞克斯（R. Dreikurs）的目標導向理論。 （2019 年 -1 課程與教學）

24. 篤信「產婆法」教學方式的老師，較會採取下列何種教學實踐？

    (A) 鼓勵學生跟著楷模人物進行「觀摩」學習；*(B) 樂於使用一問一答啟發理性的「對話教學法」；(C) 喜歡帶學生至博物館落實「眼見為憑」的教學；(D) 偏好使用「正增強」等強化物來鼓勵學生的正向行為。

    （2019 年 -1 課程與教學）

25. 下列何者不屬於欣賞式稱讚（appreciative praise）？

    *(A) 某生足球踢得很好。老師：「你是天生的足球好手，比賽得分就靠你了。」(B) 某生數學考 100 分。老師：「由於你這次細心檢查，所以數學考了滿分。」(C) 某生鋼琴彈得很好。老師：「你很認真的練習彈琴，所以這次進步很多。」(D) 某生很會寫電腦程式。老師：「你願意接受挑戰，且耐心解決程式問題。」 （2019 年 -2 課程與教學）

26. 林老師嘗試以「積極聆聽」了解並幫助學生。在下列的對話之後，林老師如何回應最為恰當？師：你最近經常遲到，使我必須中斷教學，也讓同學分心，令我感到困擾。生：嗯……，對不起！我最近碰到的事情比較多，嗯……。師：你是說你最近碰到的事情比較多，這些事對你造成困擾嗎？生：我最近課業壓力很大，不好睡，所以早上起不

來：不過，我已經努力趕到教室，並且進教室時儘量不干擾大家了。

師：＿＿＿＿＿＿＿＿＿＿＿＿＿＿

(A) 爲什麼你最近課業壓力這麼大呢？*(B) 我感覺你也不想因爲遲到而干擾大家；(C) 你可以在睡前做一些和緩的運動，會比較容易入睡；(D) 你們現在課業壓力大，很正常。不要想太多，總是會過去的。

（2019 年 -2 課程與教學）

27. 謝老師上課時運用點名提問，使學生投入學習活動與維持注意力。這符合庫寧（J. Kounin）教學管理模式中的何種技巧？

　*(A) 團體警覺；(B) 進度管理；(C) 過度飽和；(D) 背後長眼睛。

（2019 年 -2 課程與教學）

28. 高登（T. Gordon）認爲：教師採用「我—訊息」（I-message）策略，有助於師生溝通。大華在上課時隨意講話，干擾到吳老師上課。吳老師如採「我訊息」策略，會如何表達？

　(A) 大華！好學生要專心上課，不要隨意與同學講話；*(B) 大華！你大聲講話，影響我上課，令我感到苦惱；(C) 大華！如果你不安靜下來，我要延遲五分鐘下課；(D) 大華！你在上課時喜歡講話，所以人際關係不好。

（2019 年 -2 課程與教學）

29. 上課時，陸老師大聲喝止鐵雄拿紙團丟同學的行爲。鐵雄因此惱羞成怒，大罵老師，並用書本擲向老師。若依德瑞克斯（R. Dreikurs）班級經營的看法，鐵雄的行爲符合哪一種錯誤信念（錯誤目標）？面對鐵雄錯誤信念（錯誤目標）的行爲，陸老師應如何處理？（至少寫出四項）

（2019 年 -2 課程與教學）

30. 下列哪一種家庭規則的做法對青少年自尊有正面影響？

　(A) 不設定規則，給予青少年完全的自由；*(B) 父母訂定規則的過程中與孩子充分討論；(C) 爲能愼重，父母常爲家規的內容時有爭辯；(D) 爲了形塑服從家規的重要性，規則一旦訂定即不容修改。

（2019 年 -2 青少年發展與輔導）

參考文獻

一、中文部分

行政院教育改革審議委員會（1996）。**教育改革總諮議報告書**。臺北：行政院教育改革審議委員會。

教育部（1998）。**發展小班教學精神計畫**。臺北：教育部。

國家教育研究院（2015, 2016, 2017, 2019）。**高級中等以下學校及幼兒園教師檢定考試歷屆試題及參考答案**。新北：國家教育研究院。

張清濱（2008a）。**教學視導與評鑑**。臺北：五南圖書出版公司。

張清濱（2008b）。**學校教育改革：課程與教學**。臺北：五南圖書出版公司。

二、英文部分

Anderson, L. W., Krathwohl, D. R., Airasian, P. W., Cruishank, K. A., Mayer, R. E., Pinttrich, P. R., Raths, J., and Wittrock, M. C. (2001). *A taxonomy for learning, teaching, and assessing: A revision of Bloom's taxonomy of educational objectives* (complete edition). New York: Longman.

Berne, E. (1966). *Principles of group treatment*. New York: Oxford University Press.

Brody, P. J. (1980). Do social studies texts utilize visual illustrations effectively? *Educational Technology*, May, 59-61.

Canter, L., and Canter, M. (1992). *Assertive discipline: Positive behavior management for today's classrooms*. Santa Monica, CA: Lee Canter and Associates.

Charles, C. M., and Blaine, K. (1981). *Building classroom discipline:From models to practice*.White Plains: Longman, 29-130.

Chuska, K.R. (1995). *Improving classroom questions: A teacher guide to increasing student motivation, participation, and higher-order thinking.* Bloomington, IN: Phi Delta Kappa Educational Foundation.

Doyle,W. (1979). Classroom tasks and studentt's abilities. In P. L. Peterson, and H. J. Walberg (Eds.), *Research on teaching.* Berkeley, CA: McCutchan.

Doyle,W. (1986). Classroom organization and management. In M. C. Wittrock (Ed.), *Handbook of research on teaching* (3rd ed.). New York: Macmillan.

Dreikurs, R. (1968). *Psychology in the classroom* (2nd ed.). New York: Harper and Row Publishing, Inc..

Edwards, C. H. (2000). *Classroom discipline and management* (3rd ed.). New York:John Wiley and Sons, Inc., 43-258.

Elder, L. and Paul, R. (1998). The role of Socratic questioning in thinking, teaching, and learning. *The Clearing House, 71*(5), 297-301.

Gathercoal, F. (1990). *Judicious discipline* (2nd ed.). Davis, CA: Caddo Gap Press.

Ginott, H. (1972). *Teachers and children.* New York: Mcmillan.

Glasser, W. (1965). *Reality therapy*: A new approach to psychiatry. New York: Harper and Row Publishers, Inc..

Glickman,C. D. and Tamashiro, R. T. (1980). Clarifying teacher's beliefs about discipline. *Educational Leadership,* March, 459.

Gordon,T. (1976). *T. E. T.: Teacher effectiveness training.* New York: Peter H. Wyden.

Harris, T. A. (1967). *I'm OK---you're OK.* New York:Avon Books.

Hart, J. and Lordon, J. F. (1978). School discipline: Yesterday, today, and tomorrow. *The Clearing House*, October, 68-71.

Jones, F. H. (1987). *Positive classroom discipline.* New York: McGraw-Hill.

Kellough, R. D. and Kellough, N. G. (2003). *Secondary school teaching: A guide to methods and resources.* Columbus, Ohio: Merrill Prentice Hall.

Knoll, S. (1981). A strategy for discipline. *Contemporary Education,* Spring, 168.

Kounin, J. S. (1970). *Discipline and group management in classrooms.* New York: Holt, Rinehart, and Winston.

Leftkowitz, L. J. (1972). Ability grouping: De facto segregation in the classroom.

The Clearing House, January, 293-297.

Marzano, R. J. (2003). *Classroom management that works.* Alexandria, VA: ASCD. Los Angeles: SAGE.

Ogletree, E. (1968). Research verifies ill effects of ability grouping. *Phi Delta Kappan,* December, 223.

Orlich, D. C., Harder, R. J. , Callahan, R. C., and Gibson , H. W. (1998). *Teaching strategies: A guide to better instruction* (5th ed.). New York: Houghton Mifflin Company.

Pate, S. S. (1996). *Social studies: Application for a new century.* Boston: Delmar Publishers, 23.

Redl, F., and Wattenberg, W. W. (1959). *Mentalhygiene in teaching (2nd ed.),* New York: Harcourt, Brace, and World.

Riessman, F. (1966). Styles of learning. *NEA, LV*(3), 15-17.

Savoie, J. M., and Hughes, A. S. (1994). Problem-based learning as classroom solution. *Educational Leadership, 52,* 54.

Stevens, R. (1912). *The question as a measure of efficiency in instruction: A critical study of classroom practice.* New York: Teachers College Contributions to Education.

Stoops, E. and King-Stoops, J. (1981). Discipline suggestions for classroom teachers. *Phi Delta Kappan*, September, 58.

Verduin, J. R. Jr. (Ed.). (1967). Structure of the Intellect. In *Conceptual models in teacher education.* Washington, D. C.: American Association of Colleges of Teacher Education.

Wang, M. C., Haertel, G. D., and Walberg, H. J. (1993). Toward a knowledge base for school learning. *Review of Educational Research, 6*(3), 249-294.

Watson, K. and Young, B. (1986). Discourse for learning in the classroom. *Language Arts 63,* 126-133.

Wilen, W. W. (1989). Questioning , thinking, and effective citizenship. *Social Studies Record 22,* 4-6.

第三篇　方法篇

第九章

思考與探究教學

處於急遽變遷的社會中，人們必須學會臨機應變的能力，解決日常發生的困難問題，也必須學會判斷，做出正確的決定，以免思慮不周，墜入陷阱，遭致失敗或無謂的損失。社會的進步乃是人們智慧的結晶。如果教育是在開發人礦，那麼培養學生成為有思考能力的國民，能明辨是非、分別善惡，知所抉擇，貢獻自己的智慧，蔚為國用，則是刻不容緩的課題。

本章就思考的本質、問題解決、批判思考、創意思考、探究發現、與實務演練，分別列述如後，俾供教師們改進教學之參考。

第一節 思考的本質

J. Dewey（1910:6）在《思維術》（*How We Think*）一書中，指出思考是一種反省思考（reflective thinking），涉及一種信念「活潑的、堅持的、與審慎的考慮」。它有別於白日夢。思考的第一個階段起於「覺得有困難」（felt difficulty）。當情境不確定而不知道如何採取行動時，情緒不安的狀態刺激了思考。在第二個階段，「觀察」（observation），企圖找出困難的性質與所在。在第三個階段，「暗示」（suggestion），觀察到的事實歸納成刺激，顯示更大的類型或理念。在第四個階段，「推理」（reasoning），推論假設。最後，第五個階段，涉及理念的「驗證」（verification），察看問題是否解決。如果起初的困難沒有獲得解決，思考會繼續循環，轉而改變情境，透過相同的階段，直到問題成功地解決。

依照 Dewey 的看法，思考是一種行為（act）而不是一種特有的內在歷程（peculiarly inward process）。思考類似其他的活動（activity），只有在功能上不同。例如：觀察通常牽涉到生理的動作（physical actions）如掀開車蓋與往裡面察看。產生可能的反應、暗示的階段涉及部分對刺激的反應。此種片面的針對刺激的意義產生的反應就是我們所說的理念。因此思考涉及可觸知的、生理的活動。它牽涉到有機體與環境的互動（Bredo, 2003:100）。

既然 Dewey 把「心思」（minding）視為一種活動，它就像習慣一樣是很明確地可觸知的或可教的。例如：觀察可以藉學會使用放大鏡、望遠鏡、或其他觀察的工具予以改善。暗示可以藉更有系統地考慮各種不同的

刺激予以改善,譬如先考慮某一類刺激的各種情況,再考慮其他類別的各種情況。演繹的推理可以藉使用形式邏輯的規則予以改善,以確保結論依循前提。驗證也可以藉精心設計的實驗予以改善。

　　思考技巧(thinking skills)是什麼?教師如何教導思考技巧?這些都是難以回答的問題。的確,思考的定義猶如思想家各有不同的看法。所有的認知行為不需要思考嗎?雖然所有的認知行為需要思考,但在簡單的複製機械式知識方面,使用腦筋的能力與使用高層次的思考技巧,產生新知識的創造能力,區別兩者之間的差異至為重要。

　　許多學者相信教導學生思考的技巧,產生創意的思考去尋求問題的解決是可能的(Martinez, 1998; Mayer & Wittrock, 1996)。事實上,思考是「問題的解決、做決定、閱讀、反省、與對於可能發生的事情做預測」(ASCD, 1990)。依照 Bloom 等人(1956)的認知領域目標分類法,認知層次可分為知識、理解、應用、分析、綜合、與評鑑。Anderson 與 Krathwhol(2001)修正的認知領域目標分類法把認知的歷程分為記憶、了解、應用、分析、評鑑、與創造。前三者屬於低層次的思考能力;後三者屬於高層次的思考能力。幾乎各科教學都可以教導學生這些思考技巧。

　　教師教學時應該善加演練各種思考的技巧。常用的技巧包括比較、分類、估計、摘要、假設、綜合、排序、預測、評鑑、翻譯、重組、分別輕重緩急、設定標準、設定目標、解決難題、做決定、證明、提出假說、類推、想像、邏輯推演、辨認正反面、辨認宣傳、辨認後果、觀察、創造設計、與詮釋等 27 項。教學評量時,教師宜相機採用(Grice & Jones, 1989)。今舉數例,說明如下:

一、腦力激盪(brainstorming)

　　腦力激盪是促進思考流暢的最佳方式,可用於各年級。教師給學生一個真實的或想像的問題或難題,要他(她)們儘量想出各種方式或解決的辦法。譬如,生物科教師採用小組教學問各組學生:「竹子有哪些用途?」經過腦力激盪,各組學生提出許多用途,諸如:當藝術品、造房子、橋梁、包粽子、製作教鞭、筆筒、掃把、斗笠、畚箕、籠子、拐杖、竹筍絲、筍乾等,不勝枚舉。

小組進行腦力激盪時，教師盡量鼓勵學生，知無不言，暢所欲言。在討論未結束前，教師不宜作評論。討論結束，教師可就各組的意見提出講評，評定各組的表現。

二、因果關係（cause-and-effect relationship）

教師提出具有彈性的話題，引導學生思考其因果關係，考慮其可能性。譬如孔子說：「學而不厭，誨而不倦。」學不厭與教不倦，究竟何者為因？何者為果？教師誨人不倦係因學不厭？或教師學不厭係因誨人不倦？抑或兩者互為因果？經過一番思考，發現三者皆有可能。

三、分類（classifying）

在每組學生的面前有一堆水果。教師要學生仔細觀察，然後要求學生以各種不同的方法把它們分成兩類，看看哪一組學生想出來的方法最多。最後，學生想出來的方法真是琳瑯滿目，發現可以顏色、形狀、大小、重量、長度、酸甜、出產季節、削皮與否、土產或進口等方法分類。

四、做決定（decision making）

班上同學討論秋季旅行計畫。導師要同學提出旅行計畫的目的地。甲生說臺灣北部，乙生說南部，丙生說東部，丁生說西部。導師說：「旅行是戶外教學，同學要發揮團隊精神，不可四分五裂，只能選擇某一個目的地。這四個目的地各有優缺點，應該先考慮一些重要的原則。請同學仔細思考，旅行計畫究竟要考慮哪些原則？」經過充分討論後，學生歸納出五項原則：安全原則、經濟原則、教育原則、需求原則、與法令原則。然後，導師要學生根據這些原則，評估方案的可行性，做出最好的決定，選擇最佳的方案。仔細想一想，在這四個方案中，哪一個方案最符合這些原則？此種思考歷程可以引導學生做出正確的決定。

五、證明（verifying）

李生放學回家後，發現住家門窗破了一個大洞。李生亟想探尋門窗破洞的原因。究竟是小偷光顧？或遭不良青少年丟石頭打破？抑或風大震

破？或其他不明原因？後經進入屋內仔細查看，發現抽屜被撬開、衣櫥凌亂不堪，且撲滿存放的錢不見了。李生始確定門窗打破係歹徒所為。然而，歹徒究竟是誰？李生百思不得其解。數週後，李生無意中發現他家的照片竟然流落在王生手中。經追查後，王生供出潛入李家偷東西原委。本案終告塵埃落定、水落石出。這個案例說明問題發生後，要辨認問題的性質，提出合理的假設，擬定可行的解決辦法，選擇最佳的辦法，最後找出證據、驗證假設。

第二節　問題解決

　　問題解決（problem solving）在過去稱為反省思考（reflective thinking），今天稱為批判思考（critical thinking），乃基於歸納的思考、分析的程序、與聚斂式的歷程（convergent processes）。創造思考（creative thinking）則包含直觀與發現，基於演繹的思考、原創性、與輻射式的歷程（divergent processes）。以第二種觀點言之，問題解決有助於理性與科學的思考，也是獲得問題解決的答案。然而創造力是有助於藝術與文學的思考，也是思想的品質。當創造力作為目的時，就沒有正確的解決方案或答案（Ornstein & Hunkins, 2004:118）。

　　實際上，問題解決與創造力可能或不可能攜手並進。有些人沒有創意，但問題處理得很好；另有些人很有創意，但處理問題很糟糕。我們能夠區別兩種思考歷程並不意味著它們是互相獨立的；研究顯示有創意的人不見得是個善於解決問題的人；相反地，善於解決問題的人也不見得是個有創意的人（Getzels & Jackson, 1962）。

　　值得注意的是這些複雜的認知活動應該當作普通的技巧與原則來教學生。這個理念是要培養後設認知的策略，學生可以遷移到許多課程領域與學科。此種需求是要培養反省思考、批判思考、直觀思考、與發現式思考策略，以適合各種學科的情境（Ornstein & Hunkins, 2004:119）。

　　問題解決在 Dewey 的教育理念中扮演主要的角色。他不僅相信學校的問題解決活動培養學生的智慧與社會的成長，而且在解決問題中所培養的技能可以遷移到解決社會每天的問題。Dewey 的問題解決概念植基於科

學的方法，成為古典的「五段教學模式」：

1. 了解困難問題之所在。
2. 辨認問題。
3. 彙集、分類資料並擬定假設。
4. 接受或拒絕暫時的假設。
5. 獲致結論與評估結論（Dewey, 1910）。

Dewey 的問題解決法與他的教育理念不謀而合。他認為學校的主要功能是改進學生的推理歷程。各級學校應採納問題解決法於各學科中。問題應選自學生感到興趣的部分，因為學生沒有動機，將無法感受到問題的存在。

然而，論者批評問題解決法為錯誤的觀念，誤以為它是科學家尋求問題答案的法寶。例如：曾任美國耶魯大學校長 James Conant 把問題解決法分成六個步驟，可用於科學實驗與日常解決問題的情境：

1. 認清問題並擬定目標。
2. 蒐集相關資訊。
3. 擬定假設。
4. 從假設演繹。
5. 證驗假設。
6. 依試驗結果，接受、改變、或放棄假設（Conant, 1951）。

教師實施問題解決教學法時，可以日常生活問題，提出來讓學生思考如何解決。譬如「學生缺席的主要原因是什麼？」甲生說「生病」，乙生說「沒寫作業，不敢上學」，丙生說「天氣不好，不能上學」，丁生說「和家人去旅遊」，說法很多。但到底哪一個才是正確的答案？教師可引導學生依上述步驟進行思考，認清「缺席」的問題，蒐集有關資料，提出假設，選擇最佳的解決方案，驗證假設，提出結果。教師可以告訴學生用觀察法與統計法，每天觀察學生有無缺席。如有學生缺席，等他（她）到校時，問明缺席的原因。學期結束，統計缺席的原因，即可獲得正確的答案。

Conant 認為問題解決的能力不能靠科學增進。科學方法不是很容易地應用於日常的問題。科學只是從實際的人借用證驗假設的方法。他的方法

與 Dewey 的方法不盡相同。Dewey 的方法適用於各科教學，涉及社會問題解決。Conant 的方法則用於科學實驗與數學課程（Ornstein & Hunkins, 2004:119）。

這兩種模式都不夠完整。第一，分析是在問題解決之後才發生。第二，這兩種模式忽視直觀、頓悟、與非邏輯的理念——簡言之，不易觀察或驗證，但有時在解決問題時是行之有效的程序。目前認知歷程的理論顯示邏輯與可觀察的步驟不是總用在問題解決。第三，不同的問題解決技術用於不同的學科與年級（Ornstein & Hunkins, 2004:119）。

第三節 批判思考

許多文獻把思考分成兩種類型：批判思考（critical thinking）與創造思考（creative thinking）。Rugiero（1988）即以哲學的與心理的觀點來說明兩種類型的區別。哲學家偏重批判思考，Ennis（1985）指出：批判思考乃是合理的、反省的心理歷程，著重在決定何者可信與何者可為。認知心理學家則側重創造思考，Halpern（1988）認為創造思考是一種組合的能力，以實現某種需求；deBono（1985）乃稱之為「衍生的思考」（generative thinking）或「旁敲側擊的思考」（lateral thinking）。Bloom 等人（1956）曾把教育目標分類，認知領域的目標可分為：知識、理解、應用、分析、綜合、評鑑。後三者屬於較高層次的目標，是批判思考所必需。

批判思考與思考的技巧是用來表示問題解決與有關行為的術語。批判思考不等同於智慧（intelligence），它不是固定的實體，而是可以傳授的。R. Ennis、M. Lipman 與 R. Sternberg 等人都是倡導批判思考的主要人物（Ornstein & Hunkins, 2004:120）。

Ennis 認定批判思考的人具有 13 種人格屬性。他們傾向於：1. 開放的胸襟，2. 採取立場（或改變立場），3. 考慮整體情境，4. 尋求資訊，5. 尋求資訊的正確性，6. 有條不紊處理複雜事物中的細節，7. 尋找選項，8. 蒐尋理由，9. 尋求問題明確的陳述，10. 牢記原先的問題，11. 運用可靠的來源，12. 保持切入主題，與 13. 對於感情和其他的知識水準，展示敏感性（Ennis, 1985; Ornstein & Hunkins, 2004:120）。

Lipman 區別平常思考（ordinary thinking）與批判思考之間的差異。他認為平常思考是簡單、沒有標準；批判思考是更複雜，根據客觀性、使用性、或一致性的標準。他要求教師協助學生改變下列事項：1. 從猜測到估計，2. 從喜愛到評估，3. 從分組到分類，4. 從相信到假設，5. 從推測到邏輯推論，6. 從聯結概念到把握原則，7. 從注意關係到注意關係之間的關係，8. 從想法到假定，9. 從無理由的提供意見到有理由的提供意見，與 10. 從無準則的判斷到有準則的判斷（Lipman, 1988; Ornstein & Hunkins, 2004:120）。

Sternberg 尋求以不同的方式培養許多知識技能。他指出三種可以增進批判思考的心理歷程：1. 後設的成分（meta-components），屬於高層次的心理歷程，用來規劃、監控、並評鑑所要做的事情；2. 表現的成分（performance components），屬於實際的步驟或採取的策略，與 3. 知識獲得的成分（knowledge-acquisition components），係指使舊資料與新資料產生關係並應用新資料的歷程（Sternberg, 1990）。Sternberg 沒有像 Lipman 列出「方法」，但他列出一般的指導原則，可供發展或選擇方案時參考（Ornstein & Hunkins, 2004:120）。

一些教育家包括現象學家與人本理論家認為教學生思考就像教人家揮高爾夫球桿或揮網球拍；它牽動整體思維，並非零星思維。把思考技巧分成細小單元對於診斷的方案可能有幫助，但用在批判思考可能無濟於事。批判思考是很複雜的心理活動，不能把它分成細小的歷程。批判思考端賴學生整體的心智功能，而非一套狹隘的技巧（Barell, 1991）。

培養批判思考的好辦法就是教導學生認清宣傳的手法，一種遊說的方式，使用誇大其辭、危言聳聽、譁眾取寵、與情緒化的語言，企圖影響觀眾的的看法。學生常常喜愛尋找一些產品廣告與政治宣傳的例子。報章雜誌與電視廣告的樣品可作為分析之用，教師可要求學生從宣傳的廣告中，找出誤導觀眾的詞句、偏見、或一面之詞的報告、錯誤的假設、與情緒的訴求等（Moore, 2009:225）。

第四節　創造思考

　　標準化的測驗無法準確地測量學生的創造力。事實上，我們很難有一致的看法：創造力究竟是什麼？誰最有創意？創造力有很多類型，包括藝術的、音樂的、科學的、手工的創造力等。我們似乎把創造力當作包羅萬象的術語。有創意的學生常常難倒教師。他們往往提出千奇百怪的問題或答案，威脅教師。他們的怪異行為常常脫離正軌。有時候，教師對於有創意的學生潑冷水並受到處罰。課程專家在課程規劃的時候也有忽視這類學生的傾向，因為他們是少數的一群。

　　研究顯示：右腦掌管創意思考，產生點子與意象；左腦掌管邏輯思考，產生批評與評價。在創造的歷程中，兩者相互溝通協調（Moore, 2009:225）。在我們決定如何培養創造力之前，我們必須討論創造力究竟是什麼。

一、創造思考歷程

　　創造力（creativity）代表心思的品質（a quality of mind）。它包含認知的與人文的成分。它的認知成分大概多於人文的成分（Ornstein & Hunkins, 2004:121）。新奇（novelty）、想像力（imagination）、發現（discovery）、與發明（invention）都是創造思考的同義詞（Moore, 2009:226）。雖然一個人不見得能教導別人如何有創意，但提供思考的機會是有可能的。

　　創造思考通常被認為是彙集資訊，產生整體新的了解、觀念、或理念。創造思考歷程可分為四個階段：準備期（preparation）、蘊釀期（incubation）、萌芽期（illumination）、與驗證期（verification）（如圖9.1）。在第一階段中，具有創意思考者蒐集資訊並檢視，使用各種思考歷程。然而，他（她）會質問並探究直到事象、事物、或理念之間的主要關係出現。通常，假設會浮現在他（她）的腦海中，以質問的方式促使他（她）沉思。於是開始進入第二個階段，蘊釀期。個體可能花點時間使意象從潛意識到表面。有時候，這個階段甚為短暫，突然靈機一動，頓有所

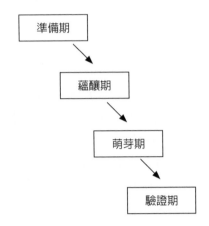

圖 9.1　創造思考階段

資料來源：Moore, 2009, p.228.

悟，進入第三個階段，萌芽期。在此階段，個體甚有自信，緊接著新的
質問與推敲。其次，個體開始尋求驗證理念的方式，此即驗證期（Moore,
2009:226）。

　　Sternberg 從 131 位美國藝術、科學、與企業界人士提到的屬性中，認
定六種人格屬性與創造力有連帶關係：1. 不墨守成規，2. 理念的統整性，
3. 美學的嗜好與想像力，4. 決策技巧與彈性，5. 洞察力，與 6. 成就與贊
賞的驅力（Sternberg, 1986）。他對創造力、智力、與智慧也作了重要的
區別。創造力與智力重疊（r = 0.55）的部分多於智慧（r = 0.27），但更
強調想像力與不墨守成規的方法。智力論及邏輯的與分析的絕對。智慧與
智力具有密切的相關（r = 0.68），但重點不同，智慧注重成熟的判斷力
與經驗的使用（Ornstein & Hunkins, 2004:122）。

　　這三類人──有創意的人、有智力的人、與有智慧的人──都能解決
問題，但方式不同。有創意的人傾向於輻射式思考（divergent thinkers），
教師必須了解有創意的學生通常不按牌理出牌，超出班級與學校的一般限
制，行為舉止不墨守成規甚至超出想像的方式。有智力的人依賴邏輯，有
很好的字彙，並且很好的資訊儲存。這一類學生傾向於聚斂式思考（con-
vergent thinkers）並且在傳統的測驗中得分很高（如圖 9.2）。很少學生展

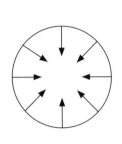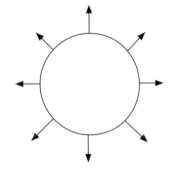

A. 聚斂式思考（封閉式）　　　　B. 輻射式思考（開放式）

圖 9.2　聚斂式思考與輻射式思考

現智慧因為智慧隨年紀與經驗而增長。然而，成熟的學生展現良好的判斷力，處理資訊得宜，能聽取別人的建議與吸收別人的經驗。他們通常展示認知的智力，就是我們所稱的傳統智力，也是社交的智力（Ornstein & Hunkins, 2004:122）。

　　創造思考調和創造力，它不是單面向的歷程。這類思考是整體人格的一部分，在這種人格裡，觀察世界的方式，喜新厭舊。這類思考激發想像力，而想像力鼓舞創造的思考。學生以「好玩」的方式操弄物體與思考。這種意識觸發學生的好奇心，如同有創意的人。對於新觀念、新思想、新事物滿懷好奇與好玩，或對於舊觀念、舊思想、舊事物以新的方式考慮，都可以帶動思考的幽默性，增添情境的愉悅氣氛。在實際環境中，這種歡愉的氣氛會刺激思考與歷程的彈性。很少有創意的人會從現實一躍變成幻想，從嚴肅變成高高在上，從馬上變成遙遠，與從事實變成空談（Armstrong, 1998）。

二、創造思考特性

　　Guilford（1950）認為學生要有創意，擴散式思考（divergent thinking）是很重要的。擴散式思考是尋找不同想法或解決辦法的能力。他把這種能力分析成為三種特性：流暢性（fluency）──發展許多理念或觀念、變通性（flexibility）──容易調整方向、與獨創性（originality）──產生或使

用不尋常點子的能力。

創造力與內在的動機（intrinsic motivation）有密切的相關。兒童從事自己想做的活動遠比外在動機（如獎賞）從事的活動，更有創意。Lepper等人（1973）的創意調查發現：在兒童畫中，期望得獎的兒童作畫的數量多於不期待得獎的兒童，但品質不如不期待得獎的兒童。

兒童的創造力可用 Parnes（1967）創用的腦力激盪（brainstorming）技術激發出來。這種技術透過小組的互動，針對討論的主題提出許多點子，強調好玩有趣，避免使用批評。這些點子再加以評量何者最有用，或者進一步發展關鍵性的觀念。Torrance（1963）也強調實用的創造力常常涉及問題解決。Maier（1933）完成一項早期的調查，向一群學生作 20 分鐘的問題解決技巧的演講──涉及彈性、獨創性、並避免陷入絕境。演講後給他們一些不尋常的問題要他們去解決。這些學生顯然能夠產生創意的解決辦法，顯示創造力的訓練是有效的。

創造力（creativity）是一種具有想像力的活動，而能產生既有創意又有價值的結果。它有五個主要的概念：使用想像力（imagination）、塑造的歷程、追求的目的、具有創意、與有價值（Joubert, 2001:18）。想像力主要是一種能使人對於尋常的情境提出新見解的能力。這種想像力有時候意想不到或偶然地發生，但要把這種想法或點子化為創意的行動。目的的追求乃把點子化為實際的觸媒劑。創意的活動旨在產生可觸知的結果。這些結果包括創意的學說、新的理論、科學的定理、或新的藝術品。目的在追尋的歷程中可能改變，但創意的活動仍然朝向目標邁進。許多人不認為自己具有創意，這是因為他們與歷史上的天才相比較。學生也許會與師長、同學相比較。事實上，創意可以分為三層級：歷史的、相對的、個人的。歷史的層級如 Beethovens 的交響樂曲與 Einstein 的相對論，展示歷史上的創意。相對的層級較為普遍，譬如學生的作文可能比其他同儕更具有創意。個人的創意則可視為個人的作品比以前自己的作品更有創意。這三種創意的型式在學校中應予以鼓勵，尤其個人的創意。教師應該鼓勵學生從以往的作品尋求改進，產生新的點子。創意思考涉及部分的批判思考，評估何者具有創意。譬如在腦力激盪的情境中，如何判斷哪些點子有用是很重要的。透過自我評估來判斷價值可做為形成性的回饋，有助於改進創

造的行為。

　　創意地教學（teaching creatively）有別於創意的教學（teaching for creativity）。前者係指教師教學很有創意；後者指教導學生使其發展創造能力。創意地教學不能保證學生就能發展創造能力。但兩者具有密切關係。要使學生發展創造能力，教師要採用創意的教學法，鼓勵、辨認、與助長學生的創意活動。

　　教師可先以外在的動機（extrinsic motivation）如誘因或獎勵，再施以內在的動機（intrinsic motivation）如好奇心。前者有助於立即學到學校的知識技能，而後者可以維持某一領域持久的興趣，成為終身的學習者。一旦學生已經培養內在的動機，教師使用外在的動機就要格外審慎，因為外在動機會抹煞創造力。

三、如何激發創造力

　　教師如何激發學生的創造力？下列策略與方法可供教師們參考（張清濱，2018:268-270）：

㈠ SCAMPER法

　　Eberle（1977）採取 Osborn 的理念，使用頭字語（acronym），編成容易記憶的方法，稱為 SCAMPER 法，可用來協助學生產生創意的點子。

　　S—替代物（*S*ubstitute）：例如：使用其他的元素、材料取代原有的東西。許多的產品與大小問題的解決都是取代的結果。烹調時無糖可用，改用甘蔗汁取代，味道更甜美。

　　C—組合（*C*ombine）：例如：把兩個零件或理念合併在一起。鉛筆與橡皮擦組合在一起就成為新產品。

　　A—改編（*A*dapt）：例如：改變某一些熟悉的部分，解決問題。許多流行歌曲都是以往的歌曲改編而來。

　　M—改變（*M*odify）：例如：修正目前使用的方式，變成其他的用途。Skinner 發明教學機（teaching machine）之後，後人改用電腦就成為今日的電腦輔助教學（computer-assisted instruction, CAI）媒體。

　　P—放置（*P*ut）：例如：用不同的新方式，解決問題。資源回收的罐

子可以堆積在一起，成為一幅美麗的圖案作品。

E—消除（*E*liminate）：例如：消除或省略不必要的部分，成為新的面貌。詩人寫詩字斟句酌，字字珠璣，成為千古不朽的作品。

R—重新排列或倒轉（*R*earrange or *R*everse）：例如：採用不同的方式，改變操作順序或逆向操作。左撇子用的剪刀、刀子、與花園修剪的工具，都是改變操作方式。

㈡ 屬性列舉法（attribute listing）

另一種產生創意點子的策略是屬性列舉法。使用此法，問題或產品可分成幾個重要的屬性。例如：負責研發糖果棒的部門先要判斷糖果棒的屬性為何，然後考慮每一種屬性如何加以改變或組成另一種新產品。這些屬性可能包括形狀、外層、基本原料、填加物、大小、包裝、配搭名人買賣等。糖果棒的設計人可能不馬上計畫新產品上市，而改用變換糖果棒的形狀、原料、包裝、配搭名人促銷等屬性，推出火箭型的糖果棒，原料是花生奶油與果醬，或包裝內有小橘子餅乾，配合星期六上午卡通秀時間促銷（Crawford, 1954; Starko, 2010）。

㈢ 隱喻法（metaphor）

唐代有名的田園詩人孟浩然（689-740）以鳥鳴、風聲、雨聲、花落，描寫春天的景象。他的《春曉》隱喻珍惜美好生命之情，溢於言表：

春眠不覺曉，處處聞啼鳥。夜來風雨聲，花落知多少。

盛唐時期的浪漫詩人李白（701-762）以月光隱喻思鄉的情緒，寫出千古傳誦的作品《靜夜思》：

床前明月光，疑是地上霜。舉頭望明月，低頭思故鄉。

孟浩然與李白都以隱喻法描述心中的思緒與情感，詩中的意境以自然界的景象表露人生的百態，充分展現想像力與創造力。

隱喻的思考可用一種想法去表達另一種想法。一些創造力的理論都提

到暗喻或明喻的思考。兒童產生與理解的暗喻類型隨年齡增長而改變。幼兒可以有效地使用隱喻乃基於一些物理屬性與功能。到了小學階段，兒童可以用動物來比擬自己的感受，例如：以小鳥比擬自己無拘無束，自由自在，在空中翱翔。到了中學階段，學生更可以用抽象的思維，展現豐富的想像力，發展創造力。

第五節　探究法

　　學生到校求學，是否知道如何探求學問？教師教學，是否也知道如何指導學生學習？知道如何學習（knowing how to learn）顯然是當今教育的重要趨向。教與學是師生共同的活動。教師與學生都有必要懂得如何探求學問。探究法（inquiry approach）在教學上常被使用。我們要探求知識，了解事實、真相，就會去問個究竟，弄個水落石出。此與孔子倡導的「博學、審問、慎思、明辨、篤行」，頗有異曲同工之妙。

　　教育部頒布國民教育階段九年一貫課程總綱綱要，明白宣示國民中小學學生應培養 10 項基本能力，並自 2001 年從一年級實施（教育部，1998）。這些基本能力的培養必須透過課程設計、教材編輯、教法改進、與行政配合等措施，才能達成。尤其「運用科技與資訊」、「主動探索與研究」、與「獨立思考與解決問題」等基本能力，更有必要實施探究法教學。本節就探究法的涵義、模式、實施步驟、與實務演練，分述於後。

一、探究法的涵義

　　許多的教學方法與策略似乎大同小異。Callahan 與 Clark（1982）指出探究式教學法（inquiry approach）與發現式教學法（discovery approach）不具相同的意義，但大部分相同。探究式教學法係從發現中學習（learning by discovery），而發現式教學法則常涉及探究。兩者的共同點就是要求學生從歸納、演繹或原理應用於新的情境中，獲致結論，產生觀念與概念。

　　Regan 與 Shepherd（1977）認為探究（inquiry）就是探索（exploration）、發明（invention）與發現（discovery）的歷程。這些歷程描述學生在

學習環境中互動的情形。此種策略可把探究稱為方法。教師對於此種學習環境的表現，則可稱為程序、技術、操弄與協助。教師的行為表現用來刺激學生的探究——探索、發明、與發現。

Cleaf（1991）則認為探究法是科學方法的變異體。科學法（scientific method）與問題解決法（problem solving method）名異而實同，也與 Dewey 的五段教學法頗有雷同之處。科學法通常分為五個步驟：確認問題的所在、提出假設、演繹推理、蒐集與分析資料、驗證或推翻假設。探究法就是確認問題、蒐集資料、分析資料、獲取結論的歷程。

Joyce 與 Weil（1986）亦認為探究法旨在引導學生經由實驗、觀察、操弄，直接進入科學的思考的歷程。探究法可以增進科學的了解，進而創造發明，產生新的概念。

綜上所述，探究法乃是探求學問的方法。它是一種科學的思考方法。從學習的情境中，教師引導學生發現問題，認清問題的所在，提出可能的假設，擬定可行的方案，選擇最合適的方案，驗證假設並獲致結論。探究法是歷程取向的教學方法，它經由發現而學習。因此，問題的發現至為重要。沒有問題，就不可能產生探究的學習活動。

二、探究法的模式與步驟

探究法不是新的教學方法。發展至今，它有多種模式。茲舉常用模式四種如下：

(一) 三段模式——探索、發明、發現模式

這是 Regan 與 Shepherd（1977）提出的模式。依據他們的研究，探究法可分為三個階段：

1. 探索

探究法的第一個階段是探索。當學生面臨某種環境的時候，他（她）們就開始針對熟悉的環境屬性與特徵，予以分類、辨識與標示。認清熟悉的事物可以提供一個學習的組織架構，當作探索的催化劑。這種歷程必須由學生親自動手去做，不宜由他人代勞。熟悉環境乃是從舊經驗來學習新經驗的發展階段與功能。

在探索的階段，教師可用示範觀摩的方式，展示環境事務的屬性及特徵，並採取一些教學行動。教師也可以讓學生討論，強調觀察的內容（what's）與方法（how's），而不強調事項或情境的原因（why's）。其他如口頭報告、閱讀指定作業、媒體操作、分組活動、田野調查等也可用來強化學生的觀察與互動。

2. 發明

探究法的第二個階段是發明的歷程。發明的產生乃是學生進行探究的結果。在發明的階段，學生就其所探索的東西，分群、分組成為一種描述，一種解釋或一種假設。發明的動力視探索階段如何以為定。如果探索階段的刺激與使用的程序得當，則學生的發明將是豐碩可期的。

在發明的階段，教師的教學行為要強調學生的選擇、展示與獎勵個人的發明。這些教學行為可以用來澄清學生在探索階段所使用的方式。然而在此階段，教師不宜告訴學生與練習，蓋因學生正在處理分類、描述、解釋與假設的歷程。因此，討論、發問、展示、表演似乎較為允當。教師的教學行為要強調學生發明的結果，讓學生說出與寫出發明的事物，而不是要學生聽教師講課或閱讀有關資料。

3. 發現

探究法的第三個階段是發現。發現是因學生發明的結果而產生。當學生的行為朝向發明時，發現的歷程即開始。發現乃在證驗發明的妥當性。它能解釋、說明新事物、行動、事象或情境嗎？發現是用來增強、建立、改變或破壞發明，即使發現系統取而代之，發明的歷程亦足以發輝強而有力的功能。譬如證驗不完整的發明可促進發明的行為改變，然後成為更允當、更包羅萬象。

在發現的階段，教師要引導學生找出他（她）們發明的優點、邏輯與統整性。這些教學行為可以充當催化劑，提供學生證驗發明的手段。教師可用工具、例證、圖示來驗證並找到有關的發明。

㈡ 四段模式——傳統模式

這種模式是 Cleaf（1991）就科學方法的五個階段改變而形成。他提出探究法的四個步驟是：陳述問題、蒐集資料、分析問題、與獲致結論。今

分述如下：

1. 陳述問題

沒有問題，就沒有什麼可探討的。因此，探究的歷程始於需要尋求解決的問題。通常在陳述問題時，都會提出假設。假設是研究者想要找到的答案陳述。但不是所有的探究法都需要提出假設。有些社會學科可能提出假設或提出探究的問題。例如：學校的午餐為何品質不佳？學生可能提出下列假設：廚師不懂烹調、食品不佳、食譜不合學生的口味。又如：教師列舉美國革命時期的一些主題包括：生活型態、戰爭技術、政治與軍事領袖、交通、貿易、與主要戰役。學生得就其中選擇一個主題並且辨識四個有關此一問題。然後蒐集資料回答這些問題。有一組學生探討當時的生活型態，提出下列問題：房子像什麼樣子？家庭佈置如何？人們遭遇何種痛苦？人們穿什麼樣的衣服？

2. 蒐集資料

資料必定來自於資源。但是，蒐集資料不限於教科書與百科全書。科學家與社會科學家們往往花費相當的時間蒐集有關資料，有時花費數年之久。學生應學會從各種不同的管道蒐集資料如圖書館、博物館、文化中心、旅遊導覽、手冊、報紙、日記、各類文獻、電視、影片、錄音帶、錄影帶、網際網路等都是可蒐集到所需資料的管道。

除了印刷資源外，人是最重要的資源。學生可以請教專家、學者提供事實的資料與有趣的敘述。例如上一代的人描述當時的生活情況，身歷其境，娓娓道來，格外生動，也可供探究的參考。

3. 分析資料

資料蒐集完成，學生即可進行分析。有些資料可能暫時擱置一旁，有些保存以供分析。資料係依據探究的問題而檢驗，因而彌足珍貴，更有意義。

資料分析的時候，學生就學會了這些資料。他（她）們可能會問這些資料是否會應用得到？如何應用？如何用來解決問題？只要他（她）們能問一些問題，他（她）們對於資料的內容也就有了徹底的了解。

4. 獲致結論

探究歷程引導學生解決問題。結論是從獲得的資料推演出來的。結論

必須與原先提出的假設或探討的問題一致。

結論可以書面報告的方式，或以科學展覽的方式提出。內容包括：圖表、海報、錄影展示、小冊子與透視圖等。

最後，學生應寫一篇書面報告並附上心得、感想，檢討利弊得失。

㈢ 五段模式──探究訓練模式

探究訓練模式（inquiry training model）係由美國 Suchman（1962）研究而成，旨在教導學生探討並解釋不尋常的現象。基於科學方法的概念，此種模式企圖教導學生一些學術性的技巧與語言。他採用物理學家所用的分析方法，辨認探究歷程的要素，成為教學的模式，稱為探究訓練模式。此種模式可分為五個階段，今分述如下：

1. 問題的遭遇

他相信每個人都有一種探究的自然動機。探究訓練模式即建立在周遭環境的智識遭遇（intellectual confrontation）上。教師要先佈置一個困惑的情境，激發學生的好奇心，引導學生去探究。教師要提出具有神祕感、讓人料想不到或不為人知的問題。其次，教師要向學生說明探究的程序，讓學生發問，但答案都是「是」或「否」。學生不可要求教師解釋現象，他（她）們必須聚精會神，探求答案，解決問題。

2. 資料的蒐集──驗證

學生就其蒐集的資訊，所見所聞或所體驗的事項，進行驗證的歷程。在此一階段，學生可能問許多有關事物、屬性、條件與事象的問題。學生不一定傾向於驗證困難問題的各方面，教師要體會得出學生所蒐集的資訊而改變發問的類型。

3. 資料的蒐集──實驗

學生引進新的要素到問題的情境中，觀察是否產生不同的變化。實驗有兩個功能：探索與直接驗證。探索──改變事項看會發生什麼──不一定要理論或假設來引導，但它可能提出理論的點子。直接驗證──當學生嘗試理論或假設時即發生。把假設轉化成實驗頗不容易而且需要不斷嘗試。

4. 組織、擬定法則

教師要求學生組織整理資料並加以解釋。把資料化為法則，對某些人而言，可能有困難。要求學生陳述說明，往往是有幫助的。這樣，可能的假設就會更為突出。

5. 分析探究的歷程

教師要求學生分析探求的歷程。學生可能斷定哪些發問最有效？哪些最無效？或者哪些資訊有需要？哪些資訊無需要？為使探究歷程不斷改進，檢討、分析整個歷程極為重要。

㈣ 五E模式

Moore（2009:184）提出五 E 模式，包括五個探究歷程：參與（Engage）、探討（Explore）、解釋（Explain）、精進（Elaborate）、與評量（Evaluate）。它是建立在建構主義的學習理論基礎上。今列述如下：

1. 參與

學生首先面對並辨認學習的活動。學習的活動吸引學生的注意力並且激發學生的思考。學生提出問題，結合過去與現在的經驗，並界定探究的問題。

2. 探討

學生直接探討研究的問題及教材。他們培養一種體驗現象的基礎。學生辨認並發展觀念、歷程、與技巧。他們主動探討他們的環境或教材。

3. 解釋

學生進行探究的分析。他們把抽象的經驗融入一種可表達的形式。他們有機會口頭表達他們的概念了解或展示新的技巧。學生的了解予以澄清與更正，由於反省思考。

4. 精進

學生所學習的概念予以擴展，並與其他有關的概念予以聯結，把他們的了解應用於周遭的世界。這些聯結常常引導進一步的探究與新的認識與了解。

5. 評量

最後，教師要判斷學生是否了解這些概念與知識，以達成學習的目

標。評鑑與評量在整個教學的歷程中，隨時都可能發生。

第六節　實務演練與教師檢定

本節包括實務演練與教師檢定。前者注重情境演練，後者從近年來中小學教師檢定的趨勢，提出若干模擬試題與檢定試題（打 * 者為參考答案），分別列示如後：

一、實務演練

實務演練以翻轉教室、觀察學生的行為特徵、生日當天的重大事件、與讀書策略為例，敘述如下：

㈠ 翻轉教室

翻轉教室創始人柏格曼（Jonathan Bergmann）指出翻轉教室是把教師與學生面對面的時間極大化，不論學生的成績好壞都適用。翻轉教室不是新鮮發明，只是回歸到「什麼教學方式對學生最有效」的思考點。他認為師生在校時間有限，教學應在教室完成。依據他的觀點，翻轉教室要從「4T」著手，也就是說，思考（Thinking）、技術（Technology）、時間（Time）、與訓練（Training）是翻轉教室的成功要件（林秀姿，2016.4.11）。

學文高級中學舉辦全縣高中英文教學觀摩會。陳老師擔任教學演示，在觀摩會前兩週，她開始設計教案，思考採用何種教學法，安排哪些教學活動，運用哪些教學資源。於是，她決定採用創意教學法，進行小組合作學習，並製作教學媒體，把課文的單字、片語、句型、習作等灌錄在 CD，要求學生預先練習。

觀摩會當天如期舉行，上課一開始，學生就興趣昂然。陳老師教導學生記單字的一些技巧，包括：

1. 注意它的發音音節：e-du-ca-tion; ty-phoon
2. 注意它的特徵：can-did-ate; ma-the-ma-tics; gram-mar

3. 舉出它的同義詞：writer and author; bright and clever

4. 舉出它的相反詞：high and low; tall (long) and short

5. 舉出字形相似但字義不同的單字：plan;plane; planet; plant;plain

6. 舉出字尾拼字相同的單字：old; bold; cold; fold; gold; hold; mold; scaffold; sold; scold; told

7. 畫圖：畫眼睛（eye）、畫樹木（tree）、樹根（roots）、樹幹（trunks）、樹枝（branches）、樹葉（leaves）、樹皮（bark）、花（flowers）、果實（fruits）等。

陳老師舉出若干實例，然後由學生分組討論，觀察他（她）們記憶單字的技巧。透過腦力激盪，集思廣益，學生提出許多新點子。陳老師再依 Guilford 提出的創造力特性：流暢性、獨創性、變通性、與精詮性，評定各組學生的學習表現。

在這一節課裡，陳老師傳授單字記憶法，學生晴天霹靂，茅塞頓開，學會記單字的技巧，覺得事半功倍，受益匪淺。現在請你（妳）思考下列問題：

1. 翻轉教室的涵義為何？它有哪些特色？

2. 教師如何翻轉教室？請以你（妳）擔任的學科，提出你（妳）的看法。

3. 陳老師的教學演示，有何優點與缺點？如何改進？

㈡ 觀察學生的行為特徵

張老師在教「創造力的行為特徵」單元時，想要了解班上學生有沒有創造力的行為特徵？他要求學生在 1 分鐘內，以「票」造詞，觀察哪些學生造的詞最多？結果顯示敏華造的詞最多，共 12 個：車票、機票、船票、鈔票、股票、飯票、郵票、選票、投票、鐵票、綁票、傳票等。現在請回答下列問題：

1. 以造詞的多寡，敏華表現何種行為特徵？

(A) 精詮性；(B) 獨特性；(C) 變通性；*(D) 流暢性。

2. 以造詞的類別（交通、金融、民生、政治、司法等），敏華表現何種行為特徵？

    (A) 流暢性；(B) 精詮性；(C) 變通性；*(D) 獨特性。

3. 以造詞的先後順序，敏華在日常生活當中對於哪一方面最為敏感？

    (A) 社會事件；(B) 金融市場；(C) 政治活動；*(D) 交通工具。

㈢ 生日當天的重大事件

> 　　教師可針對探究的問題，向學生說明後，鼓勵學生進行探究的活動。茲就「生日當天的重大事件」為題，列示如下（張清濱，2008:238）：
>
> 主　　題：生日當天的重大事件
>
> 年　　級：小學高年級或國中一年級
>
> 教學目標：
>
> 1. 養成主動探索與發現問題的能力。
>
> 2. 運用科技與資訊的能力。
>
> 3. 了解本國與世界各地歷史文化。
>
> 4. 增進生活知識與技能。
>
> 5. 了解自我與發展潛能。
>
> 教學設計：採合科設計，以探究法實施小組教學。
>
> 教學步驟：
>
> 1. 先由一位教師宣布主題，問班上學生說：「你出生的那天，有哪些重大事件？」然後，要求學生在一週內，進行探究的學習活動。
>
> 2. 教師說明如何進行探究這個主題，告訴學生如何思考這個問題，如何分析資料與如何歸納結論。譬如先想一想生日當天本地、本國、與世界各地有哪些事件發生？把它寫下來，當作假設或探討的問題。然後到圖書館、文化中心、網站等蒐集生日當天的報紙，把重大事件影印或下載，包括國內大事、國外事件、社會新聞、經濟新

聞、當地要聞、體育新聞、娛樂新聞、藝文活動，甚至重要廣告等。當然，學生也可以請教雙親或長輩，出生那天有否印象深刻的事件發生？都可鉅細靡遺，一一記錄下來。

3. 資料蒐集齊全後，教師要求學生分析資料。學生可分門別類，進行探究，並與當今的報紙比較分析。譬如出生那年的報紙定價、頁數、內容，廣告等，今昔有何異同？觀察今昔報紙上的人物照片、生活型態、男女衣服今昔有何不同？爲何不同？

4. 最後，學生要就探究、發現的事項，歸納結論，整理成一篇書面報告。教師要求學生在班上提出口頭報告，分享經驗。

   教師可以採取小組教學的方式，每組 4-6 人，以異質性分組，針對當時的政治、經濟、社會、教育、文化等項，提出討論。如有同年、同月、同日出生的同學，可讓他（他）們交換心得報告，看看他（他）們的發現是否相同？這種安排不但可以增進情誼，珍惜同窗之誼，還可以激發他（他）們的想像能力。星座相同，想法、興趣、與行爲是否也相同？

5. 教學評量：採多元評量，兼顧個人表現與團體表現，衡量教學目標是否實現。

㈣ 讀書策略

美國一所中學的學生名叫 Emily。她在第九年級與第十年級大部分的成績是 C 等與 D 等。然而，她在第十一年級時，開始奮發圖強，更加努力用功。到了第十二年級秋季，她得到 A 等與 B 等的成績。她的老師 Tillman 女士是一位實習教師，訪問她有關她的讀書策略。以下是她的訪談紀要（Ormrod, 2009:132）：

Tillman 女士：妳如何準備考試？

Emily：我眞的也不很確定。我從未學過準備考試的正確方式。我使用我的方法，而那些方法似乎很管用，因爲我現在得到

　　我想要的成績。

Tillman 女士：當妳年少時，妳是怎麼唸書，準備考試？

Emily：坦白地說，我真的從未用功讀書。我從不準備數學考試，因為我不知道如何準備。其他的科目如歷史，我只很快地瀏覽課文。瀏覽課文從來不會讓教材在我心理打結。我想我從來沒有唸書的策略。

Tillman 女士：既然妳得到好成績，那麼妳如何準備考試？

Emily：哦！那是每科都不一樣的。現在當我準備數學考試的時候，我做了許多練習題。當我準備歷史科或自然科考試的時候，我先溫習我的筆記。我的最愛就是製作重要事實的閃示卡。然後我看閃示卡很多遍並且設法學會閃示卡上這些事實。

Tillman 女士：妳說「學會」閃示卡上這些事實，是什麼意思？

Emily：我想我設法記住這些事實。我看閃示卡很多遍，並且重複在心理默念一直到把它們記住。

Tillman 女士：妳怎麼知道什麼時候把事實記住？

Emily：我在腦海裡反覆再三直到我認為我記住。然後，如果休息過後，我還記得這些事實，我就把它擱下，去做別的事。

Tillman 女士：妳認為妳自己是個優秀的教科書讀者嗎？

Emily：倒也不是。教科書索然無味。我嘗試閱讀教科書上的每件事情，但是有時候我發現我自己在找粗體字。粗體字的詞句很重要。

Tillman 女士：準備考試的好方法是什麼？

Emily：我真的很喜愛閃示卡的方法，因為它幫助我記住事實。我也喜歡重複閱讀課文與我做的筆記。另一個好辦法是列出課文的綱要，但此法頗費時間，所以我很少用（pp. 132-133）。

　　現在讓我們思考一下，在訪談中，Emily 透露出一些她學會用來記憶課文的策略。請探討下列問題（Ormrod, 2009:133）：

(一) 結構式反應問題

    1. 請指出 Emily 唸書時使用的三種策略。

    2. 針對妳列出的每一個策略，描述它可能幫助 Emily 記住並長久應用學校的教材到何種程度。請依據當代學習、記憶、後設認知、自我調適，或綜合各項原理與理論，加以說明。

(二) 多重選擇問題

    Emily 說：「我的最愛就是製作重要事實的閃示卡。然後我看閃示卡很多遍並且設法學會閃示卡上這些事實。」這段話顯示 Emily 把學科視爲零星事實的彙整。此種看法乃是何種例子？

(A) 隱密的策略。*(B) 擴散式思考。(C) 認知的幻覺。(D) 認識論的信念。

二、教師檢定

    研讀本章思考與探究教學之後，請思考並回答下列問題，今依模擬試題與檢定試題，列示如後：

(一) 模擬試題

1. 批判思考（critical thinking）與創造思考（creative thinking）有何異同？請分別說明之。

2. 近年來，翻轉教室的理念甚囂塵上。教師如何採用創造力教學的理念，改變教學的策略，翻轉教室的活動？請舉出三個策略說明之。

3. 教師如何分辨有創意的學生？此類學生有何特徵？請列舉五項特徵。

4. 創造力教學（teaching for creativity）與創意教學（creative teaching）有何區別？何者較爲重要？

5. 創造力（creativity）從何而來？請舉出三種並提出有效的教學策略。

6. 新式手機的功能不勝枚舉，張老師要學生在一分鐘之內說出它可取代哪些功能？敏思認爲手機可取代電腦、打字機、計算機、影印機、傳眞機、照相機、電話機、答錄機、電視機、錄影機、錄音機、與鏡子。以數量的多寡而論，敏思顯示何種行爲特徵？

(A) 獨創性；(B) 變通性；(C) 精詮性；*(D) 流暢性。

7. 張老師運用腦力激盪的方式引導學生討論食品安全議題。請問，下列做法何者較爲正確？

(A) 提出的想法越詳細越好；(B) 對他人的意見提出修正建議；(C) 學生必須三思後再提意見；*(D) 鼓勵學生發表獨特見解。

8. 林老師要求學生解答數學問題：「三角形的內角共有幾度？如何證明？」林老師命題的用意是要觀察學生何種行爲特徵？

(A) 流暢性；(B) 變通性；(C) 精詮性；*(D) 獨創性。

9. 張老師認爲「因材施教」，不只要因應學生的「素材」而已，尚須配合「教材」，運用「器材」，與日常生活的「題材」來施教，才能活化教學。以創造力的觀點言之，張老師展現何種行爲特徵？

(A) 獨創性；(B) 流暢性；(C) 變通性；*(D) 精詮性。

10. 唐代田園詩人孟浩然的《春曉》：「春眠不覺曉，處處聞啼鳥。夜來風雨聲，花落知多少。」孟浩然以鳥鳴、風聲、雨聲、花落，描寫春天的景象，珍惜美好生命之情，溢於言表。詩中的意境以何種方式展現創造力？

(A) 屬性列舉法；(B) 證明法；(C) 對比法；*(D) 隱喻法。

(二) 檢定試題（國家教育研究院，**2014, 2015, 2016, 2017, 2019**）

1. 確認問題、陳述研究目標、蒐集資料、解釋資料、形成暫時性的結論、應用與評鑑，此一流程屬於下列何種教學？

(A) 合作教學；(B) 價值教學；*(C) 探究教學；(D) 直接教學。

（2014 年小學課程與教學）

2. 張老師運用腦力激盪的方式引導學生討論環保議題。請問，下列作法何者較爲正確？

(A) 提出的想法越詳細越好；*(B) 鼓勵學生發表獨特見解；(C) 學生必須三思後再提意見；(D) 對他人的意見提出修正建議。

（2015 年課程與教學）

3. 張老師採用腦力激盪法，引導學生討論校慶園遊會的設攤計畫。下列作法何者較不適切？

*(A) 爲便於彙整意見，分組討論結束前應依據各種意見的可行性，予

以篩檢；(B) 討論前充分說明園遊會設攤的規範和班級討論的規則，並鼓勵學生廣泛的發表意見；(C) 各組討論時，每位學生均可自由表達意見，構想愈多愈好，且須記下所有的意見，並適時統整；(D) 進行綜合性評估和最後決定時，須公布所有意見，並協助全班了解每個意見，以便依據票選結果設攤。　　　　　　　（2015 年小學課程與教學）

4. 近年來翻轉教室（flipped classroom）的風潮盛行，試說明應用翻轉教室於教學現場的優缺點（至少各兩項）。　（2016 年小學課程與教學）

5. 有關批判思考教學的敘述，下列何者最適切？
(A) 教學成效可以立即看到；(B) 教學方式以標準答案最主要；*(C) 教師應提供多元資源，引導學生自行思考；(D) 教師具專家角色，學生是等待充填的容器。　　　　　　　（2016 年小學課程與教學）

6. 陳老師擬培養學生的科學探究能力，使其能在學習過程中，運用自己的觀念進行分析、歸納與創造。下列何種做法較不適宜？
(A) 引導學生針對主題提出問題；(B) 安排課堂內的科學討論活動；
(C) 鼓勵學生能反省自己的經驗；*(D) 明白指出所期望的探究結果。
　　　　　　　　　　　　　　　　　　　　　（2017 年課程與教學）

7. 邱老師拿出一張光碟，請學生在半分鐘內，寫出光碟的用途，且越多越好。邱老師可藉此評估學生創造力的何種成分？
(A) 變通性；(B) 獨創性；*(C) 流暢性；(D) 精緻性。
　　　　　　　　　　　　　　　　　　　　　（2017 年課程與教學）

8. 下列何者屬於擴散性思考的問題？
(A) 水分子的化學式是什麼？(B)10 個水分子含有多少個氫原子與多少個氧原子？*(C) 二氧化碳排放量的調節方式對地球環境生態的影響為何？(D) 水與二氧化碳兩種物質的物理性質有何相同與不同之處？
　　　　　　　　　　　　　　　　　　　　（2019 年 -1 年課程與教學）

9. 下列有關柏格曼（J. Bergmann）等人推動「翻轉教室」（flipped classroom）的敘述，何者錯誤？
(A) 教師將授課內容預先錄製，並作為學生的家庭作業，在課前觀看；
(B) 翻轉教室較傳統課堂更容易讓學生學習自我控速、滿足學習需求；
*(C) 教師在上課時，先根據影片進行講解，再讓學生討論並提出心

得；(D) 能縮短教師上課講解時間，增加學生討論的互動機會並深化學習。　　　　　　　　　　　　　　　　　　（2019 年 -1 課程與教學）

10. 下列哪一項不屬於「導引學習心向」的作法？

*(A) 教學方法宜多樣以激發學習動機；(B) 複習舊知識以奠定新學習的基礎；(C) 明白告訴學生這堂課的學習目標；(D) 揭示教學重點並做有系統的介紹。　　　　　　　　　　（2019 年 -2 課程與教學）

11. 黃老師在教導環境生態變遷與物種發展的關係時，先引導學生觀察不同時期家鄉環境的照片，接著讓同學分組討論，歸納現在與過去的差異及其衍生的課題，並上臺分享。之後，再請各小組提出保護本土的生態計畫。黃老師的教學較符合下列何者？

(A)概念教學法；(B) 直接教學法；(C) 差異化教學；*(D) 問題導向教學。　　　　　　　　　　　　　　　　（2019 年 -2 課程與教學）

12. 葉老師採取腦力激盪法，引導學生思考「如何使雞蛋從五樓落到一樓而不會摔破？」他要學生提出各種可能的策略，且這些策略的差異性越大越好。葉老師的引導較能激發哪一種擴散思考的能力？

(A) 精進力；*(B) 變通力；(C) 想像力；(D) 流暢力。

　　　　　　　　　　　　　　　　（2019 年 -2 課程與教學）

13. 請舉出五項教師協助國高中生發展創造性思考的具體策略。

　　　　　　　　　　　　　　　（2019 年青少年發展與輔導）

14. 下列哪一項並非高創造力者的主要特徵？

(A) 不容易固著於既有的問題解決方法；*(B) 各方面知識的學習速度比一般人快；(C) 短時間內能針對問題產生大量點子；(D) 能將看似無關連的問題聯結在一起。　　　　　（2019 年 -2 青少年發展與輔導）

參考文獻

一、中文部分

林秀姿（2016 年 4 月 11 日）。**翻轉**教室創始人柏格曼：在教室完成學習，消滅補習文化。聯合報 **A3** 版。

教育部（1998）。**國民教育階段九年一貫課程總綱綱要**。臺北：教育部。

國家教育研究院（2014, 2015, 2016, 2017, 2019）。**高級中等以下學校及幼兒園教師檢定考試歷屆試題及參考答案**。新北：國家教育研究院。

張清濱（2008）。**教學視導與評鑑**。臺北：五南圖書出版公司，232-240。

張清濱（2018）。**教學理論與方法**。臺北：心理出版社，268-270。

二、英文部分

Anderson, J. R. and Krathwhol, D. R. (Eds.) (2001). *A taxonomy for learning, teaching, and assessing: A revision of Bloom's Taxonomy of educational objectives.* New York: Longman.

Armstrong, T. (1998). *Awekening genius in the classroom.* Alexandria, Va.: Association for Supervision and Curriculum Development.

Association for Supervision and Curriculum Development (ASCD) (1990). *Teaching thinking skills* (Video). Alexandra, VA: Author.

Barell, J. (1991). *Teaching for thoughtfulness.* New York: Longman.

Bloom, B. S, et al.(1956). *Taxonomy of educational objectives, Book 1: Cognitive domain.* New York: David.

Bredo, E. (2003). The development of Dewey's psychology. In B. J. Zimmerman, and D. H. Schunk (Eds.). *Educational psychology: A century of contributions.* London: Lawrence Erlbaum Associates, Publishers.

Callahan, J. F. and Clark, L. H. (1982). *Inquiry, discovery, and valuing techniques.* New York: Macmillan Publishing Co., Inc., 202-240.

Cleaf, D. W. (1991). *Action in elementary social studes.* Boston: Allyn and Bacon.

Conant, J. (1952). *Science and common sense.* New Haven: Yale University Press.

Crawford, R. P. (1954). *The techniques of creative thinking.* New York, NY: Hawthorn Books.

deBono, E. (1985). The CoRt thinking program. In J. W. Segal, S. F. Chipman, and R. Glaser (Eds.), *Thinking and learning skills, Vol. 1: Relating instruction to research.* Hillsdale, J. J.: Erlbaum.

Dewey, J. (1910). *How we think.* Boston: Heath.

Eberle, R. E. (1977). *SCAMPER.* Boston, MA:Heath.

Ennis, R. (1985). Logical basis for measuring critical thinking skills. *Educational Leadership*, October, 44-48.

Getzels, J. W. and Jackson, P. D. (1962). *Creativity and intelligence.* New York: Cambridge University Press.

Grice, G. L., and Jones, M. A. (1989). Teaching thinking skills: State mandates and the K-12 curriculum. *The Clearing House, 62.*

Guilford, J. (1950). Creativity. *American Psychologist, 5*, 444-454.

Joubert, M. M. (2001). The art of creative teaching: NACCCE and beyond. In A. Craftt, B. Jeffrey, and M. Leibling (Eds.), *Creativity in education.*London: Continuum.

Joyce, B. and Weil, M. (1986). *Models of teaching* (3rd ed.). New Jersey: Prentice-Hall International, Inc., 55-69.

Lepper, M., Greene, D., and Nisbett, R. (1973). Undermining children's intrinsic interest with extrinsic reward: A test of the overjustification hypothesis. *Journal of Personality and Social Psychology, 28*, 129-137.

Lipman, M. (1988). Critical thinking－What can it be? *Educational Leadership*, 38-43.

Ornstein, A. C. and Hunkins, F. P. (2004). *Curriculum: Foundations, principles, and issues* (4th ed.). Boston: Pearson.

Maier, N. (1933). An aspect of human reasoning. *British Journal of Psychology,*

24, 144-155.

Martinez, M. E. (1998). What is problem solving? *Phi Delta Kappan, 70*(8), 605.

Mayer, R. E. and Wittrock, M. C. (1996). Problem solving transfer. In D. C. Berliner, and R. C. Calfee (Eds.), *Handbook of educational psychology.* New York: Macmillan, 47-62.

Moore, K. (2009). Effective instructional strategies: From theory to practice (2nd ed.). Los Angeles: SAGE.

Ormrod, J. E. (2009). *Essentials of educational psychology* (2nd ed.). Columbus, Ohio: Pearson.

Parnes, S. (1967). *Creative behavior guidbook.* New York: Scribner's.

Regan, W. B. and Shepherd, G. D. (1977). *Modern elementary curriculum* (5th ed.). New York: Holt, Rinehart, and Winston, 167-172.

Ruggiero, V. R. (1988). *Teaching thinking.* New York: Harper and Row.

Starko, A. J. (2010). *Creativity in the classroom: Schools of curious delight* (4th ed.). New York, NY:Routledge.

Sternberg, R. (1986). Intelligence, wisdom, and creativity: There is better than one. *Educational Psychologist,* Summer, 175-190.

Sternberg, R. (1990). Thinking styles: Keys to understanding performance. *Phi Delta Kappan,* 366-371.

Suchman, R. (1962). *The elementary school training program in scientific inquiry.* Report to the U. S. Office of Education. Urbana, Ili.: University of Illinois.

Torrance, E. (1963). *Education and the creative potential.* Minneapolis: University of Minnesota Press.

第十章

個別化教學

　　因材施教是自古以來重要的教育理念。至聖先師孔子主張教師教導學生要依據個別差異施教。《論語》雍也篇說：「中人以上，可以語上也；中人以下，不可語上也。」陽貨篇也說：「唯上知與下愚不移。」此外，孔子對於問仁、問孝皆依其資質、性向、能力、程度與個性分別施教，更道盡因材施教的真義。

　　教育部推展小班教學理念，其旨意即是：無論班級大小，教師都能本著「多元化、個別化、適性化」的教學理念進行教學。國民中小學逐漸降低班級人數，期能尊重學生的個別差異，提供適性教育機會，改善班級師生互動關係，進而提高教學品質（教育部，1988）。

　　然而，部分教師對於小班教學的理念與實施不盡了解，尤其在常態編班的班級，如何進行個別化教學更是值得探究的課題。本章擬就個別化教學的涵義、特性、方式、與實務演練，分別敘述，俾供教師改進教學之參考。

第一節　個別化教學的涵義

　　個別化教學（individualized instruction）常被視為一對一的教學。事實上，它可以多種方式呈現。譬如教師為適應學生的興趣、需要、與能力，教師可能改變下列作法：一、學習的步調，二、教學目標，三、學習方法，四、學習教材，或將全班分成幾個小組，進行小組教學（small group instruction），也能適應學生的個別差異。學生不以相同的速度學習。有些學生需要更多的時間去學習教材。因此，學習個別化最簡單的方法就是允許學生以自己個別的速度去學習相同的課業（Moore, 2009:212）。職是之故，個別化教學不是單指一對一的教學，它是整個教學歷程，全盤考慮，精心設計，促進學生主動學習，適應個別差異，成為自我創造與自我追求的教學活動，乃是實現個別化教育的一種教學策略與方法（林生傳，1990）。

　　Woolever 與 Scott（1988）認為個別化教學主要是在教學設計安排方面，不論個別的學生或全體學生，教師都要採取有效的步驟把教材與教學活動配合學生的需要、興趣與能力。這不意味著教師是否適應教學。教師

應有相當的揮灑空間，他（她）可以在某一個固定時間內，讓一群學生或一班學生共同分享相同的需要、興趣或能力。個別化教學不單指認知發展，也顧及情緒與社會的發展與需求。因此，個別化教學應涵蓋個別化評量（individualized assessment）。依據他（她）們的看法，個別化教學不單指：

1. 每位學生大部分的時間內，單獨學習。
2. 每位學生個自做不同的事情。
3. 教師常常進行一對一的教學。
4. 教室擺滿昂貴的教材與設備。
5. 需要教助（teacher aids）或家長義工的幫助。
6. 唯一的編班方式是開放式或不分年級式班級（p. 245）。

綜上所述，個別化教學是以學生為中心（student-centered），注重個別差異，促進主動學習，啟發自我創造，實現個別化教育，達成人盡其材的一種教學方法。它具有下列各項涵義（張清濱，2008a:157）：

一、它強調學生的個別差異

教師教學時，要依據學生的資質、能力、性向、興趣、程度、性別、個性與身心發展狀況施教。這是著重在學生的素材上，採取合適的教學法，使其潛能獲得充分的發展。

二、它引導學生主動學習

在傳統的教學中，大部分的學生都很被動，鮮能自動自發學習。個別化教學依據學生的特性，安排適當的教學活動，引導學生積極參與，化被動為主動，營造學習的氣氛。

三、它啟發學生自我創造的能力

個別化教學充分發展學生的個性，可以激發學生的創造能力。教師

教學時採取開放教育的態度，讓學生有較多發展的空間，鼓勵學生創造思考，提出新穎的見解或答案。

四、它是個別化教育的一種策略

要實現教育機會均等的理想，從教育的起點而言，學校要做到有教無類；從教育的過程而言，教師要做到因材施教；從教育的結果而言，學生要達到人盡其材。因材施教乃是個別化教育（individualized education）的手段，而人盡其材是個別化教育的目的。個別化教學成為通往個別化教育的一條大道。

第二節　個別化教學的特性

從個別化教學的涵義中，我們可以進一步歸納出它的特性。它至少具有個別性、人格性、差異性、主動性、開放性、與彈性。茲列述如下（張清濱，2008:158）：

一、個別性（individual）

從心理的層面來說，學習者的能力與發展可能在認知發展、語言發展與學習風格方面都有些不同。從生理的層面言之，有些學生可能肢體殘障，有些學生可能生長快速，另有些學生的大腦組織也許特別發達──有些左腦發達，有些右腦發達（Whoolever & Scott, 1988）。再從社會層面來看，種族、性別、語言、宗教信仰、社會經濟背景、與家庭環境也都有所不同。教師教學時都要考慮到這些個別差異。

二、人格性（personal）

個別化教學又稱為人格化教學（personalized instruction）。它格外重視學生的特性與教材的特性。人格化教學就是把兩者合而為一（Cleaf, 1991）。在小組或大班教學中，教師可就選擇的目標與學生所要精熟的程度，作一決定。教學時間、教室安排、教材選擇、與教學活動的類型都要

考慮人格化的特性。

三、差異性（differentiated）

個別化教學的另一特性是區別性，它也是區別性或差異性教學（differ-entiated instruction）。在能力混合編班的班級中，教師可反省思考學校與教師的特性與需求並針對這些層級存在的變異，做出反應，正如同在課堂一樣。Tomlinson（2000）指出：差異性教學不是一種策略，而是對於學校、教師、與學生做一完整思考的方式。在異質性的班級中，教師針對不同的學習需求，進行適性教學的活動，乃是差異性教學的目的。

四、主動性（active）

自發自動與積極參與乃是學習成功的不二法門。個別化教學讓學生體會到學習的責任，因而產生一股自動感與參與感。這種主動的學習是有其目的的。Capel、Leask、與 Turner（1999）即認為主動學習係與理念、概念、和現象產生有目的的互動（purposeful interaction）。教師教學時能尊重學生的個別差異，較能引起學習動機，激發學習的興趣而能自發自動，樂於學習。

五、開放性（open-ended）

教師採用個別化教學，要有開闊的胸襟。對於學生的學習不宜過度干涉、限制、或禁止，以免抹煞個性的發展。但這不是說教師可以讓學生予取予求，為所欲為，而是知識與身體方面的求知自由，去除不必要的約束與人為的限制（Jarolimek, 1986）。譬如教師發問，學生們提出自己的看法，就讓他（她）們儘量發表意見，暢所欲言，然而再作歸納整理。答案最好是開放性的，沒有固定標準的答案，以激發學生的創造性。

六、變通性（flexible）

變通性是個別化教學的主要特性。教師在擬定教學目標、選用教材、教學評量、與處理學生的行為問題時，往往忽略了變通性。權威式的教育

方式過分主張一致性，往往適得其反，造成許多學生的不良適應。教師如果要因材施教，因勢利導，教導學生，就要保持若干彈性。

第三節　個別化教學的方式

要了解個別化教學的方式，不妨先比較傳統式教學與個別化教學有何差異。同一位廚師在大飯店掌廚與在自家掌廚，他（她）的烹調方式可能有些不同。在大飯店裡，服務的對象是大眾化；而在自家裡，服務的對象是個別化。廚師對於家人的飲食習慣與偏好，瞭若指掌。何人喜歡吃辛辣的食物，何人不吃油膩的食物，廚師知之甚詳。因之，廚師在自家的烹調較能適合家人的口味，在大飯店掌廚較難滿足大眾的口味（Zahorik, 1999）。同樣地，同一位教師在傳統班級教閱讀，他（她）可能要求全班學生一齊讀；而在個別化教學的班級中，他（她）可能要求學生分組，然後各組分別進行閱讀。

個別化教學的方式不勝枚舉。茲舉一些常用的方式如下（張清濱，2008:160）：

一、改編教材（迷你教材）

教師視學生的程度或需要，可以改編教材使其淺化、簡化，易於學習；也可以補充教材，以加深、加廣教材，提升學生的能力水準。對於重要的主題，譬如生命教育、民主法治教育、性別平等教育、鄉土教育、環境教育、食品安全、與地震等，學校課程發展委員會與各領域教學研究會可研究編印講義、迷你教材（mini-courses）或學習資料袋（learning packages），適應不同能力的學生學習。

二、課程選修（分組選修）

學校課程除了共同必修科目外，應開設選修課程供學生選修。一些學術性向偏低與低成就的學生可選修職業技術課程。對於有藝能科性向的學生，學校宜設置體育班、美術班、音樂班，舞蹈班以發展其潛能。國民中

學與高級中等學校宜增加選修課程，國民中學在常態編班的基礎上，實施能力分組以適應個別差異。

三、聯課活動（社團活動）

聯課活動是課程的一部分，也是課程的延伸。聯課活動大都依據學生的興趣、能力分組進行。一些對於功課沒有興趣，考試成績「滿江紅」的學生，可能對於某些社團很有興趣並有發展潛力。往往聽到有些教師抱怨他（她）的學生說：「你（妳）什麼都不會，只會打架！」《禮記・學記篇》說：「教也者，長善而救其失者也。」教師應該了解學生的長處與短處。既然這個學生很會打架，則其體能、體力一定很行。學校就應該設法提供機會、發展他（她）的潛能，改正他（她）的不良行為。學校可輔導他（她）上體育班，或鼓勵他（她）參加社團活動如拳擊社、柔道社、跆拳道社並輔導他（她）改邪歸正，不可暴力相向、動手打人。希望有朝一日，學生能在世界的舞臺上揚眉吐氣、擊敗群雄，為國爭光。

四、電腦化教學──網際網路、電子郵件

21 世紀是資訊科技（information technology）的時代。教學走向資訊化、電腦化、網路化、數位化乃是必然的趨勢。電腦輔助教學（Computer-Assisted Instruction, CAI）可依據學生的能力、程度、興趣，提供適當的軟體設備，供學生學習，使個別化教學更有效。教師也可透過電腦化教學（Computer-Based Instruction, CBI）指導學生使用網際網路（the Internets）與電子郵件（e-mail）進行溝通、互動與學習。電腦化教學可適應學生的個別差異如學習速度、教材的難易度等。小班教學教室應有電腦設備──班班有電腦，可以聯絡網際網路與電子郵件。譬如英語教學，學生可從網際網路找到需要的資料，自我學習，也可透過電子郵件、臉書（Face-book）、Line 等與其他同學、朋友、師長互動、溝通、學習。

五、獨立學習

獨立學習（independent study）可解釋為「當教師不叮嚀時，學生所

從事的學習活動」（Trump & Miller, 1979）或「個體很少接受或不在教師的輔導之下，完成教育的活動」（Moore, 2009:213）。基本上，獨立學習是一種純粹的自我導向學習。它不限於單人的學習活動。它可能是一種個別學習的活動，也可能涉及兩個或兩個以上學生共同進行的活動。一群具有共同需要的學生可能聚集在一間裝有特殊設備的實驗室裡共同學習，或者一群具有特殊興趣的資優生共同設計一項計畫。無論如何，獨立學習強調個性的發展。在這種學習的情境中，學生都能自發自動，發展自己的興趣與潛能，可以獲得成功的滿足。這種情境也有助於人格健全的發展，減少問題行為的產生。

但是，獨立學習絕不是放任的學習，而是有計畫、有目的的學習。教師必須事先辨認學生的能力與興趣，擬訂學生的學習目標，選擇合適的教材，協助學生進行獨立學習。因此，獨立學習不是盲目的，它加重學生的責任感，學習不依賴教師而要靠自己。譬如以「臺灣地區 921 地震」為例，地球科學教師可指導學生進行獨立學習，要求學生分組，探求下列問題：㈠ 地震的原因；㈡ 地震發生時，如何避難；㈢ 建築物如何防震；㈣地震傷亡，如何處理善後。學生可從圖書館、網際網路、報章雜誌找資料，就其中一項，尋求答案，提出報告。各組提出報告後，學生就可以獲得有關地震的完整知識與技能。

六、精熟學習（補救教學）

Bloom（1984）指出任何學生只要給予適當的時間與適當的教學資源，就可以學會教材。他主張學生在測量預定教學目標的測驗中，能夠表現得很好，就算精熟了教材。Guskey（1985）認為精熟的標準通常是指答對 85%。

精熟學習（mastery learning）的三個步驟是：選定教學目標，然後進行全班教學，再施以測驗（Woolever & Scott, 1988）。如果學生沒有達到精熟的程度，他（她）就要給予額外的學習活動或練習，施以補救教學（remedial or corrective activities）。學習緩慢的學生每週只要增加一小時的補救教學，就可以精熟教材。精熟學習是否成功大部分有賴於小老師、教學助理、補充教材、與家長的協助。學習快速的學生要給予加深、加廣

的課程，以免浪費時間。學生可利用額外的時間，進行深化的活動。功課忙碌不見得是加深的學習，往往適得其反，剝奪學生的休閒時間。因此，深化的學習活動必須是富有挑戰性與刺激性，並有回饋性的學習活動，例如製作視聽媒體器材、協助學習速度緩慢的同學、從事專案研究、與使用高深的電腦軟體等。

七、學習歷程檔案

個人檔案紀錄（portfolios）或學習歷程檔案紀錄可以適應學生的個別差異。它具有多元化、個別化、適性化、生活化、與彈性化等特性。學期開始，教師即可要求學生準備一本學習檔案紀錄簿，記錄課堂裡學習的情形，包括：㈠知（knowing）──上了這堂課之後，我知道了什麼？㈡行（doing）──上了這堂課之後，我會做了什麼？㈢思（thinking）──上了這堂課之後，我想到了什麼？鉅細靡遺，盡可能把它們寫在學習檔案紀錄簿或輸入電子檔案。教師不定期檢查學生學習的情形與進步的實況。學期結束，學生就一學期所蒐集的一切資料，加以整理，篩選重要的部分作為學習的證據，再寫出一篇感言作為紀錄的結束。然後裝訂成冊，加封面、編目錄與頁碼，可能的話，用電腦打字與美工插畫，學習檔案紀錄簿就算完成。

學習檔案紀錄的內容無所不包，包括各式各樣的學習紀錄如筆記、實驗紀錄、日記、作品、心得報告、研究報告、成績單、圖片、海報、照片、錄音帶、錄影帶、訪談紀錄等。大體言之，它包括認知領域、情意領域、技能領域，也兼顧過程與結果，絕不是智育掛帥的產物。它是一部重要的學習實錄，也是學生學習的寫真集。教學評量時，教師可先讓學生自我評量（self-evaluation），以便了解自己學習的情形；然後由學生相互評量（peer evaluation），俾能見賢思齊；最後再由教師評量確認，作為平時成績的一部分。

八、學習活動卡（學習單）

學習活動卡（activity cards）提供學生選擇的機會。每張卡片指出學生必須完成的課業項目。通常一套活動卡針對一個教學目標，同套的每張

活動卡都與目標相結合。學生得從一套活動卡裡，選擇其中一張。如果好
幾位學生選擇同一張活動卡，他（她）們就組成小組，共同完成活動卡
裡所要完成的工作。工作一旦完成，教師隨即檢查每位學生完成的情形
（Savage & Armstrong, 1992）。活動卡容易製作與存放。有些活動卡尚可
放在紙箱或檔案盒裡，要用時再拿出來。

　　活動卡應由任課教師製作或由各科教學研究會共同製作。譬如鄉土教
材，教師可製作下列卡片（如圖 10.1）：

學習活動卡 1

主題：鄉土教材
年級：小學中年級
目標：學生能了解當地的名勝古蹟
活動：
1. 請挑選一處當地的名勝古蹟，前往參觀，並寫下它的來龍去脈。與當地人士交談，找出一
　　些有關古蹟記載的事蹟。
2. 一旦你（妳）蒐集了有關古蹟的資料，請完成下列一件工作。
　　A. 準備一篇有關古蹟的口頭報告。
　　B. 畫一張古蹟的風景。
　　C. 寫出有關古蹟的劇本，並且在班上演出。

圖 10.1　學習活動卡

資料來源：Savage & Armstrong, 1992, p.136.

　　上述活動卡顯示鄉土教育可結合歷史、地理、美術、建築、戲劇、語
文等科進行跨科、合科設計，並且依據學生的興趣與能力，實施個別化教
學。

九、學習契約

　　學習契約（learning contracts）是師生共同約定的協議。它明訂學生應
該努力的目標與要件。它有兩種基本類型：開放型與封閉型。開放型允許
學生相當多的選擇自由。他（她）可以選擇所要完成的目標、指定作業、
學習活動與評量方式。它適用於能自動自發學習、獨立性強、與成熟的
學生。封閉型相當普遍。教師扮演指導的角色，決定契約的內容。根據他

（她）的專業判斷，教師要確認學生學習的目標，決定學習的活動與指定
作業，並訂出評量的等級（Savage & Armstrong, 1992）。

學習契約要非常明確、具體的文字書寫。一般都包括下列各項敘述
（Savage & Armstrong, 1992）（如圖 10.2）：

1. 學生要做什麼。
2. 要使用什麼資源。
3. 學生要準備何種學習「產品」。
4. 要遵循何種評量程序。
5. 完成學習的期限（p.135）。

學習契約
主題：_____　等級：_____　級
我_____同意履行下列工作：
1.
2.
3.
4.
評量學習活動與成果，採用下列準則：
1.
2.
3.
我同意於_____前完成學習活動。
學生簽名：_____　教師簽名：_____　日期：_____

圖 10.2　學習契約

資料來源：Savage & Armstrong, 1992, p.137.

學習契約是一種標準參照評量（criterion-referenced evaluation）。通常
任課教師在學期開始時，即明確擬訂學生必須完成的一些基本目標，另
外加上一些高層次的目標。學生在開學前宜按照自己的能力，會同任課
教師，就 A、B、C 三個等級，任選其一，簽訂契約，以為該生努力的目
標。值得注意的是：此法沒有 D 級與 F 級，因為教師不鼓勵學生失敗。
如果某生簽訂契約 C，學期結束，只要他（她）達成最基本的目標，即可

獲得 C 等成績。如果某生簽訂契約 B，則他（她）除了完成最基本的目標外，尚須完成一部分高層次的目標。又如某生簽訂契約 A，則他（她）必須完成基本的目標與所有高層次的目標。此法具有下列若干優點（Partin, 1979:134；張清濱，1988:107）：

1. 每位學生只要努力用功，均有機會得到 A 等成績。
2. 學生學習的動機是自我導向。
3. 教師必須明確訂定教學目標，並對學生的學習能力要有通盤的了解。
4. 履行契約是學生的責任。
5. 提供個別化的學習機會。
6. 學生與自己競爭，不與同學競爭。
7. 驅除學生對考試所產生的壓力與恐懼，建立自信心。

十、指定作業

作業可區分為三種類型：以當天教過的教材為主、以新教材為主、以超越課堂學習的範圍為主，分述如下（O'Donell, Reeve, & Smith, 2009, p. 59）。

㈠ 以當天教過的教材為主

此類作業以強化教師教過的教材為主，讓學生溫故知新，增進學習效果。作業採用溫習、練習、演練等方式。教師可準備作業單、測驗題供學生練習。技能課程如音樂、舞蹈、體育、職業類科等，教師可要求學生課後加強演練。

寫作業是個別化的一種策略。課堂指定的作業旨在溫習學過的教材，增強學習的效果，不是學習新教材。作業可分為指定作業（assignment）與家庭作業（homework）。指定作業最好在課堂裡開始做，不懂的地方可以問老師或同學，做不完的部分帶回家做，就成為家庭作業。作業不可當作處罰的工具，以免產生痛苦的學習，遭致反效果。作業要顧及個別化，要符合學生的能力、程度與需要。因此，作業的難易度、內容的多寡、花費時間的長短都要適應學生的個別差異。有些教師給學生太多的家

庭作業，晚上做不完，只好請他人代勞，往往成為「親職作業」，就失去意義。教師不宜要求全班學生都做相同的作業。程度高的學生可給予富有挑戰性與創造性的作業；程度不佳的學生則可給予難度較低的作業，甚至酌減作業的份量。

(二) 以新教材為主

　　第二種作業類型旨在要求學生作課前的準備，例如：下週要上自然科學，教師可要求學生先蒐集有關資料或準備教具、實驗樣本等。學生也可準備一些問題，上課時帶到班上提出討論。

(三) 以超越課堂學習的範圍為主

　　此類作業不太強調對與錯的答案。主要以探究的方式，讓學生探求與課程有關的新知識、不同的經驗，產生新的資訊。

第四節　實務演練與教師檢定

　　本節包括實務演練與教師檢定。前者注重情境演練，後者從近年來中小學教師檢定的趨勢，提出若干模擬試題與檢定試題（打＊者為參考答案），分別列示如後：

一、實務演練

　　教師只要把握個別化教學的特性，採取適當的策略與方式，出神入化，就可以展現個別化教學的面貌，讓學生的潛能獲得充分的發展。下面例子可供參考：

(一) 英語科教學

　　在傳統式的教學中，教師大都以教師為中心，學生大都被動學習。譬如以句子教學為例，一般教師的教學方式可能如下（張清濱，2008）：

教師：命令班上每位學生寫出一個句子。

學生：聚精會神寫句子。

教師：指定一至三位學生寫在黑板上並要求學生辨別正確的句子。

學生：仔細看這些句子。

教師：改正句子並提示正確的句子（p. 169）。

　　個別化教學則不然。教師先提出問題發問，引導學生主動學習，直到學生找到答案。同樣以句子（sentence）教學為例，說明如下：

教師：句子是什麼？

學生A：那是一串字。

學生B：那是一群字的組合。

學生C：那是一群有意義的字。

學生D：那是一群有主詞與述詞的字。

教師：你們的答案都很好。但是，你們認為誰的答案最正確？各位仔細看一看，下列哪一個是完整的句子？

　　　(A) In the sky.(B) Birds fly.*(C) Many birds fly in the sky.

學生E：我知道了！A不是句子，那是片語。B和C才是句子。句子要有主詞與述詞並要有意義。C句是一個完整的句子。

教師：很好！各位再看看 "Many students study English in the classroom." 是不是句子？

學生異口同聲：是！

教師：答對了！誰能說出哪個字是主詞？哪個字是述詞？

學生F："students" 是主詞，"study" 是述詞。

教師：句子後面要有什麼標點符號？

學生異口同聲：句號。

教師：是！句子是一群含有主詞與述詞所組成而有意義的字。句尾要有句點（p.170）。

㈡歷史科個別化教學（改編自Tomlinson, 1999, pp.12-16）

　　美國學校歷史科教師 Mary 小姐教古羅馬史。她給學生一份組織概念圖（graphic organizer）作為閱讀課文之用。她帶了古羅馬時期的藝術照片與建築物並且告訴學生羅馬人在當時塑造的建築、語言與法律何等重要。她邀請一些學生穿古羅馬服飾，有人建議帶食物來享受一頓羅馬大餐而學生們也辦到了。有一天，學生玩有關羅馬的字謎遊戲。另有一天，他（她）們觀賞電影剪輯，談論當時喜愛的娛樂。教大聲朗讀一些神話，學生談論他（她）們記得的神話。考試時間一到，教師讓學生一起溫習。

　　為了引起學生學習的興趣，她提出八項研究計畫，供學生選擇。其中包括：(1) 製作海報，列出羅馬時期重要的眾神名稱、角色、與象徵；(2) 設計旅遊手冊，提供古羅馬一日遊；(3) 寫一首有關羅馬時期生活的詩；(4) 製作看起來像羅馬公民的布偶；(5) 畫出當時流行的服飾；(6) 製作羅馬時期重要建築或羅馬別墅的模型；(7) 畫一張古羅馬時期的地圖；(8) 學生亦得自訂主題，提出計畫，進行探究活動。

　　現在請你（妳）思考下列問題：

(1) 歷史老師的教學設計與活動有何特徵？

(2) 歷史老師為何列出多項研究題目供學生選擇與學習？

(3) 歷史老師的預期教學成果為何？

二、教師檢定

　　研讀本章個別化教學之後，請思考並回答下列問題，今依模擬試題與檢定試題，列示如後：

㈠模擬試題

1. 少子化是當前的社會現象，小班教學是必然的趨勢。教師如何實施個別化教學以因應未來的需要？請舉出三種策略並說明之。

2. 下列哪一種方式不是個別化教學（individualized instruction）？

(A) 學生進行獨立研究；(B) 學生依志趣參加舞蹈社團活動；(C) 學生參加補救教學；*(D) 學生參加補習班補習。

3. 下列有關個別化教學的敘述，何者是正確的？

(A) 教師在大班教學無法實施個別化教學；(B) 個別化教學評量只看個人的表現；(C) 只有在小班才能實施個別化教學；*(D) 檔案紀錄可以適應學生的個別差異。

4. 下列有關個別化教學的敘述，何者是錯誤的？

(A) 個別化教學是以學生為中心；(B) 個別化教學不單指一對一的教學；(C) 學生依自己的興趣選修課程；*(D) 學生參加學測模擬測驗。

㈡ 檢定試題（國家教育研究院，2015, 2019）

1. 教師宜採取哪些教學策略以照顧到學生的個別差異？請列舉五項。

（2015 年課程與教學）

2. 吳老師擔任五年甲班的補救教學工作，該班雖然只有 10 位學生，但是每位學生的程度參差不齊，學習意願不高，且缺乏現成教材。面對此一教學現況，吳老師應優先考慮下列何者？

(A) 強調學科知識的吸收；*(B) 呼應學生的個別差異；(C) 重視科技媒體的應用；(D) 強調社會問題的反思。　（2015 年國小課程與教學）

3. 請說明「差異化教學」的意義，並以某一學科或領域為例，論述在內容、過程、結果（成果）及學習環境等四個面向，如何進行差異化教學的課程規劃。　（2019 年 -1 課程與教學）

參考文獻

一、中文部分

林生傳（1990）。**新教學理論與策略**。臺北：五南圖書出版公司，105-167.

教育部（1998）。**發展小班教學精神計畫**。臺北：教育部。

國家教育研究院（2015, 2019）。**高級中等以下學校及幼兒園教師檢定考試歷屆試題及參考答案**。新北：國家教育研究院。

張清濱（1988）。**學校行政**。臺北：臺灣書店，107-108。

張清濱（2008）。**學校教育改革：課程與教學**。臺北：五南圖書出版公司，155-177。

二、英文部分

Bloom, B. (1984). The 2-sigma problem: The search for methods of group instruction as effective as one-to-one tutoring. *Educational Researcher, 13*(6), 4-16.

Capel, S., Leask, M., and Turner, T. (1999). *Learning to teach in the secondary school* (2nd ed.). New York: Routledge, 250-253.

Cleaf, D. W. V. (1991). *Action in elementary social studies*. Boston: Allyn and Bacon, 107.

Guskey, T. (1985). *Implementing mastery learning*. Belmont, Calif.: Wadsworth.

Jarolimek, J. (1986). *Social studies in elementary education* (7th ed.). New York: Macmillan Publishing Company, 114.

Moore, K. (2009). *Effective instructional strategies: From theory to practice* (2nd ed.). Los Angeles: SAGE.

O'Donell, A. M., Reeve, J., and Smith, J. K. (2009). *Educational psychology: Reflection for action* (2nd ed.). Hoboken, NJ: John Wiley & Sons.

Partin, R. L. (1979). Multiple option grade contracts. *The Clearing House*, Nov., 133-135.

Savage, T. V. and Armstrong, D. G. (1992). *Effective teaching in elementary social studies* (2nd ed.).New York: Macmillan Publishing Company, 135.

Tomlinson, C. A. (1999). Mapping a route toward differentiated instruction. *Educational Leadership, 57*(1), 12-16.

Tomlinson, C. A. (2000). Differentiated instruction: Can it work? *The Education Digest,* August, 25-31.

Trump, J. L. and Miller, D. F. (1979). *Secondary school curriculum improvement: Meeting challenges of the times* (3rd ed.). Boston: Allyn and Bacon, 345.

Woolever, R. M. and Scott, K. P. (1988). *Active learning in social studies promoting cognitive and social growth.* London: Scott, Foresman and Company, 244-245.

Zahorik, J. A. (1999). Reducing class size leads to individualized instruction. *Educational Leadership, 57*(1), 50-53.

第十一章

小組教學

　　小組教學（small group instruction）不是新的教學方式。遠在中國古代，私塾或私人講學，學生三五成群一起讀書就有小組教學的型式。到了現代，小組教學逐漸廣為使用。尤其九年一貫課程與小班教學理念的實施，小組教學更有利用的價值。但是，不見得教師們都行之有效，蓋因有些教師不得要領，教學前沒有妥善安排，教學時也沒有充分把握分組的方式，以致教學後難以達成教學目標，教學效果自不理想。任何教學方法與策略幾乎都有其優點與缺點。教學的藝術貴在於取長補短，因人、因時、因地、因事而制宜。

　　近年來，小組教學普遍受到重視。原因之一是教師們對於學習歷程比從前了解得更多。一些學習心理學家深信：當學生積極參與學習的活動，把新經驗與舊經驗聯結起來時，學習就更可能發生（Winitzky, 1991）。如果小組教學妥當地使用，就可帶動學生積極地學習。另一個原因是小組教學時，學生可以與不同學習型態的學生互相學習（Jarolimek & Foster, 1993），也可以和不同性別、族群、與文化背景的學生一同學習，增加互動的機會，增進彼此了解，從而培養學生互相尊重、互相接納、互相欣賞的美德。

第一節　小組教學的類型

　　小組教學約可分為五種類型，茲列舉說明如下（Hauge,1980; 張清濱，2008:189）：

一、腦力激盪小組（brainstorming group）

　　教師提出問題，讓學生思考，相互腦力激盪，如：在這一堆各種不同的水果中，可用哪些方法把它們分成兩類？各組學生經過充分的討論與腦力激盪後，發現可以形狀、大小、顏色、酸甜、生產季節、土產或進口等方式分為兩類。

二、教學小組（didactic group）

這是師生互動的方式，也是教學常見的方式之一。教師問學生，另外學生也問教師，師生彼此互動。譬如：教師問學生說：「吃豬肝可以補肝，你們相信嗎？」另一學生則問教師說：「豬肝裡有抗生素，有害人體健康，真的嗎？」

三、探究小組（inquiry group）

這是針對教學目標，尤其是自然科學教師常用的方式。其目的是要讓學生發現新事物或探求事實的真相。譬如：教師問學生：「每天都有學生缺席，原因是什麼？」甲生說天候不良，乙生說生病，丙生說沒寫作業、不敢上學。理由很多，但究竟事實真相如何？教師可要求學生每天統計學生缺席的人數並查明原因。學期結束，學生就可以獲得答案。

四、討論小組（discussion group）

一般分組教學時，採用此種方式。教師提出問題，讓各組學生去討論。譬如：國民中學學生該不該談戀愛？經過分組討論，充分討論後，發現班上同學大都認為：友情、親情、愛情、師生情定義必須釐清。人際關係涉及朋友、親人、戀人、師長。彼此都會產生不同的感情。同學之間本來就應該互相學習、互相照顧、互相友愛。此種純粹的友情，也是理所當然。但是國中生心智尚未成熟，理性與感性不易平衡，不宜談及愛情。

五、工作小組（task group）

教師依教學的需要，把班上同學分成數組，分配工作任務。譬如工藝課，每一工作小組都要完成一件作品。A 組做飛機模型，B 組做輪船模型，C 組做火車模型。各組成員彼此分工，有些同學負責設計，另有些同學負責準備材料，大家同心協力，完成工作目標。

第二節 小組教學的原則

教師使用小組教學時，宜把握下列六項要點（張清濱，2008:191）：

一、異質性分組

最好在常態編班的基礎上，採異質性分組，實施小組教學。異質性分組至少應考慮下列三方面的不同屬性：

㈠ **能力**：組內同學的能力不一樣。有些同學擅長國文，有些同學擅長英語，另有些同學擅長電腦……各有所長，也各有所短。即使同一學科，有些學生成績很好，有些平庸，另有些低劣。不同能力的組合，學生心理較能平衡，也可以互相學習。學生不易造成自卑感、優越感、挫折感、或疏離感。

㈡ **性別**：組內同學應該男女生都有。這樣可以配合性別平等教育，促進男女兩性互動。男女生可以一同學習如何尊重異性、接納異姓、包容他人。

㈢ **多元文化**：組內同學來自各種文化背景。譬如班上同學有些來自閩南語背景、有些來自客家語背景、亦有些來自原住民、新住民或其他文化背景。各組都由各種文化背景的人組成。大家可以互相學習，更可促進族群的融合。上公民課時，教師宜注意分組時，要考慮宗教與政黨的多元性，千萬避免同質性的分組。最好各組成員來自各種信仰與政治背景的家庭，不可相同背景的學生聚在同一組，失去多元性。

二、每組4-6人

每組人數到底多少人最恰當？依據 Johnson 與 Johnson（1991）的研究，每組人數以 4-6 人效果最好。人數太少與人數過多皆非所宜，反而缺乏互動的機會。設若每組皆為 1 人，就會「獨學而無友，則孤陋而寡聞」。又若每組 100 人，甚至 1,000 人，必變成「菜市場」或「演講廳」，秩序大亂，聊天者有之，打瞌睡者有之。

三、教師掌控分組

分組的時候不宜任由學生自行分組，以免同類相聚，宜由教師掌控，分配組別、人數，以符合異質性。班上學生如有「英雄好漢」，最好把他（她）們拆散到各組，讓他（她）們孤掌難鳴，無法稱兵作亂，也有助於班級秩序的維護。班上如有自閉症或過度內向學生，亦可安排與較為親近的學生同組，以適應學生的個別差異。

四、小組長輪流擔任

分組時，每組應有一位小組長。但是小組長究竟如何產生？教師指定專人擔任好呢？或由同學互相推選？亦由組內同學輪流擔任？三種方式各有利弊。從教育的觀點言之，似以輪流擔任為宜。此種方式具有下列優點：

㈠ **教育機會均等**：大家都有機會擔任小組長，不致淪為少數人的專利，較能兼顧學生的受教權。

㈡ **培養領導能力**：小組長也是班級領導人物之一，每位學生都可從最基本的小組長做起，培養領導能力。

㈢ **培養說話的能力**：小組長要代表組內同學，提出口頭報告，無形中培養說話的能力。

㈣ **培養傾聽的能力**：小組長要注意聽取別人的意見，培養專心一致的習慣，也學會尊重別人的意見。

㈤ **培養分析、歸納、組織、統整的能力**：小組討論時，同學七嘴八舌，各說各話，小組長必須歸納、統整組內的意見，成為小組的意見。

五、不固定分組

不固定分組係指一學期或一學年中，經常更動組別，讓學生有更多互動的機會。在固定分組的班級中，學生的互動大都侷限於同組的同學中。不固定分組可擴展互動的空間，延伸到整個班級。班上的同學都與任何其他同學同組學習，更能促進班級的互動。如果每位同學都能見賢思齊，則班上的同學都是集大成者。

六、多元化評量

小組教學時，教師宜採用多元化教學評量，兼顧個人表現與小組表現。教師可用觀察法，觀察成績不錯的學生，是否肯幫助成績較差的同學？如果學生仍然勾心鬥角、我行我素，教學評量時就應降低情育領域的成績，以矯正自私自利的心態，引導他（她）們培養良好的群己關係與互助合作的美德。

第三節 實務演練與教師檢定

本節包括實務演練與教師檢定。前者注重情境演練，後者從近年來中小學教師檢定的趨勢，提出若干模擬試題與檢定試題（打＊者為參考答案），分別列示如後：

一、實務演練

實務演練以生物科的小組教學、社交關係測量、與英文科的小組教學為例，敘述如下：

㈠生物科的小組教學

> 劉老師是永興國民小學自然科教師。當她教到「竹子的功用」時候，採用小組合作學習。班上同學共有35人，男生18人，女生17人。她要求學生分組，每組5人，採取異質性分組。討論的主題是「竹子的功用」。隨後劉老師向同學說：「每小組要有一人當組長，另一人做紀錄。大家儘量努力去想，看看哪一組提出的用途最多、最有創意、而且反應最快，組內同學就可以加分。」大約10分鐘的光景，每組同學絞盡腦汁、集思廣益，紛紛把答案寫在小白板上。
>
> 小組討論結束，劉老師向同學說：「現在各組小組長要提出討論的結果報告。每組報告時間不得超過3分鐘，而且不可以重複前面各組相同的答案。看看哪一小組要先發言？」結果各組迫不及待、爭先恐後，搶先要發言。

　　最後，劉老師綜合各組的答案，發現竹子有很多用途，諸如：製作筆筒、斗笠、畚箕、桌子、椅子、籃子、教鞭、包粽子、造橋、建造房子、當做燃料、製作衣服、藝術品等，不勝枚舉。報告結束，劉老師再問學生：「還有沒有其他不同的答案？」以激發創造思考。

　　現在請就下列各項問題，提出你的看法：

(一) 結構式反應問題

　　1. 劉老師為何要規定小組長報告時間不可超過 3 分鐘？

　　2. 劉老師為何要規定小組長報告不可重複前面各組相同的答案？

　　3. 劉老師為何宣布表現最好的小組，組內同學可以加分？

　　4. 各組學生為何迫不及待、爭先恐後，搶先要發言？

　　5. 你認為合作學習有何優點與缺點？為什麼？如何改良？

(二) 多重選擇問題

　　你認為教師實施小組合作學習時，要注意哪些原則？（複選題）

　　(A) 每組人數 4 至 6 人。(B) 採異質性分組。*(C) 小組長輪流擔任。*(D) 兼顧個人表現與團體表現。

(二) 社交關係測量

　　吳老師是育民國民中學八年級的導師，她想要了解班上學生有無小團體的存在並進一步探討群育發展的情形。她採用社交關係圖（sociogram）分析學生的社交關係狀況。社交關係圖是一種社會計量技術（sociometric technique），也稱為社會計量法（sociometry），乃是呈現團體中成員社交關係的一種計量技術，可了解成員在團體是否受歡迎或被排斥的情況。例如「猜是誰技術」（guess who technique）、「社交關係圖」（sociogram）與「社會計量矩陣」（sociometric）等都屬於社會計量的技術（魏麗敏，2000）。

　　吳老師利用班會時段，設計一份問卷調查表，提出下列問題，要班上學生把符合該題同學的座號寫在題下。

(1) 你平常與哪些同學一起上學、放學？

　　座號：

(2) 你平常與哪些同學一起研究功課？

　　座號：

(3) 你喜歡與哪些同學一起逛街遊玩？

　　座號：

(4) 小組合作學習時，你喜歡與哪些同學同一組？

　　座號：

　　然後，吳老師根據學生填寫的答案，統計每位同學互動的頻率，並製作一份社交關係圖（如圖 11.1）：

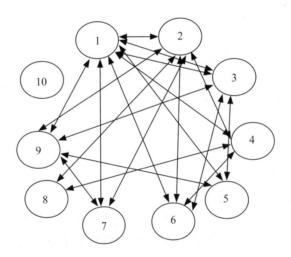

圖 11.1　社交關係

5,7,10 等數字代表男生，其他數字代表女生。

現在請回答下列問題：

(1) 從社交關係圖，這班學生哪一位最適合擔任班長？

(2) 從社交關係圖，這班學生哪一位最需要接受輔導與協助？

(3) 從社交關係圖，這班學生的同儕關係有沒有小團體的存在？

㈢英文科的小組教學

　　宏明高中英文科黃老師配合聖誕節（Christmas Day）課文，實施小組合作學習。她首先把班上學生分成 5 組，每組 6 人，採取異質性分組，同組學生的成績皆相同。然後她要求各組學生就下列 5 個主題分別任選一題進行分組學習，並在兩星期後的上課時間，以英文口頭提出 10 分鐘的成果報告或表演活動。

A. 聖誕節由來。

B. 聖誕節歌曲。

C. 聖誕節故事。

D. 聖誕節慶祝方式。

E. 聖誕節話劇表演。

　　學習結束，黃老師發現學生的學習成果至爲豐碩，證明 "Two heads are better than one." 全班學生共同分享聖誕節的喜樂氣氛，也了解世界各地的文化，擴大國際的視野。現在請你回答下列問題：

(1) 小組合作學習有哪些特徵？請列舉說明。

(2) 請以英文科「端午節」（Dragon Boat Festival）爲主題，設計小組合作學習。

(3) 黃老師的英文教學採用合作學習的哪一類型？

　　(A)團體探究法；(B)配對學習法；(C)共同學習法；*(D)拼圖法簡式。

(4) 小組合作學習同組的學生成績皆相同，黃老師的教學評量傾向何種理念？

　　(A)生命共同體；(B)社群共同體；(C)族群共同體；*(D)學習共同體。

二、教師檢定

　　研讀本章小組教學之後，請思考並回答下列問題，今依模擬試題與檢定試題，分別列示如後：

㈠ 模擬試題

1. 學校要培養學生團隊的精神，革除自私自利的心態，教師應多採用何種教學方法？請以你將來任教的學科舉例並說明之。

2. 教師怎樣實施小組教學？小組教學應把握哪些重要原則？請舉例並說明之。

3. 林老師上課時要求學生進行小組討論，互相分享經驗。林老師應用哪一種學習理論？

   (A) 社會認知論；(B) 資訊處理認知論；(C) 認知行為論；*(D) 社會建構論。

4. 王老師班上學生 30 人，使用何種分組方式，學生互動學習的機會最多？

   (A) 全班上、下學期不分組；(B) 全班上、下學期固定分組，每組成員 10 人；(C) 全班上學期固定分組，各組成員 6 人，到下學期調整分組；*(D) 全班上、下學期不固定分組，每組成員 5 人。

㈡ 檢定試題（國家教育研究院，2015）

1. 劉老師為能掌控學生上課時的注意力，安排ㄇ字型學生座位，上課時採異質分組，進行小組討論與學習。除課本內容外，劉老師還編製許多加深加廣的教材，要求學生課前預習與課後複習。請問，劉老師的教學較偏向何種教育理念？

   (A) 精熟學習；(B) 協同教學；*(C) 學習共同體；(D) 生命共同體。

   （2015 年課程與教學）

參考文獻

一、中文部分

張清濱（2008）。**學校教育改革：課程與教學（第三版）**。臺北：五南圖書
　　出版公司。

國家教育研究院（2015）。**高級中等以下學校及幼兒園教師檢定考試歷屆試
　　題及參考答案**。新北：國家教育研究院。

魏麗敏（2000）。**社會計量技術**。載於**教育大辭書**。臺北：國家教育研究院。

二、英文部分

Hauge, J. (1980). A second look at small group instruction. *The Clearing House,
　　53*, 377.

Johnson, D. and Johnson, R. T. (1991). *Learning together and alone*. Englewood
　　Cliffs, N. J.: Prentice-Hall.

Lordon, J. (1981). Small group instruction: To make it work. *The Clearing House,
　　51*, 265-266.

Savery, J. R. and Duffy, T. M. (1995). Problem based learning: An instructional
　　model and its constructivist framework. *Educational Technology, 35*(5), 31-
　　37.

第十二章

合作學習

　　學校教育長期受到家庭、社會、與學校的影響。環顧當今社會，個人主義抬頭，功利主義盛行，價值觀念混淆，以致群性不彰，普遍缺乏團隊精神。教育部有鑑於此，在國民中小學九年一貫課程目標中揭示培養「尊重、關懷與團隊合作」的能力。欲達此目標，除了教科用書必須配合外，教師應善用合作學習法（cooperative learning），培養學生互助合作精神，增進群己和諧關係，發揮服務社會熱忱。

第一節　合作學習的本質

　　合作學習係指學生互相合作、共同討論課業，通常以小組的方式，學會的學生教導不會的學生，彼此照顧，充分發揮團隊的精神。在合作學習的過程中，教師充當諮詢者。每一位學生都要為小組盡到一份心力，所有小組成員必須學會進行中的課業。個人的績效責任觀念（individual accountability）乃是合作學習的主要特徵（Moore, 2009:203）。通常小組的每一位成員都得到共同的分數。偷懶的學生對小組沒有貢獻，將遭受到同儕的壓力，甚至比來自教師的壓力更有效，因為小組的成功有賴於團體成員的共同努力。研究顯示：合作學習造成更好的學習效果，增進自尊心、並改進對教師、同學、與學校的態度（Johnson & Johnson, 1991）。

　　Slavin（1983）認為合作學習的歷程乃是傳統教學的一種變通方式。更具體地說，學生在異質性分組（通常四至六人）的小組中一起學習，共同分享經驗，接受肯定與獎賞，有時以團體的表現獲得學業成績。合作學習也就因應程序，預期結果即獎賞結構之不同，而有不同的學習方法。

　　社會學家 Sherif 與 Sherif（1956）即曾指出：人們互相幫助，互相學習，邁向共同的目標一起工作，通常都會有相依為命的感覺。合作學習證實了 Sherif 等人的信念，因為方法、預測的結果、獎賞的結構伴隨著團體的共同目標，改善了團體的關係。

　　Allport（1954）提倡族群關係的接觸理論（contact theory of interracial relations），主張各種不同族群的人要發展正面的、積極的關係，必須基於平等的立場，經常從事合作的活動。在合作學習的情境中，多元文化的學生在各小組中給予平等的認同，朝著共同的目標學習，相互溝通，終能

導致正面的情感。這在倡導族群融合的今天，合作學習更有實施的必要。

Singh（1991）進一步研究 Allport 的族群接觸理論，發現有效的教學包括一種氣氛——每位學生都感受到其他同學喜愛、協助、與接納的氣氛。

Manning 與 Luckking（1993）的研究也發現：合作學習有助於改善族群與人際關係，並且增進多元文化的學生自尊與學業成就。在這升學競爭、能力編班、與傳統教學遭受批評之際，合作學習提供了一種可行的變通方式。學生可以互相切磋，一起學習，完成小組的學習目標。合作學習不僅促進學業的進步，也增進了良性的社會互動。

Johnson 與 Johnson（1995）指出：學生的過度競爭容易引起緊張與不安。長期處在競爭的環境中，學生學會如何攻擊他人，企圖保持名列前茅。此類學生往往低估別人的表現，甚少與人溝通，懷疑心特別重，往往以己度人。要扭轉此一頹勢，教師應多採用合作學習法，培養互助合作的美德，增進良好的人際關係。研究顯示：合作學習教導學生分享經驗與協助他人，可以降低校園暴力事件。學生參與合作學習的機會越多，他（她）們的心理健康、自尊、社交能力、與面對逆境、壓力時的恢復力都較為良好。

第二節　合作學習的類型

合作學習的形式很多，但都以小組或小隊的方式互相學習。合作學習的類型大約可歸納成下列九種，茲列述如下（Lindblad, 1994; Moore, 2009; Slavin, 1999）：

一、學生小組成就區分法（student teams-achievement divisions, STAD）

此一類型，四人一組，可依能力、性別、家庭背景、與教師認為重要的屬性予以異質性分組。教學時，教師先呈現課文教材的內容，確定小組成員都了解教師所呈現的訊息後，施以個別測驗，並與以往施測成績做一

比較。個別成績有進步者予以獎勵，這些成績累計成為小組分數。累計的小組分數達到某一水準者，可得到證書或其他獎賞。此種合作學習的方式在教導單一觀念與測驗題目只有一個答案時，最為有效。

二、小組遊戲競賽法（team-games-tournament, TGT）

此法頗類似於 STAD。最主要的區別乃在於每週的測驗改為每週競賽。每一小組得與能力相同的小組互相比賽。成績高者給予獎狀或其他獎勵。

三、小組協力個別化法（team-assisted individualization, TAI）

此法亦頗類似於 STAD。採用本法時，同一小組的同學互相檢查同學的作業與測驗。小組掌理家庭作業、學習單與測驗等。進步的學生給予適當的獎勵。

四、合作式的統整閱讀與寫作（cooperative integrated reading and composition, CIRC）

這是一種較為新穎的合作學習方式。此法需要異質性的閱讀小組。通常從不同的小組中，兩人一對，互相學習。在語言課中，小組也一起學習，共同完成合作式的寫作作業。其程序先由教師教學，然後小組練習寫作技巧，並且準備小組測驗。小組所有成員的平均表現作為獎勵的依據。

五、拼圖法（jigsaw）

使用拼圖法時，教師要把預擬的作業分成幾個不同且獨特的部分。小組成員就整個問題蒐集他（她）所負責的那一部分的資料，然後回報小組，最後的作品（業）即告完成。這是透過合作的歷程，小組成員蒐集必要的資訊，共同完成小組的作品（業）。譬如地理科加拿大單元或健康教育人體器官單元，小組成員可以分配主題的某一部分，負責這一部分的研究。相同主題的不同組別成員，互相研究討論，然後回到原來組別，輪流教導組內的其他組員。期望所有的學生都學會本主題的所有資訊，並使用

綜合測驗以輔助小組的報告。

六、第二代拼圖法（jigsaw II）

　　每組成員四至六人，各組給予整個問題，並按照其計畫，細分每人指定的工作。學生蒐集的資訊予以累計。最後的步驟是個別測驗，算出小組的分數，化為點數。優異者給予獎狀或獎品。

七、共同學習（learning together）

　　此一方式，每組四至六人，就單一的作業或活動，共同學習。單一的作品當作小組學習活動的成績。

八、同儕教導（peer tutoring）

　　這是最簡單的合作學習形式之一，在基本的技能領域當中，利用學生當作輔助教師（supplementary instructors）。任課教師則如同平常提示教材。學生兩人一組使用結構式練習與附有答案紙的作業單，以強化新教材。學生輪流擔任輔助教師並互相訂正答案，提供立即的、一對一的回饋（Miller, Barbetta, & Heron, 1994）。

九、小組調查（group investigation）

　　合作學習可用來促進高層次的學習。小組調查涉及獨立學習與小組研究。通常它把學生分成三至六人一組，調查或解決某些普遍的問題，包括社會學科或科學實驗、社區專題研究、或建構藝術的剪貼作品。學生負責訂定小組目標、分配工作任務、並完成專題研究。透過共同的小組目標，小組成員激發合作精神。小組調查的設計者在實施小組調查時，要確認六個步驟：㈠ 選擇主題，㈡ 共同計畫，㈢ 實施，㈣ 分析並綜合，㈤ 提出研究成果，與 ㈥ 評量。為了適應多元化，教師應該確保小組成員的異質性與不同組別的成員為共同的目標與成果而奮鬥不懈。教師的角色是促進小組的調查與維護小組的努力（Moore, 2009:206）。

第三節 合作學習的實施

雖然合作學習有多種類型，各種類型有其共同的要素。合作學習的兩位倡導者 Johnson 與 Johnson（1991）主張合作是學習的重要課題。教師實施合作學習時，應該強調個人的努力與團隊的表現，才能產生良好的互動並與他人合作學習。茲將合作學習的要領列述如下（張清濱，2008:223）：

一、教師安排分組

合作學習要求學生分組，通常四至六人為一組。分組有三種不同的方法，最常見的是由教師隨機安排分組。合作學習的分組要以異質性分組。但是，教師不一定能夠決定採取何種方式分組。第二種方法是固定分組。教師在學年開始時，即分派學生至各組，一直保持至學年結束。惟此法顯然未能考慮到學生在一學年中會有改變的事實。上學期適合張生，下學期未必適合該生。固定分組也限制了小組間的互動，未能與其他組別的學生互動。第三種方法是依需要分組。在合作學習的活動中，教師可依需要創立新的組別。

二、分配小組作業

大部分的合作學習方式都基於單一的觀念或應用。小組成員接受教師所呈現的資訊加以討論後，分配工作任務，再完成學習的目標。

三、評估小組表現

小組成員一起學習以獲得獎賞，成績的評量通常採取單一小組的分數，整組只打出一個分數。其測驗是共同合作完成，小組分數係來自每一組成員所得分數的平均數。合作學習透過小組教學，形成學習共同體。

四、避免誤用

有些教師在實施合作學習時，常犯一些毛病，應予避免。Vermette

（1994）提出下列建議，可供參考：

㈠ 合作學習宜採異質性分組，不宜同質性分組

合作學習最好依教師指示，採異質性分組，不可由學生依志願自行分組。如果放手讓學生自行分組，可能趨於同質性分組，容易造成特殊族群，較難分享不同的經驗。若採異質性分組，則可依學生專長、個性、性別、志趣、與文化背景混合分組，可促進團體間的互動與學習。

㈡ 分組宜由教師安排，不宜由學生自行分組

分組不在強迫友誼，乃在運用人際間的多樣性作為互補，以完成小組的任務。這種小組應該是工作小組，不是遊戲小組。教師安排的小組較容易兼顧各種狀況，可平衡小組間的優缺點，讓每位學生都能獲得成功。

㈢ 第一次指定的作業宜在短時間內完成，而非長時間的作業才能完成

小組作業應讓每一位學生參與，並要有成功的可能。作業應簡短，並由教師提示綱要。例如：1.同學間互相探詢對方的意見或觀念。此類訪談可著重在姓名、時事、興趣、特殊的知識領域等方面的意義。2.學生列舉一系列的事物，挑出一項班上學生未曾做過的工作，如組織班級的方式。3.同學間相互比較其他同學對某一主題的了解或感受。

㈣ 合作學習的課業宜在課內完成，不宜在課外完成

有些教師認為合作學習的課業屬於課外的事。他們擔心如果在課堂討論，家長們就沒有機會討論學校指定的課業。事實上，合作學習的課業應在課堂內進行。這樣，教師可以看到學生學習歷程的一切狀況，提供學生若干的建議。

㈤ 合作學習的成績宜採多元評量

合作學習要求學生一起學習，學習結果的評量可個別施測，也可要求學生共同討論，小組長提出口頭報告，或每組完成一項作品，給予各組團體的成績。

第四節 實務演練與教師檢定

本節包括實務演練與教師檢定。前者注重情境演練，後者從近年來中小學教師檢定的趨勢，提出若干模擬試題與檢定試題（打＊者為參考答案），分別列示如後：

一、實務演練

實務演練以社會科與英文科的合作學習為例，說明如下：

㈠社會科的合作學習

下面是美國一所小學四年級教師 Mihara 女士上社會學科，採用合作學習的情形。請仔細觀察她的教學歷程，然後指出她的合作學習方法有何缺失（Ormrod, 2009）。

Mihara 女士正開始上四年級「其他國家的習俗」單元。她聽說合作學習有許多好處，她要求學生分組，每組四人，共同學習這個單元。星期一她分配每組一個國家：澳洲、哥倫比亞、愛爾蘭、希臘、日本、或南非，進行合作學習。然後她指示每組：

「今天我們將到學校圖書館，找有關各組負責的主題的國家習俗並且借出你們認為有用的資料。下兩週，你們每天有時間每組同學一起學習。你們應該學會該組國家的所有習俗。星期五後一週內，每組將向班級其他各組提出口頭報告。」

在下幾堂課中，Mihara 女士突然碰到許多超出預期的難題。例如：當學生分組的時候，她注意到高成就的學生聚集在一起，成為兩組，許多社交傾向受歡迎的學生形成別組。剩下的學生形成兩組。有些組的學生馬上進行合作學習，另外有些組的學生七嘴八舌，談論即將來臨的社會事件，剩下各組的學生既不上課也不聊天。

當本單元進行之中，Mihara 女士聽到學生對於合作學習的許多抱怨（「Janet 和我做了所有的工作；Karen、Mary、和 Kay 都不幫忙」，「Eugene 認為他可以包辦一切，因為我們研究愛爾蘭，而他是愛爾蘭

人」，「我們花了時間但似乎看不出學到什麼！」）在單元結束時候的小組報告，品質天壤之別：有些組精心安排、資料豐富，另有些組顯得凌亂、沒有內容。

　　Mihara 女士喃喃自語：「如果我想要學生學到東西，我將必須親自教他們（p.312）。現在思考一下，Mihara 女士所使用的合作學習有否把握學習的原則？請就下列各項問題，提出你的看法：

(一) 結構式反應問題

　1. Mihara 女士所使用的合作學習分組方式不如預期有效，原因何在？

　2. 請描述兩件事情你認為可以改進 Mihara 女士的合作學習活動。

　3. 請提出你的改進理由，是基於有關合作學習有效策略的研究發現，或基於當代學習、認知、或發展的原理與理論。

(二) 多重選擇問題

　　Mihara 女士從未確認本單元的教學目標。下列哪一個目標反映出擬訂教學目標的要領？

　(A)「教師應該展示給學生各種多元文化行為與信念的差異（即飲食習慣、禮儀儀式、宗教信仰、道德價值）。」

　(B)「教師應該使用各式各樣的教學措施，包括（但不限於）演講、直接教學、課文閱讀、合作學習活動、與電腦輔助教學。」

　*(C)「學生應該研究各種文化行為與信念，包括在多元世界中這些國家的文化行為與信念。」

　*(D)「學生應該展示多元文化措施的知識，例如描述三種不同的方式，在此方式中，另一文化有別他們的文化。」

(二) 英文科的合作學習

　　小組合作學習可以增進學生的社交能力。教師測量社交能力的一把尺是觀察學生是否被同儕排斥。社交被剝奪的學生會有防衛心態，有時候，還會有侵略性，攻擊別人。學生通常喜歡與朋友、同學一同

遊戲工作。教師要營造溫馨的學習環境，學生可以無憂無慮、自由自在地表達意見，提供不同的觀點（張清濱，2018）。

　　社交技巧要在真實的情境實施。最好的方法之一是透過團體活動，讓團體的成員集思廣益，貢獻心力。英文教師林老師想出一個辦法，教完下列英文片語後，進行合作學習，要學生分組，採異質性分組，每組 4 人，用英語做簡短的戲劇表演：

A. hard-hearted; soft-hearted; see eye to eye.

B. be taken in; well-off; under the thumbs; be dead set against.

C. be taken with a grain of salt; on the go; waste one's breath; tell one clearly.

　　其中一組的成員共同編劇，分配任務，商討擔任劇中人物的角色。他（她）們經過預先演練，然後在班上演出。他（她）們把學到的片語編成英文話劇如下：

Act 1　　Borrowing a Cellphone（借用手機）

Student A: Hi! May I use your cellphone?

Student B: Sorry, I have to use it.

Student A: You are really hard-hearted!

Student C: You may use my cellphone. I don't use it right now.

Student A: Many thanks! You are soft-hearted, indeed. I appreciate a friend like you.

Student D: We see eye to eye on almost everything. I find that some people always want to have their own way. It is necessary for us to help each other.

Act 2　　Fraud Rings（詐騙集團）

Student A: Have you ever heard about fraud rings recently?

Student B: Yeah, I was told that some people in China were taken in by fraud rings in Kenya and Malaysia.

Student C: I think most of the people who are deceived may not be well-off, but they may be pushovers. They are always under the thumbs of others.

Student D: I am often <u>dead set against</u> the tricks of fraud rings. They committed crimes and should be punished.

Act 3　　Down to Earth（腳踏實地）

Student A: David likes playing jokes at school. What he says must <u>be taken with a grain of salt.</u>

Student B: Yeah, I agree with you. He is a student <u>on the go.</u> He always has a lot of energy.

Student C. I have tried to change his behavior of teasing others, but I think I <u>waste my breath.</u> He never listens to me!

Student D. I <u>tell you clearly</u> that David is a person who boasts of his jokes. He won't be down-to-earth.

現在請你回答下列問題：
1. 你覺得林老師的英文課如何？有何特色？
2. 社交技巧可否融入各科教學？
3. 請以你任教的學科，找出題材，要學生編成劇本在班上演出。

二、教師檢定

　　研讀本章合作學習之後，請思考並回答下列問題，今依模擬試題與檢定試題，列示如後：

㈠ 模擬試題

1. 教育部鼓勵中小學教師活化教學，善用小組合作學習。教師實施小組合作學習時，應把握哪些重要的原則？請列舉說明之。

2. 合作學習（cooperative learning）有哪些特點？請列舉說明之。

3. 教師實施合作學習（cooperative learning），有哪些限制？

4. 合作學習（cooperative learning）有哪些功能？

5. 學校教育常因升學過度競爭，學生容易引起緊張與不安。長期處於競

爭的環境中，學生學會如何攻擊他人。面對此種情境，教師應多採用
何種教學法？

(A) 協同教學法；(B) 問題解決教學法；(C) 探究教學法；*(D) 合作學
習法。

6. 張老師上課時，把預先擬定的作業分成六個不同且獨特的部分。小組
成員就整個問題蒐集他（她）們所負責的那一部分的資料，然後回報
小組，最後的作品（業）即告完成。這是哪一種合作學習的方式？

(A) 小組成就區分法（Student Teams-Achievement Divisions, STAD）；

(B) 小組遊戲競賽法（Team-Games-Tournament, TGT）；

(C) 小組協力個別化法（Team-Assisted Individualization, TAI）；

*(D) 拼圖法（Jigsaw I）。

(二) 檢定試題（國家教育研究院，2015, 2016, 2017, 2019）

1. 英文課要複習現在式、過去式及未來式。教師讓每六位學生組成一小
組，要求 1 號與 2 號同學共同負責精熟「現在式」，3 號與 4 號同學
共同負責精熟「過去式」，5 號與 6 號同學共同負責精熟「未來式」；
之後，再教導另外 4 人。請問，此一作法較符合哪一種合作學習策
略？

(A) 共同學習法；(B) 配對學習法；*(C) 拼圖法簡式；(D) 團體探究法。

（2015 年課程與教學）

2. 下列何者較不屬於合作學習策略的應用？

(A) 教師努力使小組的每一個成員都有貢獻；(B) 教師將學習活動成敗
連結到團體的榮辱；*(C) 教師安排能力相近的成員組成同一小組；(D)
教師對已經將問題解決的小組給予認可。　（2015 年小學課程與教學）

3. 李老師希望透過合作學習讓學生熟悉課文內容，同時培養其社會技巧
與態度，於是在國文課進行課文內容講解後，給小組 8 分鐘，進行討
論完成學習單以精熟課文內容，接著舉行隨堂小考以檢核學習成效。
李老師在統計小組每位學生的進步分數後，結算小組總分，最後表揚
表現較佳的小組。李老師的作法符合下列哪一種合作學習方法？

(A) 拼圖法；(B) 共同學習法；(C) 問題本位學習；*(D) 學生小組成就

區分法。　　　　　　　　　　　　　　　（2016 年課程與教學）

4. 文老師本學期想嘗試運用合作學習法進行閱讀教學。下列步驟順序何者最適切？

甲、針對閱讀文章進行全班的測驗；乙、依上學期語文成績，將學生做異質分組；丙、引導學生閱讀文章，並進行閱讀策略教學；丁、學生分組討論，摘要寫出文章的主旨與大意。

(A) 甲丙丁乙；*(B) 乙丙丁甲；(C) 丙丁乙甲；(D) 丁丙甲乙。

　　　　　　　　　　　　　　　（2016 年小學課程與教學）

5. 下列做法，何者最符合合作學習教學法的「學生小組成就區分法」？

(A) 將學生同質分組後，進行小組討論。於討論後，表揚各小組表現最佳學生；(B) 將學生異質分組後，每位小組成員各自研究一個主題，學會後，組內的成員再互相教導；(C) 將學生異質分組後，進行小組討論。於討論後，讓學生進行遊戲競賽，再加總遊戲競賽的成績，以評定各小組的表現；*(D) 將學生異質分組後，進行小組討論。於討論後，對學生進行個別測驗，再加總個別的進步成績，以評定各小組的表現。　　　　　　　　　　　　　　　（2017 年課程與教學）

6. 何老師採用合作學習教學法以提高學習成效，將教材分成幾個不同的學習重點後，先讓學生進行「專家小組」學習，再回原組進行「異質小組」學習。此一作法屬於下列何種教學法？

*(A) 拼圖法Ⅱ；(B) 團體探究法；(C) 小組遊戲競賽法；(D) 學生小組成就區分法。　　　　　　　　　　　　（2019 年 -1 課程與教學）

參考文獻

一、中文部分

國家教育研究院（2015, 2016, 2017, 2019）。**高級中等以下學校及幼兒園教師檢定考試歷屆試題及參考答案**。新北：國家教育研究院。

張清濱（2008）。**學校教育改革：課程與教學（第三版）**。臺北：五南圖書出版公司，195-201, 220-225。

張清濱（2018）。**教學理論與方法**。臺北：心理出版社。

二、英文部分

Allport, G. (1954). *The nature of prejudice*. Cambridge, Mass.: Addison-Wesley.

Johnson, D. W. and Johnson, R. T. (1991). *Learning together and alone*. Englewood Cliffs, N. J.: Prentice-Hall.

Manning, M. L. and Luckking, R. (1991). The what, why, and how of cooperative learning. *Clearing House, 64*, 152-156.

Miller, A. D., Barbetta, P. M., and Heron, T. E. (1994). START tutoring: Designing, training, implementing, adapting, and evaluating tutoring program for school and home settings. In R.Gardner, D. M. Sainatok, J. O. Cooper, T. E. Heron, W. L. Heward, J. Eshleman, and T. A. Grossi (Eds.). *Behavior analysis in education: Focus on measurably superior instruction*. Monterey, CA: Books/Cole, 265-282.

Moore, K. (2009). *Effective instructional strategies: From theory to practice* (2nd ed.). Los Angeles: SAGE.

Ormrod, J. E. (2009). *Essentials of educational psychology* (2nd ed.). Columbus, Ohio: Pearson.

Sherif, M. and Sherif, C. (1956). *An outline of social psychology*. New York: Harper and Brothers.

Singh, B. R. (1991). Teaching methods for reducing prejudice and enhancing aca-
demic achievement for all children. *Educational Studies, 17,* 157-171.

Slavin, R. E. (1983). *An introduction to cooperative learning.* New York: Long-
man.

Slavin, R. E. (1999). Synthesis of research on cooperative learning. In L. C. Orns-
stein and L. S. Behar-Horenstein (Eds), *Contemporary issues in curriculum* (2nd
ed.). Boston: Allyn & Bacon.

Vermette, P. (1994). The right start for cooperative learning. *Education Digest,*
September, 35-38.

第十三章

協同教學

　　國民中小學九年一貫課程自 2001 年開始分階段逐年實施。它的課程理念之一是分為七大學習領域並注重課程的統整，進行合科設計，實施協同教學（team teaching）。在符合基本教學節數的原則下，學校得打破學習領域的界限，採取大單元或主題式統整，實施協同教學。

　　21 世紀課程發展的趨勢是課程統整（curriculum integration）。Slattery（1995）指出後現代課程發展的三個原則是合作性、整體性、與科際性。新課程的理念正符合此一發展趨勢。國民中小學教師如何進行協同教學，以落實新課程的理念，則是有待深思、探究的課題。

　　本章僅就協同教學的定義、特點、模式、步驟與實務演練，列述於後，以供參考：

第一節　協同教學的定義

　　協同教學（team teaching）與合作學習（cooperative learning）有別，不能混為一談。前者注重教師教學型態的改變，而後者則在學生學習型態的改變。所謂協同教學乃是一群不同的教學人員以一種專業的關係，組成教學團（teaching team），共同計劃、互相合作，完成某一單元或某些領域的教學活動（方炳林，1988；Schamber, 1999）。教學團的組成分子通常包括資深教師、任課教師、實習教師、視聽教育人員、與圖書館人員。這些人員彼此分工，各盡其職，通力合作，共同完成教學活動。從協同教學的意義，它具有下列特點（張清濱，2008:179）：

　　一、**多樣性**：不同的教師提供學生不同的經驗，學生可從各種不同的角度去面對問題，思考問題。

　　二、**專業性**：教師各有所長，依教師的專長排課，擔任最專精的教材，學生可吸收教師最擅長的部分。

　　三、**統整性**：不論單科或跨科，教師可把零星的、片段的概念或知識，予以整合，成為有系統的、完整的概念或知識。

　　四、**個別性**：教學過程可由大班教學到小組教學，再到獨立學習，兼顧群性與個性，適應學生的個別差異。

　　五、**合作性**：以往的教學型態大都是任課教師獨立作戰，唱獨角戲。協同教學則不然，它動員有關教學人員，互相搭配，合力完成教學活動，充分發揮教學團隊的精神。

第二節　協同教學的模式

　　協同教學改變教學的型態，可依據教學的需要，分為下列各種模式（張清濱，2008:180）：

一、單科協同

　　這是指同年級、同一科目教師的協同。譬如英語科教材內容有發音、拼音、句子結構與語法、英語歌曲、聽力練習等部分。一年級英語教師有三位，可就其專長，分配工作，李師負責發音與拼字，林師負責句子結構與語法，而張師負責英語歌曲與聽力練習。一年級各班的英語課就由這三位教師協調安排，共同完成。

二、科際協同

　　這是兩科之間的協同。譬如國文課有一課文五言絕句選──登鸛雀樓，即可與美術科教師協同教學。國文教師教完這首詩後，美術教師可要求學生把讀完這首詩後的心境，用作畫表現，以領悟詩中有畫的意境。當然，美術教師也可以就一幅畫指導學生欣賞，然後國文教師指導學生寫出觀賞心得或寫一首打油詩。

三、多科協同

　　這是三科或以上的協同。譬如國中英語科有一課文──I Took a Trip to Kenting，可把英語、音樂、地理教師組成教學團，共同設計教學活動。最好能利用春（秋）季旅行，到墾丁旅遊，進行兩天一夜的戶外教學。學生從學校搭上遊覽車，到墾丁住宿、用餐、交談等就儘量說英語。英語教師上課一方面教英語，一方面教旅遊英語。音樂教師可教一些輕鬆的歌

曲，也可以教恆春民謠，了解鄉土語言、文化。地理教師則可配合地理課程，教臺灣地理——恆春半島的地理景觀與墾丁國家公園。教學團可視情況，擴大協同的範圍，可請生物教師介紹墾丁國家公園的稀有植物。如果經費困難，尚可考慮以露營方式辦理，還可安排童子軍活動，各小組到墾丁國家公園尋寶，然後提出報告。這樣的協同教學，學生必定可學到完整的觀念、知識、技能、與生活英語。

四、跨校協同

協同教學也可跨校實施。譬如甲校缺音樂教師，而乙校缺美術教師，則兩校可相互支援，互補有無。甲校的美術教師去協助乙校的美術教學，而乙校的音樂教師可協助甲校的音樂教學。

五、循環式協同

教師的專長不一，對於任教的學科，不見得完全勝任。譬如體育科有很多運動，球類就包括籃球、排球、足球、桌球、棒球、躲避球等。有些教師只擅長其中幾項。因此，學校可請具有這些球類專長的教師組成教學團，採取循環式協同教學，就每位教師專長選項，安排授課時間，依序輪班教學，就可把所有球類教完。

六、主題式協同

這是針對某一主題，進行統整的協同方式。譬如臺灣於 1999 年 9 月 21 日發生大地震。教師可以地震為主題，把有關聯的領域或學科統整起來，進行協同教學。國文科可從報章雜誌找出有關地震的文章作為教材。英語科可上網或英文雜誌找一些有關地震的短文或英語會話。地理可講解 921 地震的分布情形與震央的位置。自然科可探討地震的原因與地殼的變動。社會科可討論地震發生後如何展開社會救濟與人道的關懷。健康教育則應教導學生地震發生時應如何保護自身與週遭環境的安全。萬一有人發生不幸，應知道如何急救。輔導活動可輔導學生正確地面對地震，不致產生過分恐懼，而能臨危不亂。這樣，學生上完這個主題後，更了解有關地

震的知識，也增進有關防範地震災害的生活智能。

第三節　協同教學的步驟

學校宜就課程的內容與性質，先行評估它的關聯性、意義性、銜接性、需要性與可行性，然後進行下列各項工作（張清濱，2008:181）：

一、組織教學團

學校一旦決定實施協同教學後，應即邀集有關教師與人員組成教學團，商討如何進行該科或該單元的協同教學。

二、妥善規劃設計

教學團宜由成員推薦一人擔任召集人或聯絡人，負責籌劃與溝通協調等事宜。召集人通常由資深專業人員或最有經驗的人擔任為宜。協同教學首重規劃設計。如果過程安排得宜，進行就很順利。

三、研擬教學流程

教學團在規劃設計的時候，應通盤考量各種變項與情境，包括人、時、地、物、事，設身處地，研擬一份教學流程與工作分配表。協同教師可以很清楚自己在什麼時間（when）、在什麼地點（where）、擔任何種工作（what）、採用何種方法（how）、教哪些學生（who）、與要達成哪些目標（why）。

四、進行教學活動

教學前的準備工作完成，教師就可按照計畫，進行教學活動。協同教學的方式很多，可概分為：大班教學、小組教學、與獨立學習。協同教師宜就教材性質採取適當的方式，進行教學活動。

五、共同評鑑

協同教學完畢，教學團應進行評鑑，包括學生學習成績的評量與教師協同教學的評鑑。前者可採多元評量的方式，評定學生學習的情形；後者則在注重教學的過程、教學的內容與各項行政工作的配合等，檢討其利弊得失。

第四節 實務演練與教師檢定

本節包括實務演練與教師檢定。前者注重情境演練，後者從近年來中小學教師檢定的趨勢，提出若干模擬試題與檢定試題（打＊者為參考答案），分別列示如後：

一、實務演練

茲就國民中學一年級第二學期課程，以「臺灣的夏天」為主題，進行跨領域的課程統整設計，實施協同教學為例，說明如下（張清濱，2008:183）：

㈠以「臺灣的夏天」為主題的協同教學

主　　題：臺灣的夏天（依實際情況與需要，進行三科以上的跨科協
　　　　　同教學）
統整學科：國文、英語、地理、生物、健康教育、體育、美術、音樂、
　　　　　輔導活動等科。
教學方法：協同教學
一、語文領域（國文科）
　　第十三課課文：吃冰的滋味，讓學生思考夏天有哪些食品能消暑？
　　吃冰的滋味如何？體會暑假生活的情趣，也表現出一份懷舊的情
　　感。

二、語文領域：(英語科)

第八課課文：*Spring, Summer, Fall, and Winter*, 讓學生學習四季的名稱與順序，也學會春、夏、秋、冬季節的變化與特徵。

三、社會領域 (地理科)

第六課：*臺灣省㈡* 讓學生知道臺灣屬於亞熱帶季風氣候與溫差變化情形。7、8、9月間，常有颱風侵襲與豪雨的災害。

四、自然與科技領域 (生物科)

第十二章：人類與環境，讓學生了解各類環境汙染問題。夏天天氣炎熱，垃圾汙染更為嚴重，學生應該體認環境汙染的嚴重性與培養愛鄉、愛土的情操。

五、健康與體育領域 (健康教育)

第四篇第六章：野外安全，讓學生知道臺灣夏天溺水事件頻傳。游泳與划船都要注意溺水與翻船事件等慘劇的發生。因此，急救訓練應列為必要的課題。

六、健康與體育領域 (體育)

臺灣的夏天，學生最喜愛的運動項目之一就是游泳、戲水。學校應配合體育課，教導學生如何游泳。

七、藝術與人文領域 (美術科)

教師可配合美術課帶學生到戶外寫生，體會並欣賞臺灣夏天的奇景風光。

八、藝術與人文領域 (音樂科)

教師可安排教唱四季謠或鄉土音樂，也可教導學生挫冰——帶動唱。

九、綜合活動 (輔導活動)

夏天疾病容易流行，教師應輔導學生防範各種傳染病，也應注意情緒教育，防範情緒失控而引發衝突，造成不幸事件。心理疾病的防治應列為重點。

上述的例子顯示協同教學統整課程的程度可視上課時間與師資狀況而調整。因此，學校實施協同教學，可先從小規模做起，教師有了實際經驗之後，再逐漸擴大統整的學科與範圍。

二、教師檢定

　　研讀本章協同教學之後，請思考並回答下列問題，今依模擬試題與檢定試題，列示如後：

㈠ 模擬試題

1. 協同教學（team teaching）有何特性？請列舉說明之。
2. 教師如何實施協同教學？請以任教的科目說明之。
3. 針對跨領域或跨科的課程設計，教師較適合採用何種教學法？
   (A) 探究教學法；(B) 問題教學法；(C) 直接教學法；*(D) 協同教學法。

㈡ 檢定試題（國家教育研究院，2016）

1. 光明國中國文、自然與生活科技及數學學習領域的教師一起為八年級學生規劃並實施一套名為「花落誰家」的課程。這群教師所採用的是何種教學方法？
   (A) 探究教學法；*(B) 協同教學法；(C) 合作學習教學法；(D) 創造思考教學法。　　　　　　　　　　　　　　　　　（2016 年課程與教學）

參考文獻

一、中文部分

方炳林（1988）。**普通教學法**。臺北：三民書局，183-191。

國家教育研究院（2016）。**高級中等以下學校及幼兒園教師檢定考試歷屆試題及參考答案**。新北：國家教育研究院。

張清濱（2008）。**學校教育改革：課程與教學**。臺北：五南圖書出版公司，178-184。

二、英文部分

Schamber, S. (1999). Surviving team teaching's good intentions. *The Education Digest, 64*(8), 18-23.

Slattery, P. (1995). *Curriculum development in the postmodern era*. New York: Garland.

第十四章

情意與道德教學

　　情緒（emotion）涉及一個人的喜、怒、哀、樂、愛、惡、懼等表達。情緒與生活息息相關。人類的行為都隨著情緒的高低而起伏。情緒影響學生的學習，也影響教師的教學。一個情緒暴躁的教師經常會體罰或虐待學生，情緒不穩定的學生會經常作白日夢、上課不專心，甚至會有反社會的行為。

　　學校教育注重德、智、體、群、美等五育的均衡發展。但是很不幸地，有些學校偏重智育的發展，而忽略情意與道德情操的陶冶。揆其原因，傳統的教學與評量很少觸及情意領域（affective domain），久而久之，情意教學也就湮沒不彰了。本章擬從歸因理論（attribution theory），探討情緒如何影響學生學習的成敗，並進一步分析情意的屬性，再論情意與道德教學的途徑，以供參考。

第一節　歸因理論

　　學生對於有關行為與其他因素影響日常生活的信念稱之為歸因。學生形成許多事象的歸因——例如為何考得很好或考得不好，為何受同學歡迎或不受歡迎，為何他們是身懷絕技的運動員或笨頭笨腦的選手。他們的歸因主要可分成三種方式（Ormrod, 2009:202）：

一、內在與外在

　　學生有時候把事象歸於內在的原因——自己本身的因素。認為成績好是由於自己的努力，而成績不好是由於自己的能力不夠等都是內在歸因的例子。有時候，學生把事象歸於外在的原因——本身以外的因素。由於運氣好得到獎學金，而把同學的皺眉視為心情不好的徵候等都是外在歸因的例子。

二、穩定與不穩定

　　有時學生相信事象是由於某些穩定的因素——將來也許不會大動干戈的事情。例如：如果你相信由於天生的稟賦，你在科學學得不錯或相信

由於身體太胖，交友有煩惱，那麼你就把這些事象歸因於穩定而相當長久期間的原因。但也有時候，學生反而相信事象係由於不穩定的因素所造成──事情會一而再地改變。想到網球賽獲勝是一項幸運的大事，並且相信當你考試的時候因為身體太累，考試成績因而不理想，都是涉及不穩定因素的歸因例子。

三、可控制與不可控制

在某些場合，學生把事象歸因於可控制的因素──他們能夠影響並改變的事。例如：如果你認為同學邀請你去參加他的生日派對是因為你經常微笑並且向他示好，並且如果你認為你考試失敗只因你沒唸對地方，那麼你把這些事象歸因於可控制的因素。在其他的場合，學生把事象歸因於不可控制的因素──既非他們亦非別人具有影響力控制的事。如果你認為你在學校被選為領導，只因你看起來很正直，或因為生病，你打了一場卑鄙的籃球賽，那麼你將把這些事象歸因於不可控制的因素。

因為歸因是自己建構的，它們可能或不可能影響到事情的真實狀態。譬如，當原因是學生不夠用功或學習技巧不佳時，學生可能自責考得不好，係因試題有陷阱或教師評分不公。不求甚解的學生可能有錯覺，認為他們已經學會了某些真正未學過的東西。當這些學生考試成績不佳時，他們不能把他們的表現歸因於內在的、可控制的因素，因為在他們的心胸，他們認真學習，所以「知道」教材。他們反而把失敗歸因於外在的因素如運氣不佳、試題太難、或教師無能等。

一般言之，學生傾向於把成功歸因於內在的原因如能力好、用功等，而把失敗歸因於外在的因素如運氣及他人的行為等。學生過去成功與失敗的歸因會影響日後的表現。研究顯示學生對於成功與失敗會有情緒反應。通常學生獲得成功的時候就會感到快樂。但當他們把成功歸因於內在的原因時，也會有自傲與滿足的感覺──譬如他們親身做了某事。當他們把成功歸因於別人的行動或某種外在的力量時，他們也許會很感激而不是感到驕傲（Ormrod, 2009:204）。

第二節 情意的屬性

情緒可分為內在的與外在的情緒。隱藏在內心深處的情緒如懷恨在心，就是內在的情緒；表現出來的情緒如笑逐顏開，就是外在的情緒。情緒也可分為正面的與負面的情緒。前者如喜樂，後者如悲傷。正、負面情緒可能同時出現，如悲喜交集，有時也會迅速轉變，如喜極而泣等。

學生可能表達各種不同的情緒──挫折、討厭、垂頭喪氣、得意揚揚、興高采烈──視其學習表現以為定。情緒、心情、與其他情意的方式彌漫學生的生活氛圍。情意具有下列特性（Ormrod, 2009:207）：

一、情意與動機息息相關

學生如何感覺大部分視其需求是否滿足與其目標是否達成。學生會忿怒通常是無法遂其所願。學生覺得很高興是因為能滿足他們的需求、達成目標。譬如考試得到高分或獲獎，學生常會手舞足蹈；反之，考試「滿江紅」，學生就會意興闌珊。

情緒與動機在某些方面具有密切的關係。如果學生從事有趣的工作，體驗到相當正面的情緒如樂趣、喜愛、與興奮時，常常廢寢忘食、一往直前、鍥而不捨。這些感情就會增進內在的動機（intrinsic motivation）。正面的情意也常來自於高度的自我效能（self-efficacy）。一些學生喜歡數學的理由竟然是「我擅長數學」。學生對於事象的結果有賴於其對於這結果的解讀。

二、情意與學習及認知密切結合

情意往往是整體學習與認知的一部分。例如：正當學習如何執行一件工作的時候，學生同時學到他們是否喜愛做這件工作。當學生欣賞其所做的事，問題必更容易解決，問題的解決常常是興奮、喜樂、與尊榮所造成的結果。相反地，當學生必須奮力通過障礙去學習教材的時候，他們可能感到挫折與焦慮。此外，一些事實與理念也偶而會激起情緒的反應。

三、正面的情意會激發有效的學習策略

　　一般而論，正面的情意，如喜悅與興奮，會引導學生注意身邊的教材，努力去了解它的意義，並以開放的胸襟更有創意地思考。正面的情意也會增進學生自我調適的可能性，激發有效的學習策略。

四、情意也會激發某些行為

　　學生的情緒常常引導學生以不同的方式表現其行為。例如：罪惡感或羞辱感會引導學生改正錯誤的行為。挫折感也會引發學生攻擊、責罵別人。焦慮感有時會讓學生失眠、無所適從。

五、少許的焦慮是有益的，但太多的焦慮則有礙

　　焦慮（anxiety）的情緒具有正面與反面的作用。譬如，學生擔心作業寫不完，一直急著想把它完成，於是儘量利用時間去寫，果然如期完成。這種焦慮即有催化作用，成為一種學習的動力。但是，如果學生自尋煩惱、杞人憂天、每天擔心這個、擔心那個，反而造成心理的負擔，甚至爆發心理疾病，後果就不堪設想。然而，仍有部分學生天不怕、地不怕，對於任何事務，漠不關心，無動於衷，簡直麻木不仁。所謂「人無遠慮，必有近憂」，就是這個道理。下列情境學生容易引起焦慮，教師應特別注意並疏導：

　　㈠ 身體安全有顧慮：例如經常面臨暴力的學生，會感到焦慮不安。

　　㈡ 身體外表有缺陷：例如長得太胖或太瘦的學生，會在意身體的缺陷。

　　㈢ 處於新的情境：例如轉入新學校或環境的學生，會覺得不確定感。

　　㈣ 課業有困擾：例如課業聽不懂的學生，會覺得困惑不已。

　　㈤ 考試、競賽、抽背有恐懼感：例如學生面臨考試競賽，會覺得忐忑不安。

六、不同的文化孕育不同的情緒反應

　　許多人類的情緒——尤其喜樂、悲傷、恐懼、憤怒、討厭、與驚

嚇——在幼兒中常見，無疑是人類行為特徵的一部分。然而，不同的文化族群對於何種情緒與情緒反應才是適當，各有不同的看法。因而如何使成長中的兒童社會化，也就迴然不同。學校是社會的縮影，學校對於青少年的學習動機與情緒發展有著正面的影響。

第三節 情意教學的途徑

情意教學的實施有賴於教師正確的引導，下列一些措施與作法可供參考（張清濱，2008:229；Ormrod, 2009:214）：

一、學習讚美他人，對人友善

美國 Connecticut 州 Beecher 小學的情緒教育是教導學生如何尋求他人的優點，讚美他人。例如二年級的一個班上學生互相讚美，「你真會拼字」、「你寫的字好漂亮」、「你真有藝術天賦」等。這是教導孩子普遍的價值觀，也培養對人友善的態度（Ratnesar, 1997）。

二、表達個人與人際互動中的知覺

美國一所小學教師點名時，學生不是傳統式空喊一聲「有」，而是以報數方式表達他（她）當日的心情。譬如一分代表心情低落，十分表示情緒高昂（Goleman, 1995）。此種方式係以學生生活中的實際問題為題材，給予適當的情緒表達。

三、加強社團活動，調劑學生身心

學校應安排各類社團活動讓學生依興趣、志願選擇參加。一些學業不佳的學生，對於社團活動反而興趣盎然。在升學競爭的壓力下，學校更應安排各類社團活動讓學生參加，以紓解緊張的氣氛並發洩精力。教師應教導學生正當宣洩情緒的方法，例如轉變工作或活動、打沙包、訓練耐力與容忍度、靜坐、學習溝通的技巧等，以防止反社會行為的發生。

四、強化各科情意教學活動

任何學科教學活動都應包括認知領域、情意領域、與技能領域，不可偏廢。情意領域涉及一個人的觀念、態度、習慣、情操。情意領域實即生活教育、人文教育、人格教育、與倫理道德教育。真正的 E. Q. 應反映在倫理道德方面，也就是倫理商數或道德商數。

五、發揮輔導與諮商的功能

青少年問題的來源，許多來自於挫折感、恐懼感、疏離感、與自卑感。輔導的方式應該使青少年對於疾病有更深入的認識。但最重要的是辨認壓力的來源，並設法排除心理的壓力，去除不必要的恐懼、暴躁、與不安。

對於有心理疾病的學生，學校輔導單位亦可洽請當地心理衛生諮詢服務中心的協助。臺灣省各縣市大都有一所高級中等學校設有心理衛生諮詢服務中心。該中心與當地醫院合作，精神科醫師定期到校服務。服務對象包括當地中小學師生。實施迄今，績效甚為顯著，對於心理疾病的防治，頗多貢獻。

六、針對學生的基本需求，激發內在的動機

滿足學生的基本需求可以激發內在的學習動機。因此學生更可能了解並記得課文的內容。譬如，教師上課時偶而穿插新奇、變化、神祕、與風趣的事物於教學活動中。學生更能夠把他們所學的應用於新的情境。

七、增進學生的自我效能與自我價值

教師只告訴學生說：「你很好」或「你很聰明」不可能提升他的自我價值感（sense of self-worth）。模糊而抽象的說詞如「你很特別」也少有意義。較有效的方式是針對特定的活動與課業，增進學生的自我效能（self-effecacy）。如前所述，學生過去成功的經驗可以增進他在某一領域的信心。教師應善加鼓勵學生，如「你能做得到，我知道你能夠」可以增進學生的信心。

八、給予學生富有挑戰性的課業

挑戰不僅促進認知的發展，也讓學生體驗相當的滿足感與尊榮。挑戰的另一個優點是突顯學科的興趣所在。但是，教師必須牢記在心學校上課未必皆是挑戰，教師應該求其平衡，以提升學生的信心與自我效能。

九、評量學生的表現，要讓學生有成功的喜悅

通常學生的表現有優點，也有缺點。即使學業成績不佳的學生也有其優點。譬如某生學業成績不理想，但他上課準時、從不遲到、曠課，字體工整、不「龍飛鳳舞」。教師要極力找出學生的優點，讓學生有成功的滿足。一個受到肯定與賞識的學生，會更加努力向上。教師的職責之一就是發展學生的潛能，長善而救其失。

十、要求學生設定個人努力的目標

學生通常會朝向自己設定的目標更加努力；別人為他設定的目標可能無動於衷。自我選擇的目標如果具體明確、富挑戰性、並且短期內能實現，更能激發學習的動機。學生設定一系列的短期、具體的目標有時稱之為「近似目標」（proximal goals），學生得到定期的回饋，產生更大的自我效能感（sense of self-effecacy），不僅學會了教材，也獲得高層次的學業成績。

第四節　道德觀念的發展

近年來由於社會的急速變遷，家庭結構的改變，與學校教育的缺失，因而功利主義盛行，個人主義抬頭，群己關係淡薄，道德觀念日趨墮落。影響所及，社會不免衍生若干問題，諸如投機取巧、急功好利、違法脫序、罔顧倫常等偏差現象。臺灣地區離婚率有增無已、犯罪率居高不下、貪汙舞弊滋生橫行，著實令人憂心。學校的道德教育到底出現了什麼問題？究竟應如何進行道德教育？為圖力挽狂瀾，振衰起弊，學校必須徹底檢討現行教育的缺失，謀求改進。

　　兒童與成人怎樣了解是非、善惡、好壞、對錯之間的差異？他們怎樣做道德的判斷？教師如何幫助學生成為更有道德的思考？兒童的道德發展哪些方面會影響教師的教學與學生的學習？要解答這些問題，我們先行探討道德發展的原則，再討論道德發展的理論與實踐。

一、道德發展的原則

　　有些社會行為如分享、協助、與安慰等旨在為別人著想。這些行為加上此類特質如誠信、公平、與尊重別人的需要與權利，就成為道德的範疇。

　　學生對於道德與非道德行為的信念 —— 也就是有關善與惡的信念——影響他們在學校的行動與成就。譬如學生能尊重別人的財物與安全，較不易淪為偷竊或侵犯的行為。他們的道德信念可能影響其對於學校課業的認知與情意的反應。兒童與青少年的道德發展原則列述如下（Ormrod, 2009:252）：

(一) 兒童早期開始使用內在的標準去評量行為

　　即使學齡前兒童有某種認知，造成生理或心理傷害的行為是不當的。不管成人是否告訴他們，也不管是否會帶來嚴重的後果，大部分的兒童在4歲前都了解傷害別人是不對的。

(二) 兒童漸漸分辨道德的與傳統的犯罪

　　西方文化的主流反對道德的犯罪（moral transgression）因為這類行為造成損害或傷害，違反人權，或與平等、自由、正義的原則背道而馳。另一類行為違背傳統善良風俗、倫理者稱為傳統的犯罪（conventional transgression）。此類行為通常針對特定的文化。例如：吃飯時打嗝在西方文化是會引起對方不悅的，但在某些文化裡，打嗝反而成為對烹調的一種恭維。相形之下，許多道德犯罪在許多不同的文化裡是不允許的。

　　學齡前兒童體會到並非所有的行動都是錯誤的，也體會到違背道德標準比其他的犯罪更嚴重。兒童早期對於社會傳統的認知有限，但到小學期間，逐漸增加。然而，兒童與成人並不同意何種行為構成道德犯罪，何種行為構成傳統犯罪，與何種行為只是個人的選擇。譬如成人通常認為使用

偽藥是道德犯罪，而青少年常常認為只要不傷害別人，它是可以接受的。

㈢ 兒童對於別人的傷害與苦惱的情緒反應在小學期間逐漸增強

當你無意中造成別人的不便，或當你傷害到別人的感情，或當你的朋友喪失親人時，你感覺如何？也許這些感覺如罪惡感、羞恥感、與同理心臨到心頭。這些情緒都與道德的發展產生聯結。

兒童在入學之前，當他們知道他們造成傷害或苦惱的時候，開始顯示罪惡的徵候，一種不悅的情緒。到了小學中年級，大部分的兒童也會有羞辱感。當他們無法符合成人設定的道德行為標準時，也會覺得尷尬或羞愧。罪惡感與羞恥感雖然是不愉快的情緒，卻是兒童發展善惡觀念的良好徵候。

當兒童相信他們做了一些不能接納的事情時，就會產生罪惡感與羞恥感。相形之下，同理心——當某人遭遇不幸時，感同身受——沒有做錯事，也會產生。在小學階段，同理心繼續發展直至高中階段。在小學低年級階段，學生最會對認識的人如朋友與同學產生同情心。到了高年級，他們會開始對於不認識的人如窮人、無家可歸的人、或災民等產生同情心。

㈣ 兒童對於公平的了解從兒童早期逐漸開展直至兒童中期

與別人分享的情懷端賴兒童的「分配正義感」（sense of distributive justice），即他們對於何者構成財物公平分配的信念。兒童的分配正義感隨年齡而改變。學前兒童對於何者構成公平的信念乃基於需求與欲望。在他們的心中，給他們大量的糖果而給別人少量的糖果是公平的。在小學低年級，兒童對於公平的判斷基於嚴格的平等概念：每人得到相同的數量。有時候，8 歲左右的兒童開始考慮論功行賞與特殊的需求。譬如，他們認為對於團體貢獻較多者應得到較多的東西，或特別可憐者應該分配較多的資源。

㈤ 隨著年齡的增長，道德議題的推理逐漸變爲抽象而彈性

為了探求人們對於道德議題的推理，研究人員有時採用道德兩難困境（moral dilemmas）。在此情境中，兩人或以上的權利或需求可能不合於沒有明確的對或錯的解決方案。下列例子，請思考其情境（Kohlberg, 1984）：

在歐洲，一位婦女罹患罕見的癌症，瀕臨死亡。有一種藥醫師們認為可能救她的病，同一鎮上的藥商最近發現的一種放射性元素鐳。這位藥商開價美金 2,000 元，10 倍於製造的價格。這位病人的丈夫 Heinz 去向他認識的每個人借錢，但他僅能湊到一半的藥錢。他告訴藥商說他的太太即將死亡，並請求便宜些賣給他或日後再付帳。但是藥商不肯。於是，Heinz 變得很絕望並且闖入藥房偷藥給他的太太（p.186）。

現在請思索下列問題：Heinz 該不該偷藥？如果你是 Heinz，你該怎麼辦？偷別人的東西與讓一個生病的人可以治療卻讓她死掉，哪一種較為惡劣？為什麼？

下面是三個解決 Heinz 兩難的方案，各由小學生與中學生提出。姑隱其名，以方便討論：

James（五年級生）：也許他的太太是一位重要的人士並且經營商店。這位藥商別無他法，只好向她採購。警察責備這位藥商見死不救。他沒有營救這位重要人士，猶如持槍或持刀殺人（Kohlberg, 1981, p.265）。

Jesse（高中生）：如果他充分照顧她為她而偷藥，他應該去偷。如果不是這樣，他應該讓她死掉。那要看他的作為如何（Kohlberg, 1981, p.132）。

Jules（高中生）：在那特殊的情境，Heinz 這樣做是對的。以法律的觀點言之，他沒有做對的事，但以道德法則言之，他做對的事。如果他試過一切可行的辦法，我認為值得去救她的生命（Kohlberg, 1984, p.446）。

每位男生提出不同的理由辯解 Heinz 為何應該偷救命藥。James 的決

定基於一人的需要──老闆。老闆究竟是誰並不明確，但 James 的確不關心 Heinz 的瀕於死亡的太太。Jesse 也採取自我服務的觀點，建議是否偷藥要看 Heinz 愛他的太太有多深以為定。只有 Jules 在辯解 Heinz 為何偷藥而違法時，考慮到人生的價值。

二、L. Kohlberg 的道德發展論

在獲得數以百計的道德兩難解決方案的回應之後，美國哈佛大學心理學家 Kohlberg（1980）提出道德發展理論。他認為道德發展如同認知發展。兒童早期的發展是後期的基礎。他認為道德的發展可分為三個層次六個階段：循規前期（preconventional level）、循規期（conventional level）、與循規後期（post-conventional, autonomous, or principled level）（如表 14.1）。

表 14.1　Kohlberg 的道德發展階段

層次與階段	特徵	行為動機	判斷的依據
層次一 階段 1 階段 2	循規前期 懲罰與服從導向 工具相對導向	 逃避懲罰而遵守規範 為酬賞與互利而表現	 行為是否受到懲罰 行為的後果
層次二 階段 3 階段 4	循規期 乖乖牌導向 法治導向	 避免他人不悅而守規範 避免法律制裁	 權威人物的讚賞與否 社會法律規定
層次三 階段 5 階段 6	循規後期 社會契約導向 普遍的倫理原則導向	 為贏得尊敬而守規範 避免良心自責而守規範	 契約的規定與共識 共通的倫理原則

資料來源：Marlowe & Canestrari, 2006, pp.121-122.

Kohlberg 從心理學的觀點談道德發展（moral development）。他認為心理的發展有別於行為的改變，要區別兩者的差異有三個規準。第一，發展涉及一般形狀、類型、與反應組織的改變，而非行為發生頻率或強度的改變。譬如在食物受到剝奪之下，饑餓的行為在頻率與強度增加，這樣的行為不是發展。第二，發展的改變涉及新穎，在反應方面，呈現量的差異。發展的改變不是突然或突變。新穎涉及質量的差異，相對地涉及形式

與內容之間的差異。質言之，內容的改變就是新的。真正新的經驗在形式或組織方面是不同的，不只在要素或它所包含的資訊不同（Marlowe & Canestrari, 2006:119）。第三，發展是不能逆轉。一旦發展的改變發生，它不會因受到改變的條件與經驗而逆轉。此外，發展階段也另有三個規準。第一，發展階段呈普遍、逐步、一成不變的型態發生。第二，發展階段在個體中形成功能性的階層。第三，每一個階段都有區別性並統整前一階段的功能內容（Marlowe & Canestrari, 2006:119）。

依據 Piaget 的認知發展理論，幾乎每個人遲早都會到達最後階段──形式運思期：具有抽象思考與推理的能力。然而 Kohlberg 發現道德推理的發展達到最高層級──普遍的倫理原則的美國人不到 25%。準此以觀美國的《人權法案》（the Bill of Rights）顯示許多公民可能既不知亦不重視美國人權法案的基本道德原則（Welton & Mallan, 1999:142）。

在 Kohlberg 的道德發展階段中，每一階段都是另一階段的基礎。但他發現年齡階段的關係在道德推理方面並不明顯。Lickona（1977:39）指出「一般而論，第一與第二階段主要在小學階段並且持續至以後。第三階段在小學高年級到高中結束。第四階段始於青春期。只有四分之一的人道德發展至青春期後期或成人期到第五階段。」

三、J. Dewey的道德論

Dewey 的教育理論重視理論與經驗，不尚空談，處處表現出調和的色彩，頗符合儒家思想的中庸之道。他的道德觀乃植基於他的教育理論。今舉其犖犖大者列述如後（張清濱，1997:230）：

(一) 強調人性可變論：教育與環境可以改變人性

Dewey 的人性論脫離傳統的窠臼，一方面認為人性隨環境而變化，另方面在人性之思想基礎上，摒棄傳統之心身二元論。人不再是心身截然不同的部分組成，而為一有機整體。身體的活動即所以表現心智之活動。Dewey 認為人性存在而且活動於環境之中。所謂「於其中」非如銀鐵之置於盒中，而「若物之生長於土壤與日光中」。此與儒家「性相近，習相遠」、「近朱者赤，近墨者黑」與「學以變化氣質」等相通。惟 Dewey

不承認人性善惡之先天觀念。善惡乃起於人與環境之交互影響；要改變人性，須藉助教育的力量或環境薰陶的功能。此一理念益加彰顯教育的可能性。教育絕非無能或萬能，而是可能。

(二)調和內外合一論：動機與結果並重

傳統的道德觀念分成兩個對立的因素，即內在與外在，或精神與身體。這個分法是心靈與世界、靈魂與身體、目的與手段二元論的極致。在道德論上，它將行為的動機與結果、品德與行為分開。動機與品德被認為是「內在的」，只存於意識中，而結果與行為被認為是心靈之外，「行為」只與執行此一行為的動機有關；「結果」是指實際發生的。

Dewey 則認為內在與外在互為表裏。道德行為乃是一串連續的活動，它包括行為的內在動機與外在結果。道德的行為必須真正出於興趣或充分反省過，因為只有在那種情況下，個人欲求與思考的特質才會以有機體的方式表現於行為中（林寶山譯，1990）。

Dewey 認為善即幸福，善即慾望之滿足。他以連續的觀念將行為之動機與結果統一於活動之歷程中。Dewey 所謂的「善」，既非 Conte 之所謂「服從規律」，亦非快樂主義之所謂「快樂」。他以為服從規律，本身無所謂善；其所以為善乃因其可生善之結果。因之，判斷行為之善或不善，不僅須注意存心之善惡，亦應顧及存心而行所預見之結果。行為之善惡端視動機與結果，始能判斷（如表 14.2）：

表 14.2　道德行為的判斷

動機	結果	道德（行為）判斷	等級
善	惡	微罪	2
善	善	至善	1
惡	善	非善	3
惡	惡	罪大惡極	4

(三)主張智德合一論：道德貴乎實踐

Dewey 認為道德知識與一般的知識沒有兩樣，學校的教育與品德的

修養息息相關。但是，他更進一步指出：善的知識不是從書本或別人身上可學到，而是經由長期的教育，那是生活中成熟經驗的結晶（林寶山譯，1990）。

符號的知識不能付諸行為，未能深入影響品德。真正的知識是指從實際試驗中得來的體驗，在環境中有實際的效用，能從經驗中得到滿足。親身經歷的第一手知識才能真正影響行為。若只把知識當作學校裡的科目來看，則獲得這些知識只有技術價值。具有社會意義的情境中所獲得的知識才有道德意義，才能啟發道德的智慧。道德智慧的本身就是道德特質，例如與人合作相處、開放的胸襟、真誠、與負責等特質（林寶山譯，1990）。

Dewey 指出：人要有「道德的理想」，這是知的問題；然後要表現出「道德的生活」，這是行為的問題。道德貴乎實踐，唯有知與行合而為一，才能表現出道德的行為。有些人學歷雖高，卻依然違法亂紀、作姦犯科，顯示學問不夠好，或知行不合一所致。

㈣ 兼顧義務與興趣：利己與利他並行

在道德的爭論中，有依「原則」行事與依「興趣」行事的兩種論點。依原則行事就不能夠參雜個人的利害關係，要依一般法則（law）為準，超越所有個人因素的考慮。依「興趣」行事，就是自私，以個人的利益為主。

Dewey 認為一個人必定對他所做的有興趣，否則他就不會去做，興趣引發行為的動機。醫生不顧生命危險，繼續在流行病的疫區為病患服務，必定是對他所從事的行業有相當的興趣，其興趣比對自身的安全還高。興趣與自我名異而實同，自我並不是現成、固定的，而是不斷在行為的選擇中形成（林寶山譯，1990）。

醫生的行為原則是要維持人們的健康，照顧病人，但這個原則並不保證這樣做都對。如果行為的結果證明是不當的，那根據原則只會加重罪惡。一個只會按原則行事的人，可能會堅持己見，而未能從經驗中去找尋好的方法。

Dewey 主張由利己動機逐漸導引自我之擴張，自我與本身之動機合

一，養成其利人的行為。他認為人有私心，利己心乃極為自然之衝動，苟無利己心，則人類一切之行為將缺乏原始之衝動力。人為社會之分子，營共同生活，彼此之間，影響極為密切。個人之利益即為全體之利益，全體之利益亦所以增進個人之利益，故行為之出發點，利己亦須利他。個人之道德必須促進社會之道德，個人之幸福必須促進社會之幸福。

(五) 結合校內的學習與校外的生活：提供社會的情境

Dewey 認為：一般人把道德看得狹隘，假道學把道德視為好意，而未能顧及在社會情境中所需要的行為。另一方面，卻過分注重傳統，把道德侷限於一些常規行為。他指出：道德的範圍包括我們與他人有關的所有行為。道德與全人格有關，而全人格就是人所有具體的行為與表現。因此，他認為學校必須具有社區生活的特質。其目的即在希望能提供一個社會情境，再此經由共同的經驗來學習、成長。遊樂場、店鋪、工作室、實驗室不只是年輕人自由活動的直接場所，也是他們交往、溝通與合作之處（林寶山譯，1990）。

其次，他認為學校內的學習應繼續延伸到校外，兩者之間應有充分的交互作用。社會各種不同目的的人之間，要有許多接觸的機會，讓學生所學到的知識用於生活當中。

(六) 重視道德的實用性：不只培養「好人」，更要培養「有用的好人」

Dewey 採實用主義與工具主義的觀點，認為道德的目的在改造自然與社會之環境，促進人類之幸福。道德以實用為主，不只培養「好人」，更要重視培養「有用的好人」。所謂「有用」係指做為一個社會分子的能力，他所貢獻與所獲得的要相稱（林寶山譯，1990）。

道德的觀念不斷重組、改造。Dewey 認為道德即生活，生活無時無刻在改變，道德亦應經常不斷改造（高廣孚，1991）。道德之改造必須與社會之改造互相配合。Dewey 自實用之觀點以論行為，並注意道德之繼續改造等觀念，誠為 Dewey 在倫理學理論上之一大貢獻。

(七) 強調道德教育即生活教育：道德教育不是靠固定的德目來訓練學生

Dewey 不贊成設立道德教育專門學科與教材，而主張道德教育應注

入於各科教材中。個人也應參與社會活動，使學校生活與社會打成一片，由共同生活中培養個人之互助合作、同情、友愛等社會道德。Dewey 認為最有效之道德教育是把學校生活過程與學生生活過程聯繫起來（葉學志，1990）。學校如與社會隔離，則學生在學校所學的知識不但不能實用於生活，也無益於品性的養成。

⑻ 注重反省的功夫與道德的判斷

依 Dewey 之意，道德教育著重於反省的功夫與道德的判斷。他不贊成功利主義的外在制裁，而主張另立道德陶冶之方案（高廣孚，1991）。Dewey 認為知識必須時時訓練，始能判斷，判斷在人生行為最關重要。判斷須由自己的、絕非他人所能養成。學生的判斷力可在輕重緩急、是非善惡之間，各有一種度量衡。此種道德判斷力可在任何學科中傳授。

Dewey 認為道德教育應在實際經驗中學習，而學習則應在培養個人道德判斷，不應盲從習俗的道德，而應用反省方法來鑑定在一定時間與空間是否可行。學校推行道德教育，要有連續的觀念，統整各類教育功能，務必「道德觀念內在化」，「道德實踐生活化」，才能產生道德的行為。

第五節　道德行為的判斷

道德行為的判斷通常會受到道德認知的影響，而道德的認知也會受道德觀念與社會價值觀念的影響。例如：美國在韓戰與越戰期間，個人主義（personalism）抬頭，影響所及，人們強調個人的權利與自由（Lickona, 1991）。曾任美國總統的 T. Roosevelt 曾說：「教育一個有心而無德的人，就是教出對社會的一種威脅。」（"To educate a person in mind and not in morals is to educate a menace to society."）（Welton & Mallan, 1999:129）。教育不僅傳授知識，也要教出行善的人。如果人們徒有豐富的知識而無良好的德行，簡直就是社會的一大威脅。Lickona（1993:9）指出良好的品格在於知善、求善、與行善。他的觀點突顯品格與知識本位的學科有很大的差異。知善與求善之間必須有正確的道德判斷，然後才可能行善。如果判斷錯誤，誤入歧途，則表現出來的行為就不是善行，甚至變成反社會的行

為。品格不僅包含認知領域的行為，也有情意領域與技能領域的行為。例如：許多學生早已經知道誠實與信任的價值觀，但仍然有許多學生與成人表現不誠實、說謊與詐騙的行為。知善、求善、與行善之間差生了極大的落差。

Kohlberg 的道德發展論主張高階的道德推理優於低階的道德推理，頗受質疑。哈佛大學心理學家 Gilligan（1977, 1982）發現婦女在 Kohlberg 的道德評定量表上的分數低於男性的分數，不是因為婦女的道德推理的落差，而是因為婦女常常使用不同的基準──以人際關懷為基礎的倫理──作為道德判斷的基準。

公平（fairness）與正義（justice）常常是道德推理（moral reasoning）的唯一法則，可以用來解決道德的兩難困境。譬如下列這則兩難困境反映出關懷的固有要素（改編自 Mussen & Eisenberg-Berg, 1977）：

> Bob 是一位高中的游泳健將，被要求去教殘障幼童游泳。這樣可以強化他們的腿力，可使他們走路。Bob 是鎮上唯一有救生與教學經驗的人能做好這件工作。但是幫助這些幼童將會花費 Bob 下課後放學後的大部分空閒時間，影響他練習游泳比賽的時間。如果 Bob 不利用他的空閒時間去練習，他的得獎機會與獲得大學獎學金的機會將會大大地降低。Bob 該不該同意去教殘障幼童游泳？爲什麼？（p.121）

這則案例是一種符合社會的行為，也就是說，一種幫助別人不期待直接報答的行動。這種行為有時候牽涉到個人的代價或犧牲。此類行為諸如分享、協助、犧牲、與施捨等，常會受到同情、利他主義、尊敬、敏感性、教養、與關懷所鼓舞（Welton & Mallan, 1999:147）。

價值分析（values analysis）有助於道德的判斷。它強調謹言慎行、明辨是非、分別善惡。此種理念是要盡可能以理性與非情緒性的方式檢討行為的價值，然後做出明智的決定。在道德的推理過程中，學生採取一個立場，然後證明其為正當。價值分析用不著學生採取立場，直到把問題分析完畢。

第六節　道德教學的途徑

　　Niemczynski（1996）認為道德教育做得不夠良善是因教育不夠道德（Moral education is not good enough because education is not moral enough）。這樣的教育不能稱為道德教育。他從道德教育的目的與手段兩個觀點，強調教育要有道德的觀念。教育就它的目的而言，應該培養有道德的人——願意並能夠平等對待別人，也能夠互相感受到對方給予的同情。道德教育的手段就要權衡各階層人士，包括學生、教師、家長與社會人士，都能為其他不同階層的人謀幸福。

　　價值與道德的教學一般稱為「品格教育」（character education），有時也稱為「價值觀教育」（values education），或「道德教育」（moral education）。這三個術語都是指學校為幫助學生成為有德行的人，能夠道德判斷與道德實踐而施行的教育。教導品格是比教課程內容更為複雜。譬如你要學生尊敬別人，你要如何進行道德教學？你可能訴諸於傳統的教條：「對待別人要友善。」但研究顯示此種教條對於學生的品格不太可能有持久的效果（Leming, 1993）。要改進道德教育，學校可透過各種途徑實施道德教學。茲列述於後（Steven & Allen, 1996）：

一、從生活教育著手

　　道德教育應從生活教育開始。道德教育應該生活化，表現在日常生活當中。生活教育涉及生活的各層面，包括食、衣、住、行、育、樂等。習慣是人類的第二天性，習慣久而久之必成為自然。因此，生活教育首在良好生活習慣的養成。目前社會上出現一些怪異的行為，有待檢討。事實上，生活習慣大都在家庭中即已養成，如果家庭教育健全，學校的生活教育就容易推展。學校畢竟是教育的場所，學校教育應把生活教育與道德教育結合起來。今後，各級學校生活教育應特別注重下列習慣的養成，轉移社會風氣：

　　㈠**勤儉的習慣**：學生要養成黎明即起、早睡早起的習慣，也要養成勤儉、樸實的習慣。自古「由儉入奢易，由奢入儉難」，在經濟不景氣的年代，更應厲行儉樸的生活。

㈡**整潔的習慣**：學生要有環保的意識，不亂丟紙屑、垃圾，不製造環境的汙染。

㈢**禮貌的習慣**：要增進和諧，促進人際關係，學校應推廣禮貌十道活動，包括：道早、道好、道謝、道安、道請、道賀、道候、道別、道歉、與道誠等打招呼用語。如果每一個人都能把打招呼用語時常掛在嘴邊，取代不堪入耳的髒話，國民的素質就可提高。

㈣**守法的習慣**：學校實施民主法治教育，要注重實踐，身體力行，教師更要以身作則，避免反教育的行為。班規的訂定與執行便是讓學生演練立法與執法的過程，進而培養守法的習慣。

二、運用文學，尤其是戲劇

文學對於品格的養成具有默化的作用，尤其在培養有用的公民方面，具有互補的作用。Bettleheim（1977）指出：在兒童養育方面，最重要而又最困難的工作就是協助小孩發現生命的意義。要發現意義，他（她）就必須超越自己的狹隘觀念的設限而深信他（她）將對生命作出重大的貢獻。文化遺產的傳遞乃是尋找生命意義的要素。文學就是一種很好的工具，透過文學的薰陶，可以達成此一目標。Kilpatrick（1992）舉出故事可當作道德教育的理由。在英雄式的故事中，每一情節都隨著故事的主角──英雄而起舞。英雄對於團體的忠誠與其道德原則，發揮得淋漓盡致，達到最高點。這種道德的情感，常常反映出文化的倫理原則，傳至下一代。

三、運用法院判例

法院的判例樹立了良好的行為典範。法院的判例成為道德行為的最後一道防線。學生可從許多判例中明辨是非、分別善惡與對錯。學校也可鼓勵學生參加模擬審判。此種學習活動可使學生開始塑造價值觀念的體系。例如：美國最高法院曾判決 Tinker 案例，把言論自由權延伸至學生的身上。最高法院引用尊重的原則，宣判：「青年學子都要把他（她）們當作人（persons）看待，不可把人道精神流落到學校的校門外或其他任何地方」（Sgrol, 1993）。

四、使用道德兩難困境

此種途徑是把道德的兩難困境（moral dilemmas）以辯論的方式，引導學生分辨是非、善惡。教師可利用一些有趣的話題，如社會問題、環境保護問題、社區紛爭問題、時事問題等都是很好的題材，可用來創造道德的兩難困境。

例如：紐約時報曾刊登一篇文章：如果基因可以預測疾病的話，該不該告訴小孩？（Kolata, 1994, 引自 Stevens & Allen, 1996）依道德的兩難困境，教師可提出下列問題，供學生們討論：

㈠ 研究人員應否把他（她）們知道的情形告知家長與小孩？

㈡ 研究人員應否僅告知家長並把告知小孩的問題留給家長？

㈢ 一般而言，人們是否都有權利去了解自己的醫學訊息？

㈣ 家長是否有權利去了解自己小孩的醫學訊息？

㈤ 知道基因伴隨著特殊的疾病，有無好處？

㈥ 基因的認知對於青年人的自尊可能會造成何種衝擊？

研究人員利用基因的方法，辨認罹患各種疾病的個體，該不該告知病人，至關重要。醫學界預測某些致命疾病的能力遠超過治癒的能力，而且辨認與預測疾病事故的案例逐漸增加。時至今日，約有 900 多種基因被認定會引起遺傳性的疾病（Stevens & Allen, 1996）。以此觀之，科學家可以及早預測疾病。從醫師的專業道德言之，病人的隱私權應予以尊重與保護。當事人理應知道自己的基因狀況，以便有所因應。

五、進行反省與批判思考

道德教育應採反省的途徑，而非教條的途徑。反省的途徑需要批判思考的能力。要培養學生良好的道德與品格，學校應把批判思考列為倫理道德教育的核心（Paul, 1988）。

Nielsen（1988）即主張學生應從日常生活經驗中，找出一些案例，加以分析、批判。例如：「我們對於窮人有無責任？」學生們可從理論的觀點討論此一問題。然後在學期中，安排時間訪視貧民，與他（她）們一起工作生活，體會貧民的生活情形。最後讓學生們仔細思考我們到底對於窮

人有無道義的責任。

這種把實際的生活體驗融入於道德教育中，乃是超越認知的方式，較能兼顧認知與情意的發展。經過實際的體驗後，學生們以更堅強、更明確的態度，堅持社會有責任去救濟窮人。這種教學方式更能夠把學生們的情感與道德的認知相互結合（Groarke & Scholz, 1996）。

六、實施價值澄清教學法

在民主多元化的社會中，每個人的家庭背景與教育程度不同，因而生活型態與價值觀念也就隨之而異。在教學上，教師應該儘量利用價值澄清法（values clarification），讓學生做出正確的價值判斷。價值澄清法不是強制灌輸學生一些價值觀念。它的論點是：當人們與環境接觸時，其內心就會產生價值判斷，最後形成自己的價值觀念。價值形成的過程有七個階段（Raths et al., 1978）：

(一) 選擇
　1. 鼓勵學生自由地做出選擇。
　2. 協助學生當面臨抉擇時，發現另類的選擇。
　3. 協助學生徹底地權衡輕重，反省思考每一選擇的後果。
(二) 激勵
　4. 鼓勵學生思考他們認為值得珍惜的部分。
　5. 給學生確認其選擇的機會。
(三) 行動
　6. 鼓勵學生採取行動，表現其認定的行為並符合其選擇。
　7. 協助學生體會重複的行為或生活的類型（pp. 28, 38.）。

價值澄清的關鍵性要素是澄清的回應。這是指教師如何去回應學生的價值觀念，協助學生澄清何者是重要的與可要的。譬如國民中小學的教育目標是培養德、智、體、群、美等五育均衡發展的健全國民。這五育都一樣重要，但是何者最重要？教師可要求學生依自己的價值觀排序，就可看出每個學生的排法就不盡相同。一個經常生病的學生一定會認為身心健康

（體育）最重要；一個經常遭竊的學生認為品德（德育）最重要；看見親友在工作職場求職碰壁的學生就認為知識技能（智育）最重要；而生活環境孤單、沒有人願意與他結交朋友的人就會覺得合群（群育）的重要性；對於生活空虛、缺乏精神生活的人，自然體會美感（美育）的重要性。然而，如果一個人活在世界上，縱然擁有健康的體魄、高深的學識、良好的人際關係，但作姦犯科、殺人搶劫、貪汙舞弊、無惡不作，試想這種人活在世界上有何意義？還不如讓他人間蒸發、消失在這個世界。職是之故，教師實施價值澄清教學時，應特別注重價值觀念形成的過程，營造互動、安全、尊重的氣氛，協助、矯正學生的價值判斷能力，建立正確的價值觀念體系。

七、建立班級成為關懷道德的社群

　　學校要把班級建立成為關懷道德的社群，學生彼此尊敬並互相關懷，覺得有隸屬感並且對群體有一份責任。教師應扮演積極的良師角色，以愛與關懷對待學生，以身作則，支持學生正面的社會行為，並且透過一對一的輔導與班級討論，矯正負面的行為。導師更應該重視班級經營，指導學生訂定班規，營造自尊自重、自治自律的美德，以養成知法守法的習性。

　　品格教育注重核心的價值如尊重、個人的尊嚴、個人與公民的責任、誠實、信任、公平、關懷、與勇氣。學校應該把品格教育的要素統整於學校教育中。班級透過團體的互動，砥礪言行，把核心價值表現於日常生活當中，成為優質的道德社群。

第七節　實務演練與教師檢定

　　本節包括實務演練與教師檢定。前者注重情境演練，後者從近年來中小學教師檢定的趨勢，提出若干模擬試題與檢定試題（打 * 者為參考答案），分別列示如後：

一、實務演練

實務演練以師生的情緒管理、「地獄變相圖」省思、與電視劇人物的判斷為例，說明如下：

㈠ 師生的情緒管理

李生是樹人國民中學三年級學生。他剛從一所私立中學國中部轉進來。有一天，他的數學教師林老師向班上學生說：「下星期一連續放假，大家不要玩過頭，千萬要記得寫家庭作業。下次上課，老師要檢查作業。」隔了一週，開始上課的時候，林老師果然要檢查作業。他要求學生把作業拿出來放在書桌上，一一檢視。正當林老師走到李生的座位旁，要檢查李生作業的時候，李生突然站起來，不讓林老師檢查。於是，林老師勃然大怒，要檢查李生的作業是否放在書包裡。但李生不讓林老師檢查，反而從書包拿出鈍器敲林老師的腦袋。林老師防不勝防，不支倒地，經檢查有腦震盪現象。

現在請各位思考一下：如果你是林老師，面對此種情境，你將如何處理？歸納學生的意見，處理方式如下：第一、教師應該先了解該生的背景。原來該生是某私立學校的退學生，在校成績不佳、操性不良，是典型的「高風險群」人物。教師面對此類學生，應該格外謹慎。第二、教師應該與班導師共同研商輔導對策，切勿單獨行動。第三、教師平常應與學生維持和諧的師生關係，化解敵對的立場。第四、教師也需要學習情緒管理，切勿動輒發怒。第五、教師給學生的作業不宜全班都相同，宜按照學生的能力，給予個別的、適當的作業，使其有成功的滿足。學業有困難的學生，常常會有情緒困擾，有時還會有攻擊的行為。

㈡ 「地獄變相圖」省思

　　「地獄變相圖」能否當作教材，實施道德教育？這是值得探討的問題。請閱讀下面一則新聞報導，然後思考「地獄變相圖」當作教材是否適當？

　　　　臺北市一所國小一年級某班的蕭姓導師，4月間在課堂上播放宗教意味濃厚的「地獄變相圖」，勸告學童行善。但影片內容有拔舌、斬首等酷刑，讓小朋友當場嚇得哭出來，心靈受創。有人到現在還要到精神科治療（邱瓊玉，2008.11.18:A4）。

　　這個問題各界泰半持否定的看法。精神科醫師與學者專家認為站在保護兒童的立場，教師的作為確實不恰當。彼等咸認為教導學生分辨善惡，因果報應是一個方法。但是迷信的觀念應該避免。學校要講究科學與理性，回歸教育的本質（邱瓊玉，2008.11.18）。惟就宗教的觀點，教導學生「善惡有報」的因果觀念，立意應予肯定。星雲大師（2008）指出現在是個多元化的社會，學校教育應該要有包容性。天堂的美好固然值得宣揚，地獄的實相也要了解，地獄並非不看就不存在。因此，讓學生觀賞一些「懲惡勸善」的影片，也是一種教育。

　　綜上所述，教師教導學生行善，無可厚非。但其方法值得商榷，教師不宜採用恐嚇的方式，以免產生後遺症。任何社會教育影片或教學媒體如有不適合學生觀看的畫面，也應該經過特殊處理。道德教育最好能從日常生活的經驗為例子，也就是道德教育要融入於日常生活當中。

㈢ 電視劇人物的判斷

你看過電視連續劇《幸福來了》或其他的電視連續劇嗎？如果你長期收視連續劇節目，請你就劇中人物的行為表現，仔細分析他們的行為動機與結果，然後把他們分類，並思考下列問題：

1. 你認為劇中人物，哪些人是好人？哪些人是壞人？他們的行為動機與結果是什麼？

2. 你認為劇中人物，哪一位人物的道德行為最好？哪一位人物的道德行為最惡劣？原因何在？

3. 對於見利忘義或忘恩負義的人物，如何進行道德教育，使其幡然悔悟，改過自新？請提出你的看法。

二、教師檢定

研讀本章情意與道德教學之後，請思考並回答下列問題，今依模擬試題與檢定試題，列示如後：

㈠ 模擬試題

1. 食品安全成為大眾關注的焦點，也反映國民道德的問題。請問學校如何加強道德教育？請提出有效的途徑。

2. 哪些情境容易引起青少年焦慮？教師如何疏導？請提出三種輔導策略。

3. J. Dewey 的道德理念有何主張？請舉出三個重要的理念。

4. J. Dewey 認為學校推行道德教育，要有「連續」（continuity）的觀念，統整各類教育功能，務必「道德觀念內在化」，「道德實踐生活化」，請說明其作法。

5. 婷婷參加語言能力測驗時，考場外面恰好施工，震耳欲聾，加上自己沒有充分準備，因此慘遭滑鐵盧。依據歸因理論，婷婷的語言測驗沒有通過的原因可歸咎於哪些面向？
   (A) 穩定與外在的因素；(B) 外在與可控制的因素；(C) 不穩定與不可控制的因素；*(D) 內在與不可控制的因素。

6. 下列何者是 L. Kolhberg 道德發展理論的主張？

(A) 兒童判斷行為的道德律是根據行為的後果；(B) 懲罰視為犯規的自動後果，正義視為與生俱來的；(C) 兒童遊戲採取以自我為中心的個人癖好規則；*(D) 道德推理的最高層次反映了個人的認知發展層次。

7. 下列何者不是 J. Dewey 道德發展理論的主張？

(A) 強調人性可變論；(B) 調和內外合一論；(C) 主張智德合一論；*(D) 道德推理階層論。

8. 宋代朱熹在中國江西白鹿洞書院講學，揭示「父子有親，君臣有義，夫婦有別，長幼有序，朋友有信」學規。以 L. Kolhberg 的道德發展理論言之，白鹿洞書院要求子弟（學生）遵守學規（校規），屬於何種發展層次取向？

(A) 好人取向；(B) 社會契約取向；(C) 法治取向；*(D) 普遍倫理原則取向。

9. 研究顯示大多數的學生在求學生涯中有考試作弊的行為。依據 L. Kolhberg 的道德發展理論，下列何種措施最能減少課堂作弊的發生？

(A) 學生不要太計較分數，考題儘量簡單；(B) 鼓勵學生小組合作學習，減少考試的焦慮；(C) 學生充分準備後再考試；*(D) 明確規定學生獎懲辦法，考試作弊以零分計算並記大過。

10. 洪老師擔任班級導師，在班會的時候，她要求學生訂定班規，共同遵守，以樹立優良的班風。一年後，洪老師發現學生都能自尊自重、自治自律，沒有不良的行為發生。依據 L. Kolhberg 的道德發展理論，班上學生的道德發展層次屬於哪一階段？

(A) 好人取向；(B) 社會契約取向；(C) 普遍倫理原則取向；*(D) 法治取向。

11. 下列四位學生的行為依行為的好壞排序，何者是正確的排序？

甲：「行為的動機是善的，但行為的結果是惡的」；

乙：「行為的動機是惡的，但行為的結果是善的」；

丙：「行為的動機是善的，行為的結果也是善的」；

丁：「行為的動機是惡的，行為的結果也是惡的」。

(A) 丙乙甲丁；(B) 丙甲丁乙；(C) 丙乙丁甲；*(D) 丙甲乙丁。

(二)檢定試題（國家教育研究院，2015, 2016, 2017, 2019）

1. 楊老師以安樂死的兩難故事，讓學生先依其立場分組，再讓學生相互詰問，並由全班共同選擇理由，最後指定課後作業。請問，楊老師所採取的教學方法較屬於下列何者？
   (A) 角色扮演法；*(B) 道德討論法；(C) 啟發教學法；(D) 問題解決教學法。　　　　　　　　　　　　　　　　　（2015 年課程與教學）

2. 趙老師與學生討論作弊問題，多位學生表示：「作弊如果被抓到，會被記過，所以不敢作弊。」根據柯柏格（L. Kohlberg）的道德認知發展論，這些學生的道德發展是下列哪一取向？
   *(A) 避罰服從取向；(B) 相對功利取向；(C) 尋求認可取向；(D) 社會法制取向。　　　　　　　　　　　　　　　　（2015 年教育原理與制度）

3. 根據柯柏格（L. Kohlberg）的道德發展理論，下列哪一個階段的道德推理主要受獎賞與懲罰的影響？
   *(A) 工具取向；(B) 人際規範；(C) 社會系統；(D) 社會契約。
   　　　　　　　　　　　　　　　　　　　（2015 年青少年發展與輔導）

4. 下列哪一種促進中學生道德發展的做法，最符合柯柏格（L. Kohlberg）的道德發展理論？
   (A) 帶學生去安養機構當志工；(B) 舉辦高中生道德行為海報比賽；*(C) 學生討論各種道德兩難；(D) 選拔品德模範生，表揚其優良事蹟。
   　　　　　　　　　　　　　　　　　　　（2015 年青少年發展與輔導）

5. 下列哪一項不是基里良（C. Gilligan）所提出的道德發展階段？
   (A) 均等的道德；*(B) 個人良心的道德；(C) 個人生存的道德；(D) 自我犧牲的道德。　　　　　　　　　　　（2015 年青少年發展與輔導）

6. 根據柯柏格（L. Kohlberg）道德推理之實徵研究結果，針對 13 歲的學生而言，在下列哪一個道德推理發展階段所占的人數百分比最高？
   (A) 社群合約取向；*(B) 尋求認可取向；(C) 順從法規與秩序取向；(D) 普同原則推理取向。　　　　　　（2016 年青少年發展與輔導）

7. 徐老師使用價值澄清法，協助學生在學測後選填大學科系志願。關於價值澄清法之目的，下列何者正確？
   甲、強調評價的歷程；乙、灌輸特定的價值觀；丙、重視價值觀的內

容；丁、察覺所重視的信念與行爲；戊、權衡各種可能的利弊得失。

(A) 甲乙丙；*(B) 甲丁戊；(C) 乙丙戊；(D) 丙丁戊。

（2016 年青少年發展與輔導）

8. 吳老師在生涯發展的課堂上，提供「學校排名、模擬考分數、學校設備、地理位置、家長評價、教師知名度」等項目，請學生從自己的觀點，將這些項目，依其重要性加以排序，並寫下排序的理由。接著，在小組討論後，重新調整自己的排序，並與大家分享其排序的理由。吳老師採用下列哪一教學方法？

(A) 角色扮演法；(B) 問題解決法；(C) 欣賞教學法；*(D) 價值澄清法。

（2017 年課程與教學）

9. 金老師以「各國對歐洲難民安置所遭遇的處境」爲主題，請學生依據拒絕或接納的立場蒐集資料，讓各組發表意見及相互詰問，之後各組依所持理由作摘要與結論，並在全班進行分享與討論，最後引導學生重新思考原來的主張，並愼思生活中的人道議題。金老師的教學法最符合下列何者？

*(A) 道德討論法；(B) 價值澄清法；(C) 欣賞教學法；(D) 問題教學法。

（2019 年 -1 課程與教學）

10. 下列何種說法，比較符合價值澄清法的特性？

(A) 較關切價值形成的結論，而非價值形成的過程；(B) 教師宜鼓勵學生依據大多數人的想法選擇價值；*(C) 基本前提是沒有人可傳輸絕對正確的價值給其他人；(D) 價值形成是自我內省的過程，無須公開自己的選擇。

（2019 年 -2 課程與教學）

11. 小芳買了火車票坐在指定位置上，卻遇到一位長者要求讓座。小明見狀說：「買了票就是有使用權，沒有人有任何理由要求你讓座。」以柯柏格（L. Kohlberg）的道德推理階段論來解釋，小明屬於哪一種取向？

(A) 相對功利取向；*(B) 法律秩序取向；(C) 社會契約取向；(D) 普遍倫理取向。

（2019 年 -1 教育原理與制度）

12. 斯賓塞（H. Spencer）發表論文〈何種知識最有價值？〉，探討各種人生主要活動的相對價值，進而主張教育是爲了未來良好生活做準備，

後世稱其主張為「生活預備說」。斯賓塞所論的活動有：甲、與自我生存直接、間接相關的活動；乙、休閒活動；丙、養兒育女的活動；丁、參與社會與政治生活的活動。根據斯賓塞的觀點，依重要性高低排列，下列何者正確？

*(A) 甲→丙→丁→乙；(B) 甲→丁→丙→乙；(C) 甲→乙→丙→丁；(D) 乙→丁→甲→丙。　　　　　（2019 年 -2 教育原理與制度）

13. 八年級的小文常亂發脾氣，同學都不願跟他同組。導師可以協助他發展哪些情緒管理能力？請舉出五項並簡要說明。

（2019 年 -2 青少年發展與輔導）

14. 十一年級的阿哲生病缺課好幾週，段考前要求好友大雄幫他作弊。大雄的道德推理若處於柯柏格（L. Kohlberg）的尋求認可階段，下列何者最有可能是他的回應？

*(A) 身為你的好友，我當然會幫你啊；(B) 好啊，下次段考你的答案也要讓我看；(C) 我不能幫你，這對班上其他人不公平；(D) 不行啦，萬一被老師抓到，我會被處罰。　　　　　（2019 年 -2 青少年發展與輔導）

參考文獻

一、中文部分

邱瓊玉（2008.11.18）。**地獄變相上課堂　嚇壞小一生**。臺北：聯合報。

林寶山譯（1990）。**民主主義與教育**。臺北：五南圖書出版公司。

星雲（2008.11.19）。**懲惡勸善也是教育　地獄何懼**。臺北：聯合報。

高廣孚（1991）。**杜威教育思想**。臺北：水牛出版社。

國家教育研究院（2015, 2016, 2017, 2019）。**高級中等以下學校及幼兒園教師檢定考試歷屆試題及參考答案**。新北：國家教育研究院。

張清濱（1997）。**學校行政與教育革新**。臺北：臺灣書店。

張清濱（2008）。**學校教育改革：課程與教學**。臺北：五南圖書出版公司。

葉學志（1990）。**教育哲學**。臺北：三民書局。

二、英文部分

Beatleheim, B. (1997). *The use of enchantment*. New York: Vintage Books.

Gilligan, C. C. (1977). In a different voice: Women's conceptions of self and morality. *Harvard Educational Psychology, 25*, 509-515.

Gilligan, C. C. (1982). *In a different voice: Psychological theory and women's development.* Cambridge, MA: Harvard University Press.

Groarke, L. and Scholz, S. J. (1996). Seven principles for better practical ethics. *Teaching Philosophy, 19*(4), 347-348.

Kilpatrick, W. (1992). *Why John can't tell right from wrong*. New York: Simon and Schuster.

Kohlberg, L. (1980). High school democracy and education for a just society. In R. D. Mosher (Ed.), *Moral education: A first generation of research and development*. New York: Praeger.

Kohlberg, L. (1981). *The philosophy of moral development: Moral stages and the idea of justice.* San Francisco: Harper and Row.

Kohlberg, L. (1984). *The psychology of moral development:The nature and validity of moral stages.* San Francisco: Harper and Row.

Kolata, G. (Sept. 26, 1994). Should children be told if genes predict illness? *The New York Times.*

Leming, J. S. (November, 1993). In search of effective character education. *Educational Leadership, 51,* 63-71.

Lickona, T. (March, 1977). How to encourage moral development. *Learning, 5,* 37-43.

Lickona, T. (1991). *Educating for character: How our schools can teach respect and responsibility.* New York: Bantam Books.

Lickona, T. (1993). A letter to chacter educators. *Instructional Leadership, 51,* 72-75.

Marlowe, B. A. and Canestrari, A. S. (2006). *Educational psychology in context: Readings for future teachers.* London: SAGE Publications.

Mussen, P. and Eisenberg-Berg, N. (1977). *Roots of caring, sharing, and helping: The development of prosocial behavior in children.* New York: Freeman.

Ormrod, J. E. (2009). *Essentials of educational psychology* (2nd ed.).Columbus, Ohio: Pearson, 207-231.

Nielsen, R. (1988). Limitations of ethical reasoning as an action (Praxis) strategy. *Journal of Business Ethics, 7,* 731.

Niemczynski, A. (1996). Moral education is not good enough because education is not moral enough. *Journal of Moral Education, 25*(1), 111-116.

Paul, R. W. (1988). Ethics without indoctrination. *Educational Leadership, 48*(8), 10-19.

Raths, L. E., Harmin, M., and Simon, S. B. (1978). *Values and teaching* (2nd ed.). Columbus, Ohio: Charles E. Merrill.

Ratnesar, R. (1997). Teaching feelings 101, *Time Express,* December, 65.

Sgrol, P. (1993). *Lecture to the writing, reading, and civic education institute.*

Cambridge, Mass.: Harvard Graduate School of Education.

Stevens, R. L. and Allen, M. G. (1996). Teaching public values: Three instructional approaches. *Social Education, 60*(3), 155-158.

Welton, D. A. and Mallan, J. T. (1999). *Children and their world: Strategies for teaching social studies* (6th ed.). Boston: Houghton Mifflin Company.

第十五章

教育工學

教育工學（educational technology）的發展改變教學的型態。教學的工具不再只是黑板與粉筆而已。教師要善用各種教學媒體，才能出神入化，提升教學的品質。本章從資訊科技的發展、教學媒體的種類、電子郵件、網際網路、電腦輔助教學、與多媒體在教學上的應用，分別論述。

第一節　資訊科技的發展

科學技術的發展，突飛猛進，一日千里。往昔圖片、文字的儲存與複製可能視為媒體發展的重要里程。15 世紀印刷術的發明，媒體的發展邁進一大步。19 世紀留聲機的發明、攝影術、影像投射、與影片的發展創造教育的可能性。1960 年代電腦的出現普遍被認為是有用的教育媒體。到了 1970 年代個人電腦問世與 1980 年代大量的使用，教學媒體作為資訊儲存、呈現、與運用的發展更是劃時代的創舉（Dijkstra, 1997:138）。

從溝通的觀點言之，敲鑼打鼓與放煙霧信號可以視為第一個「通訊」的例子。但是，19 世紀後半葉電話的發明，20 世紀初葉無線電的發展，與數十年後電視的發明促進教育廣播節目的蓬勃發展，錄音與錄影設備引進學校，帶動遠距教學。

在 1980 年代，「互動式電視」的發展是一種電腦化教學（computer-based instruction），同時可以控制影片的使用並且影像可以儲存在碟片中。各類資訊、影片中的文字、聲音、與音樂的數位化，並且能夠大量儲存（如 CD-ROM）導致電腦與其他媒體結合成多媒體。透過快速的無線網路或衛星傳播，發送者與接收者的溝通更為可能。這種電信與資訊處理的結合稱為「資料電傳術」（data telematics）。發送者與接收者需要一部與網路連結的終端機。電信與多媒體的結合可以快速傳送各種形式的資訊。

第二節　教學媒體的種類與應用

資訊可依教材的屬性呈現，通常透過學習者的感官包括視覺、聽覺、嗅覺、味覺、與觸覺傳輸。教材中的資訊可以儲存在媒體中並在適當時機

呈現給學生以獲取知識與技能。各種資訊呈現的方式大不相同。

　　一、**視覺的資訊**：不以口語的溝通方式，可藉一種或以上的媒體溝通。它可分為三種方式：1. 文字（如課文），2. 影像（如圖片、繪畫、圖表）與電影（如影片、錄影帶、動畫），3. 三度空間物體（如雕像、模型）。

　　二、**聽覺的資訊**：聲音儲存在錄音帶與唱片可以反覆播放。

　　三、**觸覺的資訊**：盲人使用觸覺的盲點字（braille）。

　　四、**多媒體的資訊**：結合兩種或兩種以上媒體呈現資訊，如結合課文、圖片與電影，課文、聲音、與影像。由於資訊數位化，多媒體將更為普遍。

　　多媒體的用途甚多，教師可善用各類教學媒體，提升教學效果。茲列述如下：

一、多媒體資料庫網路（multimedia database networks）

　　多媒體資料庫網路結合視聽媒體的功能，透過網路作為教學的傳輸系統。這些科技應用電腦輔助教學、互動式影碟教學、整合式多媒體工作站、電腦與視訊會議等。新式科技應用於教育上，現正方興未艾。由於新的混合式電腦化傳輸系統，所謂「新興科技」的發展（Hannafin, 1992:50），選擇有效的傳輸系統在教育與訓練上更刻不容緩。

　　多媒體一詞係指在一個系統中，文字、圖表、與視聽媒體的結合。在教學方面，它用來描述教學方法、學習材料、與利用學習者各種感官的經驗。多媒體的學習環境在教育上的使用至少有 50 年。自從 1960 年代 ERIC 問世以來，多媒體這個字的本身就是蒐尋 ERIC 教育資源的一個公認的關鍵詞。最近十餘年掀起「多媒體革命」（multimedia revolution），即各種資訊的形式，不論視覺、圖片、影片，或聽覺的資訊，都以數位化儲存。在電腦的控制下，這些資訊便與其他另類的呈現混合使用（Romiszowski, 1997:184）。

　　由於電子科技與微電腦的快速發展，教科用書可能以嶄新的面貌出現。教科用書的重要性、使用性、與教師面臨的新問題產生急劇的變遷。有些問題是可預見的，有些甚至無法想像的。從積極面來看，班級教師

要得到各種教科用書以適合個別學生的程度、興趣、與能力是可能的。21世紀的教科用書將逐漸走向迷你型,可能變成手掌大小、多媒體、互動式、與個人使用的工具,包括數位化的課文、聲音、影像等,並且全世界都可以溝通使用(Kellough & Kellough, 2003:135)。學生上課必須自備迷你型教科用書。屆時,學生也許不用帶書包,也不愁書包過重了。

二、超媒體(hypermedia)

超媒體的概念常與多媒體混為一談,事實上是有區隔的。從使用者的觀點而言,多媒體是硬體/軟體資訊藉電腦系統儲存與分配的一種概念。超媒體是一種與資訊組織有關的概念。超媒體結合視聽媒體與超文本(hypertexts)傳輸系統。此種系統提供文字處理與文字製作的設備,學生可以互動的方式探討課文內容。然而,超媒體與互動式影碟不同。其主要差別在於前者可用於課堂,無須電腦輔助;而後者則否(Dorr & Seel, 1997:169)。

有關文獻分析顯示發展數學科與自然科學超媒體環境成為普遍的趨勢(Tobin & Dawson, 1992)。然而,超媒體逐漸應用於醫學,尤其教複雜的社交技巧。A. Kass 等人曾發展一套「引導式社交模擬」(Guided Social Simulation, GuSS),教導複雜的社交技巧,如推銷諮詢服務、辦理尋找真相的訪談、或行銷電話簿廣告等。GuSS 結合電腦化模擬,學生在輔導之下可以練習這些社交技巧,改進學習經驗。此種模擬涉及真實工作與教學單元,給予輔導以解決這些工作。

教學單元的主要功能是「提供學生類似於練習環境的協助,學生在適當的時候,用不著叮嚀如何做,他就可使用資訊」(Kass et al., 1993/1994:394)。例如:銷售電話簿廣告涉及三個教學單元:一位教練、一位分析者、與一位說故事的人。教練操作類似智慧型教導系統,提供輔導。因為直接教導社交技巧有其困難甚至不可能,當學生無法弄懂模擬系統時,分析者提供教科書有關銷售實務的知識。最後,說故事者告訴學生有關成功與不成功的銷售。當學生無法弄通此種挑戰時,這些故事也要呈現出來。

三、資訊電傳術（telematics）：電信與資訊的融合

　　資訊電傳術是電信與資訊融合的結果。電信系統的全自動化與資料傳送能量增加，整合式服務數位網路（Integrated Services Digital Network, ISDN）創造了全世界的溝通網路，可以傳送大量的多媒體資訊。目前美國的發展工作提供「資訊的超級公路」（information superhighway）達 500 個有線電視頻道快速傳送到典型的家庭，便是顯著的例子。

　　企業機構與學校可以透過同步的視訊會議模式，也可藉非同步或電腦會議辦理員工訓練工作。此種模式可以節省旅費與避免有關經費的開銷，將可增加經濟效益。

第三節　電子郵件

　　近年來，電子郵件（electronical mail or e-mail）透過網際網路當作通訊或溝通的工具，越來越普遍。教師可以使用電子郵件與其他教師或學生溝通。它具有許多特點，列述如下：

一、電子郵件的特點

　　電子郵件的溝通方式如與平日面對面的溝通方式相互比較，就可發現電子郵件至少具有四個特點（Bruce, 1994）：

　　㈠ **電信通訊（telecommunicating）**：學生可以互相溝通，教師無須在場。例如全球各地的學生都可互相分享經驗。

　　㈡ **非同步進行（asynchronous）**：教師可在方便的時間，針對當天學生所寫的話，提出回應。不同時差地區的學生也容易一同研究、學習。

　　㈢ **反映式溝通（reflective communicating）**：師生可有時間，從容不迫提出周詳的回應。尤其對於文化、語言背景、溝通類型與學校不同的學生更有助益。

　　㈣ **附加檔案（attachments）**：電子郵件傳送附加檔案，接收者可以選取檔案並儲存。發送者亦得以別的程式附加檔案。這種檔案的交換使得個人廉價地與別人分享資料，不至於延誤或造成不便（Fielstein & Phelps,

2001:295）。

　　一般郵件雖也具有這些特點，但時間太慢，不適合課堂教學的需要。它不容許來回交換意見，而且馬上給許多人信件，也有困難。何況所費不貲，總不如電子郵件經濟有效。此外，電話也是另一種溝通工具，但因同步進行，沒有後面兩種特點。

二、電子郵件的應用

　　電訊傳播可以擴大教室的視野。雖然網際網路提供了豐富的教育資源，可別輕視電子郵件的功力。電子郵件作為學習與教學的工具，將更廣泛地使用。它逐漸應用在語文科、社會科、與其他學科方面。下列作法可供參考：

㈠ 語文科教學

　　美國 Kentucky 州的一所小學利用電子郵件進行西班牙語教學（Baugh & Baugh, 1997）。該校首先結合美國與世界各地有意參加電子郵件的小學組成電子郵件的學習社群。它的成員包括肯塔基、新墨西哥、瑞典、加拿大、與澳洲的學校。然後教師要求學生挑選一位電子郵件的好友，分享共同的興趣，互相學習。這位好友可能是同班或不同班、不同年級、不同校、不同國家。一旦學生學會電子郵件，他（她）們就可以利用它傳送信息，培養寫作、說話、與溝通討論的技巧。教師也可把它當作練習會話與對話的橋梁。教師更可要求學生利用電子郵件寫作業與研究報告。可能的話，教師可把它當作家庭聯絡的工具。

　　透過電子郵件的互動，他（她）們發現：在語言學習方面，人們可以更多不同的方式，表達同一個意見。當他（她）們能以西班牙文與新朋友溝通時，就覺得很有成就感。家長對此種教學方式也都非常興奮。教師可利用此種過程作為教學的策略，協助學生改進語文寫作的技巧。

㈡ 社會科教學

　　利用電子郵件，不同文化背景的學生也可相互學習。許多學校要求學生在郵件上描述當地或本國的一些文化或特色。兩地學生可以學到季節的差異。譬如美國的學生與澳洲的學生就發現：澳洲在南半球，而美國在

北半球。澳洲學生度暑假，而美國學生則在度寒假。美國學生簡直難以相信：澳洲的學生穿著泳衣在海邊慶祝聖誕節（Baugh & Baugh, 1997）。

此外，透過電子郵件，學生可以學到文化的差異性。譬如澳洲學生第一次寫給美國學生的信件含有 "flour" 與 "colour" 等字。美國學生起初就會以為拼錯。此種學習方式提供學生了解文化差異的機會，發現英語與美語拼法有些不同。美國學生也接到澳洲學生提及他（她）們的寵物袋熊（wombat）。美國學生就很好奇去找百科全書，了解袋熊。他（她）們也會比較兩地的電視節目。他（她）們發現：兩地的電視節目差異不大。當他（她）們討論最喜愛的歌星時，竟然發現他（她）們都欣賞相同的歌星。此種經驗增進地球村的了解（Baugh & Baugh, 1997）。

臺灣地區的學生如果能透過電子郵件，也能促進城市與鄉村文化的了解，縮短城市與鄉村文化的差異。在可預見的將來，臺灣地區與大陸地區人民的互動將更為頻繁。學校與學校之間締結姊妹校，教師與學生互訪，也可利用電子郵件，互相交換經驗，增進雙方的了解。尤其地理科教學，更可發揮它的效用。譬如臺灣地區小學上社會科時，講到「新疆」單元，學生可能無法進入狀況。如能利用電腦網路連接到新疆的小學，問他（她）們有關新疆的問題，譬如新疆有哪些大都市？氣候如何？出產哪些水果？有哪些礦產？如果要到新疆旅遊，有哪些景點值得一遊？可否提供建議？這樣的教學方式更能引起學生的好奇心與興趣，增進學生對於新疆的了解。

第四節　電腦輔助教學

1970 年代與 1980 年代隨著電腦的發明，編序教學（programmed instruction）獲得很大的改進。電腦輔助教學（computer-assisted instruction）或電腦化教學（computer-based instruction）乃應運而生，這兩種都是利用電腦進行教學的活動。這些新的軟體對於學生與教師都有很多好處。電腦程式減少相當複雜的資訊，學生對於所呈現刺激的反應，可以立即增強。因此，像編序教學的原理一樣，電腦輔助教學可使學生按照自己的速度進行學習，並且對於學習結果，可以立即獲得回饋。它可以提供學生增進有

效的練習，諸如數學、外國語言等（Fielstein & Phelps, 2002:219）。

此外，電腦輔助教學的文字處理機可用來協助學生發展理念，讓索然無味的書寫過程變成容易處理的部分。理念可以很快投射到電腦銀幕上並且可儲存以供日後之用。由於文字處理機容許使用者方便地移動並操作，學生更可以腦力激盪，重新安排單字、句子、段落、與頁數。不像一般書寫與打字方式，文字處理機的彈性給學生構思的自由，不受拘束。資料可以切割、貼上、複印、編輯、或刪除。文字處理還可用在合作學習，如文字接龍，共同完成一篇短文，或出版簡訊（Fielstein & Phelps, 2002:298）。

電腦的使用可以激發學生的學習動機。電腦有增進學生自信心的傾向。的確電腦融入於教學，學生更能適應於學習。電腦的使用可應用於各學科。例如：許多文字的處理與閱讀計畫可以增進語文科的寫作與閱讀技巧。數學、自然科學、與社會學科也可以很容易統整。尤其網際網路可用於各種不同的學習從電子郵件的網友到研究的指定作業。電腦的使用可融入語言教室與實驗室。

如果電腦的使用融入於教學對學生有好處，那麼究應如何實施？電腦資訊中心或電腦實驗室每天花部分時間與各學科整合，提供了成功的可能性。學生不僅分配電腦使用的時間，而且學習型態也可以加以改變。

如果教師要在課堂使用電腦教學，下列一些祕訣可供教師們參考（Moore, 2009:208）：

1. **慢慢開始**：每週先以 15 分鐘的時間，安排使用電腦教學，以熟悉電腦設備並測試學生的興趣與能力。

2. **儘量使其簡單**：切記對有些學生而言，使用電腦本身就是一節課程。而且，教師安排的電腦活動要有選擇性；要設法把它們融入於課程中。

3. **要有選擇性**：牢記學生的年齡與能力。過度的電腦經驗可能造成持續性的威脅。

4. **要有彈性**：如果學生的興趣水準不足，要有改變的餘地。

5. **允許分組的彈性**：既然電腦常常限於課堂，大多數的活動將以分組方式進行。例如教師可以組成研究、練習、或深化小組，並令小組在電腦教室學習。

　　隨著資訊科技的快速發展，教學型態走向多元化、資訊化、自動化、數位化、與國際化。教師的角色必須改弦易轍。教師不再只是傳輸資訊與知識而已。他們的角色也由「講授者」轉為「助成者」、「設計者」、「研究者」。未來的教育人員必須積極投入教學的研究與設計工作，創造新的教學模式、設計新穎的教學媒體、協助學生主動學習。電腦輔助教學、透過網際網路與電子郵件進行教學將更為普遍。未來的教學型態將是「教得少、學得多」（Teach less, learn more），也就是「少點改革、多點改進」（Reform less, improve more）（Hargreaves & Shirley, 2008:60）。

　　電視媒體與教育亦步亦趨，息息相關。人們早已接納電視在社會上扮演的角色，因為它影響全世界人類的生活——資訊、娛樂、與教育。然而，大部分透過電視廣播的學習一直都是非正式而觀眾都是被動的。數位化電視與新科技可使教育的內容增加互動性。因此，互動式電視（interactive TV, iTV）將成為 21 世紀教學媒體的新寵物（Chen & Iris, 2004:61）。

　　互動式電視在英文上有許多名稱，諸如 IT, i-TV, eTV, Enhanced Television, Enhanced TV, Fully Interactive TV, Interactive Digital Television 等名稱。它可使觀眾與電視上看到的表演互動。觀眾可利用遙控器選看新聞、短文、或額外的資料。這些網路常常稱之為「虛擬頻道」（virtual channels）。所有的一切都是透明的，與平常的電視沒有什麼不同。互動式電視主要是內容的控制操在使用者的手中。

　　互動式電視頗類似於數位化有線電視（digital cable TV），除有數位電視的能量外，它也能提供網路、電子郵件、與電腦程式（Chen & Iris, 2004:61）。

第五節　實務演練與教師檢定

　　本節包括實務演練與教師檢定。前者注重情境演練，後者從近年來中小學教師檢定的趨勢，提出若干模擬試題與檢定試題（打＊者為參考答案），分別列示如後：

一、實務演練

學校往往經費不足，捉襟見肘，教師可考慮運用社區資源。今以教學媒體與社區資源的運用，說明如下：

㈠ 運用教學媒體與社區資源，進行教學活動

> 董老師擔任誠正高級中學二年級英文課程，為配合聖誕節的來臨，她要求學生蒐集有關聖誕節的故事、習俗、歌曲、短文、與表演活動等。她先把學生分成五組，依各組興趣，分別認領一個主題，進行學習的活動。然後各組要在班上把蒐集的有關資料呈現出來。經過討論後，有些學生去圖書館找資料，有些學生上網路找資料，另有些學生到教會請教牧師或傳道人找資料，還有一些學生透過網際網路請求網友的協助。班上學生幾乎用盡各種方法蒐尋所要的資料。
>
> 各組呈現的資料真是五花八門，應有盡有。第一組講述聖誕節的由來；第二組演唱聖誕歌曲；第三組述說聖誕節有趣的故事；第四組報告各地慶祝活動的習俗；第五組扮演聖誕老人發糖果，大家感受到聖誕節的氣氛，分享聖誕節的喜悅。各組的表現可圈可點，美不勝收。學生學習的興致高昂，學習成果極為豐碩。
>
> 現在請各位思考一下，回答下列問題：
> 1. 上述各組活動有哪些特色？
> 2. 如果學校欠缺教學設備與資源，如何求助於社區資源與有關人士？
> 3. 從聖誕節的慶祝活動，比較東西方文化的差異。
> 4. 說明科技設備在教學上的功用。

二、檢定考試

研讀本章教育工學之後，請思考並回答下列問題，今依模擬試題與檢定試題，列示如後：

㈠ 模擬試題

1. 資訊科技的發展日新月異，臉書（Facebook）社群網站與手機 Line 廣受各界人士的歡迎，今後可否成為教學媒體的利器？請以任教科目，分析其可能性與用途。

2. 社區資源（community resources）有哪些類別？請列舉四項說明之。

3. 新興國中係一所新設立的學校，圖書設備不足，乃利用鄰近公立資訊圖書館與學校交流，師生可前往資訊館借用圖書資訊。這屬於哪一類社區資源？

   (A) 人力資源；(B) 物力資源；(C) 天然資源；*(D) 組織資源。

㈡ 檢定試題（國家教育研究院，2014, 2017）

1. 下列有關教學資源的敘述，何者最為適切？

   (A) 上課時，使用的教學資源越多越好；*(B) 經費、設備、時間都屬於教學資源；(C) 使用教學資源可以讓教師與學生變得更加輕鬆；(D) 讓學生在家使用網路蒐集資料，是公平的方式。

   （2014 年國小課程與學）

2. 教師希望教導學生「適切辨識網路資訊的價值性」。針對此一教學目標，下列敘述何者較為適切？

   (A) 設計線上標準化測驗題庫，請學生上網練習；(B) 請學生上網蒐集某議題的正反意見，並加以分類；(C) 透過教學平臺，投票表決文章內容的真偽與價值；*(D) 提供學生立場不同的網路文章，請其提出比較與評論。

   （2017 年國小課程與教學）

參考文獻

一、中文部分

國家教育研究院（2014, 2017）。高級中等以下學校及幼兒園教師檢定考試歷屆試題及參考答案。新北：國家教育研究院。

二、英文部分

Baugh, I. W. and Baugh, J. G. (1997). Global classrooms: E-mail learning communities. *Learning and Leading with Technology, 25*(3), 38-41.

Bruce, B. C. (1994). Network-based classrooms. *Contemporary Education, 65*(2), 47-51.

Chen, L. L. and Iris, C. (2004). iTV: An emerging tool in education. *Educational Technology, 44*(6), 61-62.

Dijkstra, S. (1997). Educational technology and media. In S. Dijkstra, N. Seel, F. Schott, and R. Tennyson, Vol 2 (Eds.). *Instructional design: International perspective*. Mahwah, New Jersey: Lawrence Erlbaum Associates, Publishers.

Dorr, G. and Seel, N. M. (1997). Instructional delivery systems and multimedia environments. In S. Dijkstra, N. Seel, F. Schott, and R. Tennyson, Vol 2 (Eds.). *Instructional design: International perspective*. Mahwah, New Jersey: Lawrence Erlbaum Associates, Publishers.

Fielstein, L. and Phelps, P. (2001). *Introduction to teaching: Rewards and realities*. Belmont: Wadsworth.

Hannafin, M. J. (1992). Emerging technologies, ISD, and learning environments: Critical perspectives. *Educational Technology Research and Development, 40*(1), 49-63.

Hargreaves, A. and Shirley, D. (2008). The fourth way of change. *Educational Leadership, 66*(2), 56-61.

Kass, A., Burke, R., Blevis, E., and Williamson, M. (1993/1994). Constructing learning environments for complex social skills. *The Journal of the Learning Sciences, 3*(4), 387-427.

Kellough, R. D. and Kellough, N. G.. (2003). *Secondary school teaching: A guide to methods and resources.* Columbus, Ohio: Merrill Prentice Hall.

Romiszowski, A. (1997). The use of telecommunication in education. In S. Dijkstra, N. Seel, F. Schott, and R. Tennyson, Vol 2 (Eds.). *Instructional design: International perspective.* Mahwah, New Jersey: Lawrence Erlbaum Associates, Publishers.

Tobin, K. and Dawson, G. (1992). Constraints to curriculum reform: Teachers and myths of schooling. *Educational Technology Research and Development, 40*(1), 81-92.

第十六章

教學評量

　　從評量的歷史觀點言之，評量方式的改變已經有數千年之久。遠在中國漢朝即有取士之策。隋唐以降，科舉制度盛行，至清末始廢。迨至民國肇造，實施新學制以至聯考制度，乃有新式測驗。歐美各國的評量方式大致可分為三個時期：前現代（premodern）——約自西元前 210 年至 1900 年、現代（modern）——自 1900 年至 1960 年、後現代（postmodern）——自 1960 年至現在（Madaus & O'Dwyer, 1999）。最近兩個世紀以來，評量技術的改變，從口試到筆試，從質化到量化，從簡答題到多重選擇題，其目的莫不在增加效率並使評量系統更可行、更標準、更客觀、更可靠、更可比較，尤其考生眾多時能更省時、省錢。

　　中小學教育多年來受到升學主義的影響，尤其教學與評量更為明顯。升學考什麼，教師就教什麼。教師教什麼，學生就學什麼。一切似乎以升學為導向。教育改革力主廢除聯考，採取多元入學方案，實施九年一貫課程，發展小班教學精神，即在尋求改進教學與評量，提升教育品質。

　　教學活動包括教學設計、教學實施、與教學評量。在教學過程中，教師必須隨時利用機會實施教學評量，以了解學生學習的情形。教師究應如何實施教學評量？本章從教學評量的目的、原則、特性、與方式，就小班教學的理念，探討多元化、個別化、與適性化的評量，並舉若干實例，以供教學視導人員與教師參考。

第一節　教學評量的目的

　　教學評量乃是教學歷程中重要的一環。學生有必要了解他（她）們學得如何，教師也有必要了解他（她）們教得如何。教學評量本身就是一種手段。它的目的約有下列六點（張清濱，2008:432）：

一、了解學生的起點行為

　　教師面對一群未曾教過的學生，不知道他（她）們的準備度（readiness）如何，教師可進行簡單的測驗，即可了解他（她）們的起點行為（entering behavior）。對於新生與未曾教過的學生，學期開始之初，教師更應進行教學評量。

二、診斷學生學習的困難

　　學習的範圍甚廣，學生學習後到底有何困難？什麼地方有困難？譬如國中、高中一年級英語（文）教學，有些學生不會發音，另有些學生不會拼字，也不懂文法等。教師可透過評量發現問題之所在。

三、協助學生學習

　　教學評量最主要的目的是要幫助學生學得更好。從評量的過程中，教師可發現學生學習的優缺點，重新建構課程與教學，設計合適的教學活動，讓學生更容易學習。

四、評定學生的學習表現

　　教學告一段落，教師應就教學的範圍施以評量，以了解學生的學習結果與表現。學習表現包括知識、技能、態度、理想、情操、勤惰等。教師應就其學習的程度，評定其等第或分數。

五、檢討教學的得失

　　從學生的學習表現，教師應就評量的結果，檢討教學的得失。在教學的過程中，教師的教學有哪些優點？有哪些缺點？評量的難易度是否適當？哪些學生學會？哪些學生還不會？原因何在？都應加以分析，以作為改進教學之參考。

六、提升教學的品質

　　評量的最終目的是改進教學，提升教學的品質。評量的本身是一種手段，改進教學才是目的。評量的結果應當告知學生本人與家長，給予回饋。對於成績較差的學生，教師應施以補救教學，提升其能力與水準。

第二節　教學評量的原則

　　教學評量時，教師要先考慮命題方式為何？包括哪些範圍？評量的對

象是誰？評量的工具如何完成？如何評分？下列十個原則可供教師們參考
（張清濱，2008:434）：

一、評量要依據教學目標

評量的主要功能在於判斷教學目標是否達成。在任何評量的過程中，
不論是教師評量學生或學生自我評量，目標必須具體、明確。因之，教學
目標應以行為目標的方式敘寫。評量應根據教學目標轉化成評量的題目。

二、評量要兼顧認知領域、技能領域、與情意領域

教師的觀點往往左右評量的內容。如果教師注重態度與價值觀念的
培養，則評量將著重於學生在課堂上發展這些態度與價值的程度。如果教
師注重認知領域，則評量傾向於學習單元中知識的獲得。但是，學習是完
整的活動，知識、思考的歷程、技巧、態度、價值、與行為的改變一樣重
要，不分軒輊。雖然，某些學科的教學目標有輕重緩急之分，但在教學評
量時，卻不宜有所偏廢。

三、評量要適應學生的個別差異

評量的題目要顧及學生的程度。如果評量是針對同一年級的學生，試
題的難易度要適中，應以大多數的學生程度為準。如果評量是針對資賦優
異的學生，試題要有挑戰性。如果評量是針對智能不足的學生，試題難易
度就要淺顯易懂。

四、評量是繼續不斷的歷程

教師應經常考查學生，教學前、教學中、與教學後都可以評量學生。
診斷性評量可辨別學生個人與團體的需要。形成性評量可看出學生每天進
步的實況。單元結束所做的總結性評量則可了解單元目標是否達成。這三
種評量方式，教師教學時應相機採用。

五、評量是師生共同合作的歷程

教師、學校行政人員、學生、甚至學生家長都應參與評量的工作，因為他們對於學校計畫均有密切的關係。教師與學生共同評量有助於目標的澄清。團體評量與自我評量有賴於教師的指導與學生的合作。家長應多參與討論其子女的學習情況。視導人員與其他有關的學校行政人員亦應提供協助，並與教師合作，設計有效的評量工具。

六、評量應在各種不同的情境實施

學生的態度、興趣、觀念的改變、與技能的增進在團體設計、討論、報告中可予以評估。學生在戲劇、韻律、與角色扮演所表現的行為也可顯示其學習增長的情形。學生必須在各種不同的場合予以評量，始能判定學習是否達成良好的成效。

七、評量應利用各種不同的方法

教師可利用許多不同的工具與評量的技術，以蒐集有關教學結果的資料。常用的評量方式有觀察、討論、面談、個案會商、個案研究、教師自編測驗、師生合編測驗、標準化測驗、問卷、社交距離測驗、查核法、學習日誌、日記、逸事紀錄等。教師使用何種方式評量，要看評量的目標如何以為定。教師不可僅使用一種方式去評量某一目標。即使教師使用查核表、等級量表或測驗，教師也可同時使用觀察法。混合使用各種方法比單獨使用一種方法更能檢驗教學的成效。

八、教師應提供學生自我評量的機會

透過自我評量，學生可分析自己的技能、態度、行為的優、缺點與需要。當他們評估個人與團體努力的結果時，他們也就培養個人的責任觀念。自我評量增進自我學習。

九、評量應力求客觀、公正、公平

評量試題的題意要明確，不宜模稜兩可。試題也要顧及不同的族群、

性別、語言、地區、與文化的差異，不可厚此薄彼。見仁見智與容易引起爭議的題目均應力求避免。

十、評量應與教學密切結合

評量應該是教學的一環。成功的教師會觀察並記載學生學習進展的情形。他們會根據評量的結果，改進教學。評量可提供立即回饋，師生均有裨益。

第三節 良好教學評量的特性

良好的教學評量要考慮五個 C：1. 符合性（congruence）──評量的項目要符合教學的目標；2. 完整性（completeness）──評量的試題要涵蓋整個教學的層面；3. 一致性（consistency），評量的試題在不同的時間施測，能得到一致的結果；4. 確信性（confidence）──試題的內容信用可靠；5. 成本性（cost）──試題所花的成本費用是合理的（Smith & Ragan, 1999:95）。具體地說，任何評量的工具至少要具備四個特性：可靠性（信度）、標準性、效用性（效度）、與可行性（reliability, standard, validity, practicality, RSVP）（Ormrod, 2009:361）。今略述如下：

一、可靠性（reliability）

如果評量能測量到所要測量的項目，並且具有很高的一致性（consistency），則此種評量是可靠的，亦即信度。我們可以相信如果我們明天或下週給予相同的測驗，學生基本上在兩次評量──前測（pre-test）與後測（post-test）──仍然可以得到相等的分數。評量工具沒有信度通常由於試題缺乏客觀性、評量工具過於冗長、題意不明、或行政上的缺失使然。

二、標準性（standard）

評量的試題要能夠做縱的與橫的比較，以顯示有無進步。縱的比較係指同一系統在不同的時段內比較，譬如甲校前年、去年、與今年畢業生基

本學力測驗成績的比較，250 分以上的比率提升或下降？橫的比較係指不同的系統在相同的時段內比較，譬如甲校今年的畢業生基本學力測驗成績與他校、他縣市比較。

　　評量的結果要能夠相互比較，除了要有信度與效度外，試題尚應力求標準化。施測的內容、程序、與計分的準則都以相同的方式處理。標準化減少錯誤的機會，達到公開、公平、公正的標準。

三、有效性（validity）

　　如果評量的內容能真正地評量到或測量到所要評量的項目，那麼這個評量是有效度的。每一道試題都要符合與所要評量的目標。每一目標所命擬的試題都是代表可能發展那些目標的試題。如果試題不能測驗到所要測量的項目，則此種評量是沒有效度的。

　　心理學家指出效度可分為三種：㈠預測效度（predictive validity），即評量工具能預測未來的表現，例如智力測驗分數能預測學生未來的學業成就；㈡建構效度（construct validity），即評量工具能否測量特殊的人類特質或特徵，例如智力測驗能否真正測量智力，或人格測驗能否測量人格特質；㈢內容效度（content validity），即評量的內容與題目能代表所要測量的全部知識與技能。

四、實用性（practicality）

　　要增加試題的實用性，最好發展評量的效度與信度，評量的試題盡可能接近實際的生活情境。試題生活化可以使學生應用學習過的知識與技能。然而，創造效度與信度的願望和評量情境的現實性是有落差的。評量的資源有其限制：學生沒有足夠的評量時間，教師也沒有充分的閱卷時間。

　　總而言之，在這四個特性中，效度最為重要。教師必須使用評量的技術，評量學生的成就是否達成教學目標。然而，信度是效度的必要條件。評量要產生有效的結果，只有當評量也能產生一致的結果——施測的程序、計分的標準力求公正客觀。信度不能確保效度。但標準化可以增進評

量結果的可靠性。實用性惟有在效度、信度、與標準化沒有重大缺失時始可考慮。

第四節 小班教學評量

依據教育部「發展小班教學精神計畫」（教育部，1998a），小班教學係採漸進原則，雙管齊下的作法，自 1998 學年度起，逐年降低國民中、小學班級人數，至 2007 學年度止，每班一律不超過 35 人。另一方面，教學改革，不能等到全部班級人數降至 35 人才開始進行。自 1998 學年度起，無論班級大小，教師都應本著「多元化、個別化、適性化」的教學理念，進行教學。

小班教學精神計畫具有三個基本目標（教育部，1998a）：

1. **尊重學生個別差異，提供適性教育機會**：學生有個別差異的存在，教師應重視學生的受教權。在教材設計、教法選擇、教學評量等方面，教師都應滿足每一位學生的學習需求，發展學生多元的智能與潛能。

2. **改善班級師生互動關係**：傳統的教學多為單向的知識傳輸，忽略師生之間、同儕之間多向的互動關係，極易造成學生的厭惡現象。小班教學精神強調師生建立良好的互動模式，提供多元的教學活動設計，促進學生主動、積極、快樂的學習，營造良好的班級氣氛。

3. **提高教師教學品質**：只有降低班級人數並不能保證教學一定成功。有效的教學應建立在教師的「教」與學生的「學」之基礎上。透過小班教學精神的發揮，教師能夠想盡辦法，協助學生學習。此種教與學的新觀念、新作法，讓教師教得更生動，學生學得更自信，更有成就感；無形中，提升了教學品質。

基於小班教學精神的認識，教學要多元化、個別化、適性化，評量自應切合小班教學精神的理念。由於少子化的衝擊，小班教學甚為普遍，中小學更有必要採取小班教學評量。今依多元化評量、個別化評量、與適性化評量分述如下（張清濱，2008:443）：

一、多元化評量

　　多元化評量係指評量的目標、內容、方式、情境、次數、人員都是多元的，即使評量標準、答案也應該是多元的。茲列述如下：

㈠ 評量目標多元

　　教學評量應把握各類目的與目標，以檢驗目的與目標是否達成。目標包括學校教育目標、課程目標、學科目標、單元目標、與行為目標等。每一類目標都是多元的，絕非單元的目標。就以國民教育階段九年一貫課程為例，即有十項課程目標（教育部，1998b）：

1. 增進自我了解，發展個人潛能。
2. 培養欣賞、表現、審美及創作能力。
3. 提升生涯規劃與終身學習能力。
4. 培養表達、溝通與分享的知能。
5. 發展尊重他人、關懷社會與增進團隊合作。
6. 促進文化學習與國際了解。
7. 增進規劃、組織與實踐的知能。
8. 運用科技與資訊的能力。
9. 激發主動探索與研究的能力。
10. 培養獨立思考與解決問題的能力。

　　國民教育階段九年一貫課程目標再衍生國民中、小學各學習領域目標、各學科目標。每一學科也有單元目標與行為目標。一般言之，宗旨與目的皆指遙遠的、抽象的、非短期內可達成的，如《憲法》與教育宗旨的目的。目標則指近程的、具體的、短期內即可達成的，如學習領域目標、學科單元目標、與行為目標。教學與評量是否已經涵蓋課程的重要目標？是否符合小班教學的基本目標？教師命題時即應把握多元化的教學目標，轉化成評量試題，以檢驗教學目標是否達成，評量始不致有所偏失。

㈡ 評量內容多元

學習領域包括認知領域、技能領域、與情意領域。認知領域又分為記憶、了解、應用、分析、評鑑、創造等層次。技能領域也分為知覺、準備狀況、指導之下練習、重複練習、複雜的明顯反應、調適、創作等層次。情意領域則可分為接受、反應、價值的評定、價值的組織、與品格的形成等層次。

記憶是學習的基礎，沒有記憶，就很難學習。但是，記憶不等於學習，它只是認知領域的一部分。傳統上，教學評量往往偏向記憶，很少評量高層次的認知諸如分析、綜合、評鑑、創造的能力，難怪一般學生普遍欠缺批判思考與創造思考的能力。

任何學科都有技能的成分，有些是生活技能的一部分。譬如，語文學科教導學生說話的技巧與作文的技巧、社會學科傳授社交的技巧、自然學科辨認環境生態的技巧等。教學要與生活結合，評量就應與技能結合。

認知領域屬於智商（intelligence quotient, I.Q.），而情意領域涉及情緒智商（emotional intelligence quotient, E. Q.）。有些教師往往忽略情緒智商的教學與評量，因而學生缺乏毅力、耐力與挫折容忍度，容易自暴自棄，隨波逐流。

評量應兼顧三大學習領域，教學評量不能只著重認知領域，忽略技能領域與情意領域，否則會淪為「智育掛帥」的弊病，培養一批「五育不全」的人。多元化的評量內容自應儘量兼顧多元智能的八項智能：語文、邏輯數學、空間、肢體運動、音樂、知人、知己、與自然觀察的智能等。

今以英語教學為例，說明教學評量的方式如下：

1. 認知領域

(1) 記憶：能正確拼出英語單字。

(2) 了解：能了解片語的意義。

(3) 應用：能運用片語造句。

(4) 分析：能分析句子的結構。

(5) 評鑑：能評估文章的優劣。

(6) 創造：能創新一篇英文作文。

2. 技能領域：能學會背單字的技巧。

3. 情意領域：能喜愛學習英語。

(三) 評量方式多元

評量的方式約可分為四種：1. 口試或筆試，如論文式問題，簡答式問題，口頭辯論、訪談等。2. 成品製作，如美術工藝作品、學習檔案紀錄，研究報告等。3. 實作演示，如實驗、操作、表演、朗讀、修理、開車等。4. 選擇答案，如多重選擇或是非題，電腦化測驗等。茲以學習檔案紀錄評量（portfolio assessment）與實作評量（performance assessment）為例，說明小班教學的評量方式。

1. 學習檔案紀錄評量

「學習檔案紀錄評量」又稱「個人檔案紀錄評量」或稱「卷宗評量」，亦稱「學習歷程檔案評量」，簡稱「檔案評量」，可用來檢驗學生學習的實況。在美國，此法一直作為實作評量的基本方法，蓋因學習檔案紀錄無所不包，舉凡各種類型的實作評量、觀察、師生會商與有關學生的學習等訊息皆屬之。它具有下列各項優點（Grounlund, 1998）：

(1) 可以顯示學習進步的情形（例如：寫作技巧的改變）。

(2) 展示最好的作品，對於學習有積極的影響。

(3) 前、後作品的比較，而非與別人比較，更能引起學習動機。

(4) 學生篩選自己的作品並自作決定，可以增進自我評量的技巧。

(5) 可以適應個別差異（例如：學生可依自己的能力、程度、速度，進行學習）。

(6) 學生、教師及有關人員可以明確得悉學習進展的實況（例如：不同時段所蒐集的寫作樣品可以相互比較）（p.158）。

教師於學期開始，第一次上課時，即可告知學生本學期的學習目標、內容與評量的方式，要求學生上完當天的課，就要記錄當天學習的情形。

教師可指導學生記錄三件事情：(1) 知（knowing）——上了今天的課，我知道了什麼？把它寫下來。(2) 行（doing）——上了今天的課，我會做什麼？把它記錄下來。(3) 思（thinking）——上了今天的課，我想到了什麼？感想如何？鉅細靡遺，加以批判思考。隔了一段時日，教師宜檢視學生學習進步情形，並可作為學習與生活輔導之資料。

學習檔案是一種多向度的評量包括認知、技能、情意領域，也兼顧過程與結果，具有多元化、個別化、適性化、生活化、彈性化等特性。學習檔案沒有固定、標準的形式，長短不拘，可依自己的興趣，發展自己的潛能。譬如擅長電腦者，可建立電子的學習檔案；擅長繪畫者，可以插畫方式呈現；工於詩句者，每篇可穿插打油詩、現代詩、五言詩等；喜歡攝影者，亦可穿插照片、海報等。學習檔案紀錄是一本個人學習的實錄，也是一本學習的寫真集，可以看出學生努力與成長的情形。傳統測驗較難測出的創造力、想像力與好奇心，學習檔案則可充分發揮出來。

學習檔案紀錄可依不同的學科記錄。譬如一所美國小學四年級的學生，他的語文科學習檔案包括：1. 目錄——列出學生所記錄的內容；2. 學生認為最好的作品；3. 一封信——學生寫給任課教師或評閱者，說明為何選出這些作品及其過程；4. 一首詩、或一篇短篇故事；5. 一篇個人的回應——針對某一事件、或有趣的事物，提出自己的看法；6. 一篇散文——從英語科之外的任何學科，寫一篇短文（Black, 1996）。

學期結束，教師可把班上學生隨機分組，每組 4 人，每位學生先自我評量，再由小組相互評量，評定 1，2，3，4 名次，最後由教師評量、確認。教師可依學生學習努力的情形，設定 1 = 90，2 = 85，3 = 80，4 = 75，亦可設定 1 = 90，2 = 80，3 = 70，4 = 60 作為學期（平時）成績的一部分。

學生的寒暑假作業也可採取學習檔案的方式記錄。譬如一個不愛唸書的學生，只喜歡看電視。寒暑假除了看電視之外，無所事事，不知如何過日子。既然喜歡看電視，教師不妨鼓勵他（她）看電視。但每天看什麼電視節目？從電視節目中，知道了什麼？學會了什麼？想到了什麼？有何感想？發現哪些優點與缺點？有什麼批評？都可以鉅細靡遺，一一寫下來。寫了一個寒假或暑假，他（她）可能成為電視專家或電視評論家。

　　此種檔案紀錄頗能與多元智能理論相結合，至少涉及語文的智能、邏輯的智能、音樂的智能、空間的智能、知己的智能、與知人的智能等。譬如看了一齣電視劇後，寫下一則心得報告，顯現語文的智能；根據劇情，提出假設，發展邏輯思考的智能；欣賞之餘，創作一首歌，展現音樂的智能；畫一幅畫，表達心中的意境，這是空間的智能；了解自己的長處，喜愛看電視，這是知己的智能，而能與人分享，則是知人的智能（李平譯，1997）。

2. 實作評量

　　實作評量旨在運用各種方式，評量各種能力及技巧，要求學生展示知識應用，而非僅展示知識的本身（Long & Stansbury, 1994）。教師可要求學生撰寫一篇短文、團體做科學實驗、以寫作方式提出申辯如何解答數學問題、或保存最好的作品等。相形之下，標準化的紙筆測驗，通例只要求學生個別作答，從選擇題中選出答案，似乎不適合這些需求。

　　實作評量不是教學評量的一種新策略。以往善於教學的教師即經常採用觀察、實驗、寫作與實際操作等方式判斷學生進步的情形。目前許多學校採取有系統的轉變，擺脫選擇式測驗，改用實作評量的方式，作為測量教學與驗證績效的工具。

　　實作評量與真實評量（authentic assessment）常交互使用，惟二者有別。依據 Meyer（1992）的研究，前者著重在學生接受測驗時的反應種類；後者則強調學生接受測驗時的反應情境，亦即在模擬的情境中產生。

　　實作評量包含一系列的歷程。這些歷程具有下列四個部分：學生必須展示所教的歷程；展示的歷程細分為較小的步驟；展出的歷程可直接予以觀察；按照小步驟的表現，判斷其成績。基於上述的認知，實作評量必須符合下列四個特點（Airasian, 1994）：

　　(1)應具有明確的目的：實作評量首應確定評量的目標是什麼，通常以行為目標的方式敘寫，並且要能涵蓋主要的教學目標。

　　(2)辨認可觀察的實作行為：目標確定後，教師應考慮以何種行為最能展示學習的歷程與結果。這些行為必須是客觀的、可觀察的與可測量的。

　　(3)能提供合適的場地：可觀察的行為必須在合適的場地進行，也許

在禮堂、實驗室、運動場、或工廠等。教師應設計合適的場地,評量學生展示的行為。

(4)備有預擬的評分或計分標準:譬如演說的實作評量,可把演說的行為細分為五個部分:①眉目傳神(making eye contact);②口齒清晰宏亮(speaking clearly and loudly);③抑揚頓挫(changing voice tone to emphasize points);④呈現論點(presenting arguments);⑤總結論點(summarizing main points)。這五項行為就成為評量演說的標準,裁判可用來觀察並判斷演說的表現。

㈣ 評量情境多元

評量不限於固定的場所,教室內、教室外、校園內、校園外,都可視實際的需要,進行教學評量。譬如交通安全測驗。不能只在教室紙筆測驗,尚應觀察學生在馬路上的行為,是否遵守交通規則,有無違規情事?又如英語會話測驗,教師也可利用電話,與學生用英語交談,亦可測出英語會話的能力。

學校是社會的縮影;教育即生活。學校環境應佈置具有教育意義的生活環境。譬如學校可設計模擬超級市場,陳放各種日常生活用品,諸如:肉類、食品、蔬菜、水果、飲料等,讓學生學習。臺中市立篤行國民小學教學評量即採取跨科、跨領域的方式,結合數學、道德與健康教育等科設計模擬超級市場,要求學生進行採購的活動。該校三年級教學評量,教師把班上學生分成幾個小組,每一組學生發給 500 元紙鈔,抽出題目後開始購物。採買的食物,必須符合均衡飲食的原則。結帳時則要正確付款,同時自行找錢。每個過程,同組學生都要相互討論:一餐的飲食是否均含有蛋白質、脂肪、維生素、澱粉、礦物質、水分等,與預算是否夠用等問題。教師從中評量學生的學習成果(葉志雲,1999.12.15)。譬如學生買的食品不均衡,都是吃了會發胖的食物,則健康教育不及格;要是價錢算錯,數學不及格;如果「以少報多」,道德教育就算不及格。此種評量方式,兼顧過程與結果,統整多元智能,融合有關學科,真正寓「教」於「樂」。

㈤ 評量次數多元

評量是繼續不斷的歷程。它不是一個月考一次或一學期考幾次而已。認真的教師教學前通常會問學生幾個問題，實施診斷性評量（diagnostic evaluation），以了解學生的起點行為（entering behavior）；教學中隨時檢查學生是否聽得懂，實施形成性評量（formative evaluation），以掌握學生學習的狀況；教學後教師應統整教材，實施總結性評量（summative evaluation），以檢驗學生是否達成教學目標。

教學評量多元化也可指次數多元。譬如，某校月考或期考考完，學生覺得成績不滿意，可向學校教務處登記，再考一次。以成績最高的那次分數計算，但題目不一樣，難易度卻相同。一些在及格邊緣的學生自認只要再努力一點，就會及格，要求再考一遍。另有些自認有 80 分以上實力的學生，卻只考到 65 分，也要求再考一遍。果然，這些學生第二次考試的成績普遍都有進步。原來他（她）們都進行自我補救教學，把疏忽的地方改正過來，沒唸熟的地方，徹底把它弄懂。此種評量方式頗能引導學生進步，提升其程度與水準。

㈥ 評量人員多元

教學評量不純粹是教師的事。它涉及教師、學生、家長與有關學校行政人員。因此，教學評量可由學生自我評量、同儕評量、教師評量；如有必要，如問卷、訪談，得由家長評量。評量人員增加，評量的效度、信度就提高。茲以自我評量為例，說明如次：

平常考試完畢，教師可把試卷發給學生，要求他（她）們根據正確的答案，評閱自己的試卷，打分數。在評量的過程中，學生可以真正了解自己做錯的地方，而尋求改進。但也有學生塗改答案，企圖矇騙教師，以求較高的分數。針對此種情況，教師可改變評量技術。考完後，教師先把每位學生的試卷答案影印下來，然後再把試卷發還給學生，要他（她）們打分數。俟收回後，再行核對試卷與原先影印下來的試卷，有無塗改，即可知道班上哪些學生不誠實，考試會作弊。因此，自我評量不僅可幫助學生了解自己，也可當作誠實測驗。教師如要知道班上學生考試是否會舞弊，使用此法，不誠實的學生也就無所遁形。

通常有些學生自我評量時，表現平庸卻為自己打很高的分數；亦有學生表現優異，卻為自己打很低的分數。這顯示學生的價值判斷呈現兩極化。前者表現出很有自信心，但也看出此類學生有優越感，不切實際、浮華不實的個性；後者表現出缺乏自信心，而且有自卑感，妄自菲薄，總以為自己不如人。這些都是一般教學評量不易評量到的地方。

同儕評量可提供學生互相學習的機會。譬如檔案紀錄評量，教師可讓學生互相觀摩，俾能「見賢思齊，見不賢而內自省」，而且可以培養學生評鑑的能力。學生三五成群相互評量也可以培養學生的價值判斷與立即做決定的能力。

然而，自我評量與同儕評量僅是評量的歷程，不能當作評量的結果。學生的學習表現，最後應由教師確認。

㈦ 評量答案多元

評量的題型日趨多元，答案也朝向多元。多重選擇題從中選擇正確的答案，即是一個明顯的例子。正確答案也許不只一個，此種題型頗能給予學生較多的思考空間。

小班教學注重創造能力的培養。評量也應多採擴散式思考（divergent thinking）不宜侷限於封閉式的固定答案。下列問題可供學生思考：

1. 請用 4，6，7，2 等 4 個數字，把它們放在下列 4 個空格內，使它的和最大？（Shepard, 1995）

$$\begin{array}{c} \square\,\square \\ +\,\square\,\square \\ \hline \square\,\square\,\square \end{array}$$

正確答案：72 與 64；或 74 與 62。

2. □＋□＝5 可能有幾種不同的答案？

正確答案：無限個。整數有：0，5；5，0；1，4；4，1；2，3；3，2 等。其他答案尚有小數、分數、正、負數等。

二、個別化評量

個別化評量強調因應學生的個別差異。評量的方式可採取標準參照評量或契約評分。茲列述如下：

㈠ 標準參照評量（**criterion-referenced evaluation**）

　　有些評量事先設定超過某一數值，就算及格，這就是標準參照評量。例如某生被評為大約 90% 答對，可以得 A；另某生大約 80% 至 90% 答對，可以得 B；以此類推。亦有些評量告訴受測者在接受同一評量的較大群體中所占的地位，這就是常模參照評量（norm-referenced evaluation）。例如：某生占全班前 20% 的學生可得 A，其次 20% 可得 B，如此類推。

　　常模參照評量常用在地區性或全州性評估的標準化評量上，而標準參照評量則常用在學力考試與成績報告單的評分上面（林清山譯，1990）。小班教學評量宜採用標準參照評量。因此在一個常態的班級中，試題的難易度與評量的及格率就有密切的關係。及格標準宜視班上學生的能力以為定，不宜全校全年級各班考題均相同。在五育中，體育科的教學評量最具個別化。譬如 100 公尺賽跑，及格標準男女有別。男生有男生的及格標準；女生有女生的及格標準。即使肢體殘障學生亦有不同的及格標準，絕非全年級的及格標準都相同。體育科的教學評量可以做到個別化，智育的教學評量何獨不能？

㈡ 契約評分（**grade contracts**）

　　契約評分是一種標準參照評量。通常，任課教師在學期開始時，即明確擬訂學生一些基本的學習目標，另加上一些高層次的目標。學生在開學時必須按照自己的能力，會同任課教師，就 A、B、或 C 三種等級，任選其一，簽訂契約，作為該生努力的目標。值得注意的是：此法沒有 D 及 F 級，因為教師不鼓勵學生失敗。如果某生簽訂契約 C，學期結束，只要他（她）達成最基本的目標，即可獲得 C 等成績。如果某生簽訂契約 B，則他（她）除了完成最基本的目標外，尚須完成一部分高層次的目標。又如某生簽訂契約 A，則他（她）必須完成基本目標與高層次目標。此法具有下列若干優點（Partin, 1979）：

　　　1. 每位學生只要努力用功，均有機會得到 A 等成績。

　　　2. 學生學習的動機是自我導向。

　　　3. 教師要明確訂定教學目標，並對學生的學習能力有通盤的

了解。

4. 履行契約是學生的責任。

5. 提供個別化的學習。

6. 學生與自己競爭，不與同學競爭。

7. 驅除學生對考試所產生的「壓迫感」與「恐懼感」，建立
   自信心（p.135）。

此法頗適用於低成就的班級，尤其適用於高智商而低成就的學生。譬如智商高而考試經常不及格的學生，不妨先鼓勵他（她）選擇 C 級。唸了一學期後，如果達成目標，則下學期不妨鼓勵他（她）改訂 B 級。至於智商低的學生，教師不必要求過高，只要達到 C 級，教師也就心滿意足了。惟此法仍有其缺失。一些自不量力的學生可能好高騖遠，簽訂 A 級。學期結束，卻無法完成所定目標，可能造成挫折感。此外，在升學競爭的環境中，評量的公平性令人存疑。學生不會簽 B 級或 C 級，以免失去升學的競爭力，遭致落榜。

三、適性化評量

小班教學以學生為中心（student-centered），教學評量要以學生為本位，把每一位學生帶上來。因材評量與電腦化適性測驗乃應運而生。茲說明如下：

㈠ 因材評量

裁縫師替顧客做衣服，必先了解顧客的需求。他（她）要做何種款式的衣服？旗袍？迷你裝？迷地裝？露背裝？大小如何？何種顏色？何種布料？然後量量身材尺寸，做出包君滿意的服裝。這是以顧客為導向的工作。在小班教學中，教師必須扮演裁縫師的角色（張清濱，1998）。他（她）不能只做旗袍一種款式，要求全班學生不分男女、高矮、胖瘦，都穿旗袍。他（她）應衡量班上學生的特性與需求，製作不同款式的服裝。小班教學評量應依學生不同的資質、性別、能力與性向差異，命擬合適的題目。因此，小班教學評量不宜只採取「統一命題」一種方式，不顧班級

學生的特性與需求。

㈡ 電腦化適性測驗（**Computerized Adaptive Testing, CAT**）

電腦化適性測驗係依據考生的能力水準，循序作答的一套測驗。測驗時，考生坐在電腦機前依電腦軟體顯示出來的題目，依序回答。通常第一道試題難易適中，如果考生答對，則第二道試題難度升高。第一道試題如果答錯，第二道試題難度降低。依此類推，直至電腦能判斷考生能力為止，測驗即告結束。運用電腦施測，具有下列各項優點（Straetmans & Eggen, 1998）：

1. 依需要傳輸測驗。

2. 圖表、聲音、影像、文字可以合併呈現，與實際生活情境無異。

3. 電腦本身即可評閱試題，教師不必閱卷。測驗結束，電腦即自動完成計分，省時省力。

4. 教師不必命題，由學科專家與電腦軟體專家精心設計，免除出題與製作試卷的功夫。

5. 測驗更準確，更有效率，更能測出學生的程度。

6. 不用紙筆測驗，節省大量紙張，符合環境保護的概念。

7. 減少作弊、左顧右盼的機會。前後左右考生的試題可能不盡相同。

雖然電腦化適性測驗有許多優點，實施一段時日，也會產生後遺症。學生恐怕反而不會寫字。因此，接受電腦化適性測驗者應先通過語文測驗，以免顧此失彼。此外，除了運用電腦外，測驗之前，學校應先建立標準化的題庫與測驗計分法。在 21 世紀中，教育機構應投入大量人力、物力，發展並設計各類科測驗。將來各類型考試也許將漸漸採用電腦化適性測驗。

小班教學本著多元化、個別化、適性化的理念，評量方式更為活潑、更具彈性、更有創意。要言之，多元化評量要考慮評量的目標、內容、方式、情境、次數、人員、題型，即使答案都是多元的。學習檔案記錄評量與實作評量或真實評量應廣為使用。個別化評量宜採標準參照評量與契約評分制。適性化評量則宜因材評量並實施電腦化適性測驗。

綜上所述，21 世紀的教學評量將著重學習檔案紀錄評量（portfolios

assessment）、實作評量（performance assessment）與結果本位評量（product-based assessment）。這就是所謂「3P」的評量（Madaus & O'Dwyer, 1999）。小班教學有無績效，從這些評量的證據，就可判其優劣。

國民中學基本學力測驗屬於結果本位評量，旨在檢驗大多數的國民中學畢業生唸完了國民中學教育達到怎樣的水準。聯考制度廢除後，高中、高職入學以基本學力測驗成績為主要參據。若不參考在校三年期間的學習歷程檔案紀錄或實作評量成績，小班教學精神就很難落實。職是之故，九年一貫課程與小班教學理念的實施有賴於完整的規劃與完善的配套措施。冀望多元化的入學方案也能注意到評量的多元化。

第五節　實務演練與教師檢定

本節包括實務演練與教師檢定。前者注重情境演練，後者從近年來中小學教師檢定的趨勢，提出若干模擬試題與檢定試題（打＊者為參考答案），分別列示如後：

一、實務演練

實務演練以檔案評量、實作評量、真實評量、與電腦化適性測驗為例，說明如下：

㈠ 檔案評量

張老師在開學第一次上課的時候，向學生說：「本學期上英文課，每位同學都要撰寫檔案紀錄。學期結束前的最後一次上課，老師要檢查檔案紀錄，評定分數，占學期成績的20%。」隨後，張老師介紹檔案紀錄的特性、寫法、與內容，包括：封面、目錄、自我介紹、課程計劃、講義、筆記、英文日記、英文佳句與片語、作業、課外讀物、心得感想、圖畫、卡片、優良紀錄、與其他等。

學期結束前一週上課的時候，張老師要求學生把檔案紀錄拿出來，進行評量。他要求學生先自我評量，打一個分數；然後四人一組，進行同儕評量；最後才由老師確認，評定等級與登錄成績。

你寫過檔案紀錄嗎？現在請思考下列有關檔案評量的問題：

(一) 結構式反應問題

　1. 張老師為何要學生自我評量？理由何在？

　2. 張老師為何要學生同儕評量？理由何在？

　3. 檔案紀錄可否作為學期成績的一部分？為什麼？

　4. 檔案評量是否符合教學原理？請提出你的看法。

(二) 多重選擇問題

　1. 通常檔案紀錄有哪些內容？（複選題）

　(A) 上課筆記；(B) 指定作業；(C) 英文日記；*(D) 心得感想；*(E) 特殊優良紀錄。

(二) 實作評量

　　明正國民中學舉辦母親節演講比賽，請孫老師設計實作評量。她擬定一份有關實作評量的步驟、內容、與評分標準。她先把評量的目標具體化，然後設定實作評量的情境、明確規定要件，並訂定計分的標準。她採用的實作評量內容、過程、要件、與計分標準（如表16.1）：

表 16.1　實作評量計分標準

標準	配分	實得分數
眉目傳神（肢體語言）	20	
口齒清晰（語言流利）	20	
抑揚頓挫（音調明確）	10	
呈現論點（表達重點）	25	
總結論點（溝通能力）	25	
總分	100	
評語		

現在請你回答下列問題：

1. 實作評量有何特點？為何要實施實作評量？
2. 請你就擔任的學科，設計實作評量的情境，進行實作評量。
3. 實作評量較適用於哪些科目？它有何限制？

㈢ **眞實評量**

　　學校是社會的縮影；教育即生活。學校環境應佈置具有教育意義的生活環境。例如英語教學，學校可設計超級市場、機場、醫院、車站、飯店、餐廳、銀行、服飾店、理髮廳、或美容院等模擬情境（simulated context），讓學生親歷其境，設身處地，進行學習。教師可把教室佈置成爲簡易的模擬情境當作教學與眞實評量的場所。

　　信實國民小學六年級英語科教學即採取跨科、跨領域的方式，結合英語、數學、道德與健康教育等科設計模擬自助餐廳，要求學生以英語表達點餐的活動。教學評量時，採取異質性分組，每組學生5人各發給500元代替錢幣（包括5、10、50元銅板與100元紙鈔），進行點餐活動。全程必須儘量用英語交談；學生點選食物必須講出食物的名稱，並且要符合均衡飲食的原則。結帳時則要自行計算餐費。每個過程，同組學生都要相互討論：一餐的飲食是否含有蛋白質、脂肪、維生素、澱粉、礦物質、水分等，與餐費計算等問題。教師從中評量學生的學習成果。譬如學生點選的食物養分不均衡，都是吃了會發胖的食物，則健康教育不及格；要是餐費計算有誤，數學不及格；如果「以少報多」，道德教育就算不及格；講錯食物、飲料名稱與費用，則英語不及格。此種評量方式，兼顧過程與結果，統整多元智能，融合有關學科，眞正寓「教」於「樂」。

　　現在請你回答下列問題：

1. 眞實評量有何特點？它與平常的紙筆測驗有何不同？
2. 請你就擔任的學科，設計眞實評量的情境，實施眞實評量。
3. 眞實評量與實作評量有何異同？請列舉說明。

㈣ 電腦化適性測驗

> 　　電腦化適性測驗具有很多特色。請你參考前述的特色，分析它的優缺點、然後推論它可能引起的後遺症與應採取的配套措施。請就下列各項問題，提出你的看法：
> 1. 電腦化適性測驗的原理爲何？
> 2. 電腦化適性測驗有哪些優點？
> 3. 電腦化適性測驗有哪些缺點？
> 4. 電腦化適性測驗需要哪些配套措施？
> 5. 電腦化適性測驗可能會產生哪些後遺症？
> *(A) 造成本末倒置的現象；*(B) 抹煞學生的創意；*(C) 語文能力退步；*(D) 智育掛帥。

二、教師檢定

　　研讀本章教學評量之後，請思考並回答下列問題，今依模擬試題與檢定試題，列示如後：

㈠ 模擬試題

1. 教育部實施十二年國民基本教育，活化教學爲其目標之一。學校如何實施多元評量以活化教學？請舉出五種多元評量方式。
2. 高中職與大學校院推薦甄選入學應否參採學生在校的學習歷程檔案？請分析其利弊得失。
3. 教師命題時應把握哪些重要原則？請列舉五項原則並說明之。
4. 王老師擬出一份英語試題，對 7 年 1 班學生進行兩次測試，發現前測（pre-test）與後測（post-test）成績的一致性很高。由此判斷，此份試題具有何種特性？
   (A) 標準性（standard）；(B) 實用性（practicality）；(C) 有效性（validity）；*(D) 可靠性（reliability）。
5. 依據 L. W. Anderson 等人（2001）的認知領域認知向度分類法，下列何

者難度最高？

(A) 事實知識；(B) 概念知識；(C) 程序知識；*(D) 後設認知。

6. 依據 L.W. Anderson 等人（2001）的認知歷程向度分類法，下列哪一層次的試題難度最高？

(A) 應用；(B) 分析；(C) 評鑑；*(D) 創造。

7. 教師想要了解學生學習英語有何困難，教師可實施何種評量？

(A) 形成性評量；(B) 同儕評量；(C) 自我評量；*(D) 診斷性評量。

8. 下列何種評量的類型可當作誠實測驗？

(A) 總結性評量；(B) 形成性評量；(C) 同儕評量；*(D) 自我評量。

9. 下列何種評量的類型最能評估學生的辯論能力？

(A) 形成性評量；(B) 檔案評量；(C) 總結性評量；*(D) 實作評量。

10. 下列何種評量的類型最能評估學生的運動能力？

(A) 形成性評量；(B) 檔案評量；(C) 總結性評量；*(D) 實作評量。

11. 下列何者不是檔案評量的特性？

(A) 多元化；(B) 個別化；(C) 適性化；*(D) 標準化。

12. 下列哪一道題目最能激發學生的創造力？

(A) $3 + 5 = \square$；(B) $3 + \square = 8$；(C) $\square + 5 = 8$；*(D) $\square + \square = 8$。

13. 教師進行教學評量時，採用何種作法可以協助學生發展後設認知（metacognition）的能力？

(A) 教師公布正確答案，學生訂正錯誤；(B) 教師事先指定考題，學生自行選題，自由發揮；(C) 教師發還考卷，學生互相批改；*(D) 學生自評作品，領會自己的優點與缺點。

(二) 檢定試題（國家教育研究院，2014, 2015, 2016, 2017, 2019）

1. 國民中小學九年一貫課程綱要及普通高級中學課程綱要指出教師應採用適當而多樣的評量方法，請你就此舉例說明多元化評量的五種方法。

（2014 年課程與教學）

2. 李老師想了解學生是否學會打繩結。李老師最適合採用下列何種評量方式？

(A) 紙筆評量；*(B) 實作評量；(C) 檔案評量；(D) 概念圖評量。

（2014 年課程與教學）

3. 黃老師想要在平日課堂教學中了解學生的學習表現，作為修正教學策略的參考。黃老師該使用下列哪一種評量最為適合？

*(A) 形成性評量；(B) 總結性評量；(C) 標準參照評量；(D) 常模參照評量。 （2014 年課程與教學）

4. 下列有關評量功能的敘述，何者最為適切？

(A) 評量可以了解學習的結果，無法知道學習的歷程；*(B) 評量是抽樣的程序，無法了解學生全部的學習結果；(C) 評量可以做個體間的比較，無法了解個別學生的進步；(D) 評量可以了解學生的學習效果，無法了解教師的教學成效。 （2014 年小學課程與教學）

5. 下列有關檔案評量的敘述，何者正確？

(A) 檔案評量是一種客觀式評量；(B) 在檔案評量中，教學與評量是兩個獨立的事件；*(C) 從檔案評量中可以看出學生學習的歷程和成果；(D) 學生的所有作品都要放入檔案中，作為期末評量的依據。

（2014 年小學課程與教學）

6. 下列有關實作評量與檔案評量的敘述，何者正確？

(A) 實作評量需要評分規準，但檔案評量不需要；(B) 實作評量可作為檔案，但檔案評量不需實作；*(C) 檔案評量與實作評量可包含受評量者的省思；(D) 檔案評量與實作評量都僅適用於質性的評量。

（2015 年課程與教學）

7. 吳老師先將教學內容分成幾個小單元，並依據學生沒有達到精熟目標的單元進行補救教學。請問，下列哪一種測驗較適合了解吳老師這種精熟教學法的成果？

(A) 智力測驗；(B) 性向測驗；(C) 常模參照測驗；*(D) 標準參照測驗。

（2015 年課程與教學）

8. 吳老師自行設計了一份數學隨堂考卷，在段考後她發現班上同學在這份考卷得高分的學生，在數學段考考試成績也比較高。這代表這份隨堂考考卷較具有下列什麼測驗特質？

*(A) 預測效度高；(B) 再測信度高；(C) 複本信度高；(D) 外在效度高。

（2015 年課程與教學）

9. 檔案評量與下列哪一種學習觀點最為契合？

(A) 神經網絡觀；(B) 認知建構觀；*(C) 社會情境觀；(D) 行為連結觀。

（2015 年小學課程與教學）

10. 下列有關教學評量的敘述，何者最為適切？

(A) 紙筆測驗是教學評量最直接而有效的方式；(B) 診斷性評量的目的在於了解學生的起點行為；*(C) 教學評量具有提高並激勵學生學習動機的功能；(D) 評量時以認知領域目標為主，情意與動作技能目標為副。 （2016 年課程與教學）

11. 我國學生參與國際學生成就評量方案（the Programme for International Student Assessment），可從中得知學生在科學、數學和閱讀等方面素養的表現成果。這屬於下列何種類型的課程評鑑？

*(A) 總結性；(B) 形成性；(C) 統整性；(D) 診斷性。

（2016 年課程與教學）

12. 王老師自編一份 50 題的測驗，以評量學生的學習成就。經過試題分析後，下列哪一項作法，最可能提高此測驗的信度？

(A) 刪除難度值為 0 的題目；(B) 刪除難度值為 1 的題目；*(C) 刪除與總分負相關的全部題目；(D) 刪除與總分正相關較低的題目。

（2016 年課程與教學）

13. 下列有關電腦化適性測驗的敘述，何者為真？

(A) 題目依難易程度排列依序出現；(B) 測驗結果無法提供考生即時回饋；(C) 考生可依自己程度調整答題順序；*(D) 具評估及診斷受試者能力的功能。 （2016 年課程與教學）

14. 林老師為了解學生在學習英文「fast food」的單元後，是否達到「能聽懂日常生活應對中常用語句（速食店購物的對話），並能作適當的回應。」的目標，特別安排全班學生到英語村的速食店以英文購買食物。此種評量方式最接近下列何者？

(A) 動態評量；*(B) 真實評量；(C) 檔案評量；(D) 生態評量。

（2016 年小學課程與教學）

15. 下列何者較不屬於檔案評量的特色？

(A) 強調縱貫的學習歷程；(B) 教師與學生的共同參與；(C) 鼓勵學生

的自我反省與自評；*(D) 採用單一規準評量學生作品。

（2016 年青少年發展與輔導）

16. 教師設計測驗以了解學生的認知錯誤型態時，發現某生在「6 + 4÷2 ＝?」這題的答案是「5」，因而得知該生需加強「先乘除，後加減」的知識概念。該測驗較屬於下列哪一評量類型？

*(A) 診斷性評量；(B) 總結性評量；(C) 最佳表現評量；(D) 典型表現評量。　　　　　　　　　　　　　　（2017 年課程與教學）

17. 下列哪一個情境最接近真實評量？

(A) 讓學生寫出課文心得，以評量其情意反應；*(B) 讓低年級學生到商店買東西，以評量其算數能力；(C) 課堂中讓全班學生大聲朗讀，以評量其識字程度；(D) 讓學生觀賞地震演習的影片，評量其逃生觀念與技巧。　　　　　　　　　　　　（2017 年小學課程與教學）

18. 有關教師製作教學檔案的目的，下列何者不適切？

*(A) 蒐集學校課程活動資料，掌握校本課程發展方向；(B) 蒐集重要的教學紀錄，了解自己專業成長的歷程；(C) 透過檔案製作交流與分享，形塑優質的專業文化；(D) 透過檔案建置的歷程，反思教學，提高教學效果。　　　　　　　　　　　　　（2017 年小學課程與教學）

19. 下列有關測驗（test）、測量（measurement）、評量（assessment）、評鑑（evaluation）的敘述，何者最為正確？

(A) 測驗以客觀計分為主，評量以主觀計分為主；(B) 測驗、測量、評量和評鑑都以數字來呈現其結果；*(C) 教育領域所用的標準化紙筆測驗大多屬於間接測量；(D) 測驗是用在教育、心理領域，測量是用在自然科學領域。　　　　　　　　　　（2017 年小學課程與教學）

20. 教師安排不同難度及進度的學習任務，設計多元評量方式，使班上每位學生都能充分學習，提升自我效能。此教學設計較符合下列何種理念？

(A) 直接教學法；*(B) 差異化教學；(C) 建構式教學；(D) 探究教學法。　　　　　　　　　　　　　　　（2017 年教育原理與制度）

21. 國民及學前教育署的「國民小學及國民中學補救教學實施方案」，乃透過網路評量測驗了解學生的學習落後點。就該評量測驗的目的而

言，較屬於下列哪一種評量？

*(A) 診斷性評量；(B) 預測性評量；(C) 安置性評量；(D) 總結性評量。

（2017 年青少年發展與輔導）

22. 近年來真實評量越來越受到重視，下列何者不屬於真實評量？

(A) 師資生修畢教育學分後，到國中進行教學實習；(B) 學生為了準備丙級廚師證照，參加校內烹調大賽；(C) 學生規劃園遊會攤位方案，並評估其成本與利潤；*(D) 學生觀看紐西蘭毛利族的戰舞，提出小組討論結果。 （2019 年 -1 課程與教學）

23. 陳老師編製了一份英語科成就測驗，學生在這份測驗的得分與國中會考的英語科成績具有高度相關。此一英文科成就測驗具有何種效度？

(A) 專家效度；(B) 內容效度；(C) 區別效度；*(D) 效標關聯效度。

（2019 年 -2 課程與教學）

24. 下列有關檔案評量的敘述，何者較為適切？

(A) 檔案評量屬於客觀式評量；(B) 視教學與評量為兩個獨立事件；*(C) 可以了解學生學習的歷程和成果；(D) 學生的所有作品都要放入檔案中。 （2019 年 -2 課程與教學）

25. 劉老師想知道自編的數學測驗能否穩定評估學生的數學能力。下列哪一種方法較適切？

(A) 將學生在這份測驗的得分與之後數學學科能力測驗的得分，進行相關分析；(B) 比較自編測驗的出題方向及題數，與專家所編擬之雙向細目表間的一致性；(C) 比較段考高分組與低分組學生在這份數學測驗的得分，是否有顯著的差異；*(D) 將這份測驗讓同一群學生在一個月內施測兩次，並計算兩次得分的關聯性。 （2019 年 -2 課程與教學）

26. 余老師自編一份 80 題的國語文成就測驗，其信度係數為 0.85。若依據原命題雙向細目表的題數比例，將該測驗刪減為 45 題，則縮減後測驗的信度與效度有何變化？

(A) 信度提高，效度降低；(B) 信度降低，效度提高；(C) 信度不變，效度不會提高；*(D) 信度降低，效度不會提高。

（2019 年 -2 課程與教學）

27. 為實現全人教育的理念，各領域教學應兼顧認知、技能與情意目標的

達成。請舉出適合情意領域評量的兩個項目，另寫出適合情意評量的三項方法或工具。　　　　　　　　　　（2019 年 -2 課程與教學）

28. 張老師為七年級數學科段考命題時，最應該注重下列哪一種效度？

　　*(A) 內容效度；(B) 同時效度；(C) 預測效度；(D) 聚斂效度。

　　　　　　　　　　　　　（2019 年 -2 青少年發展與輔導）

參考文獻

一、中文部分

李平譯（1997）。經營多元智慧。譯自 Armstrong, T. (1994). *Multiple intelligences in the classroom.* 臺北：遠流出版公司，154-155。

林清山譯（1990）。教育心理學──認知取向。譯自：Mayer, R. E. (1986). *Educational psychology: A cognitive approach.* 臺北：遠流出版公司。

教育部（1998a）。發展小班教學精神計畫。臺北：教育部。

教育部（1998b）。國民教育階段九年一貫課程總綱綱要。臺北：教育部。

國家教育研究院（2014, 2015, 2016, 2017, 2019）。高級中等以下學校及幼兒園教師檢定考試歷屆試題及參考答案。新北：國家教育研究院。

張清濱（1998）。現代教師應扮演哪些角色？小班教學通訊─國中篇，1, 2。

張清濱（2008）。教學視導與評鑑。臺北：五南圖書出版公司。

葉志雲（1999.12.15）。教室變超市，學生採買當考試。臺北：中國時報。

二、英文部分

Airasian, P. W. (1994). *Classroom assessment* (2nd ed.). New York:McGraw-Hill, Inc..

Black, S. (1996). Portfolio assessment. In R. Fogarty (Ed.). *Student portfolios: A collection of articles,* second printing. Arlington Heights, Ill.: IRI/Skylight Training and Publishing, Inc., 47-56.

Gronlund, N. E. (1998). *Assessment of student achievement* (6th ed.). Boston: Allyn and Bacon, 157-161.

Long, C. and Stansbury, K. (1994). Performance assessments for beginning teachers. *Phi Delta Kappan, 76,* 318-322.

Madaus, G. and O'Dwyer, L. M. (1999). A short history of performance assessment lessons learned, *Phi Delta Kappan, 80*(9), 688-695.

Meyer, C. A. (1992). What's the difference between authentic and performance as-
　　sessment ? *Educational Leadership, 49*(8), 39-41.

Ormrod, J. E. (2009). *Essentials of educational psychology* (2nd ed.). Columbus,
　　Ohio: Pearson.

Partin, R. L. (1979). Multiple option grade contracts. *The Clearing House*, Novem-
　　ber, 133-135.

Shepard, L. A. (1995). Using assessment to improve learning. *Educational Leader-
　　ship, 52*, 40.

Straetmans, G. J. M., and Eggen, T. J. H. M. (1998). Computerized adaptive test-
　　ing: What it is and how it works. *Educational Technology, 38*(1), 45-52.

附錄　最新考題

壹、2020年中等學校師資類科檢定考試「課程與教學」試題及參考答案

（錄自 111 年教育部高級中等以下學校及幼兒園教師資格考試網站）

一、選擇題

1. 吳老師設計了一套素養導向的反霸凌課程。下列有關反霸凌課程目標面向的對應，何者正確？

   (A) 培養學生對人性尊嚴的重視，屬於知識面向

   (B) 理解同學為什麼會被霸凌的原因，屬於態度面向

   (C) 培養學生扶助弱勢同學的責任心，屬於知識面向

   (D) 使用溝通策略終止霸凌者的行為，屬於技能面向

2. 下列有關學生不當行為的管教措施，哪一項較為適切？

   (A) 學生上學遲到，須背誦唐詩一則

   (B) 考試成績未達 60 分的學生，每少 1 分，罰 1 元，納入班費

   (C) 學生上課偷看成人雜誌，教師將雜誌暫時保管三天後再通知家長領回

   (D) 學生集體吵鬧耽誤教師教學，教師說：吵鬧多久就延後多久下課，才不會耽誤學習

3. 學校每學期會頒發獎學金給各班學期成績前三名的學生。學校是根據何種評量結果來取前三名？

   (A) 安置性評量　　　　　　(B) 形成性評量

   (C) 常模參照評量　　　　　(D) 標準參照評量

4. 陸老師在教導七年級數學「質因數分解」主題之前，先喚起學生在國小時學習因數的舊經驗後，再進行該主題的教學活動。此種教學方式符合下列哪一項學習原則？

   (A) 自動原則　　(B) 準備原則　　(C) 熟練原則　　(D) 時近原則

5. 方老師這學期想嘗試讓學生有更多「做中學」的體驗。下列有關「做中學」的目的，何者較不適切？

(A) 提高學生的外在學習動機

(B) 提供學生活用知識的機會

(C) 增加知識、技能與態度並重的學習情境

(D) 改善教學內容與學生生活經驗脫節的問題

6. 社會領域常因授課時數的限制，因而教科書會節略某些重要史實。於是歷史學者擔心如果教師於上課時也未加補充，可能會使下一代的歷史素養有所不足。這些學者關注的是哪一類型課程？

(A) 空無課程　(B) 潛在課程　(C) 空白課程　(D) 非正式課程

7. 張老師在科學領域教學時，引導同學提出問題、設計調查活動、準備實驗裝置、執行調查、分析數據、形成結論、以及呈現所發現的成果。張老師使用下列哪一種教學方法？

(A) 個案教學法 　　　　　(B) 探究教學法

(C) 批判思考教學法 　　　(D) 體驗學習教學法

8. 當教師確知班上學生遭家長喝醉酒毆打成傷時，依據「家庭暴力防治法」，應如何處理？

(A) 24 小時內通報當地主管機關

(B) 繼續觀察學生受暴狀況，情況嚴重時才予以通報

(C) 協同其他老師進行家庭訪問，視情況再決定是否通報

(D) 家長可能是因為一時衝動才動手，告知同學要懂得自我保護

9. 下列有關傳統試題分析的敘述，何者正確？

(A) 試題難度愈高，鑑別度愈低

(B) 試題鑑別度愈低，測驗效度愈低

(C) 難度及鑑別度的估計屬於樣本依賴，並非固定不變

(D) 某一試題的誘答選項，高分組學生的選答率高於低分組，則為優良試題

10. 陳老師認為課程應該是個開放系統、複雜結構、且有不斷變革的本質，課程不應該是事先計畫、二分對立、或為達到特定目的而設計

的。陳老師對課程的看法較接近下列何者？

(A) 精粹主義　　(B) 實證主義　　(C) 結構主義　　(D) 後現代主義

11. 陽光國民中學採用「背景—輸入—過程—產出」模式，進行校本課程評鑑。下列哪一位老師的看法，比較符合此一評鑑模式的內涵？

(A) 甲老師認爲背景評鑑要先進行學生學習成效的評量

(B) 乙老師認爲輸入評鑑要對必要的課程資訊進行描述

(C) 丙老師認爲過程評鑑要評估學校執行課程評鑑任務的能力

(D) 丁老師認爲產出評鑑要確定課程結果是否符合原先的期待

12. 下列何者是較偏重學生爲中心的教學策略？甲、體驗學習　乙、翻轉教室　丙、協同教學　丁、講述教學

(A) 甲乙　　(B) 甲丙　　(C) 乙丁　　(D) 丙丁

13. 樂樂國中九年級 400 位學生接受理化科測驗，其中高分組（全體學生得分的前 25%）與低分組（全體學生得分的後 25%）分別有 40 人與 30 人答對該測驗第十題。下列何者最可能是該題的難度值？

(A) 0.10　　(B) 0.18　　(C) 0.35　　(D) 0.70

14. 班級幹部草擬班級公約草稿，準備提交到次日的班會中議決，導師在一旁聆聽他們的討論。下列哪一位幹部的看法較不適切，需要導師給予建議？

(A) 班長：屬於校規、例行事務或個人基本行爲規範等項目，不需要列入班規

(B) 風紀股長：重要的班規事項應該在不同條目中多次重複出現，以達到強調的效果

(C) 副班長：班規是正式的規範，不要使用嬉鬧搞笑的文句呈現，同學才會重視與遵守

(D) 學藝股長：班規應廣泛涵蓋同學的班級日常生活行爲，但條目不宜過多，以 5 至 7 條爲佳

15. 高老師對於課堂上少數學生偶有竊竊私語、分心旁騖、插嘴發言等行爲感到困擾，向幾位老師請教因應之道。哪一位老師的建議較適合？

(A) 吳老師：插嘴發言的學生如果是想要吸引你的注意，你應該請他回答問題

(B) 周老師：你要有能耐繼續教學，音量暫時放大，蓋過他們竊竊私語的噪音即可

(C) 王老師：你可以把分心旁騖學生的名字融入教學舉例中，藉由提到他們來發揮警示效果

(D) 鄭老師：一出現這種情形，立即停止教學，針對剛剛的授課內容進行隨堂小考，對學生最有嚇阻

16. 王老師要求學生在完成實驗之後，於學習單上寫下自己在實驗操作表現上的優缺點及可改進之處。「自述實驗操作表現上的優缺點及可改進之處」較偏向於認知目標中哪一類知識？

(A) 事實知識　(B) 概念知識　(C) 程序知識　(D) 後設認知

17. 王老師在公民課引導學生了解社區的農村人口變遷現象，進而請學生著手調查社區人口年齡分布與產業狀況，並提出「青農返鄉」的專題報告，且向鄉長提出書面建議。這種課程設計取向最接近下列何者？

(A) 學科取向　(B) 社會取向　(C) 科技取向　(D) 專業取向

18. 國文老師指定學生閱讀一本少年小說。上課時，老師問美美：「這篇小說的情節和人物特性有什麼關聯？」美美滿臉疑惑。於是老師又問：「從故事的情節發展中，你覺得主角有什麼特質？」國文老師使用的是下列哪一種提問策略？

(A) 延伸　(B) 提示　(C) 釐清　(D) 證明

19. 教師社群在設計課程時，李老師認為學生會因學習經驗及其與情境的互動，而有各自適合的學習途徑，因此課程應該保留一些彈性與修改的可能性；吳老師認為課程設計時應該考量每個學生最後都應學會的知能，因此應該設定一致的學習路徑以達成共同的學習目標。下列敘述何者正確？

(A) 李老師的課程設計屬於歷程模式

(B) 吳老師的課程設計屬於情境模式

(C) 李老師的課程觀點為課程即計畫

(D) 吳老師的課程觀點為課程即經驗

20. 信義高中在發展學校本位課程時，歷史科教師邀請地區耆老提供昔時聚落與街道影像資料及人物故事給學生進行探究；地理與商科老師則

請學生透過該聚落與街道影像資料來分析當時的聚落型態，並訪問當地文史團體有關地區農業與商業街的起源及發展。該課程結合了校內多個學科的教師，設計了一整學期兩學分的社區文史課程。此課程組織方式最接近下列哪一個課程統整模式？

(A) 學科內課程統整　　　　　　(B) 多學科課程統整

(C) 超學科課程統整　　　　　　(D) 科際整合課程統整

21.黃老師想落實學生兼具知識、技能及情意等三面向的學習，他規劃在課堂上引導學生認識海洋的塑膠汙染源，並透過影片讓學生感受塑膠危害的嚴重性。黃老師可以再增加下列何種學習活動？

(A) 請學生舉例說明政府推動的減塑措施

(B) 利用回收的寶特瓶製作日常生活物品

(C) 比較各國海域所遭遇的塑膠汙染現況

(D) 請推動減塑措施的業者來說明其作法

22.陳老師認為要讓學生自主且持續的投入學習，關鍵在於引發學生的內在動機而非外在動機。若想要引發學生內在動機，下列作法何者不適切？

(A) 透過科學影片的製作，讓學生對科學相關知識更加關注

(B) 關注學生的表現，適時提供鷹架，以提高學生的學習效能及自信心

(C) 利用線上遊戲進行學習，讓學生藉由爭取遊戲排行榜的獎品而更加投入學習

(D) 透過同儕互教，讓能力較佳者從教導同儕中獲得榮譽感，學習落後者因為進步獲得成就感

23.健康國中的社會領域評量，趙老師對七年一班採用選擇題的紙筆測驗，唐老師則對七年四班採用專題報告評量。下列對於兩位老師評量方式的描述，何者較為適切？

(A)趙老師的評量方式較適合程度高的同學

(B)唐老師的評量方式較適合程度低的同學

(C)唐老師的評量方式較容易出現評分的不一致

(D)趙老師的評量方式較能評估學生的批判思考能力

24.張老師在批閱申論題試卷時，連續批改幾份回答不佳或答非所問的試

卷後，接著對下一份回答稍佳的試卷給予很高的分數。下列何者最適合解釋這種現象？

(A) 遺留效應　(B) 月暈效應　(C) 溜滑梯效應　(D) 文字操作效應

25. 評分規準（rubrics）是許多教師用來評量學生實作表現的工具。建立評分規準的步驟，下列何種順序較為適切？甲、收集多樣的學生表現或作品樣本　乙、針對各個表現面向，找出對應分數的表現或作品樣本，列出各分數等級的描述　丙、把作品樣本分類到不同堆，並寫下分類的理由和特色　丁、歸納出不同的表現面向　戊、反覆觀察並修正評分規準

(A) 甲乙丙丁戊　(B) 甲丙丁乙戊　(C) 甲丁乙丙戊　(D) 甲丁丙乙戊

26. 依照蓋聶（R. Gagné）的學習條件論，下列有關內在學習歷程的敘述，何者正確？

(A) 教師提醒學生注意本課各種修辭法及其差異，此為「期望」

(B) 教師請學生回想過去所學的各種修辭法並加以比較，此為「選擇知覺」

(C) 教師請學生將課文中各種修辭法整理成表格以比較並釐清其差異，此為「語意性編碼」

(D) 教師問學生本課文中各種譬喻法的差異，並針對其回答給予回饋與鼓勵，此為「類化」

27. 六福國中課程發展委員會核心小組的教師根據《十二年國民基本教育課程綱要總綱》，帶領全校教師發展學校本位課程以凝聚共識。下列何者是核心小組教師身為課程領導者在發展學校本位課程時較適切的作為？

(A) 核心教師身為學校課程發展的領頭羊，要貫徹核心小組的共同決議

(B) 由核心小組教師設計學校課程計畫，再請全校教師研讀理解後落實

(C) 向全校教師說明課程綱要的精神，並共同研議學校願景與課程目標

(D) 提出核心小組決議後的學校課程架構，請教師依架構進行課程設計

28. 根據德瑞克斯（R. Dreikurs）的目標導向模式，下列何者不屬於「錯誤目標」的行為？

(A) 某學生不斷發問與課程無關的問題，試圖引起教師的注意

(B) 某學生違規但卻嗆老師說：你處罰我看看，小心你的車子

(C) 某愛慕老師的學生，因被老師拒絕，轉而指控老師性騷擾

(D) 教師和部分學生稱兄道弟或給予特權，引起其他同學不滿

29. 高瞻中學規劃校訂課程時，針對未來人工智慧對於社會的影響，討論學校課程該如何因應此主題。以下為不同委員的意見：李老師：部訂課程已有科技領域，可以請科技領域教師強化此主題的內涵，毋須再增加額外的教學時間。高老師：這是新的主題，未來的發展和影響還不太確定，不宜放入正式課程中。石老師：從彈性學習課程中規劃一節課，讓科技領域的教師設計此主題的內涵。吳老師：採用跨領域的主題設計，每週一節課，由師生共同決定內容。根據上述的討論內容，下列何者不正確？

(A) 李老師的觀點傾向於課程即學科

(B) 高老師的課程理念傾向社會建構主義

(C) 石老師的提議符合十二年國教課綱的規定

(D) 吳老師的課程設計觀點較傾向過程模式的精神

30. 某次數學考試滿分為 50 分，傑倫考了 38 分，其百分等級是 86。傑倫此次考試的分數代表什麼意義？

(A) 表示他勝過 86% 的同學

(B) 換算成第 86 個百分位數的分數是 76 分

(C) 表示第 38 百分位數的原始分數是 86 分

(D) 分數由高到低，他在 100 個人中排在第 86 名

二、問答題

1. 學校雖各自訂有教科書選用辦法，但其仍有共通之評選規準。請寫出教科書評選規準的 4 個向度，且每向度各舉出 2 項內容並說明之。

2. 仁愛國中在暑假為校內八年級學生辦理為期七天的英語會話班，學校自行設計一份試卷來評估學生的學習成效，在上課的第一天進行前測，上課的最後一天，再使用這份試卷進行後測。(1) 學校若想評估這份試卷的信度，應該用哪種信度較為適當？(2) 舉出上述作法可能的 2 項測量誤差來源。(3) 舉出 2 種評估該試卷效度的作法。

3. 王老師想要以「嚴重特殊傳染性肺炎（COVID-19）防疫」為主題，進行專題導向式學習（project-based learning）的教學。(1) 請寫出專題導向式學習的教學特色（至少 2 點）。(2) 以該主題及上述的教學法寫出教學步驟並簡述其教學活動重點。

4. 柯老師在上課時，學生總是喜歡和老師抬槓，或聊天講話。王老師建議他使用果斷紀律模式，以維持班級秩序、教學進度和確保授課品質。請寫出果斷紀律模式的 5 項步驟，並說明其作法。

選擇題參考答案

題號	1	2	3	4	5	6	7	8	9	10
答案	D	D	C	B	A	A	B	A	C	D
題號	11	12	13	14	15	16	17	18	19	20
答案	D	A	C	B	C	D	B	B	A	D
題號	21	22	23	24	25	26	27	28	29	30
答案	B	C	C	A	B	C	C	D	B	A

貳、2021年中等學校師資類科檢定考試「課程教學與評量」試題及參考答案

（錄自 111 年教育部高級中等以下學校及幼兒園教師資格考試網站）

一、選擇題

1. 教師在編輯試卷時，試題排列宜採下列何種方式？

 (A) 由易至難　(B) 由難至易　(C) 難易穿插　(D) 隨機排列

2. 下列有關直接教學法（direct instruction）的敘述，何者為非？

 (A) 為教師中心的教學　　　　(B) 強調師生的共同學習

 (C) 認為教學是可以複製的　　(D) 主張學習者的行為可以預期

3. 下列哪一種學習策略較無助於長期記憶？

 (A) 學生將所學內容與自身經驗相結合

 (B) 學生將課本中的概念，組織成樹狀圖筆記

 (C) 學生在上課前，先將課本內容快速瀏覽一遍

 (D) 學生利用週末，回顧一週所學的內容和要點

4. 學校自辦校內語文競賽以選拔參加全縣語文競賽的選手，此種競賽成績之參照屬於下列何種類型？

 (A) 自我參照　(B) 常模參照　(C) 標準參照　(D) 效標參照

5. 王老師掌握學生特定範圍的學習狀況，並使用評量結果來改進教學。此種評量為下列何者？

 (A) 診斷性評量　(B) 安置性評量　(C) 形成性評量　(D) 總結性評量

6. 林老師帶領學生利用網路與史瓦帝尼的中學生進行交流。在交流中，小華發現當地醫療資源貧瘠，立志長大後要投入醫療行列，幫助貧苦的人民。此學習經驗屬於下列何者？

 (A) 潛在課程　(B) 空白課程　(C) 彈性課程　(D) 顯著課程

7. 黃老師在參與新課程改革後，拋棄原來學科中心的課程理念，轉而認同並努力實踐學生中心的課程理念。黃老師的改變屬於下列哪一個層次？

 (A) 行為的改變　(B) 角色的改變　(C) 知識和理解　(D) 價值的內化

8. 某師資培育中心所規劃的實地學習課程與史懷哲專業服務活動,期待學生在過程中培養教育愛,內化服務社會的態度與行為。此屬於情意領域目標的哪一個層級?

(A) 接受　(B) 反應　(C) 評價　(D) 品格化

9. 依據《十二年國民基本教育課程綱要總綱》,下列何者屬於非正式課程?

(A) 補救教學　　　　　　　　(B) 藝術、體育

(C) 園遊會、運動會　　　　　(D) 學生自主學習

10. 下列何者為合理的探究式教學步驟?甲、提出可探究問題　乙、反思並發現新問題　丙、設計並執行探究活動　丁、分析數據並形成解釋

(A) 甲—丁—丙—乙　　　　　(B) 甲—丙—丁—乙

(C) 乙—丁—丙—甲　　　　　(D) 丁—丙—乙—甲

11. 社會學習領域課程綱要中提到:「因果、互動、結構是分析歷史變遷的重要概念。」此一敘述所表徵的是下列何者?

(A) 事實(fact)　　　　　　(B) 概念(concept)

(C) 通則(generalization)　　(D) 理論(theory)

12. 多元評量可以指涉下列何種意義?甲、多元的評量目的　乙、多元能力的評量　丙、多元的評量方式　丁、多元文化的評量

(A) 甲乙丙　(B) 甲丙丁　(C) 甲乙丁　(D) 乙丙丁

13. 下列關於英語文課程的敘述,何者符合課程設計中的「繼續性(continuity)」原則?

(A) 單元內容編排從單字、句型再到篇章

(B) 將課文中的主題連結其他學科的內容

(C) 每單元都包含聽、說、讀、寫的技能

(D) 單元內容包含先前單元的單字和句型

14. 有關道德討論教學法的敘述,下列何者錯誤?

(A) 不斷進行辯論與詰問　　　(B) 發展學生道德判斷力

(C) 直接教導道德的觀念　　　(D) 運用兩難式問題情境

15. 下列有關課程中學習經驗選擇的原則,何者有誤?

(A) 學習經驗要能符合學生的能力範圍

(B) 學習經驗的安排要能夠花費最少的經費

(C) 爲達課程目標，學生要有練習目標行爲的經驗

(D) 所提供的學習經驗，要讓學生獲得滿足感與成就

16. 李老師和夥伴教師共同備課時，發現自己隨性地配合學校活動指定作文題目，似乎沒有依據課程綱要來發展學生的寫作能力。李老師的情況反映哪兩種課程的落差？

(A) 理想課程和知覺課程　　　　(B) 運作課程和經驗課程

(C) 正式課程和知覺課程　　　　(D) 正式課程和運作課程

17. 下列有關小組成就區分法（STAD）的實施方式，何者不正確？

(A) 表揚最優秀的小組作品　　　(B) 學生學習活動是以組爲單位

(C) 將學生以異質方式進行編組　(D) 個人進步分數是小組計分依據

18. 下列哪一種做法最符合「評量即學習（assessment as learning）」的精神？

(A) 以評分規準引導學習，培養學生自我評估與自我調整的能力

(B) 教師針對紙筆測驗中學生的迷思概念，進行分析並回饋學習

(C) 透過口頭問答診斷學生的先備知識，再提供學生學習的回饋

(D) 利用測驗獲得學生學習資訊後，依據結果給予個人等第評價

19. 依據《十二年國民基本教育課程綱要—議題融入說明手冊》對議題融入的敘述，下列何者正確？

(A) 議題不可以單獨設立科目進行教學

(B) 議題可由教師視情形融入課堂教學

(C) 議題融入應優先在團體活動時間實施

(D) 每一門教學科目至少應包含 1 個議題

20. 小華在訂定段考的複習計畫時，針對自己較弱的數學科選擇投入比較長的時間準備，而安排比較短的時間複習自己較強的社會科。此行爲屬於哪一種知識類型之運用？

(A) 事實性知識　　　　　　　　(B) 概念性知識

(C) 程序性知識　　　　　　　　(D) 後設認知知識

21. 王老師以價值澄清法進行休閒活動教學。下列哪一項是老師在「珍視」階段時，會引導學生進行的活動？

(A) 比較各種不同休閒活動的性質及花費

(B) 討論各種不同休閒活動對自己的適切性

(C) 選擇適合自己的休閒活動，並進行該項活動

(D) 和同學分享自己喜歡的休閒活動，並說出其好處

22. 以下是某班數學科四個考題其高低分組的答對率。哪一試題的鑑別度最佳？

題號	1	2	3	4
高分組答對率	0.6	0.8	0.7	0.3
低分組答對率	0.4	0.2	0.3	0.3

(A) 第 1 題　(B) 第 2 題　(C) 第 3 題　(D) 第 4 題

23. 下列哪一項問題引發學生的思考層次最高？

(A) 民主制度與共產制度孰優孰劣？為什麼？

(B) 裸子植物與被子植物的繁殖途徑有何異同？

(C) 為何順向坡較逆向坡更常發生土石流現象？

(D) 兄比弟大 7 歲，弟比父親小 36 歲，父親 10 年前是 52 歲。請問，兄與弟今年各為幾歲？

24. 這次實習課的主題是學習示波器的操作方式。蕭老師先要小義站在旁邊看他示範，接著讓小義自己嘗試練習。之後針對操作步驟背後的原理進行提問，並假設故障發生要小義思考如何解決。最後，蕭老師請小義說出對今天學習的想法，以及思考自己哪些地方可以改進。此一系列的教學步驟，較接近下列何種教學模式？

(A) 直接教學　(B) 錨式教學　(C) 認知學徒制　(D) 問題導向學習

25. 有學者說：「課程是發展出來的。」請問此一意涵符合下列何者敘述？

(A) 課程需倚賴能力較強的領導者來完成

(B) 課程是一群專家決定的結果，不宜經常更動

(C) 課程不宜在短時間內倉促完成，它是一個長期的歷程

(D) 課程發展應建立在過去的文化傳統上，不宜快速改變

二、問答題

1. 說明維高斯基（L. Vygotsky）近側發展區（zone of proximal development, ZPD）的意義，並舉兩個例子說明 ZPD 觀念在教學上的應用。

2. 說明教師可以如何運用檔案評量的結果，寫出五項。

3. 部分老師教學時會著重於「教完」而非「教會」。試述此一現象的兩項原因，並分別針對此兩項原因提出解決策略。

三、綜合題

閱讀下文後，回答 4-6 題。瑪塔國中獲得十萬元的經費，將用於明年度校園安全的規劃。校長希望師生均能先積極提案，以便在期末前提出整合性的方案。陳老師於課程中引導學生進行專題探究，嘗試規劃「校園安全改善方案」。首先，他請學生分組討論過去在校園內所發生的安全問題、踏查可能出現危險的地方並思考其原因。接著聚焦其中一個問題，引導學生透過文獻資料查找，訪談並蒐集同學、老師及各處室主任／組長的需求與建議。最後透過分析前述相關資料，提出改善校園安全的方案，並針對方案內容，提出經費規劃，以完成企劃書。在期末發表會後，全班根據老師提供的評量規準，評選出較佳之方案。

4. 下列何者不是本課程關注的主要重點？
   (A) 重視課堂差異化教學　　　(B) 強調行動方案的規劃
   (C) 強調主動學習與探究　　　(D) 重視資料收集與分析

5. 試根據重理解的課程設計（Understanding by Design, UbD）模式中，「理解」的第三層面「能應用——在多元、真實的情境中有效利用及採用已知的知能」，幫陳老師的專題探究課程擬定一項學習目標。

6. 陳老師提出的評量規準，包括了「可行性」和「有效性」兩個面向（criterion），其中「可行性」的評量規準如下：

面向 等級	可行性		
	預算與經費	人力與工作分配	實施步驟與期程
優秀	具體說明各項經費之使用與估計且預算控制在10萬元以下	(1)	提出具體的執行步驟，並能提供騎乘季的合理說明

等級 面向	可行性		
	預算與經費	人力與工作分配	實施步驟與期程
普通	具體說明各項經費之使用與估計方法,但預算超過10萬元	(2)	具體提出執行步驟與期程,但未提供期程估計的合理說明
待加強	無法具體說明各項經費之使用與估計方法	(3)	提出的執行步驟或期程不明確

請協助陳老師完成上表中「人力與工作分配」的評量指標。在答案卷上標示 (1)(2)(3) 再作答。

選擇題參考答案

題號	1	2	3	4	5	6	7	8	9	10
答案	A	B	C	B	C	A	送分	D	C	B
題號	11	12	13	14	15	16	17	18	19	20
答案	C	A	D	C	B	D	A	A	B	D
題號	21	22	23	24	25					
答案	D	B	A	C	C					

參、2022年中等學校師資類科檢定考試「課程教學與評量」試題及參考答案

（錄自111年教育部高級中等以下學校及幼兒園教師資格考試網站）

一、選擇題

1. 王主任設計一項測驗作為數學科適性分組的依據，其作法屬於下列何種評量？

   (A) 診斷性評量　(B) 安置性評量　(C) 形成性評量　(D) 總結性評量

2. 教師在學生學習的過程中提供協助，而且協助隨著學生的進步程度而逐漸減少，最後由學生獨力完成。其作法較符合下列何種概念？

   (A) 合作學習　(B) 協同教學　(C) 示範教學　(D) 鷹架教學

3. 為讓學生學好英語，學校在校園樓梯臺階和牆上張貼英語單字和圖像，營造英語學習情境。此作法屬於下列哪一課程類型？

   (A) 顯著課程　(B) 正式課程　(C) 潛在課程　(D) 空無課程

4. 蔡老師認為「教師是學習的促進者，教學設計應關注學生主動參與的學習過程，也強調同儕合作學習，相互討論與意義分享」。蔡老師的想法較符合下列哪一種教學觀點？

   (A) 行為主義論　(B) 認知學派論　(C) 訊息處理論　(D) 社會建構論

5. 奧蘇貝爾（D. Ausubel）主張教師要善用前導組織，並把學習內容加以組織，有系統地提供給學生。此主張是為達成以下何種目的？

   (A) 促進有意義的學習　　　　(B) 引發學生學習動機

   (C) 確定學生起點行為　　　　(D) 回饋學生表現行為

6. 有關歷程模式的課程設計原則，下列敘述何者較正確？

   (A) 強調行為目標　　　　　　(B) 重視學者專家意見

   (C) 強調學習結果評量　　　　(D) 重視師生的教學互動

7. 林老師發現某次考試各班的「作文」平均得分落差很大，認為可能是各班老師評分標準不一所致，建議學校重新檢討作文的評量規準。林老師重視何種信度？

   (A) 複本信度　　　　　　　　(B) 重測信度

(C) 評分者間信度　　　　　　　　(D) 內部一致性信度

8. 高老師為協助學生了解整體產業需求並強化自身就業能力，進行相關課程設計。此課程設計符合下列哪一種取向？

(A) 社會再製取向　　　　　　　　(B) 社會批判取向

(C) 社會重建取向　　　　　　　　(D) 社會適應取向

9. 大華老師讓學生使用可上網的平板電腦，培養學生操作平板電腦的技能，並記錄自己的學習困難及思考解決策略。此教學活動主要在增進學生哪兩種類型的知識？

(A) 事實性知識，概念性知識　　　(B) 概念性知識，程序性知識

(C) 程序性知識，後設認知知識　　(D) 事實性知識，後設認知知識

10. 某校教師研讀《十二年國民基本教育課程綱要總綱》之後，老師們對課綱精神有各自的解讀。此時該校教師對課綱的理解屬於以下何種層次的課程？

(A) 理念課程　(B) 正式課程　(C) 知覺課程　(D) 經驗課程

11. 某校國中在七年級教授「民主法治」的概念，八年級時請學生應用民主法治概念，討論並建立學生自治會相關制度。此設計符合下列何項課程組織原則？

(A) 彈性原則　(B) 繼續原則　(C) 效果原則　(D) 均衡原則

12. 《十二年國民基本教育課程綱要總綱》中，下列何者是「以促進國中小學生手眼身心等感官統合、習得生活所需實用技能、培養勞動神聖精神、探索人與科技及工作世界的關係」為主之彈性學習課程？

(A) 技藝課程

(B) 其他類課程

(C) 特殊需求領域課程

(D) 統整性主題／專題／議題探究課程

13. 張老師為強化學生的閱讀理解，先示範如何從課文提出字義性、預測性和推論性的問題，再由學生模仿他的提問方式，培養學生閱讀時能獨立提問並參與小組討論。張老師採行的是哪一種教學法？

(A) 概念獲得法　(B) 交互教學法　(C) 精熟教學法　(D) 發表教學法

14. 大地國中七年級學生英語文測驗分數接近常態分配，平均數為 70 分，

標準差爲 10 分。該科得分介於 60～80 分者，約占所有學生人數的比率爲何？

(A)68%　(B)78%　(C)85%　(D)95%

15. 班克斯（J. Banks）多元文化課程的取向有：A. 貢獻取向、B. 附加取向、C. 轉化取向、D. 行動取向。下列三位老師的作法符合班克斯哪種取向？甲、在既有的課程中，加入特定族群相關的議題或概念　乙、改變既有課程，從不同文化及族群的觀點來重新建構課程　丙、在特殊的節日或慶典中，表揚特定族群中對社會有貢獻的人物或事蹟

(A) 甲—A，乙—C，丙—B　　　　　(B) 甲—A，乙—D，丙—C

(C) 甲—B，乙—C，丙—A　　　　　(D) 甲—B，乙—A，丙—D

16. 學習評量依評量目的可分爲：A. 學習的評量（assessment of learning）、B. 促進學習的評量（assessment for learning）、C. 評量即學習（assessment as learning）。方老師採用以下三種學習評量任務，下列配對何者正確？甲、學期末時以紙筆測驗來檢視學生這學期的學習成果　乙、藉由分析學生的學習單，發現學生學習的困難，以提供學生學習回饋　丙、讓學生清楚了解學習和評量的目標，在評量過程中隨時自我檢視學習的成效，培養自主學習

(A) 甲—A，乙—C，丙—B　　　　　(B) 甲—A，乙—B，丙—C

(C) 甲—B，乙—C，丙—A　　　　　(D) 甲—C，乙—A，丙—B

17. 洪老師上地理課時，將教材分爲六部分，並將班上分爲六組。每組各派一位代表一起學習其中的某一部分。各代表學會後，回到自己的小組教導其他同學。洪老師的合作學習屬於下列哪一種？

(A) 拼圖法　(B) 配對學習　(C) 小組探究　(D) 小組成就區分法

18. 學校新開發的彈性學習課程計畫，包含教材與教學策略，須經由學校課程評鑑小組審議，並給予回饋意見。請問此作法符合下列何者？

(A) 課程規劃之評鑑，外部評鑑

(B) 課程設計之評鑑，內部評鑑

(C) 課程實施之評鑑，內部評鑑

(D) 課程效果之評鑑，外部評鑑

19. 林老師以「國中生無照騎車遭撞」實例，讓學生討論分析事件責任人、

責任歸屬及責任後果，並提出事故發生的應對方法。此教學設計最能達成《十二年國民基本教育課程綱要總綱》的哪一項核心素養？

(A) 系統思考與解決問題　　　　　(B) 多元文化與國際理解

(C) 人際關係與團隊合作　　　　　(D) 科技資訊與媒體素養

20. 下列有關教學法的敘述，何者有誤？

(A) 討論教學法可培養學生的思考與溝通能力

(B) 創造思考教學不強調標準答案，因此無法進行評量

(C) 講述教學法的優點之一是能在短時間內有系統地傳授知識

(D) 合作學習法可幫助學生發展社會技巧，也重視個人績效責任

21. 某校課程發展步驟為：分析學校的內外在條件、訂定課程目標、規劃課程、實施課程、進行課程評鑑與回饋。下列何者為該校採用的課程發展模式？

(A) 自然模式（natural model）　　(B) 歷程模式（process model）

(C) 情境模式（situational model）　(D) 慎思模式（deliberation model）

22. 雲海國中剛完成校園綠美化工程，學校老師以此設計探究式學習（inquiry-based learning）。下列何者較不適合作為探究式學習的問題？

(A) 校園的路燈夜間照明，會影響植物成長嗎？

(B) 校園的小葉欖仁在什麼季節會大量落葉呢？

(C) 校園的雨水排放到水溝，對環境是好的嗎？

(D) 校園的池塘加裝曝氣機，對池塘生態系統是好的嗎？

23. 某社區高中辦學理念重視學生探索在地的人文、社會與自然環境，並開設一門校訂必修課程。但發現很多在地內容，學生在國中階段都已經學過。該校解決重複學習並兼顧辦學理念的較佳作法為何？

(A) 協請國中調整所教導的在地內容

(B) 從在地內容之教導轉為面向國際

(C) 加開一門在地探究的相關選修課程

(D) 設計加深加廣的學習任務或課程

24. 有關評量規準（rubrics）的敘述，下列何者為非？

(A) 表現等級越多越好　　　　　　(B) 表現描述越具體越好

(C) 可以由師生共同訂定　　　　　(D) 評量向度需呼應學習目標

25. 吳老師設計課程時，先確定學生預期學到的知識和技能，再決定用什麼學習成果作為證據，以瞭解學生是否達成學習目的，最後規劃學生的學習經驗及活動。此作法較符合下列何者？
(A) 動機模式（ARCS）
(B) 線性模式（ASSURE）
(C) 專題導向學習模式（PBL）
(D) 重理解的課程設計模式（UbD）

二、問答題

1. 教師於課堂上運用提問（questioning）進行教學，能達到哪些教學目的？請寫出五項。
2. 請指出「檔案評量」的四項特色，並簡要說明。
3. 請分別就課程目標設定、課程內容選擇、課程組織方式，比較「學科中心課程」和「學生中心課程」兩者的差異。

三、綜合題

閱讀下文後，回答 4-5 題。以下是小筠老師的兩則教學日誌：日誌一，今天的國語文課，我帶領學生閱讀樂府詩選「木蘭詩」。我告訴學生，本單元目標是理解木蘭詩的背景脈絡及內容。由於學生之前沒聽過花木蘭的故事，所以我花兩節課說明花木蘭生平，再講解木蘭詩修辭特色，但我感覺他們還是不太懂。日誌二，之前其他老師帶領討論課，我觀課後覺得可以運用在我的課堂。今天是我第一次帶小組討論，學生竟一團亂：有的搞不清楚討論的問題，有的瞭解討論問題但不知道如何討論，有的很快討論完開始聊天。原來小組討論也需要細緻規劃。

4. 根據日誌一的內容，小筠老師原本的教學方式較可能是哪一種教學法？
(A) 探究教學法　(B) 直接教學法　(C) 蘇格拉底法　(D) 合作學習法
5. 請分析小筠老師實施討論教學時出現的現象二和三的可能原因，並提出相應的教學策略改善作法。（在答案卷上標註 (1)(2)(3)(4) 並分別寫出答案）。

現象	可能原因	教學策略的改善作法
一、搞不清楚討論的問題	學生不理解要討論的問題	討論開始前，教師重複確認每位學生瞭解討論的問題

現象	可能原因	教學策略的改善作法
二、瞭解討論問題但不知道如何討論	(1)	(2)
三、很快討論完開始聊天	(3)	(4)

閱讀下文後,回答 6-8 題。森森中學附近的文化園區逐漸沒落。為活化該園區,並培養學生關懷、積極參與社區活動,教師自主成立共備社群,發展一門針對解決園區活化問題的跨領域課程。社群發想課程時,社群召集人請大家先提出建議。以下是老師們的想法:A 老師:我建議課程應該採探究式教學進行。B 老師:我建議先依據老師的專長分成不同組別,分別在小組內針對文化園區討論各科能教哪些相關的學科知識內容,然後再合併起來,變成一門跨領域探究與實作課程。C 老師:我們應該先確定課程目標,再設計可以達成目標的實作任務。

6. 依 A 老師的建議,下列哪種教學設計最適合發展成該校的跨領域課程?

(A) 帶學生至文化園區踏查,引導學生蒐集資料,探討園區沒落原因進而提出解決之道

(B) 請學生回家先觀看文化園區的影片,課堂中將影片分為四部分,請每一組就分工部分進行討論後發表

(C) 教導完整的相關知識並提供專家分析園區沒落之原因,再讓學生發想文化園區活化方案,以評量學生的學習成效

(D) 讓學生課前預習教科書的內容,課堂中運用文化園區的影片輔助講述教學,並以紙筆測驗評量學生對解決文化園區沒落的想法

7. 社群召集人認為 B 老師所建議的跨領域探究與實作課程作法不甚合適,請根據情境訊息,提出一項論述來說明不合適之處。

8. 請根據情境訊息,協助 C 老師寫出一項具體的課程目標,並提出一個實作任務,說明其與課程目標的連結。

選擇題參考答案

題號	1	2	3	4	5	6	7	8	9	10
答案	B	D	C	D	A	D	C	D	C	C
題號	11	12	13	14	15	16	17	18	19	20
答案	B	A	B	A	C	B	A	B	A	B
題號	21	22	23	24	25					
答案	C	B	D	A	D					

國家圖書館出版品預行編目資料

教學原理與實務／張清濱著. -- 三版. --
臺北市：五南圖書出版股份有限公司,
2023.01
　面；　公分
ISBN 978-626-343-591-9（平裝）

1.CST: 教學理論　2.CST: 教學設計
3.CST: 教學法

521.4　　　　　　　　　111019913

1ITY

教學原理與實務

作　　者— 張清濱

發 行 人— 楊榮川

總 經 理— 楊士清

總 編 輯— 楊秀麗

副總編輯— 黃文瓊

責任編輯— 李敏華

封面設計— 王麗娟

出 版 者— 五南圖書出版股份有限公司

地　　址：106臺北市大安區和平東路二段339號4樓

電　　話：(02)2705-5066　　傳　　真：(02)2706-6100

網　　址：https://www.wunan.com.tw

電子郵件：wunan@wunan.com.tw

劃撥帳號：01068953

戶　　名：五南圖書出版股份有限公司

法律顧問　林勝安律師

出版日期　2009年2月初版一刷
　　　　　2020年1月二版一刷
　　　　　2023年1月三版一刷
　　　　　2024年3月三版二刷

定　　價　新臺幣600元

經典永恆·名著常在

五十週年的獻禮——經典名著文庫

五南,五十年了,半個世紀,人生旅程的一大半,走過來了。

思索著,邁向百年的未來歷程,能為知識界、文化學術界作些什麼?

在速食文化的生態下,有什麼值得讓人雋永品味的?

歷代經典·當今名著,經過時間的洗禮,千錘百鍊,流傳至今,光芒耀人;

不僅使我們能領悟前人的智慧,同時也增深加廣我們思考的深度與視野。

我們決心投入巨資,有計畫的系統梳選,成立「經典名著文庫」,

希望收入古今中外思想性的、充滿睿智與獨見的經典、名著。

這是一項理想性的、永續性的巨大出版工程。

不在意讀者的眾寡,只考慮它的學術價值,力求完整展現先哲思想的軌跡;

為知識界開啟一片智慧之窗,營造一座百花綻放的世界文明公園,

任君遨遊、取菁吸蜜、嘉惠學子!